Die Untersuchungsbefugnisse des Europäischen Amtes für Betrugsbekämpfung (OLAF) gegenüber dem Europäischen Parlament

AF818884

Europäische Hochschulschriften
Publications Universitaires Européennes
European University Studies

Reihe II
Rechtswissenschaft

Série II Series II
Droit
Law

Bd./Vol. 3910

PETER LANG
Frankfurt am Main · Berlin · Bern · Bruxelles · New York · Oxford · Wien

Andrea Berner

Die Untersuchungsbefugnisse des Europäischen Amtes für Betrugsbekämpfung (OLAF) gegenüber dem Europäischen Parlament

Gleichzeitig eine Auseinandersetzung mit dem Rechtsinstitut der europäischen parlamentarischen Immunität

PETER LANG
Europäischer Verlag der Wissenschaften

Bibliografische Information Der Deutschen Bibliothek
Die Deutsche Bibliothek verzeichnet diese Publikation in der Deutschen Nationalbibliografie; detaillierte bibliografische Daten sind im Internet über <http://dnb.ddb.de> abrufbar.

Zugl.: Hamburg, Univ., Diss., 2004

D 18
ISSN 0531-7312
ISBN 3-631-52468-4

© Peter Lang GmbH
Europäischer Verlag der Wissenschaften
Frankfurt am Main 2004
Alle Rechte vorbehalten.

Das Werk einschließlich aller seiner Teile ist urheberrechtlich geschützt. Jede Verwertung außerhalb der engen Grenzen des Urheberrechtsgesetzes ist ohne Zustimmung des Verlages unzulässig und strafbar. Das gilt insbesondere für Vervielfältigungen, Übersetzungen, Mikroverfilmungen und die Einspeicherung und Verarbeitung in elektronischen Systemen.

www.peterlang.de

Vorwort

Die Statusrechte der Abgeordneten des Europäischen Parlaments wurden bislang in der rechtswissenschaftlichen Literatur erstaunlich wenig berücksichtigt. Die Ausweitung der Untersuchungsbefugnisse des neu gegründeten Europäischen Amtes für Betrugsbekämpfung (OLAF) in den Binnenbereich des Europäischen Parlaments hinein bedingt einen potentiell überaus heiklen Einbruch dieser - immer noch im Verantwortungsbereich der Kommission angesiedelten - Behörde in die durch die Freiheit des Mandats und die parlamentarische Immunität abgesicherten Eigenbereiche der einzelnen Abgeordneten des Europäischen Parlaments. Insbesondere aufgrund der Neuheit der Problemkonstellation besteht Anlass, die Statusrechte der Abgeordneten wie auch die institutionellen Rechte des Europäischen Parlaments genau zu beleuchten und zu hinterfragen.

Rechtsprechung und Literatur konnten im Wesentlichen bis Januar 2004 berücksichtigt werden.

Meinem Doktorvater, Herrn Professor Dr. Thomas Bruha, danke ich herzlich für seine freundliche Unterstützung. Danken möchte ich auch Herrn Prof. Dr. Hans Peter Bull für die Erstellung des Zweitgutachtens.

Zudem gilt mein Dank Herrn Franz-Hermann Brüner, dem Direktor des Europäischen Amtes für Betrugsbekämpfung, sowie seinem persönlichen Assistenten, Herrn Harald Spitzer. Sie haben mir in wertvollen Gesprächen unersetzliche Einblicke in die Untersuchungspolitik und in die praktische Untersuchungstätigkeit des Amtes gewährt.

Dank gebührt auch dem Abgeordneten des Europäischen Parlaments, Herrn Willi Rothley, dem Initiator eines künftigen Statuts der Abgeordneten des Europäischen Parlaments sowie einer Klage von 71 Abgeordneten gegen das Europäische Parlament im Zusammenhang mit den Untersuchungsbefugnissen des OLAF, für fruchtbare Gespräche und Diskussionen sowie für die Gewährung praktischer Einsichten in die Arbeitsabläufe des Europäischen Parlaments während meiner Zeit als Stationsreferendarin. Danken möchte ich ebenfalls dem Prozessbevollmächtigten der Abgeordneten, Herrn Prof. Dr. Hans-Jürgen Rabe und dem Prozessvertreter des Europäischen Parlaments, Herrn Jürgen Schoo.

Besonderen Dank schulde ich schließlich meiner Familie; Ihr ist die Arbeit gewidmet.

Hamburg, im Januar 2004 Andrea Berner

Inhaltsverzeichnis

Abkürzungsverzeichnis

a.A.	anderer Auffassung
a.a.O.	am angegebenen Ort
AöR	Archiv des öffentlichen Rechts
ABl.	Amtsblatt der Europäischen Gemeinschaften
Amt	Europäisches Amt für Betrugsbekämpfung
BGBl.	Bundesgesetzblatt
BGH	Bundesgerichtshof
BGHSt	Entscheidungssammlung des Bundesgerichtshofs in Strafsachen
BVerfG	Bundesverfassungsgericht
BVerfGE	Entscheidungssammlung des Bundesverfassungsgerichts
CMLR	Common Market Law Review
Durchführungsbeschluss	Beschluss des Europäischen Parlaments über die Bedingungen und Modalitäten der internen Untersuchungen zur Bekämpfung von Betrug, Korruption und sonstigen rechtswidrigen Handlungen zum Nachteil der Interessen der Gemeinschaften; ABl. 2000 Nr. C 189/210 ff.
DÖV	Die Öffentliche Verwaltung
Dok.	Sitzungsdokument
DVBl.	Deutsches Verwaltungsblatt
DWA	Beschluss und Akt zur Einführung allgemeiner unmittelbarer Wahlen der Abgeordneten des Europäischen Parlaments v. 20.9.1976; zuletzt geändert durch den Amsterdamer Vertrag v. 02.10.1997, vgl. BGBl. 1998 II, S. 387 ff.
EG	Europäische Gemeinschaften
EGV	Vertrag zur Gründung der Europäischen Gemeinschaft
EIB	Europäische Investitionsbank
EP	Europäisches Parlament

Errichtungsbeschluss	Beschluss der Kommission zur Errichtung des Europäischen Amtes für Betrugsbekämpfung (OLAF) vom 28.04.1999; ABl. 1999 Nr. L 136/20 ff.
EU	Europäische Union
EuG	Gericht Erster Instanz der Europäischen Gemeinschaften
EuGH	Gerichtshof der Europäischen Gemeinschaften
EuGRZ	Europäische Grundrechte Zeitschrift
EuR	Europarecht
EuZW	Europäische Zeitschrift für Wirtschaftsrecht
EWS	Europäisches Wirtschafts- und Steuerrecht
EZB	Europäische Zentralbank
f / ff	folgende(r)
Fn.	Fußnote
Fusionsvertrag	Vertrag zur Einsetzung eines gemeinsamen Rates und einer gemeinsamen Kommission, v. 13.7.1967, ABl. 1967 Nr. L 152/2 ff.
GG	Grundgesetz für die Bundesrepublik Deutschland
GOBT	Geschäftsordnung des Deutschen Bundestages
GOEP	Geschäftsordnung des Europäischen Parlaments
Grünbuch	Grünbuch zum strafrechtlichen Schutz der finanziellen Interessen der Europäischen Gemeinschaften und zur Schaffung einer Europäischen Staatsanwaltschaft vom 11.12.2001; Dok. KOM (2001) 715 endg.
i.d.F.v.	in der Fassung vom
i.V.m.	in Verbindung mit
JZ	Juristenzeitung
MDR	Monatsschrift für Deutsches Recht
MdEP	Mitglied des Europäischen Parlaments
m.w.N.	mit weiteren Nachweisen

NJW	Neue Juristische Wochenschrift
NStZ	Neue Zeitschrift für Strafrecht
OLG	Oberlandesgericht
PJZS	Polizeiliche und justitielle Zusammenarbeit in Strafsachen, Art. 29-42 EUV
Protokoll	Protokoll über die Vorrechte und Befreiungen der Europäischen Gemeinschaften vom 13.07.1967, BGBl. 1967 II, S. 1454 i.d.F. der Bekanntmachung vom 15.01.1986, BGBl. 1986 II S. 422
RiStBV	Richtlinien für das Strafverfahren und das Bußgeldverfahren
Rdnr.	Randnummer
Rs.	Rechtsache
S.	Seite / Satz
Slg.	Sammlung der Rechtsprechung des Gerichtshofs der Europäischen Gemeinschaften
StGB	Strafgesetzbuch
StPO	Strafprozessordnung
StV	Strafverteidiger
UAbs.	Unterabsatz
Vereinbarung	Interinstitutionelle Vereinbarung zwischen dem Europäischen Parlament, dem Rat der Europäischen Union und der Kommission der Europäischen Gemeinschaften über die internen Untersuchungen des Europäischen Amtes für Betrugsbekämpfung (OLAF), ABl. 1999 Nr. L 136/15 ff.
Verordnung	Verordnung (EG) Nr. 1073/99 des Europäischen Parlaments und des Rates über die Untersuchungen des Europäischen Amtes für Betrugsbekämpfung (OLAF) vom 25.05.1999, ABl. (EG) Nr. L 136/1 ff.

VVDStRL	Veröffentlichungen der Vereinigung der Deutschen Staatsrechtslehrer
WM	Wertpapiermitteilungen
ZEuS	Zeitschrift für Europarechtliche Studien
ZParl	Zeitschrift für Parlamentsfragen
ZPolit	Zeitschrift für Politik
ZRP	Zeitschrift für Rechtspolitik
ZStW	Zeitschrift für die gesamte Strafrechtswissenschaft

Einleitung

Die Europäische Gemeinschaft (im Folgenden: "EG" bzw. "Gemeinschaft")[1] gewinnt immer mehr an Gewicht, insbesondere im politischen und wirtschaftlichen Bereich. Der Schutz der finanziellen Interessen der Gemeinschaft nimmt daher einen zunehmend größeren Stellenwert ein. Immer dringlicher wird die Aufgabe, Betrügereien zum Nachteil der Gemeinschaftsfinanzen zu bekämpfen[2].

Den finanziellen Interessen der Gemeinschaft wird nicht nur von außen von den Mitgliedstaaten, sondern auch von innen von den Mitgliedern, Beamten und Bediensteten der Organe, Einrichtungen, Ämter und Agenturen der Gemeinschaft sowie von Privaten Schaden zugefügt. Besonders deutlich wird dies durch die Umstände um den Rücktritt der Kommission der Europäischen Gemeinschaften (im Folgenden: "Kommission") vom 16.03.1999. Der Rücktritt der Kommission beruhte maßgeblich auf den Anschuldigungen des sog. "Ausschusses Unabhängiger Sachverständiger" unter der Schirmherrschaft des Europäischen Parlaments und der Kommission "betreffend Betrug, Missmanagement und Nepotismus"[3]. Der Ausschuss hatte in seinem Bericht die mangelhafte Aufsicht und Kontrolle der Kommission über Betrug und Korruption[4] gerügt und sechs Fälle von Günstlingswirtschaft, die Mitglieder der Kommission betrafen[5], untersucht. Das Europäische Parlament hatte seinerseits

---

[1] Auf die Europäische Gemeinschaft für Kohle und Stahl sowie die Europäische Atomgemeinschaft und die primärrechtlichen Vorschriften des EGKSV bzw. des EAGV wird im Folgenden mangels Relevanz für diese Untersuchung nicht näher eingegangen.

[2] 1999 betrug der Schaden durch "Betrügereien und andere Unregelmäßigkeiten" 413 Millionen Euro; vgl. Kommission, Grünbuch zum strafrechtlichen Schutz der finanziellen Interessen der Europäischen Gemeinschaften und zur Schaffung einer Europäischen Staatsanwaltschaft, Dok. KOM(2001) 715 endg., S. 9; einzusehen unter: http://europa.eu.int/comm/anti_fraud/green_paper/index_de.html. Vgl. zu Art und Volumen der rechtswidrigen Schädigungen des Gemeinschaftshaushalts auch Pache, S. 57 ff; Heitzer, S. 3 ff; Chavaki, in: ZEuS, 431 (433).

[3] Vgl. Ausschuss Unabhängiger Sachverständiger, Erster Bericht über Anschuldigungen betreffend Betrug, Missmanagement und Nepotismus in der Kommission, Band I, v. 15.03.1999, S. 3 ff; einzusehen unter: http:// www.europarl.eu.int/experts/de/default.htm. Dem Sachverständigenausschuss gehörten fünf unabhängige Rechtsexperten und ehemalige Mitglieder von Rechnungshöfen an; den Vorsitz führte der ehemalige Präsident des Europäischen Rechnungshofes André Middelhoek.

[4] Vgl. Punkt 9.2.10. des Berichts. Darin stellte der Ausschuss fest, dass "(...) eindeutige Fälle von Betrug und Korruption in der Kommission (...) auf der Ebene der Kommissare (offenbar) unbemerkt (geblieben seien)".

[5] Vgl. Punkte 8.6.4. und 9.2.10. des Berichts. Die untersuchten sechs Fälle betrafen die Kommissionsmitglieder Cresson, Liikanen, Marin, Pinheiro, Santer und Wulf-Matthies. Im Fall der Kommissarin Cresson stellte der Ausschuss einen "ausgesprochenen Fall von Günstlingswirtschaft" fest, vgl. Punkt 8.1.35 des Berichts.

die Einsetzung des Ausschusses gefordert[6], nachdem es die Entlastung der Kommission für den Haushaltsplan 1996 - mit überraschend großer Mehrheit[7] - abgelehnt hatte[8]. Der Haushaltskontrollausschuss des Europäischen Parlaments hatte die bisherige Tätigkeit der kommissionsinternen Betrugsbekämpfungseinheit (genannt: UCLAF[9], im Folgenden: "Einheit") zur Aufdeckung von Betrügereien und Korruption in der Kommission als unzureichend angesehen[10]. Aus diesem Grunde stellte das Europäische Parlament in seiner Entschließung vom 07.10.1999 die Forderung nach einem unabhängigen Amt zur Betrugsbekämpfung auf[11]. Daraufhin erließ die noch amtsführende Kommission[12] am 28.04.1999 einen Beschluss zur Errichtung des Europäischen Amtes für Betrugsbekämpfung (im Folgenden: "Errichtungsbeschluss")[13]. Das Europäische

---

[6] Vgl. Entschließungsantrag des Europäischen Parlaments zur Verbesserung der Haushaltsführung der Kommission, Dok. B4-65/1999, B4-109/1999 sowie B4-110/1999, vgl. ABl. 1999 Nr. C 104/106.

[7] Das Parlament hatte mit 270 gegen 225 Stimmen mit 23 Enthaltungen gegen die Entlastung der Kommission gestimmt; vgl. zu den Hintergründen und der Bedeutung der Nichtentlastung der Kommission für den Haushaltsvollzug 1996 Fugmann, in: EuZW 1999, 65 (65).

[8] Vgl. zu den Hintergründen des Rücktritts der Kommission, insbesondere zu dem vorangegangenen gescheiterten Misstrauensantrag des Europäischen Parlaments: Lautz, in: ZPol 1999, 439 (441 ff); vgl. zur Rechtsgültigkeit des Rücktritts der Kommission: Hummer/Obwexer, in: EWS 1999, 161 (164).

[9] Unitée de Coordination de la Lutte Anti-Fraude.

[10] Vgl. den Bericht über die Unabhängigkeit, die Rolle und den Status der Dienststelle über die Koordinierung der Betrugsbekämpfung (UCLAF) des Ausschusses für Haushaltskontrolle, Berichterstatter: Herbert Bösch v. 22.09.1998, Dok. A4-297/1998, PE 225.069/endg.

[11] Vgl. Entschließung vom 07.10.1999, ABl. 1998 Nr. C 328/74. Das Europäische Parlament hatte die Kommission bereits in seiner Entschließung v. 22.10.1997 - wegen der Gefahr interner Korruption - aufgefordert, für eine größere Unabhängigkeit der Einheit zu sorgen, vgl. ABl. 1997 Nr. C 339/68 ff.

[12] Um ihrem Rücktritt den entsprechenden Nachdruck zu verleihen, hatte die Kommission am 17.03.1999 beschlossen, die ihr zustehenden Befugnisse nur noch eingeschränkt auszuüben, d.h. nur die laufenden und dringenden Amtsgeschäfte zu erledigen und den institutionellen und rechtlichen Verpflichtungen nachzukommen, vgl. Bulletin Quotidien Europe Nr. 7427 v. 18.03.1999, S. 3 ff; vgl. auch Bulletin Quotidien Europe Nr. 2133 v. 09.04.1999, S. 1 ff.

[13] Vgl. ABl. 1999 Nr. L 136/20 ff (Text im Anhang). Der Errichtungsbeschluss findet seine Rechtsgrundlage in Art. 218 Abs. 2 EGV, nach dem sich die Kommission eine Geschäftsordnung gibt, "um ihr ordnungsgemäßes Arbeiten und das ihrer Dienststellen nach Maßgabe dieses Vertrages zu gewährleisten".

Amt für Betrugsbekämpfung (genannt: OLAF[14], im Folgenden: "Amt") löst die bisherige Einheit ab[15].

Die Krise der Kommission 1998/99 verdeutlicht, dass ein erheblicher Handlungsbedarf bei der Durchführung und Kontrolle der Gemeinschaftspolitiken besteht; die Kommission hat in ihren "Managementaufgaben" - ihrer Verwaltungs- und Kontrollfunktion - weitgehend versagt[16].

Als einschneidende Verbesserung im Hinblick auf eine effizientere Bekämpfung des Betruges zum Nachteil der Gemeinschaftsfinanzen wird dem Amt nunmehr gemäß Art. 2 Abs. 1 des Errichtungsbeschlusses erstmals die Kompetenz übertragen, innerhalb der Organe, Einrichtungen, Ämter und Agenturen der Gemeinschaft Verwaltungsuntersuchungen durchzuführen (sog. interne Untersuchungen[17]). Daneben obliegt dem Amt – wie der bisherigen Einheit - die Durchführung von Ermittlungen außerhalb der Kommission in den Mitgliedstaaten und gemäß den geltenden Kooperationsabkommen in den Drittstaaten (sog. externe Untersuchungen[18]). Eine wichtige Neuerung ist zudem, dass den Untersuchungen ein disziplinar-, verwaltungs- und / oder strafrechtlicher Zweck zugrunde liegt[19].

Durch die Verordnung (EG) Nr. 1073/1999 vom 25.05.1999 des Europäischen Parlaments und des Rates der Europäischen Union (im Folgenden: "Rat der EU")[20] über die Untersuchungen des Europäischen Amtes für Betrugs-

---

[14] Office de la Lutte Anti-Fraude; die internationale Website des Amtes lautet: http:// europa.eu.int/comm/dgs/olaf; die deutsche Website lautet: http://europa.eu.int/comm/ dgs/olaf/index_de.htm.

[15] Die Gründung des neuen Amtes wurde auch durch den Europaausschuss des Deutschen Bundestages begrüßt; teilweise wurde allerdings die nicht vollständige Ausgliederung des Amtes aus der Kommission kritisiert, vgl. ZRP 1999, 311 (311).

[16] So auch: Les Metcalfe, in: Eiascope, Heft 2/1996, 2 (4 ff); vgl. zu den nach dem Rücktritt der "Santer-Kommission" von der neuen Kommission unter Kommissionspräsident Prodi angestrengten Verwaltungsreformen: "Die Reform der Kommission", Weißbuch Teil I sowie Teil II: Aktionsplan v. 05.04.2000, Dok. KOM(2000) 200 endg./2, einzusehen unter: http://www.europa.eu.int/comm/off/white/reform/part1_de.pdf bzw. unter http://www.europa.eu.int/comm/off/white/reform/part2_de.pdf; vgl. auch Mehde, in: ZEuS 2000, 403 (422 ff).

[17] Vgl. zur Begrifflichkeit Art. 4 der Verordnung, ABl. 1999 Nr. L 136/3. Aufgrund des diplomatischen Status der Gemeinschaftsorgane müssen die Untersuchungen zunächst intern geführt werden, bevor die nationalen Ermittlungsbehörden eingeschaltet werden können.

[18] Vgl. zur Begrifflichkeit Art. 3 der Verordnung, ABl. 1999 Nr. L 136/3.

[19] Vgl. Art. 4, 6, 9 und 10 sowie den 10. und 16. Erwägungsgrund der Verordnung.

[20] Vgl. ABl.1999 Nr. L 136/1 ff (Text im Anhang). Zudem erließ der Rat der EU, gestützt auf Art. 203 EAGV, die im Wesentlichen gleich lautende Verordnung (Euratom) Nr. 1074/99, auf die im Folgenden nicht näher eingegangen werden soll.

bekämpfung (im Folgenden: "Verordnung") werden die Untersuchungsbefugnisse des Amtes gemäß den Vorgaben des Errichtungsbeschlusses konkretisiert.
Weiterhin ermöglicht eine Interinstitutionelle Vereinbarung über die internen Untersuchungen des Amtes (im Folgenden: "Vereinbarung") zwischen der Kommission, dem Rat der EU und dem Europäischen Parlament vom 25.05.1999[21] die Umsetzung der internen Verwaltungsuntersuchungen in deren Geschäftsbereich.

Die Vereinbarung legt den beteiligten Organen in Nummer 2 auf, einen internen Beschluss zu erlassen, der von dem im Anhang der Vereinbarung beigefügten "Standardbeschluss" nur insoweit abweichen darf, als dies in "technischer Hinsicht" aufgrund der besonderen Gegebenheiten der Organe erforderlich erscheint.

Der Standardbeschluss wurde mit Beschluss des Europäischen Parlaments über die Bedingungen und Modalitäten der internen Untersuchungen zur Bekämpfung von Betrug, Korruption und sonstigen rechtswidrigen Handlungen zum Nachteil der Gemeinschaften vom 18.11.1999 (im Folgenden: "Durchführungsbeschluss") durch gleichzeitige Erweiterung der Geschäftsordnung des Europäischen Parlaments (im Folgenden: "GOEP")[22] um einen Art. 9a über interne Untersuchungen des Europäischen Amtes für Betrugsbekämpfung umgesetzt[23]. Nach Art. 4 Abs. 2 der Verordnung i.V.m. dem Durchführungsbeschluss wird das Amt ermächtigt, interne Untersuchungen "innerhalb" des Europäischen Parlaments durchzuführen, indem es "(...) ohne Voranmeldung und unverzüglich Zugang zu sämtlichen Informationen und Räumlichkeiten der Organe (...) (erhält), (...), die Rechnungsführung der Organe (...) kontrollieren, (...) Kopien aller Dokumente und des Inhalts aller Datenträger, die in Besitz der Organe (...) sind, anfertigen oder Auszüge davon erhalten und diese Dokumente und Informationen erforderlichenfalls sicherstellen (kann), um ein mögliches Verschwinden zu verhindern". Die Untersuchungsbefugnisse des Amtes erstrecken sich daher auch auf die Amtsräumlichkeiten der Abgeordneten des Europäischen Parlaments, soweit

---

[21] Vgl. ABl. 1999 Nr. L 136/15 ff (Text im Anhang).
[22] Vgl. ABl. 2000 Nr. C 189/209 ff (Text im Anhang).
[23] Die Änderung der Geschäftsordnung war mangels erforderlicher Mehrheit der Abgeordneten im Europäischen Parlament erst im zweiten Anlauf gelungen, vgl. ABl. 2000 Nr. C 154/11 ff, 74, 104 ff. Der neue Art. 9a der Geschäftsordnung lautet: "Die in der Interinstitutionellen Vereinbarung vom 25.5.1999 über die internen Untersuchungen des Europäischen Amtes für Betrugsbekämpfung (OLAF) enthaltene gemeinsame Regelung mit den erforderlichen Maßnahmen zur Erleichterung eines reibungslosen Ablaufs der Untersuchungen des Amtes findet gemäß dem Beschluss des Parlaments, der der Geschäftsordnung als Anlage beigefügt ist, innerhalb des Parlaments Anwendung".

diese an den Tagungsorten des Europäischen Parlaments in Straßburg und Brüssel zu den Räumlichkeiten des Europäischen Parlaments zu zählen sind. Gemäß Art. 1 Abs. 2 sowie Art. 2 Abs. 4 i. V. m. Abs. 1 des Durchführungsbeschlusses werden die Abgeordneten des Europäischen Parlaments zudem zu einer "umfassenden" Zusammenarbeit mit dem Amt verpflichtet; darüber hinaus werden ihnen bestimmte Mitteilungspflichten gegenüber dem Präsidenten des Europäischen Parlaments bzw. direkt gegenüber dem Amt auferlegt.

Das Amt ist bezüglich seiner internen Kontrollbefugnisse gegenüber dem Europäischen Parlament einem Spannungsfeld ausgesetzt: Auf der einen Seite steht das Interesse der Gemeinschaft an möglichst effektiven und umfassenden Kontrollen gegenüber allen Organen, Einrichtungen, Ämtern und Agenturen der Gemeinschaft, auf der anderen Seite steht die Stellung des Europäischen Parlaments als einzigem demokratischen Kontrollorgan der Gemeinschaft und der besondere Rechtsstatus seiner Mitglieder.

Diese Arbeit verfolgt das Ziel zu untersuchen, ob die Statusrechte der Abgeordneten des Europäischen Parlaments einerseits sowie andererseits die institutionellen Rechte des Europäischen Parlaments mit den internen Verwaltungsuntersuchungen des Amtes sowie den korrespondierenden Mitteilungs- und Kooperationspflichten der Abgeordneten des Europäischen Parlaments vereinbar sind.

Eine besondere Aktualität kommt dieser Problematik durch die von 71 Abgeordneten des Europäischen Parlaments mit Klageschrift vom 20.01.2000 gemäß Art. 230 Abs. 4 EGV vor dem Gericht Erster Instanz der Gemeinschaften (im Folgenden: "EuG") erhobene Klage auf Nichtigerklärung des Durchführungsbeschlusses zur Änderung der GOEP[24] zu, die auf eine Verletzung der Statusrechte der Abgeordneten des Europäischen Parlaments sowie der institutionellen Rechte des Europäischen Parlaments gestützt ist[25]. Da

[24] Rs. T-17/00.

[25] Daneben sind auch die Europäische Zentralbank (EZB) und die Europäische Investitionsbank (EIB) - unter Berufung auf ihren Sonderstatus - einer Zusammenarbeit mit dem Amt in dem von den Gründungsrechtsakten vorhergesehenen Umfang durch eigene Beschlüsse bzgl. interner Kontrollmechanismen zur Betrugsbekämpfung entgegengetreten; vgl. dazu Selmayr/Kamann, Frankfurter Allgemeine Zeitung v. 11.04.2000, S. 14. Gegen diese beiden Institutionen hat die Kommission am 06.01.1999 Klage beim EuGH eingereicht, Rs. C-11/00 (EZB) sowie Rs. C-15/00, ABl. 2000 Nr. C 122/8 ff; vgl. auch Pressemitteilung der Kommission v. 12.01.2000, IP/00/22 sowie die Schlussanträge des Generalanwalts Francis G. Jacobs v. 03.10.2002, in denen dieser die Nichtigerklärung der streitigen Beschlüsse fordert, einzusehen unter: www.curia.eu.int.

das Amt zum Schutz der Gemeinschaftsfinanzen ins Leben gerufen wurde[26], wird im ersten Teil der Untersuchung nach der Klärung des Begriffes der "Betrügereien" zum Nachteil der finanziellen Interessen der Gemeinschaft auf den Begriff der Gemeinschaftsfinanzen mit den wichtigsten Einnahmen und Ausgaben des Gemeinschaftshaushalts eingegangen. Des Weiteren wird die Methode der Bekämpfung des Betruges zum Nachteil der finanziellen Interessen der Gemeinschaft durch das Gemeinschaftsrecht untersucht. Dabei wird diskutiert, ob das Rechtssystem zum Schutz der Gemeinschaftsfinanzen die künftige Einrichtung einer Europäischen Staatsanwaltschaft ermöglichen würde. Als Instrumente der Betrugsbekämpfung werden die externen und internen Untersuchungsbefugnisse der Gemeinschaftsorgane im Bereich des Schutzes der Gemeinschaftsfinanzen, im speziellen diejenigen des Amtes als Nachfolger der Einheit, untersucht. Schließlich folgt eine kurze Darstellung des Verfahrens über die Nichtigerklärung des Durchführungsbeschlusses des Europäischen Parlaments.

Der zweite Teil der Arbeit widmet sich der Thematik der Rechtmäßigkeit der dem Amt zugrunde liegenden Rechtsakte.

Im dritten Teil konzentriert sich die Untersuchung auf die Frage, ob und inwieweit die Untersuchungsbefugnisse des Amtes sowie die damit korrespondierenden Mitteilungs- und Kooperationspflichten der Abgeordneten des Europäischen Parlaments mit dem freien Mandat der Abgeordneten des Europäischen Parlaments im Einklang stehen.

Im vierten Teil der Arbeit wird zunächst problematisiert, ob der Schutzbereich der europäischen parlamentarischen Immunität grundsätzlich auch die Untersuchungen des Amtes als gemeinschaftseigene Exekutivbehörde erfasst. In einem zweiten Schritt wird auf die Rechtsträgerschaft der (europäischen) parlamentarischen Immunität eingegangen und untersucht, ob diese als Privileg des Europäischen Parlaments, der Abgeordneten, der Wähler oder des Europäischen Parlaments und der Abgeordneten gemeinsam anzusehen ist. Anschließend behandelt der dritte Teil der Untersuchung die Frage einer Beeinträchtigung der europäischen parlamentarischen Immunität durch die internen Verwaltungsuntersuchungen des Amtes gegenüber dem Europäischen Parlament.

---

[26] Vgl. Europäisches Amt für Betrugsbekämpfung, Erster Bericht über die operativen Tätigkeiten (1. Juni 1999-31. März 2000), S. 6 ff, einzusehen unter: http://europa.eu.int/comm/anti_fraud/reports/olaf/2000/rep_olaf_2000_de.pdf.; Vgl. auch Europäisches Amt für Betrugsbekämpfung, Tätigkeitsbericht (1. Juni 2000-31. Mai 2001), S. 9 ff, einzusehen unter: http://europa.eu.int/comm/anti_fraud/reports/olaf/ 2001/rep_olaf_2001_de.pdf.

Im fünften Teil der Untersuchung wird nach einer Würdigung des parlamentarischen Untersuchungsrechts herausgestellt, ob die Untersuchungen des Amtes mit dem parlamentarischen Untersuchungsrecht vereinbar sind.

Im sechsten Teil der Arbeit werden rechtspolitische Forderungen aufgestellt, die die vorangegangenen Untersuchungsergebnisse aufgreifen.

Die Untersuchung schließt nach einer Zusammenfassung der wichtigsten Ergebnisse mit einem Ausblick, in dem thematisiert wird, welche Aufgaben dem Amt nach Einführung einer Europäischen Staatsanwaltschaft in einem europäischen Strafrechtsraum zukommen sollten.

Die dem Amt zugrunde liegenden Rechtsakte sind im Anhang beigefügt.

Erster Teil
Die Bekämpfung von Betrügereien zum Nachteil der Gemeinschaftsfinanzen

A. Die Betrugsproblematik

Betrügereien von Seiten der Mitglieder sowie der Beamten und Bediensteten der Organe, Einrichtungen, Ämter und Agenturen der Gemeinschaft zum Nachteil der Gemeinschaftsfinanzen sind in ihrem kriminellen Gehalt nicht anders anzusehen als Betrügereien seitens der Mitgliedstaaten[27], auch wenn sie hinsichtlich Zahl und Volumen hinter diesen zurückstehen[28].

Um die Verhaltensweisen, die zu einer Schädigung der finanziellen Interessen der EG führen können, herauszustellen, ist zunächst der Begriff des Betruges zum Nachteil der finanziellen Interessen der Gemeinschaft näher zu beleuchten.

Eine Legaldefinition des Begriffs des Betruges fehlt bislang auf gemeinschaftsrechtlicher Ebene[29]. Auch kann für die Klärung dieses Begriffs nicht rechtsvergleichend auf die Rechtsordnungen der Mitgliedstaten zurückgegriffen werden, die in dieser Hinsicht eine Vielzahl unterschiedlicher Konzepte und Tatbestandsmerkmale aufweisen[30]. Es bedarf vielmehr einer eigenständigen gemeinschaftsrechtlichen Definition, insbesondere auch, weil das Gemeinschaftsrecht eine autonome Rechtsordnung darstellt, deren Begriffe grundsätzlich nicht im Anschluss oder in Anlehnung an bestimmte nationale Rechtsordnungen auszulegen sind[31].

Dem Gemeinschaftsrecht ist lediglich der einheitliche Begriff der "Unregelmäßigkeit" bekannt: Eine Legaldefinition der "Unregelmäßigkeit zum

---

[27] Nach den von dem Amt übermittelten Daten hat sich dieses bis zum 30.06.2002 mit insgesamt 154 internen Untersuchungsfällen befasst, wovon 63 auf den Berichtszeitrum Mai 2001 bis Juni 2002 entfallen; vgl. Bericht des Europäischen Amtes für Betrugsbekämpfung, Dritter Tätigkeitsbericht für das im Juni 2002 endende Jahr, vom Direktor des Amtes vorgestellt am 17.10.2002, S. 10 ff, 14, einzusehen unter: http://europa.eu.int/comm/anti_fraud/reports/olaf/2002/rep_olaf_2002de.pdf.

[28] Vgl. nur Bericht des Europäischen Amtes für Betrugsbekämpfung, Dritter Tätigkeitsbericht für das im Juni 2002 endende Jahr, aaO, S. 10, wonach die im Berichtszeitraum (Mai 2001 bis Juni 2002) bearbeiteten Fälle 11 % aller Fälle dieses Berichtszeitraumes ausgemacht haben.

[29] Der Begriff des Betruges ist im Primärrecht sowohl in Art. 209a EGV a.F. und in Art. 280 EGV n.F., als auch in Art. K 1 Titel VI a.F. und in Art. 29 EUV n.F. enthalten.

[30] Prieß in: v.d. Groeben/Thiesing/Ehlermann, Art. 209a EGV, Rdnr. 6.

[31] Vgl. EuGH, Rs. C-64/81, Slg. 1982 (Corman/Hauptzollamt Gronau), 13 Leitsatz 1.

Nachteil der finanziellen Interessen der Gemeinschaften" ist in Art. 1 Abs. 2 Verordnung (EG) 2988/95[32] enthalten: "Der Tatbestand der Unregelmäßigkeit ist bei jedem Verstoß gegen eine Gemeinschaftsbestimmung als Folge einer Handlung oder Unterlassung eines Wirtschaftsteilnehmers gegeben, die einen Schaden für den Gesamthaushalt der Europäischen Gemeinschaften oder die Haushalte, die von den Gemeinschaften verwaltet werden, bewirkt hat bzw. haben würde, sei es durch die Verminderung oder den Ausfall von Eigenmitteleinnahmen, die direkt für Rechnung der Gemeinschaften erhoben werden, sei es durch eine ungerechtfertigte Ausgabe". Der Legaldefinition der Unregelmäßigkeit ist zu entnehmen, dass stets eine Handlung oder Unterlassung gegeben sein muss, die eine Vorschrift des Gemeinschaftsrechts verletzt und die sich nachteilig auf die Gemeinschaftsfinanzen ausgewirkt hat oder auswirken würde. Denkbar ist, aufgrund der einheitlichen gemeinschaftsrechtlichen Ausgestaltung des Begriffs der "Unregelmäßigkeit" im Rahmen der Begriffsbestimmung des "Betruges" auf diesen zurückzugreifen. Dann würde allerdings die umfangreiche Gruppe von Fällen nicht erfasst, bei denen, trotz Schädigung der Gemeinschaftsfinanzen, kein formaler Verstoß gegen das Gemeinschaftsrecht vorliegt[33]. Der Begriff des Betruges muss aber auch auf die Fälle des Missbrauchs gemeinschaftsrechtlicher Vorschriften oder auf Verstöße gegen allgemeine Rechtsgrundsätze - wie den Grundsatz von Treu und Glauben - anwendbar sein, deren Unwertgehalt sich nicht allein aus einem Rechtsverstoß sondern vielmehr aus der subjektiven Zielrichtung der Schädigung finanzieller Interessen der Gemeinschaft ergibt[34]. Rein objektive Rechtsverstöße, die nach der Definition in Art. 1 Abs. 2 der Verordnung (EG) Nr. 2988/95[35] als Unregelmäßigkeit anzusehen sind, werden von dem Begriff des Betruges zum Nachteil der finanziellen Interessen der Gemeinschaften nicht erfasst[36]. Denn dieser erfordert immer eine *subjektive Vorwerfbarkeit*, die durch eine vorsätzliche oder leichtfertige bzw. auch durch eine nur fahrlässige Vorgehensweise gekennzeichnet ist[37]. Unter den Begriff des Betruges sind daher auch diejenigen Verhaltensweisen zu fassen, bei denen "aus offenkundiger Unfähigkeit" und

---

[32] v. 23.2.1995, ABl. 1995 Nr. L 312/1 ff.

[33] Diese sog. Scheingeschäfte und Umgehungshandlungen ohne formellen Rechtsverstoß machen aber einen weiten Bereich von Schädigungen des Gemeinschaftshaushalts aus und stellen sich regelmäßig als besonders spektakulär dar, vgl. Tiedemann, in: NJW 1990, 2226 (2230).

[34] Vgl. EuGH, Rs. 250/80, Slg. 1981 (Anklagemyndigheden/Schumacher, Gerth, Gothmann und Töpfer), 2465 (2478 f).

[35] v. 23.2.1995, ABl. 1995 Nr. L 312/1 ff.

[36] So auch Wolffgang/Ulrich, in: EuR 1998, 616 (627).

[37] Vgl. die Definition des Betruges zum Nachteil der finanziellen Interessen der Gemeinschaften in Art. 1 des Übereinkommens über den Schutz der finanziellen Interessen, ABl. 1995 Nr. C 316/49 f, wo die auf einem nur fahrlässigen Verhalten beruhende Unregelmäßigkeit ausgeklammert ist.

damit aus fahrlässiger Vorgehensweise den finanziellen Interessen der Gemeinschaften Schaden zugefügt wird[38]. Erweiternd fallen nicht nur rein strafrechtlich relevante, sondern auch ordnungswidrigkeitenrechtliche Verhaltensweisen[39] unter den Tatbestand des Betruges[40].

Zusammenfassend ist festzustellen, dass der Begriff des Betruges zum Nachteil der Gemeinschaftsfinanzen nicht in einem strafrechtlichen Sinne zu verstehen[41] sondern sehr weit auszulegen ist, gleichviel, ob er seitens der Abgeordneten des Europäischen Parlaments, der Angehörigen der übrigen Organe, Einrichtungen, Ämter und Agenturen sowie der Mitgliedstaaten der Gemeinschaft begangen wird. Es werden sowohl die auf einem vorsätzlichen oder fahrlässigen Verhalten beruhenden Verstöße gegen das Gemeinschaftsrecht mit strafrechtlicher sowie ordnungswidrigkeitenrechtlicher Relevanz erfasst als auch die Fälle des Rechtsmissbrauchs und der Umgehungsgeschäfte zum faktischen oder potentiellen Nachteil der Gemeinschaftsfinanzen. Zudem begründen auch diejenigen Fälle den Tatbestand des Betruges, bei denen aus persönlichem Unvermögen die übertragenen Aufgaben nicht ordnungsgemäß erfüllt werden können, denen aber kein formaler Rechtsverstoß zugrunde liegt und die sich nachteilig auf die finanziellen Interessen der Gemeinschaft auswirken oder auswirken können. Der Begriff der Betrügereien schließt damit den der sonstigen Unregelmäßigkeiten zum Nachteil der Gemeinschaftsfinanzen ein, soweit diesen wenigstens ein fahrlässiges Verhalten zugrunde liegt.

Von den Mitgliedern bzw. den Beamten und Bediensteten der Organe, Einrichtungen, Ämter und Agenturen der Gemeinschaft wurden insbesondere folgende Betrügereien bekannt:

---

[38] Ein Bedürfnis zur Ahndung solcher schuldhafter Vorgehensweisen besteht auch nach Auffassung des Generaldirektors des Amtes, vgl. Europäisches Amt für Betrugsbekämpfung, Tätigkeitsbericht (1. Juni 2000 – 31.Mai 2001), S. 11 ff, 58 f, der sie allerdings unter den Begriff der "sonstigen Unregelmäßigkeiten" fasst.

[39] Diese besitzen keinen kriminellen Gehalt und sind daher nicht mit Strafe bedroht, können aber als Ordnungs(Verwaltungs-)unrecht von gemeinschaftlicher sowie nationaler Seite mit Geldbuße geahndet werden.

[40] Der Begriff des Betruges muss einheitlich für den Begriff des Straf- wie des Verwaltungsrechts gelten; so auch: Prieß in: v.d. Groeben/Thiesing/Ehlermann, Art. 209a EGV, Rdnr. 10 f.

[41] So definiert etwa § 263 Abs. 1 des deutschen Strafgesetzbuches (im Folgenden: "StGB") den Tatbestand des Betruges folgendermaßen: "Wer in der Absicht, sich oder einem Dritten einen rechtswidrigen Vermögensvorteil zu verschaffen, das Vermögen eines anderen dadurch beschädigt, dass er durch Vorspiegelung falscher oder durch Entstellung oder Unterdrückung wahrer Tatsachen einen Irrtum erregt oder unterhält, wird mit Freiheitsstrafe bis zu fünf Jahren oder mit Geldstrafe bestraft".

- Vetternwirtschaft,
- Begünstigung,
- Fehlleitung von Geldern,
- Abrechnung nicht getätigter Auslagen[42],
- Verstoß gegen Managementregeln,
- Verstoß gegen Vergaberegeln,
- Einflussnahme, insbesondere auf öffentliche Ausschreibungen[43],
- Nicht vorhandene Förderfähigkeit der finanziellen Ausgaben,
- Zerstückelung von Ausgaben zwecks Umgehung etwaiger Beschränkungen bei Auswahlverfahren,
- Nichterbringung von Leistungen,
- Bestechung und Bestechlichkeit sowie
- Weitergabe vertraulicher und geschützter Informationen[44].

B. Der Schutz der Gemeinschaftsfinanzen

Aufgrund der Höhe der Gemeinschaftsmittel, der verschiedensten Einnahmen- und Ausgabenbereiche und insbesondere der Steigerung des Gemeinschaftsbudgets durch den wachsenden Aufgabenzuwachs der Gemeinschaft[45] bestehen

---

[42] Insbesondere den Abgeordneten des Europäischen Parlaments wird häufig vorgeworfen, nicht getätigte Dienstreisen abgerechnet bzw. getätigte Dienstreisen zu Lasten des Gemeinschaftshaushalts doppelt abgerechnet zu haben. Zudem tauchen Unklarheiten bei der Inrechnungstellung der sonstigen – mandatsbedingten - Auslagen auf, vgl. dazu Verhandlungen des Europäischen Parlaments Nr. 4 - 529/56.

[43] Im Berichtszeitraum 2000/2001 erkannte das Amt besondere Probleme im öffentlichen Auftragswesen, insbesondere wurden Fälle von Bestechungsvorwürfen gegen Ausschussmitglieder oder Fälle der unzulässigen Manipulation der öffentlichen Ausschreibungen durch diese untersucht; vgl. Europäisches Amt für Betrugsbekämpfung, Erster Bericht über die operativen Tätigkeiten (1. Juni 1999-31. März 2000), S. 11 ff.

[44] Vgl. dazu: Europäisches Amt für Betrugsbekämpfung, Erster Bericht über die operativen Tätigkeiten (1. Juni 1999-31. März 2000), S. 32; vgl. auch Überwachungsausschuss, Tätigkeitsbericht (Juli 2000-September 2001), S. 28 ff; einzusehen unter: http://europa.eu.int/comm/anti_fraud/reports/sup_comm/2001/rep_sc_2001de.pdf.
Bei zahlreichen Betrugsfällen in diesem Bereich wurde festgestellt, dass Fälschungen hergestellt und verwendet worden waren wie bspw. falsche Rechnungen, Ausgabenerklärungen oder Unterschriften. Vgl. als Fallbeispiel einer internen Untersuchung das von dem Amt im März 2002 gegen einen hochrangigen Beamten der Gemeinschaft eingeleitete Untersuchungsverfahren, in: Bericht des Europäischen Amtes für Betrugsbekämpfung, Dritter Tätigkeitsbericht für das im Juni 2002 endende Jahr, v. 17.10.2002, S. 15 f.

[45] Der Gemeinschaftshaushalt für das Jahr 2001 beläuft sich inzwischen auf über 96 Mrd. Euro, vgl. Endgültige Feststellung des Gesamthaushaltsplans der EU für das Haushaltsjahr 2001, ABl. 2001 Nr. L 56/1 ff. Danach steht der Gemeinschaft 95 % flexible Masse zur Verfügung (die Verwaltungsausgaben belaufen sich auf nur 5 %).

vielfältige Möglichkeiten zur Schädigung der Gemeinschaftsfinanzen[46]. Die aufgedeckten Betrügereien machen ca. 2 % der Ausstattung des Gemeinschaftshaushalts aus[47]. Die Dunkelziffer der Betrugsfälle dürfte dagegen zwischen 10 und 20 % betragen[48].

Der Begriff der finanziellen Interessen der Gemeinschaft umfasst zum einen den Gesamthaushalt und damit nahezu die gesamten Finanzen der Gemeinschaften sowie das Gemeinschaftsvermögen im weitesten Sinne, das heißt alle Einnahmen und Ausgaben, die von oder im Auftrag der Gemeinschaft bzw. ihrer Organe, Einrichtungen, Ämter und Agenturen verwaltet werden[49]. Der Begriff der finanziellen Interessen der Gemeinschaft ist damit weiter gefasst als der Begriff der "Einnahmen und Ausgaben der Gemeinschaft " und betrifft das gesamte Vermögen, bspw. auch die Immobilien der Gemeinschaft [50], sowie die Mittel, die den Organen und Einrichtungen der Gemeinschaften von den Mitgliedstaaten anvertraut werden[51]. Der Schutz der Gemeinschaftsfinanzen vor Betrügereien erstreckt sich somit auf jede vorsätzliche oder fahrlässige Maßnahme oder Unterlassung, die sich zu Lasten ihres Vermögens ausgewirkt hat oder haben könnte.

Zur Einordnung der Betrugsproblematik in das Finanzsystem der Gemeinschaft sei ein Überblick über die wichtigsten Einnahmen und Ausgaben des Gemeinschaftshaushalts gegeben.

---

[46] Zum Begriff der finanziellen Interessen, vgl. aus der deutschsprachigen und englischsprachigen Literatur: Bleckmann/Hölscheidt, DÖV 1990, 853 (853 ff); Waldhoff, in: Calliess/Ruffert, Art. 280 EGV Rdnr. 1 ff; Chavaki, in: ZEuS 1999, 431 (431 ff); Dannecker, in: ZStW 1996, 576 (578 f); Magiera, in: Grabitz/Hilf, Art. 209 a EGV, Rdnr. 6 ff; Griese, in: EuR 1998, 462 (464 ff); Häde, in: EuZW 1993, 401 (401 ff); Hidien, in: EuR 1997, 95; Mögele, in: EWS 1998, 1 (1 ff); Laffan, S. 36 ff; Moor, in: Sieber, S. 29 ff; Pache, S. 38 ff; Strasser, S. 88 ff; Prieß, in: v.d. Groeben/Thiesing/Ehlermann, Art. 209a, Rdnr. 12 ff; Ruimschotel, in: Journal of the Common Market Studies 1994, 319 (319 ff); Schoo, in: Schwarze, EU-Kommentar, Art. 280 EGV Rdnr. 19; Streinz, Rdnr. 581 ff; Vervaele, S. 27 ff; White, S. 47 ff; Wolffgang/Ullrich, in: EuR 1998, 616 (616 ff).

[47] Vgl. Theato, in: Henke, 11 (11).

[48] Vgl. Ruimschotel, in: Journal of the Common Market Studies 1994, 319 (320).

[49] Vgl. Art. 1 II Verordnung (EG) Nr. 2988/95 des Rates über den Schutz der finanziellen Interessen der Europäischen Gemeinschaften v. 23.2.1995, ABl. 1995 Nr. L 312/1ff; vgl. auch Art. 1 I (a) Übereinkommen über den Schutz der finanziellen Interessen der Europäischen Gemeinschaften v. 27.11.1995, ABl. 1995 Nr. C 316/49 ff; so auch Schoo, in: Schwarze, EU-Kommentar, Art. 280 EGV Rdnr. 19, der beispielhaft auf die vom EEF verwalteten Mittel verweist, die sich aus den Beiträgen der Mitgliedstaaten zusammensetzen.

[50] Vgl. den 2. Erwägungsgrund der Verordnung, wo ausdrücklich das Vermögen der Gemeinschaft vor Übergriffen geschützt werden soll.

[51] Von den Mitgliedstaaten überantwortete Mittel sind bspw. die der EZB anvertrauten Währungsreserven.

I. Einnahmen

Das derzeitige Finanzsystem der Gemeinschaft beruht auf dem Ratsbeschluss vom 31.10.1994 über das System der Eigenmittel der Gemeinschaften[52]. Danach verfügt die Gemeinschaft über vier Eigenmittelarten und über sonstige Einnahmen. Hinsichtlich der Einnahmen zielt das Gemeinschaftsinteresse darauf ab, die vollständige Erhebung und Abführung aller Gemeinschaftsmittel sicherzustellen[53].

1) Eigenmittel

Nach dem Eigenmittelbeschluss von 1994 gelten folgende Einnahmen als Eigenmittel der Gemeinschaft[54]:

- Abschöpfungen, Prämien, Zusatz- oder Ausgleichsabgaben, zusätzliche Teilbeträge und Ausgaben aus dem Warenverkehr mit Nichtmitgliedstaaten[55],
- Abgaben aus der Gemeinsamen Marktorganisation für Zucker[56],
- Zölle des Gemeinsamen Zolltarifs und andere Zölle, die auf Einfuhren aus Drittstaaten erhoben werden[57],
- Einnahmen, die sich aus der Anwendung eines für alle Mitgliedstaaten einheitlichen Satzes auf die nach Gemeinschaftsvorschriften bestimmte einheitliche Mehrwertsteuer-Bemessungsgrundlage eines jeden Mitgliedstaates ergeben[58] sowie
- Einnahmen aus der Anwendung eines Satzes auf den Gesamtbetrag des Bruttosozialprodukts aller Mitgliedstaaten[59].

Die Einziehung der Mittel erfolgt nicht durch eigene Behörden der Gemeinschaft, sondern durch die Mitgliedstaaten in eigener Verantwortung unter Prüfung der Kommission[60]. Generell gilt als Priorität der Betrugsbekämpfung durch das neu geschaffene Amt die Bekämpfung des massiven

---

52 Beschluss des Rates über das System der Eigenmittel der Europäischen Gemeinschaften vom 31.10.1994, ABl. 1989 Nr. L 155/1.

53 Vgl. Prieß, in: v.d. Groeben/Thiesing/Ehlermann, Art. 209a, Rdnr. 15.

54 Siehe dazu: Dannecker, in: ZStW 1996, 576 (578 f); Streinz, Rdnr. 581 ff; Wolffgang/Ulrich, in: EuR 1998, 616 (617 ff).

55 Vgl. Art. 2 Abs. 1 a) Eigenmittelbeschluss 1994, ABl. 1994 Nr. L 293/10.

56 Vgl. Art. 2 Abs. 1 a) Eigenmittelbeschluss 1994, ABl. 1994 Nr. L 293/10.

57 Vgl. Art. 2 Abs. 1 b) Eigenmittelbeschluss 1994, ABl. 1994 Nr. L 293/10.

58 Vgl. Art. 2 Abs. 1 c) Eigenmittelbeschluss 1994, ABl. 1994 Nr. L 293/10. Diese stellen die finanziell einträglichsten Eigenmittel dar und machen ca. 50% des Finanzaufkommens der Gemeinschaft aus; vgl. dazu: Hidien, in: EuR 1997, 95.

59 Vgl. Art. 2 Abs. 1 d) Eigenmittelbeschluss 1994, ABl. 1994 Nr. L 293/10.

60 Vgl. Art. 8 Eigenmittelbeschluss 1994, ABl. 1994 Nr. L 293/10.

Zollbetruges zum Nachteil der Eigenmittel der Gemeinschaft sowie der Betrügereien beim Agrarhandel[61].

2) Sonstige Einnahmen

Neben den genannten Eigenmitteln verfügt die Gemeinschaft zur Haushaltsdeckung noch über einige Einnahmen geringeren Umfanges. Dazu sind alle Einnahmen zu zählen, die Folge sonstiger Aktivitäten der Gemeinschaft im Rahmen ihrer Aufgabenerfüllung sind[62]. Dies sind insbesondere Einnahmen aus laufender Verwaltungstätigkeit, wie Verkäufen und Vermietungen, Vergütungen für sonstige Leistungen[63], Einkünften aus Geldbußen und Zwangsgeldern[64] sowie die Steuern auf die Gehälter der Gemeinschaftsbediensteten[65]. Aufgrund ihres niedrigen Volumens fallen sie gegenüber den Eigenmitteln allerdings kaum ins Gewicht[66].

II. Ausgaben

Das Interesse der Gemeinschaft richtet sich darauf, vom Gemeinschaftsrecht nicht vorgesehene Ausgaben zu Lasten des Gemeinschaftshaushalts zu verhindern. Das Primärrecht der EG enthält keine ausdrücklichen Vorgaben, in welchen Bereichen die Gemeinschaft Ausgaben tätigen darf und muss. Aus der Zuweisung von Aufgabenkompetenzen im Primärrecht, bzw. dem Prinzip der begrenzten Einzelzuständigkeit folgt allerdings die Befugnis der Gemeinschaft, die ihr zugewiesenen Einnahmen auch im Rahmen ihrer Aufgabenerfüllung einzusetzen[67]. Die Ausgaben können als obligatorisch bezeichnet werden, wenn sie sich zwingend aus dem Primär- oder Sekundärrecht ergeben, oder sie können den für die Verausgabung zuständigen Gemeinschaftsorganen zugeteilt werden[68].

---

[61] Vgl. dazu Europäisches Amt für Betrugsbekämpfung, Erster Bericht über die operativen Tätigkeiten (1. Juni 1999-31. März 2000), S. 25 f, 28 ff.

[62] Vgl. auch die Übersicht betreffend die wichtigsten Arten sonstiger Einnahmen bei Strasser, S. 103 f.

[63] Vgl. Pache, S. 49.

[64] Vgl. Häde, in: EuZW 1993, 401 (401 f).

[65] Vgl. Bleckmann/Hölscheidt, in: DÖV 1990, 853 (853).

[66] Im Haushaltsjahr 2001 betrugen sie 1, 7 % des Gesamthaushalts; vgl. Endgültige Feststellung des Gesamthaushaltsplans der Gemeinschaften für das Haushaltsjahr 2001, ABl. 2001 Nr. L 56/1 ff.

[67] Vgl. Pache, S. 52. Die Ausgaben der Gemeinschaft haben sich nach dem Grundsatz des Haushaltsausgleichs auch im Rahmen der Gemeinschaftseinnahmen zu halten. Mehrausgaben sind über Nachtrags- und Berichtigungshaushalte auszugleichen.

[68] Vgl. Häde, in: EuZW 1993, 401 (401 f); Strasser, S. 186.

Zur Förderung der Gemeinschaftsinteressen relevant sind insbesondere:

- Agrarausgaben[69],
- Ausgaben im Zusammenhang mit Strukturmaßnahmen[70],
- Ausgaben betreffend interne Politiken[71],
- Ausgaben betreffend externe Politiken[72],
- Verwaltungsausgaben[73].

Bei den Strukturmaßnahmen[74] und den Ausgaben betreffend interne sowie externe Politiken[75] sind verwaltungsrechtliche Untersuchungen *innerhalb* der

---

69 Die Finanzierung der gemeinschaftlichen Agrarpolitik macht mit 50 % den größten Posten der Gemeinschaftsausgaben aus. Die Finanzierung erfolgt durch den gem. Art. 40 Abs. 3 EGV gegründeten Europäischen Ausrichtungs- und Garantiefonds für die Landwirtschaft (EAGFL); vgl. auch Verordnung (EWG) Nr. 729/70 des Rates vom 21.4.1970 über die Finanzierung der gemeinsamen Agrarpolitik, ABl. 1970 Nr. L 94 /13 ff sowie Mögele, in: EWS 1998, 1 (6 f).

70 Zur Förderung des wirtschaftlichen und sozialen Zusammenhalts innerhalb der Gemeinschaft vergibt diese Mittel mit struktureller Zweckbestimmung. Die auf den Zielvorgaben des Art. 158 (Stärkung der wirtschaftlichen und sozialen Zusammenarbeit) sowie des Art. 160 EGV (Angleichung bei regionalen Ungleichgewichten) beruhenden Strukturfonds stellen dabei die größten Ausgabefaktoren dar; vgl. zu den Strukturfonds auch Europäischer Rechnungshof, Sonderbericht Nr. 15/1998 über die Bewertung der Strukturfonds-Interventionen in den Zeiträumen 1989-1993 und 1994-1999 zusammen mit den Antworten der Kommission, in: ABl. 1998 Nr. C 347/ 1 ff.

71 Die Gemeinschaft fördert Aktivitäten in verschiedenen Politikbereichen wie in den Bereichen Bildung, Kultur, Umwelt, Verbraucherschutz u.a. *ohne formale Beteiligung der Mitgliedstaaten*; vgl. dazu: Kommission, Finanzverfassung, S. 95 f.

72 Diese betreffen die Finanzierung von Maßnahmen in Bezug auf Drittstaaten wie beispielsweise die Finanzierung von Reformprogrammen für die mittel- und osteuropäischen Staaten oder die Finanzierung der Zusammenarbeit mit Entwicklungsländern und den Ländern des Mittelmeerraumes. Besonders betrugsanfällig ist hier der Bereich der öffentlichen Ausschreibungen, der Zuschüsse für Drittstaaten (insbesondere im Rahmen des abgelösten Abkommens von Lomé) sowie der Verwaltung der Gemeinschaftsprogramme (Phare, Tacis, JOP u.a.), vgl. die Analyse des Amtes im Bereich der externen Politikbereiche im Berichtszeitraum Juni 2000-Mai 2001, Europäisches Amt für Betrugsbekämpfung, Tätigkeitsbericht (1. Juni 2000-31.Mai 2001), S. 13 ff.

73 Die Verwaltungsausgaben sind bspw. die Kosten für Material, Veröffentlichungen, Personal und Gebäude; vgl. Wolffgang/Ulrich, in: EuR 1998, 616 (624). Sie haben einen Anteil von 5 % am Gesamthaushalt; vgl. Endgültige Feststellung des Gesamthaushaltsplans der Gemeinschaften für das Haushaltsjahr 2001, ABl. 2001 Nr. L 56/1 ff.

74 Angesichts der zentralen Aufgabe der Mitgliedstaaten bei Strukturfondsvorhaben konzentriert das Amt seine Bemühungen auf die eigenen Untersuchungen und die besonders risikoanfälligen Bereiche, vgl. Europäisches Amt für Betrugsbekämpfung, Tätigkeitsbericht 1. Juni 2000-31.Mai 2001, S. 16 ff.

Organe und Einrichtungen der Gemeinschaft zur Aufdeckung von Betrügereien von größter Bedeutung[76] und das Hauptaugenmerk des neu gegründeten Amtes[77].

C. Das Rechtssystem zum Schutz der Gemeinschaftsfinanzen

Die Bekämpfung des Betruges zum Nachteil der Gemeinschaftsfinanzen erfolgt sowohl "vertikal" durch die Organe der Gemeinschaft als auch "horizontal" durch die Mitgliedstaaten.

I. Regelungen im Primärrecht

Der Regelfall der Vollziehung des Gemeinschaftsrechts durch die Mitgliedstaaten[78] ist auch für die Betrugsbekämpfung kennzeichnend. So obliegt es den Mitgliedstaaten, den Schutz der finanziellen Interessen der Gemeinschaft durch die Aufklärung, Verhütung und Bekämpfung betrügerischer Praktiken sicherzustellen. Die Bekämpfung von Betrügereien erfolgt einerseits durch Kontrollen, andererseits dadurch, dass Verstöße gegen gemeinschaftsrechtliche Regelungen sanktioniert und die entsprechenden Beträge eingezogen werden.

Das Primärrecht der EG enthält erst seit der Regierungskonferenz von Maastricht zwei positivrechtliche Grundlagen, die sich mit der Bekämpfung des Betruges sowohl durch die Mitgliedstaaten als auch durch die Organe und anderen Stellen der Gemeinschaft zum Nachteil der Gemeinschaftsfinanzen befassen, nämlich Art. 209 a EGV, (durch den Amsterdamer Vertrag in geänderter Fassung als Art. 280 EGV) und Art. K1 EUV Titel VI, (seit Amsterdam geändert als Art. 29 EUV). Insbesondere ist herauszustellen, ob die Regelungen des EG-Vertrages geeignet sind, der Gemeinschaft im Kontext mit

---

[75] Der Anteil der beiden Politikbereiche am Gemeinschaftshaushalt beträgt zusammen ca. 15%, vgl. Endgültige Feststellung des Gesamthaushaltsplans der Gemeinschaften für das Haushaltsjahr 2001, ABl. 2001 Nr. L 56/1 ff.

[76] Dies wird besonders deutlich durch die betrügerischen Vorgänge von Kommissionsbediensteten insbesondere im Bereich der Ausgaben für externe Politiken, vgl. dazu Förderprogramm "Phare“, "Echo“ und "Tacis“, bei denen der Kommission Korruptionsaffären vorgeworfen worden waren, die im März 1999 zum Rücktritt der Kommission beigetragen haben. Aber auch im Bereich der internen Politiken besteht die Gefahr, dass Genehmigungsverfahren für Zuschüsse und Zahlungen nicht ordnungsgemäß abgewickelt bzw. Kontrollen für erstattungsfähige Auslagen durch die zuständigen Kommissionsdienststellen nicht durchgeführt werden, vgl. Europäisches Amt für Betrugsbekämpfung, Tätigkeitsbericht (1. Juni 2000-31.Mai 2001), S. 15 f.

[77] Vgl. dazu: Europäisches Amt für Betrugsbekämpfung, Erster Bericht über die operativen Tätigkeiten (1. Juni 1999-31. März 2000), S. 30 f.

[78] Vgl. Schweitzer/Hummer, S. 97.

der Errichtung des Amtes die Verbandskompetenz auf dem Gebiet eines europäischen Strafrechts sowie einer europäischen Strafverfolgung zu verschaffen[79].

Die primärrechtlichen Vorschriften sollen zum besseren Verständnis ihrer Zusammenhänge und ihrer Verzahnung in die Zeit vor und mit Einführung des Amsterdamer Vertrages vom 02.10.1997[80] - unter Berücksichtigung der Änderungen durch den Vertrag von Nizza vom 26.02.2001[81] und des von dem Europäischen Konvent am 18.07.2003 vorgelegten Entwurfs eines Vertrages über eine Verfassung für Europa[82] - eingeteilt werden.

1) Vor Einführung des Amsterdamer Vertrages

a) Art. 209 a EGV

aa) Regelungsgehalt

Art. 209 a EGV hatte seinen Ursprung im Grundsatzurteil des EuGH vom 21.09.1989 im sog. griechischen Maisskandal[83]. Darin stellte der Gerichtshof die aus Art. 5 Abs. 1 EGV (Art. 10 EGV) abgeleitete Verpflichtung der Mitgliedstaaten fest, Verstöße gegen das Gemeinschaftsrecht "(...) nach ähnlichen sachlichen und verfahrensrechtlichen Regeln (zu ahnden) wie nach Art und Schwere gleichartige Verstöße gegen nationales Recht, wobei die Sanktion jedenfalls wirksam, verhältnismäßig und abschreckend sein muss". Zweck der Schaffung des Art. 209 a EGV war es somit, die Pflicht der Mitgliedstaaten zur Bekämpfung von Betrügereien zum Nachteil der Gemeinschaftsfinanzen sowie ihre Ausgestaltung *primärrechtlich* festzulegen.

Im Hinblick auf die Betrugsbekämpfung folgte aus der Gleichstellungsverpflichtung in Art. 209 a Abs. 1 EGV, dass die nationalen Vorschriften schon aufgrund gemeinschaftsrechtlicher Vorgaben so auszulegen waren, dass sie zugleich den Schutz der finanziellen Interessen der Gemeinschaft mitumfassten. Zudem folgte aus dem sog. "Gebot der

---

[79] Gemäß Art. 5 Abs. 1 sowie Art. 7 UAbs. 2 EGV bedarf es hierzu einer "begrenzten Einzelermächtigung" der EG durch die primärrechtlichen Vorschriften.

[80] Vertrag von Amsterdam zur Änderung des Vertrages über die Europäische Union, der Verträge zur Gründung der Europäischen Gemeinschaften sowie einiger damit zusammenhängender Rechtsakte, unterzeichnet in Amsterdam am 02.10.1997, ABl. 1997 Nr. C 340/173 ff.

[81] Vertrag von Nizza zur Änderung des Vertrages über die Europäische Union, der Verträge zur Gründung der Europäischen Gemeinschaften sowie einiger damit zusammenhängender Rechtsakte, unterzeichnet in Nizza am 26. Februar 2001, ABl. 2001 Nr. C 80/1 ff.

[82] Vgl. CONV 850/03, S. 213, ABl. 2003 Nr. C 169/1 ff.

[83] Vgl. EuGH, Rs. 68/88, Slg. 1989 (Kommission/Griechenland), 2965 (2984).

Assimilierung", dass bei einer vorsätzlichen oder grob fahrlässigen Zuwiderhandlung zum Schutz dieser Interessen gegen die betreffende natürliche oder juristische Person[84] von mitgliedstaatlicher Seite verwaltungsrechtliche- oder strafrechtliche Sanktionen auferlegt werden mussten[85]. Nach der Rechtsprechung des EuGH[86] waren die Mitgliedstaaten gehalten, bei der Verhängung entsprechender Sanktionen zum Schutz der finanziellen Interessen der Gemeinschaft zu beachten, dass diese wirksam[87], verhältnismäßig[88] und abschreckend[89] sind.

bb) Stellungnahme

Die Verpflichtung der Mitgliedstaaten zur Bekämpfung des Betruges zum Nachteil der Gemeinschaftsfinanzen ergab sich bereits aus der allgemeinen Pflicht der Mitgliedstaaten zur loyalen Zusammenarbeit mit der Gemeinschaft (Art. 5 EGV a.F. / Art. 10 EGV n.F.). Insoweit erwies sich Art. 209 a Abs. 1 EGV nicht als eine neue konstitutive, sondern als eine deklaratorische Reglung, in der die Tragweite des Art. 5 EGV n.F. lediglich präzisiert wurde. Neu war allerdings die Verpflichtung der Mitgliedstaaten zur Zusammenarbeit mit

---

[84] Nicht geregelt werden Verstöße der Mitgliedstaaten bei der Anwendung und Ausführung des Gemeinschaftsrechts; diese sind besonderen Sanktionen im Wege des Vertragsverletzungsverfahrens gemäß Art. 169 EGV a.F. (Art. 226 EGV n.F.) oder einer Finanzkorrektur im Rahmen des jährlichen Rechnungsabschlusses gemäß Art. 7, Verordnung Nr. 1552/89 ausgesetzt. Ebenso fallen Verstöße der Bediensteten der Gemeinschaft, die bei der Verwaltung der Haushaltsmittel einer besonderen Verantwortung gemäß der Haushaltsordnung unterliegen, nicht unter Art. 209 a EGV a.F, vgl. Bericht über die verstärkte Bekämpfung von Betrügereien, die zu Lasten des Gemeinschaftshaushalts begangen werden, Dok. KOM (87) 572 endg., Ziff. 7.

[85] Die Auferlegung von Sanktionen erfordert die Schaffung entsprechender Tatbestände zum Schutz der Gemeinschaftsfinanzen im nationalen Recht; vgl. dazu auch: Prieß, in: v.d. Groeben/Thiesing/Ehlermann, Art. 209 a EGV, Rdnr. 26.

[86] Vgl. EuGH Rs. 68/88, Slg. 1989 (Kommission/Griechenland), 2965 (2984) sowie Rs. 240/90, Slg. 1992 (Deutschland/Kommission), I-5383; Rs. C-36/94, Slg. 1995, (Siesse/Director da Alfândega de Alcântara), I-3573 ff.

[87] So muss das nationale Recht einerseits die Verhängung von Sanktionen überhaupt ermöglichen und anderseits durch die Verhängung der Sanktion den Rechtsverstoß und seine Folgen beseitigen und/oder ausgleichen, vgl. Prieß, in: v. d. Groeben/Thiesing/Ehlermann, Art. 209 a EGV, Rdnr. 34.

[88] Danach sind die Schwere des Rechtsverstoßes und die Folgen der Sanktion in einem ausgewogenen Gleichgewicht zu halten; vgl. zum Grundsatz der Verhältnismäßigkeit bspw. EuGH, Rs. 188/82, Slg. 1983 (Thyssen/Kommission), 3721 (3736).

[89] Die Sanktionen sollen einerseits Dritte von der Begehung von Betrügereien zum Nachteil der finanziellen Interessen der Europäischen Gemeinschaft bewahren (Generalprävention) sowie andererseits den Täter selbst vor einer fortgesetzten Begehung von Betrügereien abhalten (Spezialprävention), vgl. Prieß, in: v.d. Groeben/Thiesing/Ehlermann, Art. 209 a EGV, Rdnr. 36.

Unterstützung der Kommission, Art. 209 a Abs. 2 EGV[90]. Mit Einführung des Art. 209 a EGV durch den Maastrichter Vertrag war strittig, inwieweit sich die Gemeinschaftsorgane bei ihrer Rechtssetzung auf Art. 209 a EGV stützen konnten. Das Europäische Parlament hatte wiederholt die Auffassung vertreten, dass gemeinschaftliche Rechtsakte zur Harmonisierung nationaler Vorschriften über verwaltungsrechtliche und strafrechtliche Sanktionen neben Art. 100 a EGV a.F. (Art. 95 EGV n.F.) auch auf Art. 209 a EGV a.F. gestützt werden müssten[91]. Auch im Schrifttum wurde vertreten, dass Art. 209 a EGV zusammen mit anderen Vorschriften Ermächtigungsgrundlage für ein Tätigwerden der Gemeinschaftsorgane sein könnte[92]. Nach Ansicht der Kommission folgte allerdings aus der Tatsache, dass Art. 209 a EGV nach seinem Wortlaut keine ausdrückliche Rechtsetzungskompetenz begründete, die fehlende Eignung als Kompetenznorm der Gemeinschaft im Bereich des Bekämpfung von Betrügereien. Zweck der Vorschrift sei es nur gewesen, als "lex specialis“ zu Art. 5 EGV a.F. die Verpflichtungen der Mitgliedstaaten bei der Betrugsbekämpfung (Art. 209 a Abs. 1 EGV a.F.) sowie die Rolle der Kommission als Koordinator bei der Zusammenarbeit der Mitgliedstaaten (Art. 209 a EGV a.F.) festzuschreiben. Dieser Rechtsansicht ist wegen des eindeutigen Wortlautes des Art. 209 a EGV a.F., der ausdrücklich in beiden Absätzen auf eine Verpflichtung der Mitgliedstaaten abstellt, zu folgen. Die Koordinierung der mitgliedstaatlichen Zusammenarbeit durch die Kommission (Art. 209 a Abs. 2 EGV a.F.) war insoweit als Grenze der mitgliedstaatlichen Befugnisse nach Art. 209 a Abs. 1 EGV zu verstehen. Dass der Erlass von auf Art. 209 a EGV basierenden Rechtsakten im Rahmen des Rechtsetzungsverfahrens der Gemeinschaft ebenfalls als Maßnahme der Koordinierung i.S.d. Art. 209 a Abs. 2 EGV angesehen werden konnte, erscheint nicht sachgerecht[93]. Auch aus dem französischen Text des Abs. 2 ("services responsables de leurs administrations“) kann geschlossen werden, dass schon begrifflich mit "Administration“ allein die ausführende und nicht die rechtsetzende Gewalt gemeint ist. Aus Art. 209 a EGV a.F. konnte daher keine Rechtsetzungskompetenz der Gemeinschaft zum Schutz ihrer finanziellen Interessen abgeleitet werden. Die Kommission stützte sich konsequenterweise bei ihrer Rechtsetzung im Bereich der Betrugsbekämpfung auf die allgemeine Klausel des Art. 235

[90] Vgl. Schlussanträge des EuGH in der Rs. C-476/93, Slg. 1995 (Nutral/Kommission), I-4125. Entsprechende Maßnahmen der Kommission erfolgten regelmäßig im Wege der Organisation der Zusammenarbeit der Mitgliedstaaten, des Austausches von Informationen, durch Amtshilfe sowie durch die Beschließung von Maßnahmen aus eigener Zuständigkeit nach Art. 155 EGV a.F. (Art. 211 EGV n.F.).

[91] Vgl. bspw. Dok. A4-0040/95, S. 11. sowie Dok. A4-0039/95, S. 5.

[92] Vgl. Prieß, in: v.d. Groeben/Thiesing/Ehlermann, Art. 209 a EGV, Rdnr. 3 ff; Magiera, in: Grabitz, Art. 209 a EGV Rdnr. 18 und 22 a.E.

[93] So aber Prieß, in: v.d. Groeben/Thiesing/Ehlermann, Art. 209 a EGV Rdnr. 5.

EGV a.F. (Art. 308 EGV n.F.)[94]. Gemäß Art. 235 EGV a.F. erlässt der Rat auf einstimmigen Beschluss nach Anhörung des Parlaments die erforderlichen Rechtsakte[95].

Das Erfordernis der Einstimmigkeit behindert aber grundsätzlich zweckgerechte Lösungen[96]. Die Forderung des Art. 209 a EGV nach einer Selbstverpflichtung der Mitgliedstaaten, Betrügereien bei Gemeinschaftsmitteln genauso wie bei nationalen Mitteln zu bekämpfen, war damit letztlich nicht durchsetzbar. Für den Gemeinschaftsgesetzgeber bestand die Notwendigkeit, Art. 209 a EGV so zu präzisieren, dass er als Rechtsgrundlage für ein Handeln der EG im Rahmen der Betrugsbekämpfung herangezogen werden kann und die Stellung des Europäischen Parlaments im Rahmen der Beschlussfassung gestärkt wird.

b) Art. K. 1 Nr. 5 EUV Titel VI

aa) Regelungsgehalt

Die zweite Rechtsgrundlage im Primärrecht zur Betrugsbekämpfung vor Einführung des Amsterdamer Vertrages war Art. K. 1 Nr. 5 Titel VI i.V.m. Art. K. 3 Abs. 2 EUV. Art. K. 1 Nr. 5 EUV zählt die Bekämpfung von Betrügereien im internationalen Maßstab zu den Angelegenheiten von gemeinsamen Interesse der Mitgliedstaaten, soweit dieser Bereich nicht von Art. K. 1 Nr. 7 und 8, d.h. der justitiellen Zusammenarbeit in Zivil- bzw. in Strafsachen, erfasst war. Aus der Stellung der Vorschrift in Titel VI EUV bei den Bestimmungen über die Zusammenarbeit in den Bereichen Justiz und Inneres ergibt sich die ausschließliche Zuständigkeit der Mitgliedstaaten. Gemäß Art. K. 3 Abs. 2 EUV konnte der Rat der EU im Rahmen der Betrugsbekämpfung nach Art. K. 1 Nr. 5 EUV auf Initiative eines Mitgliedstaates oder der Kommission gemeinsame Standpunkte festlegen, gemeinsame Maßnahmen annehmen oder Über-

---

[94] Vgl. bspw. die auf Art. 235 a.F. gestützte Verordnung (EG) Nr. 2988/95 des Rates über den Schutz der finanziellen Interessen der Europäischen Gemeinschaften v. 23.2.1995, ABl. 1995 Nr. L 312/1ff. Auf Art. 209a EGV wurde ausschließlich die Entscheidung zur Schaffung eines beratenden Ausschusses für die Koordinierung der Betrugsbekämpfung gestützt; vgl. ABl. 1994 Nr. L 61(72).

[95] Vgl. Grabitz, in Grabitz, Art. 235 EGV, Rdnr. 3 ff.

[96] So auch: Altmaier, in: Altmaier/Friedmann/Schüler/Theato, S. 60, der darauf abstellt, dass das Erfordernis einstimmiger Entscheidungen der Mitgliedstaaten häufig dazu führe, dass im Vorfeld der Entscheidung so viele Kompromisse erzielt würden, dass der Lösungsweg dem ihm zugedachten Zweck nicht mehr genügen könne. Die Entscheidungsfindung im Rahmen des Art. 235 EGV a.F. litt de facto daran, dass dem Verfahren der bloßen Anhörung des Europäischen Parlaments insoweit ein Demokratiedefizit innewohnt als die Abgeordneten des Europäischen Parlaments im Rahmen dieses Verfahrens nur einen sehr geringen Einfluss auf die Gesetzgebung ausüben können; vgl. generell zum Demokratiedefizit in der Europäischen Union: Schönberger, S. 99 ff.

einkommen ausarbeiten, die er den Mitgliedstaaten gemäß ihren verfassungsrechtlichen Vorschriften zur Annahme empfahl.

bb) Stellungnahme

Der Anwendungsbereich des. Art. K. 1 Nr. 5 EUV stellte zum Schutz der Gemeinschaftsfinanzen vor Betrügereien ein Verfahren aus der sog. "dritten Säule" der Europäischen Union[97] (im Folgenden: "EU") bereit[98]. Im Verhältnis zu Art. 209 a EGV war Art. K. 1 Nr. 5 EUV einerseits weiter als Art. 209 a EGV, indem er jede Art des Betruges im internationalen Maßstab, also auch die Schädigung privaten Vermögens betraf[99], andererseits war Art. 209 a EGV als primärrechtlicher Regelung der Vorrang zuzuerkennen[100]. Teilweise wurde kritisiert, dass Art. K. 1 Nr. 5 EUV die Betrugsbekämpfung bzw. die justitielle Zusammenarbeit in Strafsachen gemäß Art. K.1 Nr. 7 EUV a.F. zwar als "Angelegenheit von gemeinsamem Interesse“ definierte, jedoch im Rahmen des Maastrichter Vertrages keine neuen Kompetenzen auf die EG übertragen worden waren[101]. Die Kommission[102] sowie einige Mitgliedstaaten[103] gingen davon aus, dass Art. K. 3 EUV i. V. m. Art. K. 1 EUV selbst die Kompetenznorm zum Erlass strafrechtlicher Regelungen im Bereich der Betrugsbekämpfung darstellte. Denn aufgrund der Tragweite strafrechtlicher Maßnahmen sei alleine eine zwischenstaatliche Regelung, basierend auf Titel VI EUV, zum Schutz der finanziellen Interessen der Gemeinschaft angemessen. Die Wahl eines Rechtsinstruments aus dem Titel VI des Unionsvertrages anstelle eines gemeinschaftlichen Rechtsinstruments standen allerdings Einwände, vor allem des Europäischen Parlaments, gegenüber. Das Europäische

---

[97] Vgl. zum Verhältnis der EG zur EU: Pechstein/König, S. 1 ff.

[98] Dabei handelt es sich um den Abschluss eines völkerrechtlichen Vertrages, das der Ratifizierung durch die Mitgliedstaaten bedarf; vgl. das auf Art. K 3 Abs. 2 c EUV a.F. i. V. m. Art. K 1 Nr. 5 EuV a.F. gestützte Übereinkommen über den Schutz der finanziellen Interessen der Europäischen Gemeinschaften, ABl. 1995 Nr. C 316/49 ff.

[99] Denn während Art. 209 a EGV ausschließlich die finanziellen Interessen der Gemeinschaft zum Gegenstand hat, betrifft Art. K.1 Nr. 5 EUV jede Art von Betrügerei im internationalen Maßstab, also auch die Schädigung privaten Vermögens, vgl. Degen, in: Groeben/Thiesing/Ehlermann, Art. K.1 EUV, Rdnr. 17 sowie Prieß, in: v.d. Groeben/Thiesing/Ehlermann, Art. 209 a EGV Rdnr. 86 f.

[100] Dass Art. 209 a EGV der Vorrang vor Art. K.1 Nr. 5 EUV zuzuerkennen war, ergab sich auch im Hinblick auf Art. M EUV a.F., der die Vorschriften des EG-Vertrages - vorbehaltlich des Art. G EUV a.F. - durch den EU-Vertrag unberührt ließ.

[101] Vgl. Theato, in: Altmaier/Friedmann/Schüler/Theato, S. 29.

[102] Vgl. Dok. KOM(1994) 214 endg. vom 15.6.1994, S. 4.

[103] Vgl. Vorschlag des Vereinigten Königreiches v. 23.3.1994 für eine gemeinsame Aktion im Bereich des Schutzes der finanziellen Interessen, die allein auf Art. K.3 EUV a.F. gestützt war, Communication de M.P. Schmidhuber en association avec M.P. Flynn a la Commission en matiere de protection juridique des interets financiers communautaires, S. 3 ff.

Parlament vertrat den Standpunkt, dass die Rechtsetzung im Bereich der Betrugsbekämpfung innerhalb des gemeinschaftsrechtlichen Rahmens vorzunehmen sei, um eine einheitliche, unionsweite Strategie zum Schutz der finanziellen Interessen der Gemeinschaft zu schaffen, die sowohl den verwaltungs- als auch den strafrechtlichen Schutz umfassen sollte[104]. Nach Ansicht des Europäischen Parlaments wäre daher eine Verordnung des Rates - basierend auf Art. 209 a EGV - die richtige Handlungsform zum Schutz der Gemeinschaftsfinanzen.

Da aber - entgegen der Auffassung des Europäischen Parlaments - Gemeinschaftsrechtsakte nicht auf Art. 209 a EGV gestützt werden konnten, war ein Übereinkommen zwischen den Mitgliedstaaten, bis zur Novellierung des Art. 209 a EGV durch den Vertrag von Amsterdam, die einzige Möglichkeit für den Gemeinschaftsgesetzgeber, Maßnahmen zur Bekämpfung von Betrügereien zu beschließen. Art. K.1 EUV i.V.m. Art. Art. K.3 und K.9 EUV a.F. ergänzten somit, bis zur Einführung des Amsterdamer Vertrages, den Schutz der Gemeinschaftsfinanzen durch Art. 209 a EGV a.F.

2) Mit Einführung des Amsterdamer Vertrages

a) Art. 280 EGV

aa) Regelungsgehalt

Art. 209 a EGV ist durch den Vertrag von Amsterdam[105] reformiert worden. Der Vertrag von Nizza[106] hat die geänderte Fassung des Art. 280 EGV beibehalten.

Die in Art. 280 Abs. 1 EGV enthaltenen Anforderungen an abschreckende und effektive Maßnahmen zur Betrugsbekämpfung greifen die Rechtsprechung des EuGH auf (Grundsatzurteil vom 21.9.1989[107]). Abs. 2 des Art. 280 EGV übernimmt das Assimilierungsgebot des bisherigen Artikels 209 a Abs. 1 EGV und normiert damit das Gebot für die Mitgliedstaaten, Verstöße gegen das Gemeinschaftsrecht nach ähnlichen sachlichen und verfahrensrechtlichen Regeln zu ahnden wie vergleichbare Verstöße gegen das nationale Recht[108].

---

[104] Vgl. Legislative Entschließung v. 15.3.1995, ABl. 1995 Nr. C 89/82, vgl. auch: Unterrichtung durch das Europäische Parlament, Bundesratsdrucksache Nr. 779/96, S. 2.

[105] v. 02.10.1997, BGBl. 1998 II S. 387 ff, ber. BGBl. 1999 II S. 416 ff.

[106] Vertrag von Nizza zur Änderung des Vertrages über die Europäische Union, der Verträge zur Gründung der Europäischen Gemeinschaften sowie einiger damit zusammenhängender Rechtsakte, unterzeichnet in Nizza am 26. Februar 2001, ABl. 2001 Nr. C 80/1 ff; BGBl. 2001 II S. 1667 ff.

[107] EuGH, Rs. 68/88, Slg. 1989 (Kommission/Griechenland), 2965 (2984).

[108] EuGH, Rs. 68/88, aaO, 2965 (2984 f), Rdnr. 23 f.

Abs. 3 des Art. 280 EGV entspricht dem bisherigen Abs. 2 des Art. 209 a EGV betreffend der Pflicht der Mitgliedstaaten zur regelmäßigen Zusammenarbeit bei der Betrugsbekämpfung und der Koordinierungsfunktion der Kommission. Durch den neuen Abs. 4 des Art. 280 EGV erhält die EG die Kompetenz zum Beschluss der "erforderlichen Maßnahmen zur Verhütung und Bekämpfung von Betrügereien". Art. 280 Abs. 4 EGV sieht dabei vor, dass der Rat der EU gemäß dem Verfahren des Art. 251 EGV nach Anhörung des Rechungshofes beschließt. Dadurch wird die Rolle des Europäischen Parlaments als Mitgesetzgeber neben dem Rat der EU im Bereich der Betrugsbekämpfung begründet und den dahingehenden Forderungen[109] Rechnung getragen. Der neue Abs. 5 verpflichtet die Kommission zur jährlichen Vorlage eines Berichtes über die Maßnahmen zur Durchführung von Art. 280 EGV.

bb) Stellungnahme

Der Schutz der finanziellen Interessen der EG wird durch die neu eingefügten Absätze 1, 4 und 5 verstärkt. So besteht das Assimilierungsgebot in Art. 280 Abs. 1 EGV weiterhin, kann aber nach Abs. 4 subsidiär durch Maßnahmen der Gemeinschaft ersetzt werden, wenn Assimilierungsmaßnahmen der Mitgliedstaaten keinen ausreichenden Schutz der Gemeinschaftsfinanzen bewirken können. Mit der Neufassung von Abs. 4 des Art. 280 EGV eröffnet sich für die Gemeinschaft die Möglichkeit, alle erforderlichen Maßnahmen zur Verhütung und Bekämpfung von Betrügereien zu ergreifen.

Zu problematisieren ist, ob Art. 280 Abs. 4 EGV den Rat der EU gemäß dem eindeutigen Wortlaut nur dazu ermächtigt, zur Verhütung und Bekämpfung von Betrügereien Maßnahmen *"in den Mitgliedstaaten"* einzuleiten, oder, ob Art. 280 Abs. 4 EGV auch als Rechtsgrundlage für die Einführung gemeinschaftsrechtlicher Maßnahmen zur Betrugsbekämpfung angesehen werden kann.

Es ist davon auszugehen, dass der Sinn und Zweck des Art. 280 Abs. 4 EGV darin besteht, der EG eine Rechtsgrundlage für den Erlass gemeinschaftsrechtlicher Vorschriften zur Verhütung und Bekämpfung von Betrügereien auch innerhalb der EG zu eröffnen. Dies lässt sich aus folgenden Erwägungen schließen: Ausgehend von der Tatsache, dass Betrugsfälle der Organe, Einrichtungen, Ämter und Agenturen der EG nicht anders zu bewerten sind als solche innerhalb der Mitgliedstaaten bzw. Betrugsfälle in den Mitgliedstaaten eine interne Komponente in den Organen, Einrichtungen,

---

[109] Vgl. Sieber, in: v. Gerven/Zuleeg, 71, 77 f; Vogel, in: Dannecker, 170 (185 ff); Dahrendorf, S. 213; Boest, in: EuR 1992, 182 (182 ff).

Ämtern und Agenturen der EG besitzen können (oder umgekehrt)[110], ergibt sich die Notwendigkeit, dass der EG für die Bekämpfung sog. "interner Betrugsfälle" ebenfalls eine gemeinschaftsrechtliche Rechtsgrundlage zur Verfügung stehen muss. Art. 280 Abs. 1 EGV erklärt zudem die Bekämpfung von Betrügereien ausdrücklich zu einer Aufgabe der Mitgliedstaaten *und der Gemeinschaft*. Er sieht nicht vor, dass ein Organ oder eine Einrichtung der Gemeinschaft von diesem Zweck ausgenommen bleibt. Die effektive Bekämpfung von Betrügereien könnte auch nur schwer verwirklicht werden, wenn der Gemeinschaftsgesetzgeber nicht auch Maßnahmen für die Organe, Einrichtungen, Ämtern und Agenturen der Gemeinschaft erlassen könnte.

Auch nach Entstehungsgeschichte und Motiven[111] kann die Vorschrift nur so verstanden werden, dass sie sowohl eine Ermächtigung der Mitgliedstaaten als auch der Gemeinschaft für den Erlass gemeinschaftsrechtlicher Maßnahmen zur Bekämpfung von Betrügereien zum Nachteil der Gemeinschaftsfinanzen enthält. So betont der Vorsitzende der Reflexionsgruppe der Regierungskonferenz 1996 zur Revision des Maastrichter Vertrages: "The Group wants the Community institutions to be more effective in combating fraud, improving financial control of the Community budget (...). All institutions and bodies must be subject to proper control"[112].

Art. 280 Abs. 4 EGV bezweckt daher, für die Gemeinschaft im Bereich der Betrugsbekämpfung eine Rechtsetzungskompetenz zu begründen. Somit ist eine weite Auslegung des Art. 280 Abs. 4 EGV angebracht. Der EG obliegt es nicht nur, Maßnahmen für eine effektive und gleichwertige Betrugsbekämpfung *in den Mitgliedstaaten* zu beschließen, sondern sie ist - entgegen dem ausdrücklichen Wortlaut des Art. 280 Abs. 4 EGV - auch zum Erlass aller erforderlichen Maßnahmen zur Verhütung und Bekämpfung von Betrügereien zum Schutz der Gemeinschaftsfinanzen ermächtigt, die *innerhalb* der EG

---

[110] Vgl. insb. die Vorgänge im Zusammenhang mit dem Rücktritt der Kommission im März 1999 wegen Bestechung und "Vetternwirtschaft" insbesondere in den Arbeitsbereichen der französischen Kommissarin Edith Cresson und des spanischen Kommissars Manuel Marin, in die einzelne Mitgliedstaaten verwickelt waren; vgl. Süddeutsche Zeitung v. 15.03.1999; Herald Tribune v. 16.03.1999; Neue Züricher Zeitung v. 17.3.1999; Le Monde v. 17. 3. 99; Frankfurter Allgemeine Zeitung v. 17.03.1999.

[111] Vgl. bspw. Europäischer Rat und Rat der EU, Reflexionsgruppe, Bericht v. 5.12.1995, S. 153, 184, in: Weißbuch zur Regierungskonferenz 1996 (Band 1), Europäisches Parlament.

[112] Vgl. Schlussbericht des Vorsitzenden der Reflexionsgruppe zur Regierungskonferenz von 1996, Reflection Group's Report, Messina 2nd June 1995, Brussels 5th December 1995, Part One:"A Strategy for Europe", Part Two:"An Annotated Agenda", Nr. 133 (Combating fraud), einzusehen unter: http://www.ucc.ie/acad/appsoc/hdsp/1996_Intergouvernemental_Conference_Reflection-Gourp_final.htm.

Anwendung finden[113]. Erforderlich sind solche Maßnahmen, die einen effektiven Schutz der Gemeinschaftsfinanzen bewirken[114]. Einen effektiven Schutz ihrer Finanzinteressen kann die EG auf der Grundlage von Art. 280 Abs. 4 EGV jedenfalls dadurch bewirken, dass sie verwaltungsstrafrechtliche Sanktionen in denjenigen sektoriellen Bereichen oder horizontal dort androht, wo ihre finanziellen Interessen berührt sein könnten. Damit verbunden ist auch die Kompetenz der EG, die angedrohten verwaltungsstrafrechtlichen Sanktionen, bspw. die Wiedereinziehung von zu Unrecht empfangenen Leistungen oder die Verhängung von Geldbußen, auch faktisch zu vollziehen[115].

Es stellt sich aber die Frage, ob Art. 280 Abs. 4 EGV auch eine Rechtsetzungskompetenz der EG eröffnet, ein *gesamteuropäisches*, d.h. unmittelbar in allen Mitgliedstaaten geltendes Wirtschaftsstrafrecht zum Schutz der finanziellen Interessen der EG zu schaffen, bzw. auf der Grundlage von Art. 280 Abs. 4 EGV eine Europäische Staatsanwaltschaft einzurichten, die Verstöße gegen die Finanzinteressen der Gemeinschaft vor einem mitgliedstaatlichen Gericht oder gar einer europäischen Gerichtsbarkeit geltend machen würde[116]. Hintergrund ist, dass durch die Zunahme der gegen die Gemeinschaftsfinanzen gerichteten organisierten Kriminalität die Zersplitterung des Strafrechtsraumes immer augenfälliger wird[117]. Die Instrumente der mitgliedstaatlichen Rechts- und Amtshilfe sind inzwischen nicht mehr ausreichend, so dass

---

[113] Vgl. auch die Schlussanträge des Generalanwalts Francis G. Jacobs v. 03.10.2002 in der Rs. C-11/00 (EZB), nach dem die Gemeinschaft entgegen dem Vorbringen der EZB (vgl. Nr. 101-103) auf der Grundlage von Art. 280 Abs. 4 EGV Maßnahmen erlassen könne, die die Betrugsbekämpfung in den Organen und Einrichtungen betreffen (vgl. Nr. 104 ff), einzusehen unter: http:// www.curia.eu.int.

[114] Schoo, in: Schwarze, EU-Kommentar, Art. 280 Rdnr. 23.

[115] So auch: Schoo, in: Schwarze, EU-Kommentar, Art. 280 Rdnr. 22 f; Hecker, in: Lenz, Art. 280 EGV Rdnr. 2 f; Wolffgang/Ulrich, in: EuR 1998, 616 (644); vgl. auch die Darstellung einzelner Sanktionsmöglichkeiten der Gemeinschaft gegenüber den Mitgliedstaaten bei Wolffgang/Ulrich, a.a.O., 616 (629 ff).

[116] Eine entsprechende Rechtsetzungskompetenz der Gemeinschaft gemäß Art. 280 Abs. 4 EGV bejahend: MdEP Theato, in: Projet de Rapport sur l`etablissement d`une protection pénale des intérets financiers de l`Ùnion, dans le cadre des révision du TUE, commission du controle budgetaire, Dok. PE 231.653 v. 11.01.2000, Abschnitt V B; Wolffgang/Ulrich, in: EuR 1998, 616 (644); Schoo, in: Schwarze, EU-Kommentar, Art. 280 Rdnr. 24; a.A.: Braum, in: JZ 2000, 493, 499 f; Musil, in: NStZ 2000, 68 (68 ff).

[117] Die Gemeinschaft besteht derzeit aus siebzehn Rechtssystemen (einige Mitgliedstaaten haben mehrere Rechtsordnungen wie das Vereinigte Königreich) mit unterschiedlichen materiell- und verfahrensrechtlichen Regeln, die die Bekämpfung der organisierten länderübergreifenden Kriminalität wesentlich erschweren; vgl. dazu eingehend: Mitteilung der Kommission, Schutz der finanziellen Interessen der Gemeinschaften, Betrugsbekämpfung, Aktionsplan 2001-2003, Dok. KOM(2001) 254 endg., S. 18 ff, einzusehen unter: http://europa.eu.int/anti_fraud/reports/commission/ap_2001_2003/ap_de.pdf.

Prozessverschleppungen, Fristenverzögerungen und schließlich die Straffreiheit der Täter nicht die Ausnahme, sondern die Regel sind[118].
Durch eine zentralisierte Leitung der Ermittlungen und Strafverfolgungen der EG sowie durch einheitliche Regelungen zum Schutz der Gemeinschaftsfinanzen könnte der Zersplitterung des europäischen Strafrechtsraumes entgegengewirkt und ein gleichwertiger Schutz der finanziellen Interessen der EG verwirklicht werden.

Zur Entscheidung der Frage, ob Art. 280 Abs. 4 EGV als Kompetenzgrundlage für die Einrichtung eines europäischen Strafrechtsraumes unter der Leitung einer Europäischen Staatsanwaltschaft angesehen werden kann, sind die dahingehenden Initiativen insbesondere des Europäischen Parlaments[119] sowie der Kommission[120] näher zu beleuchten.
Ein erster und wichtiger Schritt im Hinblick auf die Schaffung eines einheitlichen strafrechtlichen Mindeststandards für die gegen die Gemeinschaftsfinanzen gerichteten Straftatbestände ist das Übereinkommen zum Schutz der finanziellen Interessen der Gemeinschaften vom 27.11.1995 und der im Anschluss daran verabschiedeten Zusatzprotokolle[121]. Da sich die Ratifizierung des Übereinkommens durch alle Mitgliedstaaten als äußerst langwierig gestaltet hatte[122], ist es - gleichzeitig mit dem Ersten Zusatzprotokoll -

---

[118] Diesen Umstand hat der Genfer Generalstaatsanwalt Bernard Bertossa im Hinblick auf die Ermittlungen in dem Elf Aquitaine/Leuna-Verfahren mit dem Hinweis veranschaulicht, dass in diesem Fall "wegen Verzögerungen der internationalen Rechts - und Amtshilfe viele Beschuldigte auf Verjährung hoffen könnten", vgl. Süddeutsche Zeitung v. 11.02.2000, S. 12.

[119] Vgl. zu der Forderung des Europäischen Parlaments zur Schaffung einer Europäischen Staatsanwaltschaft auch Philipp, in: EuZW 2000, 547 (547); vgl. auch die Entschließung des Europäischen Parlaments vom 16.05.2000 (Dok. A5-116/2000), in der das Europäische Parlament seine Forderung nach einer unabhängigen Europäischen Strafverfolgungsbehörde - gestützt auf den Rechtsrahmen des Art. 280 EGV - bekräftigt hat.

[120] Die Kommission hat bereits 1976 einen Entwurf für einen Vertrag zur Änderung der Verträge zur Gründung der Europäischen Gemeinschaften zwecks gemeinsamer Regelung des strafrechtlichen Schutzes der finanziellen Interessen der Gemeinschaften sowie der Ahndung von Zuwiderhandlungen gegen die Vorschriften genannter Verträge vorgelegt, vgl. Dok. KOM (1976) 418, ABl. 1976 Nr. C 222 (inzwischen zurückgezogen).

[121] Vgl. ABl. 1995 Nr. C 316/48 ff. mit den Zusatzprotokollen ABl. 1996 Nr. C 313/1 ff., ABl. 1997 Nr. C 221/11 ff.

[122] Bis Anfang 2001 hatten fünf der Unterzeichnerstaaten noch keine Ratifizierung vorgenommen; vgl. Mitteilung der Kommission, Schutz der finanziellen Interessen der Gemeinschaften, Betrugsbekämpfung, Aktionsplan 2001-2003, Dok. KOM(2001) 254 endg., S. 18. Das Europäische Parlament forderte daher bereits 1996 und danach, das Übereinkommen und seine Zusatzprotokolle durch Gemeinschaftsrechtsakte zu ersetzten; vgl. Entschließung v. 22.10.1996, ABl. Nr. C 1996 320/211 ff sowie die Entschließung des Europäischen Parlaments zum Jahresbericht 1996 der Kommission, ABl. 1997 Nr. C 339/68 ff bzw. zur Betrugsbekämpfungsstrategie der Kommission, ABl. 2001 Nr. C 232/191 ff. Der Haushaltskontrollausschuss des Europäischen Parlaments hatte zuletzt im Jahre 2000

erst am 18.10.2002 und damit sieben Jahre nach seiner Unterzeichnung durch die Mitgliedstaaten in Kraft getreten[123]. Damit sind die Straftaten des Betruges, der Bestechung und der Bestechlichkeit zum Nachteil der finanziellen Interessen der Gemeinschaften nunmehr in den Strafgesetzbüchern aller Mitgliedstaaten verankert. Das Inkrafttreten des am 09.06.1997 unterzeichneten Zweiten Zusatzprotokolls steht allerdings weiterhin aus[124].

Parallel dazu hat die Kommission auf Initiative des Europäischen Parlaments bei europäischen Strafrechtsexperten eine Untersuchung über die Einführung eines europäischen Strafrechtssystems erarbeiten lassen (sog. "Corpus-Juris"-Projekt)[125]. Das "Corpus-Juris"-Projekt basiert auf einer umfassenden vergleichenden Studie der Strafrechtsordnungen der Mitgliedstaaten[126]. Die im "Corpus Juris" vorgeschlagenen strafrechtlichen Regelungen (Artikel 18 – 35) zielen auf die Schaffung eines einheitlichen Rechtsraumes aus allen Mitgliedstaaten für die Belange der Ermittlung, Verfolgung, Anklageerhebung, -vertretung und Strafverfolgung für die in dem "Corpus juris" definierten Straftaten ab. Nach dem Entwurf aus dem Jahre 1997 - der in seiner aktuellsten Fassung vom September 1999 den Titel "Corpus juris Florence"[127] trägt - sollen die gemeinschaftsrechtlichen Ermittlungen unter der Leitung einer unabhängigen Europäischen Strafverfolgungsbehörde erfolgen, die aus einem Europäischen Generalstaatsanwalt und abgeordneten Europäischen Staatsanwälten, deren

---

gegenüber der Kommission die Forderung nach einheitlichen Strafrechtsregelungen in materieller sowie prozessualer Hinsicht aufgestellt; vgl. Projet de Rapport sur l`etablissement d`une protection pènale des intèrets financiers de l'Union, dans le cadre des révision du TUE, commission du controle budgetaire, Dok. PE 231.653 v. 11.01.2000. Als letzter Mitgliedstaat hatte Italien das Übereinkommen Ende Juli 2002 ratifiziert.

[123] Vgl. dazu und zum aktualisierten Stand der Ratifizierung des Übereinkommens sowie seiner zwei Zusatzprotokolle in den einzelnen Mitgliedstaaten die Presseerklärung der Kommission v. 18.10.2002, einzusehen unter: http:// www.europa.eu.int/comm/press-room/ index_de.htm.

[124] So haben Deutschland, Finnland, Italien, Luxemburg und Österreich noch keine Ratifizierung des Zusatzprotokolls vorgenommen; vgl. Presseerklärung der Kommission, a.a.O.

[125] Vgl. Delmas-Marty, Corpus juris, S. 6 ff; der Text des Corpus Juris ist auch einzusehen unter: http://www.law.uu.nl/wiarda/corpus/index1.htm.

[126] Vgl. Kommission, Schutz der finanziellen Interessen der Gemeinschaft, Vergleichende Analyse der Berichte der Mitgliedstaaten über ihre Maßnahmen zur Bekämpfung der Verschwendung und des Missbrauchs von Gemeinschaftsmitteln, Dok. KOM(1995) 556 endg.; vgl. zur geschichtlichen Entwicklung des "Corpus Juris" Braum, in: JZ 2000, 493 (494 f); vgl. zum Diskussionsstand nach dem 2. und 3. Symposium der Strafverteidiger zum "Corpus Juris", Schulz, in: StV 2003, 142 (142 ff).

[127] Die Grundversion des "Corpus Juris" ist mittlerweile teilweise überholt; bspw. wurde in der neuen Fassung das neu gegründete Amt berücksichtigt; die überarbeitete Fassung enthält auch eine prinzipielle Änderung der Grundaussagen; vgl. dazu Delmas-Marty, in: CMLR 37 (2000), 247 (247 ff).

Dienststellen sich in der Hauptstadt eines jeden Mitgliedstaates befinden sollen, besteht[128]. Danach gilt jede Maßnahme, die von einem Europäischen Staatsanwalt vorgenommen wird, als solche der Europäischen Strafverfolgungsbehörde und entfaltet auf dem gesamten Territorium der Gemeinschaft ihre Gültigkeit[129]. Am Ende des Entwicklungsprozesses soll ein unmittelbar neben den nationalen Strafrechtsordnungen geltendes europäisches Strafrechtssystem zum Schutz der Gemeinschaftsfinanzen mit vereinheitlichten Beweisregeln stehen, in dem die Europäische Staatsanwaltschaft und das Amt eng zusammenarbeiten[130]. Das Corpus Juris wirft allerdings in den Mitgliedstaaten - wegen des Problems der Anpassung des Straf- und Prozessrechts - eine Reihe insbesondere (verfassungs-)rechtlicher Probleme auf[131].

Im Zusammenhang mit dem Rücktritt der Kommission und der Schaffung des Amtes haben sowohl der Ausschuss Unabhängiger Sachverständiger[132] als auch der Überwachungsausschuss des Amtes[133] Empfehlungen für die Schaffung einer Europäischen Staatsanwaltschaft aufgestellt[134]. Im Rahmen der

[128] Vgl. Art. 19 Abs. 4 Corpus Juris.
[129] Vgl. Art. 18 und 24 Corpus Juris.
[130] Vgl. Delmas-Marty, in: CMLR 37 (2000), 247 (249 ff): "Now with UCLAF and subseqently OLAF, vertical cooperation is getting of the ground (...). A European Public Prosecutor whose jurisdiction was limited to internal fraud could without doubt be created, as a first step, on a First Pillar basis, insofar as there is in that case no influence on the administration of justice in the member States (...)".
[131] Vgl. Ausschuss Unabhängiger Sachverständiger, Zweiter Bericht über die Reform der Kommission, Analyse der derzeitigen Praxis und Vorschläge zur Bekämpfung von Missmanagement, Unregelmäßigkeiten und Betrug, Band II, v. 10.10.1999, S. 191 ff, einzusehen unter: http:// www.europarl.eu.int/experts/pdf/rep2-2de.pdf. Vgl. zur Kritik an dem "Corpus Juris"-Projekt, Braum, in: JZ 2000, 493 (498 ff), nach dem Verfasser ist das Corpus Juris "Ausdruck einer bürokratischen formal-technischen Organisation ökonomischer Interessen in der EU. Vordergründige Zielsetzungen eines an Prinzipien europäischer Aufklärung orientierten Kriminaljustizsystems (würden) nicht eingelöst (werden)".
[132] Vgl. Ausschuss Unabhängiger Sachverständiger, Zweiter Bericht, a.a.O, S. 196 ff; die Sachverständigen schlagen vor, dass der Europäische Staatsanwalt eng mit dem Direktor des Amtes zusammenarbeiten sollte, welcher ihm im Zusammenhang mit Strafsachen regelmäßig Bericht erstatten würde. Der Europäische Staatsanwalt sollte in der ersten Phase seiner Tätigkeit ausschließlich für interne Straftaten zuständig sein und diese Strafsachen zur weiteren Verfolgung und Entscheidung an die zuständigen Gerichtsbehörden überweisen.
[133] Vgl. Überwachungsausschuss, Tätigkeitsbericht (Juli 2000-September 2001) v. 11.10.2001, S. 60 ff, 68 ff. Nach Auffassung des Überwachungsausschusses würde die Einsetzung eines für interne Untersuchungen zuständigen Europäischen Staatsanwaltes dazu führen, dass die Legitimität des Amtes sowie die Ordnungsmäßigkeit der Verfahren und die Objektivität der Untersuchungen des Amtes gestärkt werden.
[134] Vgl. dazu Kempf, in: StV 2003, 128 (129), nach dem sich eine Europäische Staatsanwaltschaft durch die Doppelrolle als Partei und Behörde in einem unauflösbaren Widerspruch befinden würde.

Regierungskonferenz in Nizza im Dezember 2000 legte die Kommission einen Beitrag vor, der darauf abstellt, in den EG - Vertrag einen neuen Artikel 280a über die Einrichtung einer Europäischen Staatsanwaltschaft einzuführen[135]. In ihrem Beitrag hatte die Kommission vorgeschlagen, dem Europäischen Staatsanwalt Befugnisse zu übertragen, die sich strikt auf den Bereich des Schutzes der Gemeinschaftsfinanzen beziehen sollten, so wie es bereits in Art. 280 Abs. 1 EGV festgelegt worden sei. Nach Ansicht der Kommission sollen im EG-Vertrag selbst nur die Ernennung des Europäischen Staatsanwalts, seine Amtsenthebung, seine Aufgaben und die wichtigsten Merkmale seines Amtes festgelegt werden; alle anderen Modalitäten wie der Status und die Funktionsweise der Europäischen Staatsanwaltschaft wären in sekundärrechtlichen Bestimmungen zu regeln[136]. Somit bleibt der Vorschlag der Kommission - unter Berücksichtigung des Subsidiaritätsprinzips - weit hinter den in dem "Corpus Juris" aufgestellten Regelungen zurück. Die vorgeschlagene Fassung des Artikels 280 a EGV lautet:

> 1. Um einen Beitrag zur Verwirklichung der Ziele des Artikels 280 Absatz 1 zu leisten, ernennt der Rat, der auf Vorschlag der Kommission mit qualifizierter Mehrheit und nach Zustimmung des Europäischen Parlaments beschließt, für eine nicht verlängerbare Amtszeit von sechs Jahren einen Europäischen Staatsanwalt. Der Europäische Staatsanwalt hat die Aufgabe, gegen Täter von Straftaten und Teilnehmer an Straftaten, die sich gegen die finanziellen Interessen der Gemeinschaft richten, zu ermitteln, sie strafrechtlich zu verfolgen und wegen dieser Straftaten vor den zuständigen Gerichten der Mitgliedstaaten öffentliche Anklage gemäß den in Absatz 3 genannten Vorschriften zu erheben.
>
> 2. Der Europäische Staatsanwalt wird unter Persönlichkeiten ausgewählt, die jede Gewähr für Unabhängigkeit bieten und in ihrem Staat die für die Ausübung höchster richterlicher Ämter erforderlichen Voraussetzungen erfüllen. Er darf bei der Erfüllung seiner Pflichten Anweisungen weder anfordern noch entgegennehmen. Er kann auf Antrag des Parlaments, des Rats oder der Kommission vom Gerichtshof seines Amtes enthoben werden, wenn er die Voraussetzungen für die Ausübung seines Amtes nicht mehr erfüllt oder eine schwere Verfehlung begangen hat. Der Rat

[135] Vgl. Kommission, Ergänzender Beitrag zur Regierungskonferenz über die institutionellen Reformen - Strafrechtlicher Schutz der finanziellen Interessen der Gemeinschaft: Das Amt eines Europäischen Staatsanwalts, Dok. KOM(2000) 608 endg.

[136] Vgl. Kommission, Grünbuch zum strafrechtlichen Schutz der finanziellen Interessen der Europäischen Gemeinschaften und zur Schaffung einer Europäischen Staatsanwaltschaft, Dok. KOM(2001) 715 endg., Anhang 1, S. 83 ff.

legt das Statut des Europäischen Staatsanwalts nach dem Verfahren des Artikels 251 fest.

3. Der Rat legt nach dem Verfahren des Artikels 251 die Bedingungen für die Ausübung des Amtes des Europäischen Staatsanwalts fest und erlässt insbesondere:

(a) Vorschriften zur Festlegung der Tatbestandsmerkmale von Betrug und jeder anderen rechtswidrigen Handlung, die gegen die finanziellen Interessen der Gemeinschaft gerichtet ist, sowie der Strafen für alle Straftatbestände;

(b) Verfahrensvorschriften über die Tätigkeiten des Europäischen Staatsanwalts sowie Vorschriften für die Zulässigkeit von Beweismitteln;

(c) Vorschriften über die richterliche Kontrolle der vom Europäischen Staatsanwalt in Ausübung seines Amtes vorgenommenen Verfahrenshandlungen.

Zudem schlug die Kommission vor, Artikel 280 Abs. 4 S. 2 EGV dahingehend zu ändern, dass: "Die Anwendung des Strafrechts der Mitgliedstaaten und ihre Strafrechtspflege (...) von diesen Maßnahmen *unbeschadet der Bestimmungen des Artikels 280a EGV* unberührt (bleiben)". Dieser Vorschlag wurde allerdings von dem Europäischen Rat in Nizza nicht berücksichtigt und Art. 280 EGV in der Amsterdamer Fassung beibehalten[137].

Am 11.12.2001 legte die Kommission ein "Grünbuch zum strafrechtlichen Schutz der finanziellen Interessen der Gemeinschaften und zur Schaffung einer Europäischen Staatsanwaltschaft" vor[138], um - wie in ihrem Aktionsplan zum Schutz der finanziellen Interessen der Gemeinschaft im Zeitraum 2001-2003

---

[137] Auch der Direktor des Amtes hatte an die Staats - und Regierungschefs der Mitgliedstaaten der Gemeinschaft appelliert, auf ihrem Europäischen Gipfel in Nizza das Konzept einer Europäischen Staatsanwaltschaft zu durchdenken, vgl. Süddeutsche Zeitung v. 28.6.00, Frankfurter Allgemeine Zeitung v. 29.08.00 sowie Neue Züricher Zeitung v. 30.08.00.

[138] Vgl. Kommission, Grünbuch zum strafrechtlichen Schutz der finanziellen Interessen der Europäischen Gemeinschaften und zur Schaffung einer Europäischen Staatsanwaltschaft, Dok. KOM(2001) 715 endg.; vgl. auch den Entwurf einer Stellungnahme des Ausschusses für Freiheiten und Rechte der Bürger, Justiz und innere Angelegenheiten für den Ausschuss für Haushaltskontrolle des Europäischen Parlaments zum Grünbuch zum strafrechtlichen Schutz der finanziellen Interessen der Gemeinschaften und zur Schaffung einer Europäischen Staatsanwaltschaft v. 15.05.2002, Dok. PE 311.047.

vorgesehen[139] - zu erörtern, welche konkreten Voraussetzungen vorliegen müssten, damit eine Europäische Staatsanwaltschaft ordnungsgemäß funktionieren könne.

Das Grünbuch beschäftigt sich mit der Rechtsstellung und der Organisation der Europäischen Staatsanwaltschaft, mit den Straftatbeständen, dem Verfahrensrecht, der richterlichen Kontrolle des Europäischen Staatsanwalts sowie der Beziehung zu den anderen Akteuren auf europäischer sowie auf nationaler Ebene. Nach Vorstellung der Kommission wäre die Europäische Staatsanwaltschaft dezentral organisiert[140]. Ihre Tätigkeit unterläge der Kontrolle durch nationale Richter[141]. Die Europäische Staatsanwaltschaft sollte nach den von dem Gemeinschaftsgesetzgeber festgelegten Kriterien Anklage vor dem Gericht eines Mitgliedstaates erheben, das nach dem jeweiligen nationalen Recht entscheiden würde[142]. Die Schaffung eines europäischen Justizorgans oder einer europäischen Anklage ist demgegenüber von der Kommission nicht erwünscht[143].

Die Europäische Staatsanwaltschaft könnte sich auf die gegenseitige Anerkennung aller in den Mitgliedstaaten bereits bestehender Ermittlungsinstrumente stützen[144] und auch auf die Instrumente zurückgreifen, die im Rahmen der europäischen justitiellen Zusammenarbeit entwickelt wurden (Eurojust[145], Europol[146], Europäisches Justitielles Netz[147]). Weiter verweist die

---

[139] Vgl. Mitteilung der Kommission, Schutz der finanziellen Interessen der Gemeinschaften, Betrugsbekämpfung, Aktionsplan 2001-2003, Dok. KOM(2001) 254 endg., S. 17 f.

[140] In jedem Mitgliedstaate gäbe es abgeordnete Europäische Staatsanwälte als Bindeglieder zwischen der Gemeinschaftsrechtsordnung und den einzelstaatlichen Rechtsordnungen, vgl. Kommission, Grünbuch zum strafrechtlichen Schutz der finanziellen Interessen der Europäischen Gemeinschaften und zur Schaffung einer Europäischen Staatsanwaltschaft, Dok. KOM(2001) 715 endg., S. 32 ff.

[141] Diese hätten insbesondere die Beachtung der Grundrechte und Grundfreiheiten der Beschuldigten zu überwachen, vgl. Kommission, a.a.O., S. 54 ff.

[142] Vgl. Kommission, a.a.O., S. 60 ff.

[143] Vgl. Kommission, a.a.O., S. 62 f.

[144] Im Hinblick auf die von der Europäischen Staatsanwaltschaft angewandten *nationalen Ermittlungsmaßnahmen* würde die gegenseitige Anerkennung konkret bedeuten, dass eine von dem Richter im Ermittlungsverfahren eines Mitgliedstaates genehmigte Ermittlungshandlung in einem anderen Mitgliedstaat vollstreckt werden könnte, ohne dass die Europäische Staatsanwaltschaft eine neue Genehmigung einholen müsste, vgl. Kommission, a.a.O., S. 54 ff.

[145] Entsprechend des Ratsbeschlusses vom 28.02.2002 (vgl. ABl. 2002 Nr. L 63/1 ff) wurde im Rahmen der dritten Säule (Art. 34 Abs. 2 EUV) eine Europäische Stelle zur justitiellen Zusammenarbeit geschaffen, die zur Bekämpfung der schweren organisierten Kriminalität eine sachgerechte Koordinierung der nationalen Staatsanwaltschaften erleichtern, die strafrechtlichen Ermittlungen unterstützen sowie die Erledigung von Rechtshilfeersuchen vereinfachen soll. Die Schaffung dieser Einrichtung war in den Schlussfolgerungen des

Kommission darauf, dass sich die Europäische Staatsanwaltschaft auch auf das Instrument des Europäischen Haft- und Auslieferungsbefehls stützen könnte[148]. Der Status und die Aufgaben des Amtes müssten im Zusammenhang mit den Befugnissen der Europäischen Staatsanwaltschaft neu überdacht werden[149]. Nach Auffassung der Kommission könnte die Einrichtung einer Europäischen Staatsanwaltschaft unter richterlicher Kontrolle - sei es der eines nationalen Richters oder der einer besonderen Kammer des EuGH - die Einführung strafrechtlicher Ermittlungen des Amtes innerhalb der Organe und Einrichtungen der EG unter richterlicher Kontrolle bedingen[150]. Im Zusammenhang mit der zukünftigen Möglichkeit strafrechtlicher Ermittlungen des Amtes könnte es sich

---

Vorsitzes des Europäischen Rates von Tampere (Schlussfolgerung Nr. 46) sowie im Vertrag von Nizza (geänderte Art. 29 und 31 EUV, vgl. ABl. 2001 Nr. C 80/1 ff) vorgesehen.

[146] Das Europäische Polizeiamt "Europol" wurde am 26.07.1995 auf der Grundlage von Art. K 3 Abs. 2 Nr. c EUV a.F. durch ein Übereinkommen der Mitgliedstaaten im Rahmen der "dritten Säule" geschaffen (vgl. ABl. 1995 Nr. C 316/1 ff) und hat seine Arbeit am 01.07.1999 aufgenommen. Es ist damit betraut durch Informationsaustausch und die Analyse der von den Mitgliedstaaten übermittelten Informationen zur Prävention und Bekämpfung der organisierten Kriminalität beizutragen; einzusehen unter: http://www.europol.eu.int/home.htm. Die Kommission setzt sich dafür ein, die Zuständigkeit von Europol auf alle Bereiche, die die organisierte Kriminalität betreffen könnten, auszuweiten, vgl. Mitteilung der Kommission, Schutz der finanziellen Interessen der Gemeinschaften, Betrugsbekämpfung, Aktionsplan 2001-2003, Dok. KOM(2001) 254 endg..

[147] Das Europäische Justitielle Netz wurde vom Rat der EU als gemeinsame Maßnahme aufgrund von Art. K 3 Abs. 2 Nr. b EUV a.F. eingerichtet (vgl. ABl. 1998 Nr. L 191/4 ff) und soll die Herstellung sachdienlicher Kontakte zwischen den einzelnen Kontaktstellen der Mitgliedstaaten dadurch erleichtern, dass es bei länderübergreifenden Fällen an der Verbreitung von Informationen (anwendbare Rechtsvorschriften und Verfahren) beteiligt ist. Nach Auffassung der Kommission könnten die Kontaktstellen, insbesondere in den Fällen, in denen sowohl die Interessen der EG als auch die der Mitgliedstaaten betroffen sind, Ansprechpartner der Europäischen Staatsanwaltschaft sein, vgl. Kommission, Grünbuch zum strafrechtlichen Schutz der finanziellen Interessen der Europäischen Gemeinschaften und zur Schaffung einer Europäischen Staatsanwaltschaft, Dok. KOM(2001) 715 endg., S. 51 ff, 72 f.

[148] Vgl. Kommission, a.a.O., S. 21; der Europäische Haftbefehl war bereits Gegenstand eines Entwurfs der Kommission für einen Rahmenbeschlusses; vgl. Dok. KOM(2001) 522 endg. sowie Gegenstand der Gemeinsamen Erklärung der Staats- und Regierungschefs der Gemeinschaft, der Präsidentin des Europäischen Parlaments, des Präsidenten der Kommission sowie des Hohen Vertreters für die gemeinsame Außen- und Sicherheitspolitik v. 14.09.2001; diese erklärten: "Die EU wird den Aufbau eines echten gemeinsamen europäischen Rechtsraums beschleunigen; das bedeutet u.a. die Einführung eines europäischen Haft- und Auslieferungsbefehls entsprechend den Schlussfolgerungen von Tampere und die gegenseitige Anerkennung von Gerichtsbeschlüssen und Urteilen".

[149] Vgl. Kommission, Grünbuch zum strafrechtlichen Schutz der finanziellen Interessen der Europäischen Gemeinschaften und zur Schaffung einer Europäischen Staatsanwaltschaft, Dok. KOM(2001) 715 endg., S. 73 f.

[150] Vgl. Kommission, a.a.O., S. 74.

als sinnvoll erweisen, "einen Teil des OLAF völlig aus der Kommission auszugliedern"[151].

Die Kommission fordert für das Tätigwerden der Europäischen Staatsanwaltschaft die Einführung geeigneter Straftatbestände und Strafandrohungen, ausgerichtet auf den Schutz der finanziellen Interessen der Gemeinschaft sowie entsprechender Verfahrensvorschriften[152]. Diese Strafvorschriften könnten nach Auffassung der Kommission entweder durch die Angleichung der einzelstaatlichen Regelungen oder durch die Neuschöpfung europäischer Vorschriften[153] geschaffen werden[154].

Die Stellungnahmen der Mitgliedstaaten setzen sich, auch wenn die Einführung einer mit dem Schutz der Gemeinschaftsfinanzen befassten Europäischen Staatsanwaltschaft zumeist befürwortet wird, kritisch mit den einzelnen Bedingungen für die Aufgaben und die Organisation sowie die Koordinierung mit mitgliedstaatlichen Gerichten und Behörden auseinander[155].

Nach dem Willen der Kommission soll das Grünbuch Grundlage sein für eine Debatte der interessierten Institutionen und Fachkreise in den Mitgliedstaaten über die Modalitäten und die Umsetzung des Vorschlags zur Schaffung einer Europäischen Staatsanwaltschaft[156].

---

[151] Vgl. Kommission, a.a.O., S. 74.

[152] A.A. Sommer, in: AnwBl 2003, 61 (62 f), nach dem das Konzept des Grünbuchs im Hinblick auf die Garantie der Einheitlichkeit der deutschen Prozessordnung mit dem Rechtsstaatsprinzip in Konflikt gerät.

[153] Vgl. bzgl. der Schaffung europäischer Verfahrensvorschriften den Abs. 3 des von der Kommission vorgeschlagenen Art. 280 a EGV.

[154] Vgl. Kommission, a.a.O., S. 36 ff, 46; vgl. auch Rapatinski, in: ZRP 2003, 256, nach dem jeder Mitgliedstaat grundsätzlich verpflichtet sei, den strafrechtlichen Schutz der finanziellen Interessen der Gemeinschaften sicherzustellen.

[155] Vgl. bspw. Gemeinsame Stellungnahme der Bundesregierung und der Länder der Bundesrepublik Deutschland vom Mai 2002. Danach wird u.a. bemängelt, dass der Europäische Generalstaatsanwalt gemäß des Entwurfs der Kommission für einen neuen Art. 280 a Abs. 2 S. 2 EGV keinem Parlament rechenschaftspflichtig sei. Das Amtsenthebungsverfahren gemäß Art. 280 a Abs. 2 S. 3 EGV wird demgegenüber zur Kontrolle des Europäischen Staatsanwalts als nicht ausreichend angesehen und die Einführung einer Europäischen Strafgerichtsbarkeit erwogen; vgl. auch Stellungnahme des Deutschen Richterbundes vom April 2002; Stellungnahme der magistratura democratica vom Juni 2002; Stellungnahme des Magistrats Européen pour la démocratie et les Libertés vom Juni 2002; Stellungnahme des Institut universitaire européen vom Juni 2002, einzusehen unter: http://www.europa.eu.int/comm/anti_fraud/green_paper/contributions/date.html.

[156] Die Kommission will auf der Grundlage der bei ihr eingegangenen Stellungnahmen Schlussfolgerungen vorlegen und gegebenenfalls einen neuen Beitrag im Hinblick auf die anstehende Vertragsreform einbringen; vgl. Kommission, Grünbuch zum strafrechtlichen

Der Vorschlag sollte nach dem Willen der Kommission auf dem durch die Erklärung des Europäischen Rates von Laeken vom 15.12.2001[157] beschlossenen Konvent zur Zukunft Europas erörtert werden[158]. Auch der Europäische Rat von Laeken hat den Rat der EU gebeten, das Grünbuch der Kommission betreffend den Europäischen Staatsanwalt unter Berücksichtigung der Verschiedenheit der Rechtssysteme und -traditionen zügig zu prüfen[159]. In dem vom dem Konvent dem italienischen Ratsvorsitz am 18.07.2003 vorgelegten Entwurf eines Vertrages über eine Verfassung für Europa ist die Einrichtung einer Europäischen Staatsanwaltschaft in Teil 3 in Art. III-175 erwähnt[160]. Abs. 1 lautet:

> Zur Bekämpfung von schwerer Kriminalität mit grenzüberschreitender Dimension sowie von Straftaten zum Nachteil der Interessen der Union kann durch ein Europäisches Gesetz des Ministerrates ausgehend von Eurojust eine Europäische Staatsanwaltschaft eingesetzt werden. Der Ministerrat beschließt einstimmig nach Zustimmung des Europäischen Parlaments.

Wie sich auch aus dem Vorschlag der Kommission für die Schaffung eines neuen Art. 280 a EGV ergibt, scheitert die Einführung einer Europäischen Staatsanwaltschaft sowie europäischer materieller oder formeller Strafvorschriften zum Schutz der Gemeinschaftsfinanzen an dem ausdrücklichen Vorbehalt in Art. 280 Abs. 4 S. 2 EGV, wonach die Anwendung des nationalen Strafrechts "von diesen Maßnahmen" unberührt bleibt[161]. Denkbar wäre allerdings die Schaffung europäischer Straftatbestände zum Schutz der

---

Schutz der finanziellen Interessen der Europäischen Gemeinschaften und zur Schaffung einer Europäischen Staatsanwaltschaft, Dok. KOM(2001) 715 endg., S. 81 ff.

[157] Vgl. Europäischer Rat (Laeken): Schlussfolgerungen des Vorsitzes v. 14/15. 12.2001, einzusehen unter: http://ue.eu.int/de/info/eurocouncil.

[158] Vgl. den Beitrag der Kommission zum Verfassungskonvent, in dem diese die Schaffung einer Europäischen Staatsanwaltschaft vorgeschlagen hat; "Ein Projekt für die Europäische Union", Dok. KOM(2002) 247 endg. v. 22.05.2002, S. 11.

[159] Vgl. Nr. 43 der Schlussfolgerungen des Vorsitzes, a.a.O.

[160] Vgl. CONV 850/03, S. 213; ABl. 2003 Nr. C 169/1 ff. Zu den Bedenken einiger Konventsmitglieder gegen die Einrichtung einer Europäischen Staatsanwaltschaft und den möglichen Alternativen (bspw. Stärkung des Eurojust, Einführung neuer Sanktionen, Stärkung des Europäischen Rechnungshofes), vgl. den Beitrag vom 21.05.2003, CONV 753/03.

[161] So auch: Braum, in JZ 2000, 493, 499 f; Musil, in: NStZ 2000, 68 (68 ff); a.A. MdEP Theato, in: Projet de Rapport sur l`etablissement d`une protection pénale des intérets financiers de l`Ùnion, dans le cadre des révision du TUE, commission du controle budgetaire, Dok. PE 231.653 v. 11.01.2000, Abschnitt V. B.

Gemeinschaftsfinanzen, die *neben* dem nationalen Recht Anwendung finden[162]. Auf diese Weise könnte das bislang noch nicht ratifizierte Zweite Zusatzprotokoll zum Übereinkommen über den Schutz der finanziellen Interessen der Gemeinschaften[163] auf der Grundlage von Art. 280 Abs. 4 EGV zur Anwendung gelangen. Die langwierigen bzw. noch ausstehenden Ratifikationsverfahren in den Mitgliedstaaten würden so durch die Vergemeinschaftung nach Art. 280 Abs. 4 EGV ersetzt werden[164].

Die Möglichkeit der Schaffung europäischer Strafrechtsregelungen zum Schutz der Gemeinschaftsfinanzen, die neben dem jeweiligen nationalen Straf(verfahrens)recht Anwendung finden, scheitert allerdings ebenfalls an dem ausdrücklichen Wortlaut des Art. 280 Abs. 4 S. 2 EGV, der dem Umstand Rechnung trägt, dass die Mitgliedstaaten das Strafrecht und die Durchführung von Sanktionen als den Kernbereich ihrer staatlichen Souveränität betrachten. Art. 280 Abs. 4 EGV eröffnet der EG aber die Möglichkeit, die Mitgliedstaaten durch Richtlinien zu verpflichten, das nationale Strafrecht zum Schutz der Gemeinschaftsfinanzen vor Betrügereien (Art. 280 Abs. 1 EGV) zu vereinheitlichen[165]. Hier fehlt es an der unmittelbaren Rechtswirkung für die Bürger der Mitgliedstaaten, da eine "Direktwirkung" solcher Richtlinienvorschriften zu Lasten der Bürger nicht besteht[166]. Erlässt die EG entsprechende Richtlinien, bleibt die Rechtsetzungskompetenz jedenfalls formell bei den Mitgliedstaaten, da den mitgliedstaatlichen Gesetzgebungen die Anwendung des Straf(verfahrens)rechts und die Gestaltung des Verfahrens überlassen ist. Die Kompetenz der EG zur Angleichung mitgliedstaatlicher Strafvorschriften ist damit weit weniger problematisch als die Rechtsetzungskompetenz für Sanktionsnormen des Gemeinschaftsrechts, die "self executing" sind. Die Kommission hat bereits auf der Grundlage von Art. 280 Abs. 4 EGV einen Vorschlag für eine Richtlinie über den strafrechtlichen Schutz der finanziellen Interessen der Europäischen

---

[162] So Schoo, in: Schwarze, EU-Kommentar, Art. 280 Rdnr. 23; Wolffgang/Ulrich, in: EuR 1998, 616 (644).

[163] Vgl. ABl. 1997 Nr. C 221/11 ff.

[164] Nach Schoo, in: Schwarze, EU-Kommentar, Art. 280 Rdnr. 24, wären die Mitglied-staaten gemäß Art. 10 EGV bzw. nach Art. 18 der Wiener Vertragskonvention verpflichtet, die Ratifikationsverfahren abzubrechen und das Übereinkommen bzw. seine Zusatzprotokolle gemäß Art. 280 Abs. 4 EGV zur Anwendung zu bringen.

[165] So auch: Hecker, in: Lenz, Art. 280 Rdnr. 2; Schoo, in: Schwarze, EU – Kommentar, Art. 280 Rdnr. 23; a.A. Geiger, Art. 280 Rdnr. 3, nach welchem Art. 280 Abs. 4 die Gemeinschaft zu keinerlei Maßnahmen in Bezug auf das Strafrecht und Strafprozessrecht der Mitgliedstaaten ermächtigt.

[166] Vgl. nur EuGH, Rs. C-80/86, Slg. 1987 (Kolpinghuis Nijmegen), 3969 ff.

Gemeinschaften unterbreitet, der die Umsetzung des Übereinkommens und seiner Zusatzprotokolle im Rahmen des "ersten Pfeilers" vorsieht[167].

Die Möglichkeit der Einführung gemeinschaftsrechtlicher Strafvorschriften zum Schutz der Gemeinschaftsfinanzen wurde durch den von dem Europäischen Konvent am 18.07.2003 vorgelegten Verfassungsentwurf geschaffen. In dem Vertragsentwurf wurden Abs. 1 – 3 und 5 des Art. 280 EGV im dritten Teil des Vertrages als Artikel III - 321 EGV ebenfalls inhaltlich unverändert übernommen, Art. 4 aber grundlegend verändert[168]. Die geänderte Fassung des Abs. 4 lautet:

> Zur Gewährleistung eines effektiven und gleichwertigen Schutzes in den Mitgliedstaaten werden die erforderlichen Maßnahmen zur Verhütung und Bekämpfung von Betrug, der sich gegen die finanziellen Interessen der Union richtet, durch Europäische Gesetze oder Rahmengesetze festgelegt. Diese werden nach Anhörung des Rechnungshofes erlassen.

b) Art. 29 EUV

aa) Regelungsgehalt

Durch die Revision des Maastrichter Vertrages wurde Titel VI EUV geändert. Während der ursprüngliche Titel VI Bestimmungen über die Zusammenarbeit in den Bereichen Justiz und Inneres enthielt, betrifft der geänderte Titel VI EUV

---

[167] Vgl. Vorschlag für eine Richtlinie des Europäischen Parlaments und des Rates über den strafrechtlichen Schutz der finanziellen Interessen der Europäischen Gemeinschaften, von der Kommission am 23.05.2001 vorgelegt, Dok. KOM(2001) 272 endg. sowie die Abänderung des Vorschlags durch das Europäische Parlament, ABl. Nr. C 2002 153 E/247 ff; das Europäische Parlament änderte die rechtliche Bestimmung als "*Richtlinie*" in die einer "*Verordnung* des Europäischen Parlaments und des Rates über den strafrechtlichen Schutz der finanziellen Interessen der Europäischen Gemeinschaften" ab. Als wichtige Neuerungen schreibt die Abänderung in dem neu eingefügten Erwägungsgrund Nr. 13 a und b die Notwendigkeit einer wirksamen Koordinierung zwischen der (externen) Untersuchungstätigkeit des Amtes und den Mitgliedstaaten sowie die Notwendigkeit der Berücksichtigung der Anpassungen in Bezug auf die Legitimität und Wirksamkeit der Handlungen des Amtes gemäß Art. 15 der Verordnung fest. Mit der Abänderung des Erwägungsgrundes Nr. 14 stellte das Europäische Parlament heraus, dass späteren institutionellen Entwicklungen - wie der Einrichtung einer Europäischen Staatsanwaltschaft - durch die Verordnung nicht vorweg gegriffen werden soll.

[168] Vgl. CONV 850/03, S. 213; ABl. 2003 Nr. C 169/1 ff.

nur noch die - in der "dritten Säule“ verbliebene - polizeiliche und justitielle Zusammenarbeit in Strafsachen (PJZS)[169].
Art. 29 EUV hat die Funktion, die PJZS auf das Unionsziel eines Raums der Freiheit der Sicherheit und des Rechts auszurichten (Art. 29 Abs. 1 EUV). Dazu werden die Mitgliedstaaten zur Bekämpfung der (organisierten und nicht-organisierten) Kriminalität, wobei unter anderem der Bereich des Betruges hervorgehoben wird[170] (Art. 29 Abs. 2 EUV), sowie zur Verhütung und Bekämpfung von Rassismus und Fremdenfeindlichkeit (Art. 29 Abs. 1 EUV) tätig.

Die Instrumente zur Erreichung dieses Zieles bestimmt Art. 29 Abs. 2 EUV. Art. 29 Abs. 2, erster Gedankenstrich i.V.m. Art. 30 und 32 EUV betrifft die Zusammenarbeit der Polizei-, Zoll-, Justiz- und anderer zuständige Behörden in den Mitgliedstaaten sowohl unmittelbar als auch unter Einschaltung von Europol[171]. Art. 29 Abs. 2 zweiter Gedankenstrich EUV wurde durch den Vertrag von Nizza[172] geändert und sieht die Zusammenarbeit der Justizbehörden sowie der anderen zuständigen Behörden der Mitgliedstaaten, auch unter Einschaltung der im Rahmen der "dritten Säule" neu geschaffenen Europäischen Stelle zur justitiellen Zusammenarbeit (Eurojust)[173] nach den Artikeln 31 und 32 EUV vor. Nach dem ebenfalls durch den Vertrag von Nizza geänderten Art. 31 Abs. 2 EUV fördert der Rat die Zusammenarbeit der Mitgliedstaaten durch Eurojust[174]. Besonders hervorzuheben ist die nach Art. 29 Abs. 2 dritter

---

[169] Vgl. dazu auch Kapitel XII, Art. 105-107, der GOEP. So betrifft Art. 105 GOEP die "*Unterrichtung* des Parlaments in den Bereichen der polizeilichen und justitiellen Zusammenarbeit in Strafsachen", Art. 106 GOEP regelt die "*Konsultation* des Parlaments in den Bereichen der polizeilichen und justitiellen Zusammenarbeit in Strafsachen" und Art. 107 GOEP die "*Empfehlungen* in den Bereichen der polizeilichen und justitiellen Zusammenarbeit in Strafsachen".

[170] Die Bekämpfung von Betrug umfasst, wie bei Art. K.1 EUV, den Schutz privater wie öffentlicher finanzieller Interessen, vgl. Röben, in: v.d. Groeben/Thiesing/Ehlermann, Art. 29 EUV Rdnr. 16.

[171] Dabei wird die polizeiliche Zusammenarbeit gegenüber dem bisherigen Art. K. 1 Nr. 9 EGV a.F. von schwerwiegenden Formen der internationalen Kriminalität auf alle Kriminalitätsformen ausgedehnt, vgl. Röben, in: v.d. Groeben/Thiesing/Ehlermann, Art. 29 EUV Rdnr. 4 f.

[172] Vertrag von Nizza zur Änderung des Vertrages über die Europäische Union, der Verträge zur Gründung der Europäischen Gemeinschaften sowie einiger damit zusammenhängender Rechtsakte, unterzeichnet in Nizza am 26. Februar 2001, ABl. 2001 Nr. C 80/1 ff.

[173] Die Schaffung dieser Einrichtung beruht auf Art. 34 Abs. 2 EUV.

[174] Gemäß Art. 31 Abs. 2 EUV fördert der Rat der EU die Zusammenarbeit mit Eurojust durch a) die Ermöglichung einer sachgerechten Koordinierung mit den zuständigen Behörden der Mitgliedstaaten, b) durch die Förderung der Unterstützung bei der Ermittlung in Fällen, die mit grenzüberschreitender, namentlich organisierter Kriminalität zusammenhängen, insbesondere unter Berücksichtigung von Europol-Analysen sowie c) durch die Erleichterung der engen Zusammenarbeit von Eurojust mit dem Europäischen Justitiellen Netz,

Gedankenstrich bestehende Möglichkeit der Annäherung der nationalen Strafvorschriften gemäß Art. 31 e Abs. 1 EUV. Nach Art. 31 e EUV können Tatbestandsmerkmale und Strafen, soweit erforderlich, angenähert werden. Die insoweit anzuwendenden Verfahren stellt der ebenfalls geänderte Art. 34 Abs. 2 EUV bereit. Dabei führt Art. 34 Abs. 2 b EUV ein neues Instrument der Rechtsharmonisierung ein. So kann der Rat der EU gemäß Art. 34 Abs. 2 b EUV auf Initiative eines Mitgliedstaates oder der Kommission sog. Rahmenbeschlüsse zur Angleichung der Rechts- und Verwaltungsvorschriften der Mitgliedstaaten beschließen.

aa) Stellungnahme

Die Normen des geänderten Titel VI betreffen Bereiche, in denen die Mitgliedstaaten ihre Eigenstaatlichkeit zugunsten gemeinsamer Interessen eingeschränkt haben. Diese Materien des gemeinsamen Interesses werden in gemeinsamer Zusammenarbeit und durch gemeinsame Institutionen wahrgenommen. Art. 29 EUV verpflichtet dabei die Mitgliedstaaten zur Wahrung der in Abs. 1 festgeschriebenen gemeinsamen Interessen im Wege der intergouvernementalen Kooperation[175]. Damit wird auch die Verpflichtung der Mitgliedstaaten begründet, in den in Art. 29 EUV genannten Bereichen im Wege des gemeinsamen Vorgehens innerhalb des institutionellen Rahmens der PJZS tätig zu werden[176].

Art. 29 EUV zählt die Bekämpfung des Betruges zum Nachteil der Gemeinschaftsfinanzen ausdrücklich zu den Gegenständen intergouvernementaler Zusammenarbeit. Dabei ist das Instrument der Annäherung der Strafvorschriften der Mitgliedstaaten nach Art. 29 Abs. 2 EUV von zentraler Bedeutung. Gemäß Art. 29 Abs. 2 EUV soll eine Annäherung nach Art. 31 e EUV erfolgen, "soweit dies erforderlich ist"[177]. Der Verweis auf Art. 31 e EUV

---

insbesondere mit dem Ziel, die Erledigung von Rechts- und Auslieferungsersuchen zu erleichtern; vgl. Vertrag von Nizza, ABl. 2001 Nr. C 80/10.

[175] Vgl. dazu Röben, in: v.d. Groeben/Thiesing/Ehlermann, Art. 29 EUV Rdnr. 5; Böse, in: Schwarze, EU-Kommentar, Art. 29 EUV Rdnr. 7; vgl. auch: Oppermann, S. 661, der die neue PJZS im Amsterdamer Sinne als eine halbherzige Konstruktion bezeichnet und für eine "wirkliche Vergemeinschaftung" einen weitgehenden Transfer staatlicher Befugnisse der Mitgliedstaaten auf die Gemeinschaft fordert.

[176] Vgl. bzgl. der Verpflichtung der Mitgliedstaaten zur Zusammenarbeit: Böse, in: Schwarze, EU-Kommentar, Art. 29 EUV Rdnr. 7, der der Auffassung ist, dass die Mitgliedstaaten durch die Art. 29 ff EUV auch positiv zu einer Mitwirkung im Rahmen der PJZS, insbesondere durch Information und Konsultation, verpflichtet seien.

[177] Diese Einschränkung in Art. 29 Abs. 2 EUV geht als "lex specialis" dem Subsidiaritätsprinzip in Art. 2 Abs. 2 EUV vor, so auch: Röben, in: v.d. Groeben/Thiesing/Ehlermann, Art. 29 EUV Rdnr. 25 ff. Der Vorbehalt "soweit erforderlich" ist außerdem Ausdruck des Umstandes, dass die Mitgliedstaaten das Straf- und das Strafverfahrensrecht als ihre "domaine

macht dabei deutlich, dass Harmonisierungsmaßnahmen auch durch die Schaffung eines strafrechtlichen Mindeststandards verwirklicht werden können.

Bei der Annäherung der Strafvorschriften wird der Rat der EU, in dessen Entscheidungsfindung der gesamte Titel VI steht, gemäß Art. 34 II b EUV im Wege der neuartigen Konstruktion des Rahmenbeschlusses tätig. Zur Angleichung des mitgliedstaatlichen Strafrechts bedurfte es bisher eines Übereinkommens der Mitgliedstaaten, das den Wirksamkeitserfordernissen völkerrechtlicher Verträge genügen musste[178].

Rahmenbeschlüsse müssen den Anforderungen für die Ratifikation und das Inkrafttreten völkerrechtlicher Verträge nicht genügen[179], da sie Rechtsetzungsakte nicht aber Verträge sind, so dass das Verfahren beschleunigt wird[180]. Gemäß Art. 34 Abs. 2 b S. 2 EUV sind die Rahmenbeschlüsse für die Mitgliedstaaten (nur) hinsichtlich ihres Ziels verbindlich. Die Wahl der Form und der Mittel bleibt den Mitgliedstaaten überlassen. Dies kommt auch dadurch zum Ausdruck, dass Art. 34 Abs. 2 b S. 3 EUV die unmittelbare Wirkung für Rahmenbeschlüsse ausschließt. Die Bedeutung des Art. 29 EUV besteht damit zunächst in der Verpflichtung der Mitgliedstaaten zu einer intergouvernementalen Zusammenarbeit im Bereich der Kriminalität im Wege einer engeren Zusammenarbeit der Justiz-, Polizei-, Zoll- und anderer zuständiger Behörden (Art. 29 Abs. 2 EUV). Insbesondere wird die europäische justitielle Zusammenarbeit der Mitgliedstaaten unter Einschaltung von Eurojust in Art. 29 Abs. 2 und Art. 31 Abs. 2 EUV festgeschrieben.

Da Art. 280 Abs. 4 EGV die EG auch zu einer Harmonisierung des mitgliedstaatlichen Straf- bzw. des Strafverfahrensrechts mittels Richtlinien berechtigt, ist Art. 29 EUV von Art. 280 EGV genau abzugrenzen. Nach Art. 29 Abs. 1 EUV findet die Zusammenarbeit der Mitgliedstaaten im Rahmen der PJZS "unbeschadet der Befugnisse der Europäischen Gemeinschaft (statt)". Damit wird verdeutlicht, dass die Rechtsetzungskompetenz der EG durch die Art. 29 ff EUV unberührt bleibt[181]. Der Rat kann nicht nach freier Wahl

---

reservé" betrachten; vgl. dazu auch: Böse, in: Schwarze, EU-Kommentar, Art. 31 EUV Rdnr. 3 in Verweis auf denselben Vorbehalt in Art. 31 c EUV.

[178] Das bisher einzige Übereinkommen strafrechtlichen Inhalts ist das Übereinkommen zum Schutz der finanziellen Interessen der Europäischen Gemeinschaften, vgl. ABl. 1995 Nr. C 316/49 ff.

[179] Vgl. hierzu Pechstein/König, S. 136.

[180] Vgl. aber Röben, in: v.d. Groeben/Thiesing/Ehlermann, Art. 29 EUV Rdnr. 7, der darauf abstellt, dass - aufgrund der Tatsache, dass der Rat der EU bislang bzgl. der Annäherung der Strafvorschriften im Konventionswege gehandelt habe - an den Inhalt der Rahmenbeschlüsse hohe Maßstäbe anzulegen seien.

[181] Vgl. dazu: EuGH, Rs. C-170/96, Slg. 1998 (Transitvisa), I-2763, Rdnr. 14 ff.

entweder nach dem EGV oder im Rahmen der PJZS vorgehen[182]. Bei sachlichen Überschneidungen mit Gemeinschaftskompetenzen nach dem EGV müssen die Mitgliedstaaten ebenfalls nach dem EGV vorgehen, eine Zusammenarbeit nach den Art. 29 ff EUV ist unzulässig[183]. Auch durch Art. 47 EUV wird klargestellt, dass Akte der PJZS Gemeinschaftsrechtsakten nicht widersprechen oder diese ersetzen dürfen, während ein umgekehrter Vorbehalt nicht besteht. Der Rat kann daher zur Harmonisierung des mitgliedstaatlichen Strafrechts entweder auf Art. 280 Abs. 4 EGV gestützte Richtlinien erlassen oder sich für die Annäherung der mitgliedstaatlichen Strafvorschriften des Rahmenbeschlusses nach Art. 34 Abs. 2 b EUV bedienen. Zu beachten ist, dass der Rahmenbeschluss gemäß Art. 34 Abs. 2 EUV von den Mitgliedstaaten zwar nur einstimmig gefasst werden kann, aber die Regelung in Art. 34 Abs. 2 b EUV, dass der Rahmenbeschluss nur hinsichtlich seines Zieles verbindlich ist, die Bereitschaft der Mitgliedstaaten zu seinem Abschluss erhöhen wird.

II. Regelungen im Sekundärrecht

Um die Straf- und Verwaltungsvorschriften der Mitgliedstaaten zu harmonisieren sowie um nationale Kontrollen und Sanktionsmaßnahmen einzuführen, hat die EG ein Übereinkommen mit Zusatzprotokollen sowie zwei Verordnungen verabschiedet.

1) Übereinkommen über den Schutz der finanziellen Interessen

Die Mitgliedstaaten der EU haben das Übereinkommen über den Schutz der finanziellen Interessen der Gemeinschaften[184], gestützt auf Art. K.3 Abs. 2 c EUV i.V.m. Art. K.1 Nr. 5 EUV, unterzeichnet. Da das Übereinkommen im Rahmen der intergouvernementalen Bestimmungen des "dritten Pfeilers" zur Inkraftsetzung angenommen wurde, bedarf es der Ratifizierung durch die Mitgliedstaaten gemäß ihrer nationalen Verfahrensbestimmungen[185].

---

[182] Strittig ist, ob dem Rat bei der Auswahl der Vorgehensweise entweder nach dem EGV oder nach den Art. 29 ff EUV ein Ermessensspielraum dann zusteht, wenn die Mitgliedstaaten - wie bei einer noch nicht ausgeübten Gemeinschaftskompetenz - weiterhin zum Erlass von Maßnahmen berichtigt sind; so aber: Böse, in: Schwarze, EU-Kommentar, Art. 29 EUV Rdnr. 9 f, a.A.: Röben, in: Grabitz/Hilf, Art. 29 EUV, Rdnr. 2.

[183] Vgl. Böse, in: Schwarze, EU-Kommentar, Art. 29 EUV Rdnr. 9.

[184] v. 27.11.1995, ABl. 1995 Nr. C 316/49 ff.

[185] Bevor die Konvention und die Zusatzprotokolle in Kraft treten können, müssen sie noch durch die nationalen Parlamente ratifiziert werden. Bis Anfang 2001 hatten fünf der Mitgliedstaaten noch keine Ratifizierung vorgenommen; vgl. Mitteilung der Kommission, Schutz der finanziellen Interessen der Gemeinschaften, Betrugsbekämpfung, Aktionsplan 2001 - 2003, Dok. KOM(2001) 254 endg., S. 18. Das Europäische Parlament hat daher bereits 1996 gefordert, dass das Übereinkommen und die Zusatzprotokolle durch Gemeinschaftsrechtsakte ersetzt werden, vgl. Entschließung v. 22.10.1996, ABl. Nr. C 1996 320/211 ff.

Das Übereinkommen hat zum Ziel, die innergemeinschaftlichen Strafrechtsordnungen anzugleichen, um die Effizienz der Betrugsbekämpfung zum Nachteil der Gemeinschaftsfinanzen zu steigern[186]. In dem Übereinkommen wird der Tatbestand des Betruges zum Nachteil der finanziellen Interessen der Gemeinschaft definiert (Art. 1) und insbesondere bei grenzüberschreitenden Betrugsfällen eine verstärkte Zusammenarbeit der Mitgliedstaaten in Strafsachen vorgesehen (Art. 6). Das Übereinkommen enthält zudem Bestimmungen über die Gerichtsbarkeit der Mitgliedstaaten (Art. 4) und regelt die Auslieferung und Strafverfolgung eigener Staatsangehöriger (Art. 5). Durch das Übereinkommen soll ein Mindeststandard an Bestimmungen zur Strafverfolgung und Strafvollstreckung in Betrugsfällen aufgestellt werden, den das nationale Recht aufzuweisen hat, wobei es unerheblich ist, wie dieser Mindeststandard regelungstechnisch bewerkstelligt wird[187]. Das Übereinkommen tritt 90 Tage nach der Ratifikation durch sämtliche Mitgliedstaaten in Kraft (Art. 11). Nach Inkrafttreten des Übereinkommens sind die beteiligten Mitgliedstaaten zur Änderung ihrer Strafgesetze hinsichtlich der strafrechtlichen Ahndung des Betruges zum Nachteil der Gemeinschaftsfinanzen verpflichtet.

Das Übereinkommen ist am 17.10.2002 in Kraft getreten[188]. Die Definition des Betruges zum Nachteil der Gemeinschaftsfinanzen ist daher nunmehr in den Strafgesetzbüchern aller Mitgliedstaaten enthalten. Da das Übereinkommen als "Kerninstrument" konzipiert war, bedurfte es der Weiterentwicklung und Ergänzung[189]. 1996 und 97 legte der Rat der EU den Mitgliedstaaten zwei Entwürfe für Zusatzprotokolle zur Annahme vor. Das Erste Zusatzprotokoll vom 29.6.1996[190] betrifft die aktive und passive Bestechung nationaler sowie

[186] Vgl. dazu: "Erläuternder Bericht zum Übereinkommen über den Schutz der finanziellen Interessen der Europäischen Gemeinschaften", ABl. 1997 Nr. C 191/1ff.

[187] Denn nach Art. 9 des Übereinkommens sind die Mitgliedstaaten nicht gehindert, innerstaatliche Rechtsvorschriften zu erlassen, die über die Verpflichtung aus diesem Übereinkommen hinausgehen, vgl. Zieschnag, EuZW 1997, 78 (80).

[188] Vgl. dazu und zum aktualisierten Stand der Ratifizierung des Übereinkommens sowie seiner zwei Zusatzptotokolle in den einzelnen Mitgliedstaaten die Presseerklärung der Kommission v. 18.10.2002, einzusehen unter: http:// www.europa.eu.int/comm/pressroom/index_de.htm. In Deutschland wurde die Harmonisierung des Betrugsbegriffs zum Nachteil der Gemeinschaftsfinanzen durch das EU- Finanzschutzgesetz umgesetzt.

[189] Vgl. Erläuternder Bericht zum Übereinkommen über den Schutz der finanziellen Interessen der Europäischen Gemeinschaften, ABl. 1997 Nr. C 191/1 ff. Unter anderem fehlt die Ausweitung der Bestimmungen über die Geldwäsche auf Betrügereien zum Nachteil der Gemeinschaft sowie Regelungen über die strafrechtliche Verantwortung von Beamten der Gemeinschaft. Zudem wird die Zusammenarbeit der mitgliedstaatlichen Behörden nur auf Ermittlungsebene, nicht aber in weiteren Bereichen geregelt.

[190] Protokoll aufgrund von Art. K3 des Vertrages über die EU zum Übereinkommen über den Schutz der finanziellen Interessen der Europäischen Gemeinschaften, ABl. 1996 Nr. C 313/2 ff.

europäischer Beamter. Es enthält eine gemeinsame Definition der Begriffe "Bestechlichkeit" bzw. "Bestechung" von Gemeinschaftsbeamten und nationalen Beamten zum Nachteil der finanziellen Interessen der Gemeinschaften sowie die Feststellung, dass diese Handlungen als Straftaten geahndet werden[191]. Die Ratifizierung des Ersten Zusatzprotokolls ist ebenfalls am 17.10.2002 erfolgt[192], so dass auch die Tatbestände der Bestechung und der Bestechlichkeit zum Nachteil der Gemeinschaftsfinanzen Eingang in die Strafgesetzbücher der Mitgliedstaaten gefunden haben.

Im Zweiten Zusatzprotokoll vom 26.5.1997[193] wird der strafrechtliche Schutz der finanziellen Interessen im Hinblick auf Handlungen juristischer Personen und Handlungen im Zusammenhang mit Geldwäsche geregelt. Danach wird "Geldwäsche" in allen Mitgliedstaaten als Straftat behandelt (Artikel 2), sind juristische Personen für Betrug, Bestechung und Geldwäsche strafrechtlich verantwortlich zu machen (Artikel 3 und 4) und unterliegen die Erträge aus dem Betrug zum Nachteil der Gemeinschaftsfinanzen der Einziehung (Artikel 5). Gemäß Artikel 7 des Zusatzprotokolls ist die Kommission ausdrücklich zur Zusammenarbeit mit den Mitgliedstaaten verpflichtet, sowohl durch die Bereitstellung technischer und operativer Hilfe (Absatz 1) als auch durch die Beteiligung am Austausch von Informationen, "um die Feststellung des Sachverhalts zu erleichtern und ein effektives Vorgehen gegen Betrug, Bestechung und Bestechlichkeit sowie Geldwäsche sicherzustellen" (Absatz 2). Die Ratifizierung des Zweiten Zusatzprotokolls durch alle Mitgliedstaaten und damit sein Inkrafttreten steht noch aus[194].

2) Verordnung (EG) Nr. 2988/95

Am 18.12.1995 wurde die Verordnung (EG) Nr. 2988/95 über den Schutz der finanziellen Interessen der Gemeinschaften[195] verabschiedet, die für den Bereich des EG-Vertrages den Schutz der finanziellen Interessen der EG durch das

---

[191] Vgl. Abschnitt 5.1.6. des Protokolls unter Bezugnahme auf das Übereinkommen über den Schutz der finanziellen Interessen der Europäischen Gemeinschaften. In Deutschland wurde die Harmonisierung der Begriffe Bestechung und Bestechlichkeit durch das "EU-Bestechungsgesetz" in innerstaatliches Recht übertragen.

[192] Vgl. dazu die Presseerklärung der Kommission, a.a.O.

[193] Zweites Protokoll aufgrund von Art. K3 des Vertrages über die EU zum Übereinkommen über den Schutz der finanziellen Interessen der Europäischen Gemeinschaften, ABl. 1997 Nr. C 221/12 ff; daneben existiert ein drittes Zusatzprotokoll v. 29.11.1996 "betreffend die Auslegung des Übereinkommens über den Schutz der finanziellen Interessen der Europäischen Gemeinschaften durch den Gerichtshof (...) im Wege der Vorabentscheidung"; vgl. ABl. 1997 Nr. C 151/1 ff.

[194] So haben fünf Mitgliedstaaten - u.a. Deutschland - das Zusatzprotokoll bislang noch nicht ratifiziert; vgl. Presseerklärung der Kommission, a.a.O.

[195] v. 23.2.1995, ABl. 1995 Nr. L 312/1 ff.

Übereinkommen ergänzen soll[196]. Bei der auf Art. 235 EGV a.F. gestützten Verordnung handelt es sich um eine Rahmenregelung für einheitliche Kontrollen sowie für verwaltungsrechtliche Maßnahmen und Sanktionen zum Schutz der Gemeinschaftsfinanzen gegen Betrug und Unregelmäßigkeiten. So legt die Verordnung wesentliche rechtsstaatliche Grundsätze fest, die bei einschlägigen Kontrollen und der Anwendung gemeinschaftsrechtlicher Maßnahmen und Sanktionen Beachtung finden müssen (Art. 2 und 4), definiert die zulässigen Rechtsfolgen und Sanktionen (Art. 5), regelt Verjährungsfragen (Art. 3) und verpflichtet die Mitgliedstaaten, die Transaktionen, welche die Gemeinschaftsfinanzen berühren, effektiv zu kontrollieren (Art. 8).

3) Verordnung (EG) Nr. 2185/96

Die Verordnung (EG) Nr. 2988/95 über die Kontrollbefugnisse der Kommission im Bereich der Betrugsbekämpfung[197] hat zwar einen gemeinsamen rechtlichen Rahmen für alle von den Gemeinschaftspolitiken berührten Bereiche geschaffen, sich jedoch nicht mit den Kontrollen und Überprüfungen vor Ort befasst. Art. 10 der Verordnung (EG) Nr. 2988/95 sieht daher den Erlass einer gesonderten Verordnung zu einem späteren Zeitpunkt vor, in der "allgemeine zusätzliche Bestimmungen über die Kontrollen und Überprüfungen vor Ort“ festgelegt werden sollen. Am 15.11.1996 trat die Verordnung (EG) Nr. 2185/96 in Kraft und entfaltete ihre Gültigkeit ab dem 1.1.1997[198]. Ziel der Verordnung (EG) Nr. 2185/96 ist es, eine einheitliche, sektorübergreifende Gemeinschaftsregelung für Kontrollen der Kommission in den Mitgliedstaaten zur Aufdeckung von Unregelmäßigkeiten und Betrug zu Lasten des Gemeinschaftshaushalts zu schaffen[199]. Die Verordnung ergänzt somit die Kontrollbefugnisse der Kommission für die Überwachung der ordnungsgemäßen Anwendung des Gemeinschaftsrechts, die bereits durch die sektorspezifischen Regelungsgrundlagen[200] bestehen[201].

---

196 Die Verordnung trat am 26.12.1995 in Kraft.

197 v. 15.11.1996, ABl. 1996 Nr. L 292/2.

198 Nachdem ein entsprechender Verordnungsentwurf der Kommission von Deutschland - gestützt auf einen Beschluss des Bundesrates - abgelehnt worden war, erzielte der Ministerrat kurzfristig am 03.06.1996 eine Einigung. Dem vorausgegangen war ein Kompromissvorschlag der italienischen Ratspräsidentschaft, wonach sich die Kommission unter anderem verpflichtete, Kontrollen und Überprüfungen nur unter Wahrung der Grundrechte der betreffenden Personen sowie unter Einhaltung der Vorschriften über das Amtsgeheimnis und den Schutz personenbezogener Daten durchzuführen.

199 Vgl. auch Kuhl/Spitzer, EuZW 1998, 37 (37 ff).

200 So beispielsweise im Bereich der Strukturfonds nach Art. 18 Abs. 3 der Verordnung (EG) Nr. 1552/89.

201 Hervorzuheben ist, dass durch die Bezugnahme in Art. 1 der Verordnung (EG) Nr. 2185/96 auf Art. 1 Abs. 2 der Verordnung (EG) Nr. 2988/95 über den Schutz der finanziellen Interessen der EG, die Erhebung der Eigenmitteleinnahmen von dem Anwendungsbereich der

III. Zusammenfassung und Ausblick

Mit dem durch den Amsterdamer Vertrag neu gefassten Art. 280 EGV erhält die Gemeinschaft eine Rechtsgrundlage, die sie zum Erlass *gemeinschafts-rechtlicher* Vorschriften zum Schutz der Gemeinschaftsfinanzen vor Betrügereien ermächtigt. Ergänzt wird der Schutz der finanziellen Interessen durch Art. 29 EUV. Während Art. 280 EGV in Abs. 4 eine Rechtsgrundlage für gemeinschaftsrechtliches Handeln bereitstellt, begründet Art. 29 EUV die wechselseitige Verpflichtung der Mitgliedstaaten, die Bekämpfung von Betrug durch bestimmte Methoden (wie z.B. eine engere Zusammenarbeit der Polizei, Zoll - und anderer zuständiger Behörden) nur noch im Wege des gemeinsamen Vorgehens der Mitgliedstaaten innerhalb des institutionellen Rahmens der Gemeinschaft zu verfolgen.

Eine in sich schlüssige Betrugsbekämpfungsstrategie erfordert allerdings auch wirksame Sanktionen als Abschreckungsmittel. Auch durch die Revision des Maastrichter Vertrages wurde aber - abgesehen von der Möglichkeit zum Erlass von Normen für Verwaltungssanktionen gemäß Art. 280 Abs. 4 EGV - keine Kompetenz der Gemeinschaft zum Erlass von Strafvorschriften zum Schutz der Gemeinschaftsfinanzen begründet. Der Gemeinschaft wurde durch Art. 280 EGV sowie subsidiär durch Art. 29 EUV allein ermöglicht, bestehende mitgliedstaatliche Strafrechtsnormen anzugleichen.

Die Verordnung (EG) Nr. 2988/95 über den Schutz der finanziellen Interessen der Gemeinschaft ist in diesem Zusammenhang ein wichtiger Baustein des horizontalen Konzeptes, denn sie legt fest, welche Personengruppen für die nicht ordnungsgemäße Anwendung der Finanzvorschriften der Gemeinschaft verantwortlich gemacht werden können und bietet dem Gesetzgeber einen allgemeinen Bezugsrahmen für verwaltungsrechtliche Sanktionen. Schließlich bildet das Übereinkommen mit seinen Protokollen ein zusammenhängendes Gefüge, um einen Mindeststandard an materiellrechtlichen Straftatbeständen und Verfahrensregelungen zum Schutz der finanziellen Interessen der Gemeinschaft in den einzelnen Mitgliedstaaten sicherzustellen, wobei das Zweite Zusatzprotokoll noch nicht von allen Mitgliedstaaten ratifiziert worden ist[202].

Um durch eine zentrale Verfolgung einen einheitlichen und gleichwertigen Schutz der Gemeinschaftsfinanzen zu gewährleisten, sollte künftige eine

---

Verordnung ausgenommen ist. Damit sind die Finanzämter in den Mitgliedstaaten nicht Gegenstand der Überprüfung.

[202] Vgl. Erster Teil C. II. 1.

Europäische Staatsanwaltschaft eingeführt werden[203]. Der Tätigkeitsbereich der Europäischen Staatsanwaltschaft sollte - wie von der Kommission vorgesehen[204] - auf den Schutz der finanziellen Interessen der Gemeinschaft beschränkt bleiben. Eine über den Schutz der Gemeinschaftsfinanzen hinausgehende Verfolgungskompetenz der Europäischen Staatsanwaltschaft, etwa für die Verletzung des Datenschutzes oder die Begünstigung bei der Anwendung des Gemeinschaftsrechts[205], würde der Souveränität der Mitgliedstaaten sowie der innerstaatlichen Akzeptanz nicht ausreichend Rechnung tragen.

Wie sollen aber die materiellen und verfahrensrechtlichen Regelungen ausgestaltet sein, nach denen die Strafverfolgungsbehörde der Gemeinschaft operieren würde?

Nach Auffassung der Kommission bestehen folgende Möglichkeiten, für die Tätigkeit der Europäischen Staatsanwaltschaft materiellrechtliche sowie verfahrensrechtliche Regelungen zu schaffen[206]:

- durch einfachen Verweis auf innerstaatliches Recht der Mitgliedstaaten,
- durch eine Teilharmonisierungen einzelstaatlicher Regelungen unter Verweis auf das nationale Recht,
- durch eine vollständige Harmonisierung bestimmter einzelstaatlicher Bestimmungen sowie
- durch die Schaffung eines supranationalen Strafrechts[207].

Dabei favorisiert die Kommission eine Kombination aus der Angleichung der nationalen Straftatbestände und Verfahrensregelungen und der Schaffung europäischer Strafrechtsregelungen. Für die Bereiche des materiellen Strafrechts sowie für das Verfahrensrecht soll nach Maßgabe der Grundsätze der Subsidiarität und Effizienz entschieden werden, welche Bestimmungen

---

[203] So auch: Brüner/Spitzer, in: NStZ 2002, 393 (396), nach denen aus Sicht der praktischen Tätigkeit des Amtes der Schutz der Finanzmittel der Gemeinschaft nur durch einen kohärenten Ansatz unter Zuhilfenahme aller strafrechtlichen Instrumente erreicht werden kann; in diesem Sinne auch: Philipp, in: EuZW 2000, 705 (705).

[204] Vgl. Kommission, Grünbuch zum strafrechtlichen Schutz der finanziellen Interessen der Europäischen Gemeinschaften und zur Schaffung einer Europäischen Staatsanwaltschaft, Dok. KOM(2001) 715 endg., S. 42; vgl. auch Entwurf des Art. 280 a EGV.

[205] Vgl. Kommission, a.a.O., S. 42.

[206] Vgl. Kommission, a.a.O., S. 37, 46.

[207] Kommission, Grünbuch zum strafrechtlichen Schutz der finanziellen Interessen der Europäischen Gemeinschaften und zur Schaffung einer Europäischen Staatsanwaltschaft, Dok. KOM(2001) 715 endg., S. 36.

Gegenstand einer eigenständigen gemeinschaftsrechtlichen Regelung oder einer Harmonisierung sein sollen[208].

Eine Harmonisierung der mitgliedstaatlichen Rechtsvorschriften könnte im Wege der Instrumentarien der "dritten Säule" der EU sowie durch eine Rechtsangleichung mittels Richtlinien auf der Grundlage von Art. 280 Abs. 4 EGV erfolgen.

Vor der Neufassung des Amsterdamer Vertrages war eine Angleichung des mitgliedstaatlichen Strafrechts nur durch ein Übereinkommen möglich, das den vollen Anforderungen an die Ratifikation und das Inkrafttreten völkerrechtlicher Verträge genügen musste. Das Übereinkommen zum Schutz der finanziellen Interessen der Gemeinschaften vom 26.07.1995 - als bisher einziges Abkommen mit strafrechtlichem Inhalt - und sein Erstes Zusatzprotokoll vom 27.09.1996 sind erst sieben Jahre nach Unterzeichnung des Übereinkommens bzw. sechs Jahre nach Unterzeichnung des Ersten Zusatzprotokolls in Kraft getreten. Das Inkrafttreten des Zweiten Zusatzprotokolls steht noch aus[209]. Daraus muss der Schluss gezogen werden, dass sich die Ratifikation solcher Konventionen in dem sensiblen Bereich des Strafrechts durch die Mitgliedstaaten als äußerst langwierig gestaltet.

Die neu gefasste PJZS ermöglicht mit Art. 29 Abs. 2 Nr. 3 und 31 Abs. 1 e) EUV die Annäherung der mitgliedstaatlichen Strafrechtsnormen durch das Verfahren des Rahmenbeschlusses. Gegenüber dem Inkrafttreten und der Ratifikation von Übereinkommen im Rahmen der PJZS ist das Verfahren zum Inkrafttreten des Rahmenbeschlusses erheblich vereinfacht und beschleunigt. Gleichzeitig verzichten die Mitgliedstaaten im Rahmen der PJZS nicht auf ihre originäre Kompetenz der Strafrechtsetzung.

Effektiver zum Schutz der Gemeinschaftsfinanzen ist die Angleichung der mitgliedstaatlichen Strafvorschriften durch Richtlinien auf der Grundlage von Art. 280 Abs. 4 EGV[210]. Richtlinien haben die Mitgliedstaaten genau und frist-

---

208 Kommission, a.a.O., S. 36 ff.

209 Vgl. Erster Teil C. II. 1.

210 Zu verweisen ist auf den vom Europäischen Parlament und dem Europäischen Rechnungshof bereits gebilligten Entwurf der Kommission für eine Richtlinie zum Schutz der finanziellen Interessen der Europäischen Gemeinschaften v. 23.05.2001, vgl. Dok. KOM(2001) 272 endg., durch die das Übereinkommen und seine zwei Zusatzprotokolle umgesetzt werden sollte. Aufgrund des Inkrafttretens des Übereinkommens unterbreitete die Kommission dem Rat der EU einen geänderten Richtlinienvorschlag, der die Umsetzung dieser Maßnahmen im Bereich des ersten Pfleilers ermöglichen würde; vgl. Presseerklärung der Kommission v. 18.10.2002, einzusehen unter: http:// www.europa.eu.int/comm/press-room/index_de.htm.

gerecht umzusetzen[211]. Ein Gemeinschaftsrechtsakt mit rechtsvereinheitlichender Wirkung der mitgliedstaatlichen Rechtsordnungen kann einen weit wirksameren, da zeitnäheren Schutz der Gemeinschaftsfinanzen bewirken als eine zwischenstaatliche Regelung, die der gesonderten Umsetzung durch die Mitgliedstaaten bedarf. Im Unterschied zum Rahmenbeschluss, bei dem nach Art. 34 Abs. 2 b EUV die unmittelbare Wirkung ausgeschlossen ist, kann die Richtlinie, ohne dass es zuvor eines Umsetzungsaktes der Mitgliedstaaten bedarf, unter bestimmten engen Voraussetzungen unmittelbar anwendbar sein[212]. Bei fehlender oder nicht ordnungsgemäßer Umsetzung der Richtlinie sieht sich der betreffende Mitgliedstaat einem Vertragsverletzungsverfahren gemäß Art. 226 EGV[213] bzw. Schadensersatzansprüchen ausgesetzt[214]. Bei Rahmenbeschlüssen ist die Kontrolle durch den EuGH wegen Art. 35 EUV nur in sehr eingeschränkter Form verwirklicht. So gibt es kein dem Vertragsverletzungsverfahren vergleichbares Instrument, mit dessen Hilfe der Gerichtshof die Umsetzung von Rahmenbeschlüssen überwachen könnte.

Vergleicht man also hinsichtlich des Schutzes der finanziellen Interessen der Gemeinschaft als Instrumente der Rechtsharmonisierung auf der einen Seite die Richtlinien des EGV und auf der anderen Seite Übereinkommen im Rahmen des EUV sowie die neue Konstruktion der Rechtsannäherung durch Rahmenbeschlüsse erscheint die Richtlinie als das Instrument, mit dem die Gemeinschaft den Schutz ihrer Finanzinteressen am effektivsten verwirklichen könnte[215].

Allerdings bestehen starke Zweifel, ob der Schutz der Finanzmittel der Gemeinschaft allein durch eine Harmonisierung der mitgliedstaatlichen Straf- und Strafverfahrensregelungen erreicht werden kann. Bei einer Angleichung mitgliedstaatlicher Strafvorschriften durch Richtlinien bliebe den Mitgliedstaaten die Wahl der Umsetzung im Rahmen des von der Gemeinschaft

---

[211] Die Umsetzungspflicht der Mitgliedstaaten ergibt sich aus Art. 249 Abs. 3, 10 EGV, bzw. unter Umständen auch durch Festlegung in der Richtlinie selbst, vgl. Oppermann, Rdnr. 547 ff.

[212] Vgl. bspw. EuGH, Rs. 41/74, Slg. 1974, (van Duyn/Home Office); 1337 (1337 ff). Diese Rechtsprechung wurde vom BVerfG als "im Rahmen richterlicher Rechtsfortbildung liegend" gebilligt, vgl. BVerfGE 75, 223 (245).

[213] Kein Mitgliedstaat kann sich auf seine interne Rechtsordnung berufen, um damit die Nichtbeachtung der Umsetzungspflicht und der Umsetzungsfristen zu beachten. Schwierigkeiten bei der Umsetzung einer Richtlinie können nur auf Gemeinschaftsebene abgeholfen werden, vgl. EuGH, Rs. 52/75, Slg. 1976 (Gemüse - Richtlinie), 277 (285).

[214] Vgl. nur EuGH, Rs. C-6/90 und C-9/90, Slg. 1991 (Frankovich), 5357 (5357 ff).

[215] So wohl auch die Kommission, die trotz des Inkrafttretens des Übereinkommens und seines Ersten Zusatzprotokolls an ihrem Vorschlag zur Einführung einer Richtlinie zum Schutz der finanziellen Interessen der Europäischen Gemeinschaft als geeigneteres Rechtsinstrument zur Einführung von Strafvorschriften zum Schutz der Gemeinschaftsfinanzen festhält; vgl. Fn. 209.

gesteckten Zieles - des Schutzes der Gemeinschaftsfinanzen vor betrügerischen Handlungen - überlassen. Für die Mitgliedstaaten besteht bei der Umsetzung der Richtlinie ein Gestaltungsspielraum, wodurch den jeweiligen Besonderheiten in den Mitgliedstaaten Rechnung getragen werden soll[216].

Da die Europäische Staatsanwaltschaft im gesamten Rechtsgebiet der Gemeinschaft zuständig sein soll, bedarf es aber notwendigerweise für ihre Tätigkeit einheitlicher Straftatbestände und Verfahrensregelungen, ausgerichtet auf den Schutz der Gemeinschaftsfinanzen. Je einheitlicher die Regelungen ausgestaltet wären, umso wirkungsvoller könnte die Europäische Staatsanwaltschaft operieren. So bedarf insbesondere das bisherige System der vielfältigen Amts- und Rechtshilfeabkommen der Mitgliedstaaten in Strafsachen dringend der Vereinheitlichung und Präzisierung[217]. Das unterschiedliche System der Rechtsmittel gegen Entscheidungen im Bereich der Rechts - und Amtshilfe müsste auf einen gemeinsamen europäischen Standard gebracht werden[218]. Die entsprechenden gesetzlichen Regelungen sollten insbesondere klarstellen, inwieweit die im ersuchten Staat rechtmäßigen Beweiserhebungen im ersuchenden Staat auch dann verwertet werden können, wenn sie dessen Rechtmäßigkeitsvoraussetzungen nicht genügen[219]. Die Vorstellung, es ließe sich zeitnah allein durch Rechtsharmonisierung ein einheitlicher Rechtsraum mit Straftatbeständen und –verfahrensvorschriften zum Schutz der Gemeinschaftsfinanzen schaffen, ist unrealistisch.

Vielmehr ist es für die Schaffung eines einheitlichen Rechtsraumes zum Schutz der finanziellen Interessen der Gemeinschaft erforderlich, das anwendbare materielle Strafrecht sowie die von der Europäischen Staatsanwaltschaft heranzuziehenden Verfahrensvorschriften weitestgehend gemeinschaftsrechtlich auszugestalten[220]. Zudem sollte die Einführung europäischer Strafrechtsregelungen durch die Stärkung und den Ausbau der justitiellen Zusammenarbeit

---

[216] Vgl. Magiera, in: Jura 1989, 595 (560).

[217] Vgl. auch: Brüner/Spitzer, in: NStZ 2002, 393 (397) mit der Forderung nach einer gegenseitigen Anerkennung von mitgliedstaatlichen Ermittlungshandlungen; vgl. auch den Entwurf eines Rechtsaktes des Rates der EU über die Erstellung des Übereinkommens über die Rechtshilfe in Strafsachen zwischen den Mitgliedstaaten der Gemeinschaften, ABl. 1999 Nr. C 251/1ff.

[218] Der Genfer Generalstaatsanwalt Bernard Bertossa nennt bspw. für das Elf-Aquitaine/Leuna-Verfahren 15 verschiedene Einsprüche der Mitgliedstaaten und in dem Bestechungsverfahren um den spanischen Polizeichef Luis Roldon 93 Einsprüche, welche die Justiz voraussichtlich 5 Jahre beschäftigen werden, vgl. dazu: Süddeutsche Zeitung v. 11.02.2000, S. 12.

[219] Vgl. zu diesen Fragen: Höpfel/Huber, S. 14 ff.

[220] A.A. insoweit: Braum, in: JZ 2000, 493 (500), nach dem die Einführung europäischer Strafrechtsregelungen, "vernünftige Mechanismen der Selbstregulierung (behindert)".

der Mitgliedstaaten mittels der bereits beschlossenen bzw. in Vollzug gesetzten Instrumente (Eurojust, Europol, Europäisches Justitielles Netz) ergänzt werden[221]. Diese Kompetenzzuweisung an den Gemeinschaftsgesetzgeber erscheint unumgänglich, um die Verfolgung und Ahndung von Straftaten zum Nachteil der Gemeinschaftsfinanzen im Sinne von Art. 280 Abs. 1 EGV in allen Mitgliedstaaten *gleichwertig* und damit insbesondere für die länderübergreifend operierende Kriminalität *abschreckend* zu regeln. Auf diese Weise wären die entsprechenden Beweismittel in den Strafverfahrenssystemen sämtlicher Mitgliedstaaten zulässig[222].
Der mitgliedstaatlichen Souveränität bliebe dadurch Rechnung getragen, dass die Verhängung entsprechender Sanktionen - nach den von der Gemeinschaft vorher festgelegten Mindest- und Höchststrafen - in das Ermessen des nationalen Richters gestellt wäre.

Auch unter dem Aspekt der rechtstaatlichen Anforderungen an Strafrechtsnormen[223] - wie dem strafrechtlichen Bestimmtheitsgrundsatz oder dem Verbot strafrechtlicher Rückwirkung - die in allen mitgliedstaatlichen Rechtsordnungen in irgendeiner Form verankert sind[224], lässt sich kein rechtliches Hindernis für eine Vergemeinschaftung des Strafrechts finden. Die Gemeinschaft bekennt sich zu einigen Rechtsstaatsprinzipien, die von den Gemeinschaftsorganen beim Erlass von Rechtsakten zu beachten sind[225]. Insbesondere der EuGH wäre in der Lage, im Falle einer gemeinschaftsrechtlichen Strafrechtsetzung die Einhaltung rechtstaatlicher Garantien zum Schutz der Freiheitssphäre der Bürger auf mitgliedstaatlichem Schutzniveau zu garantieren. Das bisherige Fehlen gemeinschaftsrechtlicher Strafrechtsetzungskompetenzen beruht daher nicht auf rechtlichen Notwendigkeiten. Auch wenn das Strafrecht in allen Rechtsordnungen eine Sonderstellung einnimmt, stehen die verstärkten rechtsstaatlichen und demokratischen Anforderungen an gemeinschaftsrechtliche Strafvorschriften einer Übertragung auf die Gemeinschaft nicht entgegen. Etwaige Bedenken lassen sich bei der Ausgestaltung der Gemeinschaftskompetenzen - etwa durch größere Kompetenzen des Europäischen Parlaments bei der Strafrechtsetzung -

---

221 So auch die Kommission, die im Hinblick auf die Zusammenarbeit mit den Instrumenten des dritten Peilers Komplementarität statt Konkurrenz anstrebt, vgl. Kommission, Grünbuch zum strafrechtlichen Schutz der finanziellen Interessen der Europäischen Gemeinschaften und zur Schaffung einer Europäischen Staatsanwaltschaft, Dok. KOM(2001) 715 endg., S. 70 ff.

222 So die Regeln über die Zweck- bzw. Rechtmäßigkeit der Strafverfolgung, die Bedingungen für Durchsuchungen und Beschlagnahmen, den Einsatz von Telefonüberwachungen etc.

223 In Deutschland sind diese in Art. 103 Abs. 2 des deutschen Grundgesetzes (im Folgenden: "GG") verfassungsrechtlich verankert, vgl. dazu ausführlich: Roxin, S. 29 ff.

224 Vgl. Hilf/Pache, in: NJW 1998, 705 (707).

225 Vgl. Schweizer/Hummer, Rdnr. 791 mit Hinweisen auf die Rechtsprechung des EuGH.

ausräumen. Das Europäische Parlament könnte ohnehin bei einer Vergemeinschaftung der Strafvorschriften zum Schutz der Gemeinschaftsfinanzen zum ersten Mal in dem sensiblen und bedeutenden Bereich des Strafrechts seine parlamentarischen Kontrollbefugnisse ausüben, die bei der bisherigen intergouvernementalen Zusammenarbeit nur rudimentär ausgestaltet sind[226].

Die Möglichkeit der Einführung gemeinschaftsrechtlicher Strafvorschriften wurde durch die Neufassung des Art. 4 des Art. 280 EGV in dem Entwurf eines Vertrages über eine Verfassung für Europa, den der Europäische Konvent im Konsensverfahren am 13.06. und 10.07.2003 angenommen und dem Europäischen Rat in Rom am 18.07.2003 überreicht hat[227], eröffnet. Nach dem Wortlaut des Art. III-321 Abs. 4 EGV n.F. werden "die erforderlichen Maßnahmen zur Verhütung und Bekämpfung von Betrug, der sich gegen die finanziellen Interessen der Union richtet, durch Europäische Gesetze oder Rahmengesetze festgelegt. Diese werden nach Anhörung des Rechnungshofs erlassen".

Zusätzlich zur Einführung gemeinschaftsrechtlicher Strafrechtsnomen müssen aber insbesondere die Ursachen neuer grenzüberschreitender und organisierter "europäischer" Kriminalität erkannt werden. Wenn die Tatanreize bestehen bleiben und sich die europäische Kriminalpolitik nur auf den Ausbau eines einheitlichen gemeinschaftsrechtlichen Rahmens zur Bekämpfung der Betrügereien beschränken würde, könnte sich diese Kriminalpolitik langfristig als kontraproduktiv erweisen. Es gilt daher im Bereich der europäischen Betrugsbekämpfung die eigentlich den Tatanreiz bildenden Umstände herauszuarbeiten[228].

D. Betrugsbekämpfung durch die Organe der Gemeinschaft

Die Bekämpfung gemeinschaftsschädlicher Betrügereien gehört, wie sich aus den Vorschriften des Primärrechts ergibt, grundsätzlich zu den Pflichten der Mitgliedstaaten. Handlungspflichten der Gemeinschaftsorgane sind nicht ausdrücklich vorgesehen. Vielmehr ergibt sich aus der allgemeinen Regelung des Art. 211 EGV, dass die Kommission als Hüterin der Verträge verpflichtet

[226] Vgl. Art. 39 EUV, der die Beteiligung des Europäischen Parlaments im Bereich der PJZS auf ein bloßes Anhörungsrecht beschränkt.
[227] Vgl. CONV 850/03, S. 213, ABl. 2003 Nr. C 169/1 ff.
[228] So auch: Sieber, einzusehen unter: http://www.jura.uni-muenchen.de/einrichtungen/ls/sieber/article/rechtshilfe/re.htm, der insbesondere die krimogenen Wirkungen einer fragwürdigen Subventionspraxis anprangert.

ist, die Erfüllung der sich aus Art. 280 Abs. 2 EGV ergebenden Verpflichtungen der Mitgliedstaaten zur Gleichstellung ihrer finanziellen Interessen mit denen der Gemeinschaft (Assimilierung) zu überwachen und gegebenenfalls im Rahmen des Vertragsverletzungsverfahrens die Durchsetzung dieser Verpflichtungen zu erzwingen. Auch Art. 10 EGV, der eine Verantwortlichkeit der Mitgliedstaaten zur loyalen Zusammenarbeit mit den Gemeinschaftsorganen begründet, verpflichtet die Gemeinschaft in gleicher Weise zur Unterstützung mitgliedstaatlicher Stellen[229]. Art. 280 Abs. 3 EGV sieht zudem die Unterstützung der Kommission für den Bereich der Zusammenarbeit der Mitgliedstaaten vor. Gemäß der Organisation der Betrugsbekämpfung in der Gemeinschaft liegen die Handlungsmöglichkeiten grundsätzlich bei der Kommission. Das der Kommission zugehörige neu gegründete Amt zur Aufdeckung von Betrugsvorfällen ist zu internen Untersuchungen[230] *innerhalb* der Organe, Einrichtungen, Ämter und Agenturen der Gemeinschaft ermächtigt. Der Kommission obliegt auch die Durchführung externer Ermittlungen[231] *außerhalb der Kommission* in den Mitgliedstaaten und gemäß den geltenden Kooperationsabkommen in den Drittstaaten. Diese externen Untersuchungsbefugnisse waren vor Gründung des Amtes die zentrale Aufgabe der Einheit. Eine wichtige Rolle bei der Durchführung von Untersuchungen außerhalb der Kommission spielen auch das Europäisches Parlament und der Europäische Rechnungshof.

Bevor näher auf die internen Ermittlungsbefugnisse des Amtes bzw. seiner Rechtsvorgängerin eingegangen wird, sollen zum besseren Verständnis der Zusammenhänge zunächst die externen Untersuchungsbefugnisse des Europäischen Parlaments, des Europäischen Rechnungshofes sowie der Einheit, deren externe Untersuchungsbefugnisse das Amt nahezu unverändert übernommen hat, aufgezeigt werden.

I. Externe Untersuchungen außerhalb der Kommission

1) Europäisches Parlament

Die Gefahr von Betrügereien und Unregelmäßigkeiten beunruhigte schon lange das Europäische Parlament, weshalb es seit jeher Initiativorgan zur Verbesserung des Schutzes der finanziellen Interessen der Gemeinschaft ist[232]. Die

---

[229] Vgl. v. Bogdandy, in: Grabitz/Hilf , Art. 5 EGV, Rdnr. 79; vgl. auch EuGH, Rs. 230/81, Slg. 1983 (Luxemburg/Europäisches Parlament), 255 (255 ff).

[230] Vgl. zur Begrifflichkeit Art. 4 der Verordnung, ABl. 1999 Nr. L 136/3.

[231] Vgl. zur Begrifflichkeit Art. 3 der Verordnung, ABl. 1999 Nr. L 136/3.

[232] So forderte das Europäische Parlament die Schaffung des Europäischen Rechnungshofes, die Bildung der Einheit und die Schaffung des reformierten Amtes. Neben der Aufstellung des Haushalts und der Kontrolle der Exekutive hat das Europäische Parlament insbesondere

Kontrolle der Exekutivorgane ist eine der wesentlichen Aufgaben des Europäischen Parlaments[233].
Das Parlament selbst bzw. dessen Mitglieder besitzen nach Art. 197 Abs. 3 EGV ein Fragerecht gegenüber der Kommission[234]. Zur Entgegennahme von Beschwerden von Einzelpersonen kann das Europäische Parlament einen Bürgerbeauftragten einsetzen (Art. 195 EGV)[235].

Die Gemeinschaftsbürger haben nach Art. 194 EGV das Recht, Petitionen an das Europäische Parlament zu richten[236]. Zur Aufklärung von Rechtsverstößen in der EG und von Missständen bei der Rechtsanwendung durch die Gemeinschaftsorgane oder durch die Mitgliedstaaten hat das Europäische Parlament außerdem nach Art. 193 EGV die Befugnis, einen nicht- ständigen Untersuchungsausschuss einzusetzen. Dieser hat den ständigen Ausschüssen den wesentlichen Faktor der Öffentlichkeitswirkung voraus[237]. Wegen Verletzung seiner Rechte durch einen Rechtsakt anderer Organe hat das Europäische Parlament schließlich die Befugnis, vor dem EuGH Klage zu erheben (Art. 230 Abs. 3 EGV).

---

die Aufgabe, die Repräsentation der Bevölkerung im Gesetzgebungsprozess zu gewährleisten, bei der Gesetzgebung mitzuwirken und eine Vermittler- und Identifikationsrolle gegenüber den Bürgern einzunehmen, vgl. Giering/Jannig/Merkel/Stabenow, S. 59 ff. Vgl. auch Blondel/Sinnott/Svensson, S. 11: The European Parliament can be regarded as the "democratic pillar" of the Union.

[233] Vgl. Kipke, in: ZParl 1989, 488 (491); Reich, S. 119 f; Oppermann/Kilian, in: EuR 1981, 366 (384 ff). Unter Kontrolle ist dabei ein "prüfendes Nachvollziehen“ zu verstehen, vgl. Reich, S. 107.

[234] Vereinzelt sind im EGV auch Fragerechte gegenüber dem Rat der EU geregelt, vgl. bspw. Art. 21 und 39 EUV. Ebenso bestehen Informationspflichten von Kommission, dem Rat der EU sowie dem Europäischen Rat gegenüber dem Europäischen Parlament, vgl. bspw. Art. 22, 200 EGV n.F.

[235] Die Einsetzung eines Bürgerbeauftragten ist eine besondere Form des parlamentarischen Kontrollrechts und dient - wie die Einsetzung eines nichtständigen Untersuchungsausschusses - der Untersuchung von Verstößen gegen das Gemeinschaftsrecht seitens der Gemeinschaftsorgane oder der Mitgliedstaaten; vgl. den Beschluss des Europäischen Parlaments über die Regelungen und allgemeinen Bedingungen für die Ausübung der Aufgaben des Bürgerbeauftragten, ABl. 1994 Nr. L 113/15 ff.

[236] Durch das Petitionsrecht soll der freie Zugang der Gemeinschaftsbürger zum Europäischen Parlament gewährleistet und dem Europäischen Parlament Anstöße für Initiativen und die Wahrung seiner Kontrollfunktionen vermittelt werden. Dieses Recht kann sich unter Umständen mit der Einsetzung des Bürgerbeauftragten überschneiden, ohne sich gegenseitig auszuschließen; vgl. dazu: Kluth, in: Calliess/Ruffert, EUV/EGV, Art. 194 EGV Rdnr. 1 ff.; Reich, S. 119. Die Zahl der Petititonen liegt jährlich bei über 1000; vgl. bspw. Bericht des Petitionsausschusses in der Sitzungsperiode 1995-1996, Dok. A4-0191/96.

[237] Vgl. dazu: Grabitz/Läufer, S. 83 f.

Dem Europäischen Parlament obliegt nach Art. 276 EGV die Entscheidung über die Entlastung der Kommission zur Durchführung des Haushaltsplanes. Das Parlament gewährt federführend durch seinen Haushaltsausschuss oder durch den eigenständigen Ausschuss für Haushaltskontrolle die Entlastung der Kommission[238], kann sie aber auch aufschieben und verweigern und dieses Instrument zur Durchsetzung konkreter Reformen einsetzen[239]. Neben der rein nachträglichen Kontrolle übt das Parlament auch eine mitschreitende Kontrolle während des Haushaltsjahres aus. Zu diesem Zweck verpflichtet die Haushaltsordnung die Kommission in Art. 34, monatliche Zahlenangaben und vierteljährliche Berichte über den Haushaltsvollzug vorzulegen. Die Kontrollfunktion des Europäischen Parlaments betrifft folglich den Bereich der Ausgaben der Gemeinschaft[240]. Die Konsequenzen einer Verweigerung der Entlastung des Gemeinschaftshaushalts sind erheblich. Dies wurde besonders deutlich als das Europäische Parlament der Kommission am 17.12.1998 die Entlastung für die Durchführung des Haushaltsplanes 1996 verweigert hatte, was im weiteren Verlauf zum Rücktritt der Kommission im März 1999 und zur Schaffung des Amtes führte.

Als politisches Sanktionsmittel steht dem Europäischen Parlament gegenüber der Kommission das Rechtsinstrument des Misstrauensantrages nach Art. 201 EGV zur Verfügung. Seine Existenz verleiht den parlamentarischen Kontrollbefugnissen insofern zusätzlichen Nachdruck, als es ausgesprochen werden kann, wenn dem Europäischen Parlament die Ausübung seiner vertraglichen Kontrollbefugnisse seitens der Kommission unmöglich gemacht wird[241]. Zusätzlich fördert gerade die Verknüpfung von Misstrauensantrag und parlamentarischem Untersuchungsrecht die politische Schlagkraft und die Bedeutung des Untersuchungsrechts[242]. Darüber hinaus hat das Europäische Parlament durch interinstitutionelle Absprachen weitere nachträgliche

---

[238] Vgl. zur Entlastung der Ausführung des Haushaltsplans Art. 276 EGV n.F. sowie Anlage V der GEOP; vgl. auch den Beschluss des Europäischen Parlaments zur Entlastung über die Ausführung des Gesamthaushaltsplans der Gemeinschaften für das Haushaltsjahr 2000 (Einzelplan I-Europäisches Parlament) v. 10.04.2002, ABl. 2002 Nr. L 158/43 ff.

[239] Die dem Haushaltskontrollausschuss angehörenden Abgeordneten üben eine echte Kontrolle über Recht- und Ordnungsmäßigkeit der Mittelvergabe und damit über die Maßnahmen der Kommission zur Bekämpfung von Betrügereien aus.

[240] Vgl. dazu eingehend: Magiera, in: Grabitz, Art. 206 EGV, Rdnr. 3 ff.

[241] Die besondere Bedeutung des Misstrauensvotums ist auch insoweit hervorzuheben, als der EG-Vertrag dem Europäischen Parlament nicht die Kompetenz verleiht, Kommissionsmitglieder einzeln abzusetzen; diese Möglichkeit hat gem. Art. 160 EGV nur der Europäische Gerichtshof auf Antrag des Rates oder der Kommission.

[242] Vgl. Beckedorf, in: EuR 1997, 237 (251 f), der anmerkt, dass es in der Natur der Sache liege, ein *politisches* Kontrollinstrument auch mit einem *politischen* Sanktionsmittel auszustatten.

Kontrollmöglichkeiten bezüglich der laufenden Tätigkeit der Gemeinschaftsorgane entwickelt[243].

2) Rechnungshof

Die Bekämpfung des Betruges zum Nachteil der Gemeinschaftsfinanzen ist einer der Hauptgründe für die Schaffung des Europäischen Rechnungshofes. Dem Rechnungshof obliegt die umfassende Kontrolle der Recht- und Ordnungsmäßigkeit der Einnahmen und Ausgaben der Gemeinschaft bzw. der Verwendung der Gemeinschaftsmittel. Mit dem Maastrichter Vertrag und dem neu gefassten Art. 7 Abs. 1 EGV erhielt er den Status eines Organs der Gemeinschaft[244].

Der EG-Vertrag ermächtigt den Rechungshof in Art. 248 EGV zu Prüfungen vor Ort, d.h. bei den Organen der Gemeinschaft, sowie unter Mitwirkung der zuständigen nationalen Behörden in den Mitgliedstaaten. Gemäß Art. 248 Abs. 2 EGV obliegt dem Rechnungshof nicht nur die Prüfung der Recht- und Ordnungsmäßigkeit der Einnahmen und Ausgaben, sondern er muss sich auch von der Wirtschaftlichkeit der Haushaltsführung überzeugen. Nach Abschluss jedes Haushaltsjahres erstattet der Rechnungshof einen Jahresbericht (Art. 248 Abs. 4 EGV). Dieser Jahresbericht ist die Grundlage für die Entscheidung des Europäischen Parlaments über die Entlastung der Kommission[245], so dass das Parlament und der Rechnungshof im Rahmen der externen Finanzkontrolle streng zusammenarbeiten. Von erheblicher Bedeutung ist darüber hinaus die laufende Begleitkontrolle, zu der Art. 248 Abs. 4 UAbs. 2 EGV den Rechungshof ermächtigt[246].

3) Kommission

Die Kommission verfolgte seit der Reform des Gemeinschaftshaushalts im Jahre 1988 durch die Einheit UCLAF ebenfalls Ermittlungen außerhalb der Kommission. UCLAF wurde vor allem auf Druck des Europäischen Parlaments eingerichtet, um der bislang bestehenden Aufsplitterung der Kontrolltätigkeit der Kommission in verschiedene Generaldirektionen[247] abzuhelfen und die

---

[243] Vgl. bspw. das Recht zur Mitsprache bei der Einsetzung des Kommissionspräsidenten; vgl. dazu: Schoo, in: Schwarze, 97 (102 f); Saalfrank, S. 32.

[244] Vgl. auch Art. 246 ff EGV.

[245] Vgl. Theato, in: Altmaier/Friedmann/Piepenschnieder/Schüler/Theato, S. 20.

[246] Diese Kompetenz ist vom Rechnungshof schon mehrmals gerade in Bereichen wahrgenommen worden, in denen in besonderem Maße Betrügereien vorgefallen waren; vgl. bspw. Sonderbericht Nr. 2/92, ABl. 1992 Nr. C 101/1.

[247] Bis zur Reform des Gemeinschaftshaushalts 1988 bestand das Kontrollkonzept der Kommission darin, die Kontrolltätigkeit und die Betrugsbekämpfung in derselben

Bekämpfung von Betrügereien zu Lasten des Gemeinschaftshaushalts effektiver zu machen.

Seit der 1993 beschlossenen und 1994 durchgeführten Umorganisation[248] bildete UCLAF die Direktion G (Koordinierung der Maßnahmen zur Betrugsbekämpfung) des Generalsekretariats der Kommission. Verwaltungssystematisch stellte UCLAF daher einen Fall des gemeinschaftsunmittelbaren Vollzuges im Bereich der internen Organisation der Kommission dar[249]. Der Aufgabenbereich von UCLAF umfasste im Wesentlichen - neben einer Koordinierung der Maßnahmen der Mitgliedstaaten und der zuständigen Kommissionsdienststellen - bei einem Verdacht des Betruges Ermittlungen vorrangig in mitgliedstaatlichen Wirtschaftsunternehmen mit dem Ziel, die einzuziehenden Beträge festzustellen und die für eine Strafverfolgung in den Mitgliedstaaten in Betracht kommenden Fälle vorzubereiten. Diese Ermittlungen erfolgten entweder aufgrund sektoraler Verordnungen oder mittels der Verordnung (EG) Nr. 2185/96 des Rates betreffend die Kontrollen vor Ort durch die Kommission zum Schutz vor Betrügereien[250].

Bei ihrer Tätigkeit stützte sich UCLAF - nach Abstimmung mit den anweisungsbefugten und mittelbewirtschaftenden Generaldirektionen - auf alle Rechtsgrundlagen, über welche diese verfügen, d.h. auf das gesamte Sekundärrecht[251]. UCLAF hatte allerdings keine strafrechtlichen Ermittlungsbefugnisse und konnte so weder Verdächtige festnehmen, noch Durchsuchungen durchführen oder etwa Dokumente beschlagnahmen.

Mit Kommissionsbeschluss vom 28. 4.1999[252] wurde das neu gegründete Amt eingerichtet. Da mit der Errichtung des Amtes vorrangig die internen Kontrollmöglichkeiten in allen Gemeinschaftsorganen eingeführt werden sollen, bleiben die externen Kontrollmechanismen weitgehend unangetastet[253]. Die

---

Generaldirektion anzusiedeln, die für die Durchführung der jeweiligen Politik zuständig war. Die Organisation der Betrugsbekämpfung zeichnete sich daher durch eine dezentrale Ausübung der Kontrolltätigkeit aus, die aufgrund der mangelnden Koordinierung zum Teil zu Überschneidungen und damit zu "Doppelarbeit" führte.

248 Bis 1993 bestand UCLAF in der wenig sachgerechten Aufteilung in drei Sektoren.

249 Vgl. zum direkten gemeinschaftsinternen Verwaltungsvollzug: Stettner, in: Dauses, B III Rdnr. 18.

250 Vgl. ABl. 1996 Nr. L 292/2 ff.

251 Prieß, in: v.d. Groeben/Thiesing/Ehlermann, Art. 209 a EGV Rdnr. 126.

252 Vgl. ABl. 1999 Nr. C 21/10. Der Errichtungsbeschluss trat am 01.06.1999 in Kraft.

253 Vgl. Art. 3 der Verordnung: "Das Amt übt die der Kommission gemäß der Verordnung (EG) Nr. 2185/96 übertragenen Befugnisse zur Durchführung von Kontrollen und Überprüfungen vor Ort in den Mitgliedstaaten und gemäß den geltenden Kooperationsabkommen in den Drittstaaten aus (...)". Vgl. dazu auch den 9. Erwägungsgrund der Verordnung: "Das Amt muss mit der Ausübung der Befugnisse beauftragt werden, die der Kommission durch

Einleitung externer Untersuchungen wird allerdings nunmehr von dem *weisungsunabhängigen* Direktor des Amtes beschlossen, der von sich aus oder auf Ersuchen eines betroffenen Mitgliedstaates handelt[254].

Zudem begründet die Verordnung eine Verpflichtung der Organe, Einrichtungen sowie Ämter und Agenturen als auch die Mitgliedstaaten der Gemeinschaft zum ständigen Informationsaustausch mit dem Amt[255]. Dabei koordiniert und unterstützt das Amt die von den Mitgliedstaaten durchgeführten Ermittlungen[256]. Nach Abschluss der Untersuchungen erstellt das Amt unter der Verantwortung des Direktors einen Bericht, der den zuständigen Verwaltungs- und/oder Justizbehörden des betreffenden Mitgliedstaates zugeleitet wird und ein

---

die Verordnung (EG) Nr. 2185/96 des Rates vom 11. November 1996 betreffend die Kontrollen und Überprüfungen vor Ort durch die Kommission (...) übertragen worden sind. Des Weiteren muss das Europäische Amt für Betrugsbekämpfung ermächtigt werden, auch die sonstigen Befugnisse auszuüben, die der Kommission im Hinblick auf die Kontrollen und Überprüfungen vor Ort in den Mitgliedstaaten übertragen wurden, um insbesondere gemäß Art. 9 der Verordnung (EG, Euratom) Nr. 2988/95 des Rates vom 18. Dezember 1995 über den Schutz der finanziellen Interessen der Europäischen Gemeinschaften Unregelmäßigkeiten aufzudecken".

[254] Vgl. Art. 5 sowie Art. 3 i.V.m. Art. 6 Abs. 1 der Verordnung: "Der Direktor des Amtes leitet die Untersuchungen". In der Verordnung ist allerdings nicht geregelt, wann der für die fraglichen Eingriffsmaßnahmen erforderliche Tatverdacht zu bejahen ist, und wie die Modalitäten der Untersuchungsbefugnisse im einzelnen ausgestaltet sind.

[255] Vgl. Art. 7 Abs. 3 der Verordnung: "Die Mitgliedstaaten übermitteln die Dokumente und Informationen über externe Untersuchungen gemäß den vertraglichen Bestimmungen". Art. 7 Abs. 4 regelt: "Sowohl die Organe, Einrichtungen sowie Ämter und Agenturen als auch – soweit es die innerstaatlichen Vorschriften zulassen - die Mitgliedstaaten übermitteln dem Europäischen Amt für Betrugsbekämpfung ferner alle sonstigen in ihrem Besitz befindlichen und als sachdienlich angesehenen Dokumente und Informationen über die Bekämpfung von Korruption und sonstigen rechtswidrigen Handlungen zum Nachteil der finanziellen Interessen der Gemeinschaften". Problematisch bezüglich dieser Unterrichtungspflichten ist, dass sie zwar in der Verordnung vorgesehen sind, ihre Organisation aber noch zwischen der Kommission und den Mitgliedstaaten geregelt werden muss.

[256] Dieses Vorgehen entspricht Art. 280 Abs. 3 EGV, wonach die Mitgliedstaaten gemeinsam mit der Kommission zum Schutz der Gemeinschaftsfinanzen für eine enge und regelmäßige Zusammenarbeit zwischen den zuständigen Behörden sorgen müssen. Organisatorisch erfolgt diese Koordinierung mit Unterstützung durch von der Einheit übernommene "Task-Groups" und wird formal durch elektronische Meldebögen, die im Wege der Amtshilfe übermittelt werden, verfolgt; vgl. bzgl. der externen Ermittlungstätigkeit des Amtes die Schriftliche Anfrage E-2473/01 des Abgeordneten des Europäischen Parlaments Raffaele Costa (PPE-DE) an die Kommission, ob diese für die einzelnen Mitgliedstaaten die genauen Geldbeträge aufführen könne, die infolge der Tätigkeit des Amtes den Gemeinschaftsfinanzen wieder zugeflossen seien, mit allgemeiner - im Ergebnis abschlägiger - Antwort der Kommission, ABl. Nr. C 2002 115 E/95 f.

zulässiges Beweismittel in einem Verwaltungs- oder Gerichtsverfahren der Mitgliedstaaten darstellt[257].

II. Interne Untersuchungen gegenüber den Gemeinschaftsorganen

Die kommissionsinternen Ermittlungen im Zusammenhang mit Betrügereien zum Nachteil der Gemeinschaftsfinanzen erfolgten nach Verabschiedung einer Entscheidung der Kommission vom 14.07.1998[258] durch die Einheit UCLAF[259] bzw. seit Mai 1999 durch das hier in Rede stehende reformierte Amt, dem auch die Kompetenz zur Durchführung von Ermittlungen innerhalb des Geschäftsbereiches der anderen Gemeinschaftsorgane eingeräumt worden ist.

Um die internen Untersuchungsbefugnisse des neuen Amtes besser zu durchleuchten, bedarf es eines kurzen Rückblicks über die interne Ermittlungstätigkeit der Einheit.

1) Die ehemalige Einheit

Erst seit der Entscheidung der Kommission vom 14.07.1998[260] existiert eine Rechtsgrundlage für *kommissionsinterne* Ermittlungen durch die Einheit.

Die Vorschriften und Verfahren, die vor dem Kommissionsbeschluss vom 14.07.1998 bestanden, bezogen sich nur auf beschränkte Bereiche wie die Aufzeichnungen des Generalsekretärs betreffend die Verpflichtungen von Beamten und Bediensteten gegenüber der Einheit[261] oder die Vereinbarung der Kommission mit dem Rechnungshof über den Austausch von Informationen über mögliche Betrügereien[262].

---

[257] Vgl. Art. 9 Abs. 3 der Verordnung.

[258] Vgl. Décision de la Commission relative aux enquetes effectuées par la Task Force "Coordination de la Lutte Antifraude", C (1998) 1049/5, O/98/223.

[259] Die Einheit ist von der Generaldirektion XX (Finanzkontrolle) der Rechnungsprüfungsabteilung der Kommission abzugrenzen: Erstere ist ein Verwaltungsinstrument mit dem Zweck, die Rechtmäßigkeit und Effizienz der Finanzverwaltung zu überprüfen und Systemschwächen zu erkennen; die Einheit dagegen war ein Gremium mit dem Ziel, spezifische Betrugs- und Bestechungsfälle im Bereich des Strafrechts zu untersuchen und entsprechend den jeweiligen Erfordernissen ein Dossier für die weitere Untersuchung des Falles zu verfassen.

[260] Vgl. Décision de la Commission relative aux enquetes effectuées par la Task Force "Coordination de la Lutte Antifraude", C (1998) 1049/5, O/98/223.

[261] Vgl. Aufzeichnung SG(95) D/141.038 v. 01.02.1995. Die erste dieser Aufzeichnungen enthielt die Bestätigung der Befugnis des Direktors der Einheit, jede von ihm für nötig gehaltene Ermittlung in die Wege zu leiten.

[262] Vgl. den Briefwechsel zwischen dem Mitglied des Rechnungshofes Weber und dem zuständigen Kommissionsmitglied Gradin v. 25.07.1995 bzw. v. 04.10.1995.

Dem Kommissionsbeschluss über die Durchführung von Ermittlungen der Einheit war eine Mitteilung der Kommission mit dem Titel: "Effizientes Finanz- und Verwaltungsmanagement - gezielte Vorhaben gegen fachliche Unzulänglichkeiten, finanzielle Unregelmäßigkeiten, Betrug und Korruption"[263] vorangegangen, die Ankündigungen bezüglich einer Straffung der internen Vorschriften über die Betrugsbekämpfung enthalten hatte.

Der Kommissionsbeschluss vom 14.07.1998 betraf zwar grundsätzlich alle Ermittlungen der Einheit, ob extern oder intern, allerdings war in Art. 2 des Beschlusses festgeschrieben, dass die Tätigkeiten außerhalb der Kommission den Verordnungen (EG) Nr. 2988/95 bzw. 2185/96 sowie zahlreichen sektoriellen Bestimmungen über Einnahmen und Ausgaben unterliegen sollten. Der Beschluss betraf damit im Wesentlichen die Durchführung von Ermittlungen *innerhalb* der Kommission bzw. die gegenseitigen Verpflichtungen der Einheit und anderer Kommissionsdienststellen hinsichtlich dieser Ermittlungen.

Gemäß Art. 6 und 7 des Beschlusses waren alle Beamten und Bediensteten der Kommission verpflichtet, bei Kenntnis von Tatsachen, die auf eine finanzielle Unregelmäßigkeit schließen ließen, unverzüglich ihren Dienstvorgesetzten bzw. den Direktor der Einheit zu informieren. Nach Art. 10 S. 1 des Beschlusses veranlasste dann der Direktor die Einleitung kommissionsinterner Ermittlungen[264].

Zu Ermittlungen wegen des Verdachts von Betrügereien im Geschäftsbereich der anderen Gemeinschaftsorgane war die Einheit nicht ermächtigt. Aber auch eine wirklich effektive *kommissionsinterne* Kontrolle fand seit dem Kommissionsbeschluss vom 14.07.1998 nicht statt. Insbesondere war der Direktor der Einheit als Kommissionsbediensteter in die allgemeine, hierarchische Weisungsstruktur der Behörde eingebunden, an deren Spitze die Kommission selbst stand[265]. Da die Einheit *Teil der Kommission* war, konnte sie nicht gleichzeitig die Kommission wirksam kontrollieren. Da die Kommissare hierarchisch über der Einheit angesiedelt waren, hatten sie die Möglichkeit, interne Nachforschungen der Einheit zu unterdrücken bzw. zu verfälschen. So trug der Europäische Rechnungshof in seinem Sonderbericht Nr. 8/1998 vor,

---

263 Vgl. SEK(97)2198 v. 18.11.1997.

264 Wegen der Gründung des reformierten Amtes für Betrugsbekämpfung wurde diese Rechtsgrundlage für verwaltungsrechtliche Kontrollen innerhalb der Kommission inzwischen aufgehoben.

265 Anfang 1993 wurde die politische Verantwortung für die Einheit dem für den Haushalt zuständigen Kommissionsmitglied, Herrn Schmidthuber, übertragen; seit Januar 1995 war die Einheit dem speziell für Betrugsbekämpfung und für die Finanzkontrolle zuständigen Kommissionsmitglied, Frau Gradin, unterstellt.

dass im Zusammenhang mit der Betrugsermittlung der Einheit im Tourismusbereich die Kommission den Mitarbeitern der Einheit "Akten vorenthalten hat und belastende Dokumente systematisch vernichtet wurden"[266]. Einige Dienststellen der Kommission betrachteten die Einheit nicht als Verbündete im Kampf gegen Betrug, sondern sahen sie als Gegner an, mit dem die Zusammenarbeit auf das unverzichtbare Mindestmaß beschränkt werden sollte[267].

Ein Hindernis für die Untersuchungen der Einheit war außerdem die Tatsache, dass Maßnahmen und organisatorische Vorkehrungen im Zusammenhang mit den Untersuchungen innerhalb der Kommission mangelhaft definiert oder zu kompliziert waren, Sicherheitsmaßnahmen und -verfahren häufig nicht korrekt durchgeführt und die Bestimmungen über vertrauliche Informationen nicht konsequent angewandt worden waren. Darüber hinaus war ein übermäßig großer Teil der Mitarbeiter der Einheit Bedienstete auf Zeit, was zu mangelnder Kontinuität geführt hatte. Es gab auch keine Standardverfahren für die Dokumentation oder die Durchführung von Untersuchungen, ebenso wenig wie Maßnahmen zur Sicherstellung einer Aktenführung, die den Normen der strafrechtlichen Beweisführung, wie sie in den Mitgliedstaaten gefordert werden, genügt hätten[268].

Durch Kommissionsbeschluss vom 01.05.1998 wurde die Task-Force "Koordination der Maßnahmen zur Betrugsbekämpfung" als Nachfolgerin der Einheit eingesetzt, die wiederum direkt der Kommission unterstanden und – wie die Einheit - trotz Personalaufstockung mangelnde operative, finanzielle und personelle Möglichkeiten für wirksame interne (und externe) Untersuchungen aufgewiesen hatte[269]. Insbesondere aus diesen Gründen forderte das Europäische Parlament[270] den Aufbau einer aus dem hierarchischen Geflecht der

---

[266] Vgl. zu den vom Europäischen Rechnungshof angeprangerten strukturellen und personellen Mängeln der Einheit: Sonderbericht des Rechnungshofes Nr. 8/1998 "über die mit der Betrugsbekämpfung befassten Dienststellen der Kommission, insbesondere die Einheit für die Koordinierung der Betrugsbekämpfung UCLAF (Unité de coordination de la lutte antifraude) zusammen mit den Antworten der Kommission", ABl. 1998 Nr. C 230/1ff.

[267] Vgl. zur Kritik an den internen Untersuchungen der Einheit: Ausschuss Unabhängiger Sachverständiger, Zweiter Bericht über die Reform der Kommission, Analyse der derzeitigen Praxis und Vorschläge zur Bekämpfung von Missmanagement, Unregelmäßigkeiten und Betrug, Band II, v. 10.10.1999, S. 184 ff.

[268] Vgl. zu den Mängeln der Einheit: Sonderbericht des Rechnungshofes Nr. 8/1998, a.a.O., ABl. 1998 Nr. C 230/1ff sowie Ausschuss Unabhängiger Sachverständiger, Zweiter Bericht, a.a.O., S. 184 ff.

[269] Vgl. dazu: Ausschuss Unabhängiger Sachverständiger, Zweiter Bericht, a.a.O., S. 172 ff; vgl. zur Geschichte der Einheit auch den chronologischen Überblick, S. 203 ff.

[270] Vgl. Entschließung vom 07.10.1999, ABl. 1998 Nr. C 328/74 auf der Grundlage des Berichts Bösch des Europäischen Parlaments, Dok. PE 225.069/endg.

Kommission heraus gelösten *unabhängigen* Kontrollinstanz, welche die Einheit ersetzen sollte.

2) Das reformierte Amt

a) Entstehungsgeschichte

Die Gründung des Amtes beruht insbesondere auf den Missständen im Zusammenhang mit den Vorwürfen gegen die Kommission[271].

Am 14.12.1998 hatte ein Beamter der Kommission dem Europäischen Rechnungshof sowie dem Europäischen Parlament Unterlagen über finanzielle Unregelmäßigkeiten und sonstige grundlegende Mängel bei der Amtsführung der Kommission vorgelegt. In einer Vielzahl von Programmen sollen durch Verwaltungsmängel und Günstlingswirtschaft mehrere Millionen Euro verloren gegangen sein: So habe das Europäische Amt für humanitäre Hilfe "Echo“ etwa eine Million Euro in den Jahren 1994 und 1995 nicht mehr nachweisen können. Verträge, die Echo über das Luxemburger Unternehmen "Perry Lux" mit einem Gesamtwert von knapp über fünf Millionen Mark abgeschlossen habe, seien verschwunden[272]. Größere Ausmaße soll das Missmanagement bei den Förderprogrammen für die Länder Mittel - und Osteuropa ("Phare")[273], bei dem Programm zu Unterstützung der ehemaligen Sowjetunion ("Tacis")[274], sowie bei

---

[271] Vgl. dazu den gemeinsamen Brief des damaligen deutschen Bundeskanzlers Helmut Kohl und des französischen Staatspräsidenten Jacques Chirac an den britischen Ratsvorsitz v. 08.06.1998, in welchem diese eine Beschränkung der Rolle der Kommission und eine Diskussion des Subsidiaritätsprinzips gefordert hatten, vgl. Rometsch, in: Weidenfeld/Wessels, 71 (71 ff).

[272] Um die wachsende Arbeit zu bewältigen, sei Personal eingestellt und mit Geldern bezahlt worden, die für Hilfsprogramme in Jugoslawien und Afrika vorgesehen seien. Obgleich das Europäische Parlament die Kommission bereits mehrfach aufgefordert hatte, das Parlament regelmäßig über interne Verfahren zu unterrichten, bei denen von einer Verstrickung von Beamten der Gemeinschaften in eventuelle Betrugsvorfälle auszugehen sei, wurde der Untersuchungsbericht der Einheit zu "Echo“ erst nach langem Streit zwischen Kommission und Parlament und dann auch noch zum größten Teil geschwärzt übermittelt; zu den Umständen um den Rücktritt der "Santer-Kommission", vgl. auch eingehend Lautz, in: ZPol 1999, 439 (442).

[273] Bei dem Programm "Phare“ stellte der Europäische Rechnungshof in seinem Sonderbericht 1998 Schwierigkeiten mit dem Mittelabfluss fest. Ein Drittel der Aufträge seien unter der Hand vergeben worden. Zudem seien für Ingenieure und externe Berater war bis zu 36.000 DM im Monat abgerechnet worden; vgl. Frankfurter Allgemeine Zeitung v. 17.3.1999.

[274] Da bei der mit dem Programm "Tacis“ zu erzielenden Sicherheit der Ostkernkraftwerke kein erkennbarer Fortschritt erzielt werden konnte, hätte die Kommission nach dem Verbleib der Gelder in Milliardenhöhe forschen müssen. Sowohl in dem Programm "Phare" als auch in dem Programm "Tacis" sollen Gemeinschaftsgelder sogar an Verwandte von Beamten der Gemeinschaften gegangen sein. Leiter beider Programme war der ehemalige Kabinettchef von Kommissarin Cresson, Francois Lamoureux.

dem Berufsbildungsprogramm "Leonardo" und bei dem Berufsbildungsprogramm "Med"[275] angenommen haben.

Am 17.12.1998 verweigerte das Europäische Parlament der Kommission im Zusammenhang mit Betrugsvorwürfen die Entlastung für den Haushalt 1996[276].

Ein fraktionsübergreifender Misstrauensantrag des Parlamentes gegen die Kommission erhielt am 14.01.1999 nicht die erforderliche Mehrheit[277]. Während der Debatte um das Misstrauensvotum hatte der Kommissionspräsident Santer am 11.01.1999 dem Europäischen Parlament sein "Acht-Punkte-Programm"[278] vorgestellt. Darin kündigte er erneut Vorschläge zur künftigen Rolle der Kommission, zur Reorganisation der Dienststellen und Geschäftsbereiche sowie eine Reform des Personal- und Finanzmanagements an[279].

Im Anschluss an den gescheiterten Misstrauensantrag nahm das Europäische Parlament am 14.01.1999 eine Entschließung "zur Verbesserung der Haushaltführung der Kommission"[280] an. In dieser Entschließung forderte das

[275] Bei beiden Programmen sollen Gelder in Millionenhöhe nicht ordnungsgemäß weitergeleitet worden sein. Die Förderprogramme der Gemeinschaft für alternative Energien gerieten ebenfalls in Kritik, weil knapp die Hälfte der geprüften Produkte nicht den Förderkriterien entsprochen habe: Mitglieder des Verwaltungsrates sollen sich gegenseitig Aufträge zugeleitet haben. Der Europäische Rechnungshof bemängelte in diesem Zusammenhang, dass die Kommissionsberichte "keine einzige Zahl über die Kosten enthalten (hätten)"; (alle Quellen aus dem Archiv der Frankfurter Allgemeine Zeitung).

[276] Vgl. Dok. A4-502/1998.

[277] 293 Abgeordnete stützten die Kommission, während 232 Abgeordnete des Europäischen Parlaments gegen die Kommission stimmten (27 Abgeordnete enthielten sich der Stimme). Damit stimmten soviel Abgeordnete wie noch nie gegen die Kommission, die Mehrheit für einen Misstrauensantrag wurde allerdings verfehlt; gem. Art. 5 des Anhangs V zu Art. 86 GOEP sind für die Verweigerung einer Entlastung der Kommission die absolute Mehrheit der Mitglieder des Europäischen Parlaments, d.h. mindestens 314 Stimmen der 626 Abgeordneten sowie eine 2/3 Mehrheit erforderlich.

[278] Vgl. "Die Kommission von morgen", EU-Nachrichten Nr. 1/2 v. 13.01.1999, S. 4 ff; einzusehen unter: http://www.eu-kommission.de/html/presse/presse_ 05.asp.

[279] Die Überlegungen zur Initiative "Tomorrow's Commission" waren bereits am 17.04.1998 via Intranet an alle Kommissionsbeamte weitergeleitet worden und dort auf teilweise heftige Kritik gestoßen. Trotz Vermittlungsgesprächen zwischen Kommissar Liikanen und den Berufsverbänden kam es am 30.04.1998 zum Streik gegen die Vorschläge; eingehend dazu: Rometsch, in: Weidenfeld/Wessels, 71 (73ff). Der "Acht-Punkte-Plan" fasste damit weitgehend die bereits seit Jahren verfolgten Ziele und Reformvorschläge innerhalb der Kommission zusammen. Damit hat die Kommission - respektive Jacques Santer - (erfolgreich) versucht, durch umfangreiche "good-will"-Maßnahmen, ein erfolgreiches Misstrauensvotum des Europäischen Parlaments zu verhindern, vgl. "Die Kommission von morgen", EU-Nachrichten Nr. 1/2 v. 13.01.1999, S. 4 ff.

[280] Vgl. Dok. B4-65/1999, B4-109/1999 sowie B4-110/1999, vgl. ABl. 1999 Nr. C 104/106.

Europäische Parlament insbesondere "die Einsetzung eines Ausschusses unabhängiger Sachverständiger unter der Ägide des Parlaments und der Kommission, der untersuchen soll, auf welche Weise die Kommission Betrug, Missmanagement und Günstlingswirtschaft aufdeckt und damit umgeht, wozu auch eine grundlegende Überprüfung der in der Kommission üblichen Praktiken bei der Vergabe aller Verträge mit finanziellen Auswirkungen gehört"[281]. Die Kommission erklärte in einem Schreiben an den Präsidenten des Europäischen Parlaments vom 01.02.1999, die Einsetzung des unabhängigen Gremiums nicht nur hinzunehmen, sondern sich auch den Schlussfolgerungen der Sachverständigen zu beugen[282].

Am 15.03.1999 legte der "Ausschuss Unabhängiger Sachverständiger" dem Präsidenten des Europäischen Parlaments und der Kommission seinen "Ersten Bericht über Anschuldigungen betreffend Betrug, Missmanagement und Nepotismus in der Kommission vor[283]. Auf Seite 128 des Berichtes findet sich die Feststellung, dass die "Unwissenheitsbeteuerungen“ der Kommissare zu den Vorwürfen gleichbedeutend seien mit dem Eingeständnis, "(...) dass sie die Kontrolle über die Verwaltung, die sie eigentlich führen müssten, verloren haben“[284].

Daraufhin trat die Kommission am 16.03.1999 geschlossen zurück[285]. Vom Rechnungshof ist in diesem Zusammenhang darauf hingewiesen worden, dass

---

[281] Damit hielt sich das Europäische Parlament die Möglichkeit eines weiteren Misstrauensvotums offen. Teilweise wurde die Einsetzung des "Ausschusses der Weisen“ - nicht ganz zu Unrecht - als Kompetenzverzicht des Europäischen Rechnungshofes und insbesondere des Europäischen Parlaments angesehen, so: Lautz, in ZPol 1999, 439 (456); Giering/Jannig/Merkel/Stabenow, S. 14 f.

[282] Vgl. Neue Züricher Zeitung v. 17.3.1999.

[283] Vgl. Bulletin Quotidien Europe Nr. 7426 v. 17.03.1999, S. 3 ff.

[284] Vgl. Ausschuss Unabhängiger Sachverständiger: Erster Bericht über Anschuldigungen betreffend Betrug, Missmanagement und Nepotismus in der Kommission, Band I, v. 15.03.1999, vgl. Bulletin Quotidien Europe Nr. 7426 v. 17.03.1999, S. 3 ff.

[285] Vgl. Déclaration du Président Jacques Santer au lendemain de la démission des membres du collège, IP/1999/179. Auch im Haushaltsjahr 1999 und damit teilweise in der Amtszeit der im September 1999 eingesetzten neuen Kommission unter dem italienischen Kommissionspräsidenten Romano Prodi weigerte sich der Europäische Rechungshof - zum sechsten Mal in Folge - dem Europäischen Parlament zu empfehlen, die Kommission für das Haushaltsjahr 1999 zu entlasten. Als Gründe werden die immer noch unannehmbar hohen Fehlerraten im Bereich der Verwaltung der Strukturfonds, der Auslandshilfen der Gemeinschaft und der Erfolgskontrolle der Programme der Gemeinschaft angegeben; vgl. Frankfurter Allgemeine Zeitung v. 08.11.2000. Vgl. zu den Gründen der Reformschwäche der Verwaltung der Gemeinschaften: Süddeutsche Zeitung v. 26.07.2000. Das Europäische Parlament entlastete am 6.7.00 die Kommission - trotz Zweifeln an der Aufklärung von Betrugsfällen - wieder für den Haushalt 1998, vgl. Frankfurter Allgemeine Zeitung v. 07.07.2000, Süddeutsche Zeitung v. 07.07.2000. Kritik am Missmanagement insbesondere bei

die Zuständigkeiten der Einheit bei der Bekämpfung von Betrügereien innerhalb der Kommission nicht "eindeutig und erschöpfend" geregelt seien[286]. Gestützt auf die im Sonderbericht des Rechnungshofes aufgestellte Kritik an dem bestehenden System zur Betrugsbekämpfung stellte das Europäische Parlament in seiner Entschließung vom 07.10.99[287] auf der Grundlage des Berichtes "Bösch" des Ausschusses für Haushaltskontrolle[288] die Forderung nach einem nicht mehr in die Kommission eingebundenen, sondern unabhängigen Amt zur Betrugsbekämpfung auf. Insbesondere aufgrund dieser Entschließung des Europäischen Parlaments legte die Kommission dem Europäischen Parlament am 01.12.1998 einen Vorschlag für eine Verordnung zur Errichtung eines Europäischen Amtes für Untersuchungen zur Betrugsbekämpfung vor[289]. Der Kommissionsvorschlag zielte darauf ab, die bisher von der Einheit wahrgenommenen externen und internen Ermittlungsaufgaben auszulagern und sie dem neu zu schaffenden Amt zu übertragen. Da der Verordnungsvorschlag im Europäischen Parlament keine breite Mehrheit erfahren hatte – die Kommission wollte das Amt gegen den Willen des Parlaments zusätzlich zu der bestehenden Einheit errichten[290] - unterbreitete die Kommission am 17.03.1999 einen geänderten Verordnungsvorschlag[291]. Der neue Verordnungsvorschlag folgt den Empfehlungen des "Ausschusses Unabhängiger Sachverständiger" und sieht die Möglichkeit interner Untersuchungen in allen Organen und

---

den internen Politiken des Haushalts 1999 kam wiederum aus den Reihen von Europäischem Parlament und dem Europäischen Rechungshof, vgl. Frankfurter Allgemeine Zeitung v. 23.01.2001.

[286] Vgl. Sonderbericht des Rechnungshofes Nr. 8/1998 "über die mit der Betrugsbekämpfung befassten Dienststellen der Kommission, insbesondere die Einheit für die Koordinierung der Betrugsbekämpfung UCLAF (Unité de coordination de la lutte anti-fraude) zusammen mit den Antworten der Kommission", ABl. 1998 Nr. C 230/1ff.

[287] Vgl. ABl. 1998 Nr. C 328/74. Die Entschließung enthält detaillierte Vorgaben hinsichtlich der Aufgaben, Strukturen und der Organisation des neuen Amtes und wurde von der großen Mehrheit der Parlamentarier angenommen.

[288] Vgl. Dok. PE 225.069/endg.

[289] Vgl. Vorschlag für eine Verordnung (EG, Euratom) des Rates zur Errichtung eines Europäischen Amtes zur Betrugsbekämpfung, gestützt auf Art. 235 EGV bzw. auf Art. 203 EAGV, Dok. KOM(1998) 717 endg. v. 1.12.1998, ABl. 1999 Nr. C 21/10 ff.

[290] Nach dem Vorschlag der Kommission sollte das Amt auch nicht die Möglichkeit besitzen, aus eigener Initiative Untersuchungen einzuleiten; so regelt Art. 3 Abs. 1: "Die Kommission kann das Amt aus eigener Initiative oder auf Ersuchen eines Mitgliedstaates oder des Amtes selbst (mit externen Untersuchungen) beauftragen (...); Art. 3 Abs. 2 bestimmt: "Jedes Organ und jede Einrichtung kann durch einen Beschluss, in dem die Modalitäten und Bedingungen für die Durchführung der Untersuchung festgelegt werden, dem Amt die Aufgabe zuweisen, bei ihm/ihr Untersuchungen durchzuführen. Die Organe stimmen sich über den Inhalt eines solchen Beschlusses ab"; vgl. Dok. KOM, (1998) 717 endg. v. 1.12.1998, ABl. 1999 Nr. C 21/12.

[291] Dok. KOM(1999) 140 endg. v. 17.3.1999, Bulletin Quotidien Europe Nr. 7427 v. 18.03.1999, S. 7 ff.

Einrichtungen der Gemeinschaft unter den Bedingungen der Verordnung und nach Maßgabe der abgestimmten Beschlüsse der einzelnen Organe und Einrichtungen vor[292].

Am 28.04.1999 erließ die Kommission den Beschluss zur Errichtung des Amtes[293], der am 01.06.1999 in Kraft trat. Die Verordnung über die Untersuchungen des Amtes[294] wurde gemäß des neuen Entwurfs der Kommission von dem Rat der EU und dem Europäischen Parlament nach dem Verfahren des Art. 251 EGV erlassen. Am selben Tag wurde die Vereinbarung zwischen dem Europäischen Parlament, dem Rat der EU und der Kommission, nach welcher sich die beteiligten Organe zur Umsetzung der Verordnung in ihren Geschäftsbereich verpflichten[295], verabschiedet. Das Amt konnte seine Arbeit erst aufnehmen, nachdem die anderen Institutionen das Verfahren zum Erlass der Verordnung über die Untersuchungen des Amtes und zum Erlass der Vereinbarung abgeschlossen hatten.

Die Auflösung der Task-Force "Koordinierung der Maßnahmen zur Betrugsbekämpfung" als Nachfolgerin für die Einheit und der Beginn der Arbeit des neu gegründeten Amtes fanden am 01.06.1999 statt.

Das Amt wird seit seiner Gründung am 01.06.1999 im Haushaltsplan der Gemeinschaft aus Mitteln einer besonderen Haushaltslinie des Teil A (Verwaltungsmittel) bzw. des Teil B (operative Mittel) finanziert[296]. Der Direktor des Amtes arbeitet den Vorentwurf des Haushalts- und Stellenplanes aus und legt ihn zu gegebener Zeit - nach Konsultation des Überwachungsausschusses - der Kommission vor, die diesen gegebenenfalls mit Anmerkungen der Haushaltsbehörde übermittelt[297]. Haushalt und Stellenplan des Amtes

---

[292] Vgl. dazu auch: Bericht über den geänderten Vorschlag für eine Verordnung des Rates über die Untersuchungen des Amtes für Betrugsbekämpfung, Dok. KOM(1999) 0140-C 4-0180/99 - 98/0329 (CNS) v. 23.04.1999, Ausschuss für Haushaltskontrolle, Berichterstatter: Herbert Bösch, Dok. A4 - 0240/1999.
Der geänderte Verordnungsvorschlag sieht im Gegensatz zu dem ursprünglichen Vorschlag keine detaillierten Regelungen für die Durchführung interner Untersuchungen vor, vielmehr sollen entsprechende Bestimmungen gemäß Art. 4 Abs. 1 und 6 der Verordnung von den einzelnen Organen, Einrichungen, Ämtern und Agenturen getroffen werden.

[293] Vgl. ABl. 1999 Nr. L 136/20 ff.

[294] v. 31.5.1999, ABl. 1999 Nr. L 136/1 ff.

[295] v. 25.5.1999, ABl. 1999 Nr. L 136/15 ff.

[296] Vgl. die am 01.03.2002 in Kraft getretene Verordnung (EG, Euratom) Nr. 1605/2002 des Rates v. 25.06.2002 über die Haushaltsordnung für den Gesamthaushaltsplan der Europäischen Gemeinschaften, ABl. 2002 Nr. L 248/1 ff; vgl. auch den zweiten Kommissionsvorschlag für die neue Haushaltsordnung, Geänderter Vorschlag für eine Verordnung des Rates zur Aufstellung der Haushaltsordnung für den Gesamthaushaltsplan der Europäischen Gemeinschaften v. 10.01.2002, Dok. KOM(2001) 691 endg/2.

[297] Vgl. Art. 6 Abs. 2 des Errichtungsbeschlusses der Kommission.

werden anhand des Entwurfs anschließend vom Europäischen Parlament und vom Rat der EU endgültig festgestellt[298]. Der Vorentwurf umfasst sämtliche Ausgaben für das Personal, den Dienstbetrieb (darunter die Ausgaben für Gebäude und Datenverarbeitung) und die operativen Maßnahmen des Amtes[299].

b) Die dem Amt zugrunde liegenden Rechtsakte

aa) Errichtungsbeschluss

Der Errichtungsbeschluss der Kommission[300] ist auf die Geschäftsordnungsautonomie der Kommission gemäß Art. 162 Abs. 2 EGV a.F. (Art. 218 EGV n.F.) gestützt.
Gemäß Art. 1 des Errichtungsbeschlusses wird das Amt als nachgeordnete Dienststelle der Kommission errichtet; es löst die Task-Force "Koordinierung der Maßnahmen zur Betrugsbekämpfung" ab. Nach Art. 2 Abs. 1, UAbs. 1 a des Errichtungsbeschlusses wird das Amt mit der Durchführung externer sowie interner Verwaltungsuntersuchungen beauftragt. Diese dienen dazu, Betrug, Korruption und sonstige rechtswidrige Handlungen zum Nachteil der Gemeinschaftsfinanzen zu bekämpfen.

Gemäß Art. 2 Abs. 1, UAbs. 1b des Errichtungsbeschlusses dienen die internen Verwaltungsuntersuchungen zudem dazu, "schwerwiegende Handlungen im Zusammenhang mit der Ausübung der beruflichen Tätigkeiten (...) von Beamten und Bediensteten aufzudecken, die disziplinarrechtlich und gegebenenfalls strafrechtlich geahndet werden oder eine Verletzung der analogen Verpflichtungen der Mitglieder der Organe und Einrichtungen, der Leiter der Ämter und Agenturen und der Mitglieder des Personals der Organe (...) darstellen können". Das Amt nimmt gemäß Art. 2 Abs. 1 UAbs. 3 des Errichtungsbeschlusses die "diesbezüglichen Zuständigkeiten der Kommission gemäß den Bestimmungen wahr, welche auf der Grundlage der Verträge und gemäß den dort festgelegten Voraussetzungen und Grenzen ergangen sind“.

---

298 Vgl. bspw. Europäisches Parlament, Endgültige Feststellung des Berichtigungs- und Nachtragshaushaltsplans Nr. 3 der Europäischen Union für das Haushaltsjahr 2002, ABl. 2002 Nr. L 226/1 ff.

299 Vgl. dazu auch: Europäisches Amt für Betrugsbekämpfung, Erster Bericht über die operativen Tätigkeiten (1. Juni 2000-31. März 2001), S. 34; vgl. die reformierte Haushaltsordnung: Verordnung (EG) Nr. 1605/2002 des Rates über die Haushaltsordnung für den Gesamthaushaltsplan der Europäischen Gemeinschaften v. 25.06.2002, ABl. 2002 Nr. L 248/ 1 ff. Gemäß Art. 171 Abs. 2 finden die Bestimmungen des Titels V ("Europäische Ämter") auf das Amt Anwendung; vgl. dazu auch Europäische Kommission, Geänderter Vorschlag für eine Verordnung des Rates zur Aufstellung der Haushaltsordnung für den Gesamthaushaltsplan der Europäischen Gemeinschaften v. 10.01.2002, Dok. KOM(2001) 691 endg.

300 Vgl. ABl. 1999 Nr. L 136/20 ff.

Art. 3 des Errichtungsbeschlusses ordnet an, dass das Amt die Untersuchungsbefugnisse nach Art. 2 Abs. 1 in voller Unabhängigkeit ausüben soll. Der Direktor des Amtes[301], der das Amt gemäß Art. 5 leitet und unter dessen Verantwortung die Untersuchungen durchgeführt werden, darf insoweit keinerlei Weisungen entgegennehmen.

Kontrolliert werden die Untersuchungen des Amtes nach Art. 4 durch einen Überwachungsausschuss. Dieser setzt sich aus fünf externen unabhängigen Persönlichkeiten zusammen, die in ihren Ländern die Voraussetzungen erfüllen, um hochrangige Aufgaben im Zusammenhang mit dem Tätigkeitsbereich des Amtes wahrzunehmen[302].

bb) Verordnung

Mit der Verordnung vom 25.5.1999 über die Untersuchungen des Amtes[303] werden die Untersuchungsbefugnisse des Amtes gegenüber den Gemeinschaftsorganen in Übereinstimmung mit den Regelungen des Errichtungsbeschlusses konkretisiert. Rechtsgrundlage der Verordnung ist Art. 280 Abs. 4 EGV.

Art. 1 Abs. 3 über die Ziele und Aufgaben des Amtes entspricht Art. 2 Abs. 1 des Errichtungsbeschlusses betreffend die internen Untersuchungsbefugnisse zur Bekämpfung von Betrug, Korruption und sonstigen rechtswidrigen Handlungen zum Nachteil der Gemeinschaftsfinanzen. Gemäß Art. 3 übt das Amt auch die der Kommission unter anderem gemäß der Verordnung (EG) Nr. 2185/1996 übertragenen Befugnisse zur Durchführung von Kontrollen und Überprüfungen vor Ort in den Mitgliedstaaten (externe Untersuchungen) aus.

Art. 4 beschreibt die Modalitäten, unter denen die internen Verwaltungsuntersuchungen abzulaufen haben, sowie die Pflichten die daraus für die Bediensteten des Amtes bzw. die Mitglieder, die Beamten und Bediensteten der

---

[301] Der erste Direktor des Amtes ist Franz-Hermann Brüner, der das Amt für fünf Jahre leiten soll. Brüner war u.a. Oberstaatsanwalt bei der "Arbeitsgruppe Regierungskriminalität" in Berlin und Leiter der Betrugsbekämpfungseinheit beim "Hohen Repräsentanten" in Bosnien-Herzegowina. Gemäß Art. 12 Abs. 2 der Verordnung wird der Direktor des Amtes von der Kommission nach Abstimmung mit dem Europäischen Parlament und dem Rat der EU ernannt; vgl. zur Ernennung des Direktors die Mitteilung des Ausschusses für Haushaltskontrolle des Europäischen Parlaments, Dok. PE 231.661.

[302] Dem Überwachungsausschuss gehören - neben der Vorsitzenden Mireille Delmas-Marty - der Interpol-Generalsekretär Kendall, der portugiesische Generalstaatsanwalt Da Cunha Rodriguez, der leitende mailänder Staatsanwalt Bruti-Liberati sowie der nordrhein-westfälische Finanzstaatssekretär Noack an; vgl. auch den Beschluss des Europäischen Parlaments, des Rates der EU und der Kommission zur Ernennung der Mitglieder des Überwachungsausschusses des Amtes v. 19.06.1999, ABl. 1999 Nr. C 220/ 1 ff.

[303] Vgl. ABl.1999 Nr. L 136/1 ff.

einzelnen Organe, Einrichtungen, Ämtern und Agenturen der Gemeinschaft entstehen. So erhält das Amt gemäß Art. 4 Abs. 2 "ohne Voranmeldung und unverzüglich Zugang zu sämtlichen Informationen und Räumlichkeiten der Organe, Einrichtungen sowie Ämter und Agenturen". Das Amt darf dort "Kopien aller Dokumente und des Inhalts aller Datenträger (...) anfertigen oder Auszüge davon erhalten und diese Dokumente und Informationen erforderlichenfalls sicherstellen, um ein mögliches Verschwinden zu verhindern".

Zudem darf das Amt die Mitglieder der Gemeinschaftsorgane und -einrichtungen um mündliche Informationen ersuchen. Gemäß Art. 4 Abs. 6 umfasst der nach Art. 4 Abs. 1 der Verordnung zu fassende Durchführungsbeschluss der einzelnen Gemeinschaftsorgane die "Pflicht für die Mitglieder (...) der Organe (...), mit den Bediensteten des Amtes zu kooperieren und ihnen Auskunft zu erteilen" und "die Verfahren, an die sich die Bediensteten des Amtes bei der Durchführung der internen Untersuchungen zu halten haben, sowie die Wahrung der Rechte der von einer internen Untersuchung betroffenen Person".

Gemäß Art. 6 Abs. 6 müssen die Gemeinschaftsorgane hinsichtlich der internen Verwaltungsuntersuchungen dafür Sorge tragen, dass ihre Mitglieder und ihr Personal den Bediensteten des Amtes bei der Wahrnehmung ihrer Aufgaben die erforderliche Unterstützung zukommen lassen. Konkretisiert wird diese Verpflichtung in Art. 7.
Nach Art. 7 Abs. 1 haben die Gemeinschaftsorgane dem Amt unverzüglich alle Informationen über etwaige Fälle von Betrug oder Korruption sowie über sonstige rechtswidrige Handlungen mitzuteilen. Gemäß Art. 7 Abs. 3 sollen die Gemeinschaftsorgane dem Amt ferner alle sonstigen in ihrem Besitz befindlichen und als sachdienlich angesehenen Dokumente und Informationen über die Bekämpfung von Betrug, Korruption und sonstigen rechtswidrigen Handlungen zum Nachteil der Gemeinschaftsfinanzen übermitteln.

Das Amt erstellt gemäß Art. 9 Abs. 1 nach einer von ihm durchgeführten Untersuchung unter der Verantwortung seines Direktors einen Bericht, der nach Art. 9 Abs. 4 mit allen zweckdienlichen Schriftstücken dem betreffenden Organ übermittelt wird. Die Organe treffen daraufhin entsprechende Folgemaßnahmen - insbesondere solche disziplinarrechtlicher und justitieller Art - und unterrichten den Direktor des Amtes innerhalb einer von diesem gesetzten Frist über die Folgemaßnahmen der Untersuchungen. Diese Untersuchungsberichte stellen gemäß Art. 9 Abs. 2 ein zulässiges Beweismittel in den Verwaltungs- oder Gerichtsverfahren der Mitgliedstaaten dar, in denen sich ihre Verwendung als erforderlich erweist.

Art. 10 Abs. 2 ordnet an, dass der Direktor des Amtes den Justizbehörden des betreffenden Mitgliedstaates die bei internen Untersuchungen von dem Amt eingeholten Informationen über gegebenenfalls strafrechtlich zu ahndende Handlungen übermittelt. Vorbehaltlich der Untersuchungserfordernisse unterrichtet er gleichzeitig den betreffenden Mitgliedstaat.

Die Unabhängigkeit des Amtes wird dadurch sichergestellt, dass es gemäß Art. 11 durch einen unabhängigen Überwachungsausschuss kontrolliert wird[304] und der Direktor des Amtes nach Art. 12 Abs. 3 keinerlei Weisungen entgegennehmen darf. Der Direktor des Amtes kann seine Unabhängigkeit gemäß Art. 12 Abs. 3, S. 2 der Verordnung gegenüber der Kommission auch mittels Klage gegen diese beim EuGH durchsetzen.

cc) Vereinbarung

Die Vereinbarung[305] dient im Sinne von Art. 4 Abs. 1 und 6 der Verordnung der Umsetzung der Befugnisse des neu gegründeten Amtes und der Verhaltenspflichten der Mitglieder der Gemeinschaftsorgane im Zusammenhang mit den „internen Untersuchungen" in den Geschäftsbereich der drei Gemeinschaftsorgane[306].

Gemäß Ziffer 2 der Vereinbarung sind das Europäische Parlament, der Rat der EU und die Kommission verpflichtet, einen Durchführungsbeschluss zu erlassen, welcher der Vereinbarung als "Standardbeschluss" beigefügt ist und diese gemeinsame Regelung unmittelbar zur Anwendung bringt. Von dem Standardbeschluss dürfen die Gemeinschaftsorgane nur abweichen, "wenn dies aufgrund besonderer ihnen eigener Erfordernisse in technischer Hinsicht als erforderlich erscheint".

Die Vereinbarung trat am 1.6.1999 in Kraft. Der "Standardbeschluss" wurde durch Ratsbeschluss vom 25.5.1999[307] sowie durch Kommissionsbeschluss vom 2.6.1999[308] für die internen Bereiche von Rat und Kommission umgesetzt.

---

[304] Der Überwachungsausschuss kann auf eigene Initiative Stellungnahmen abgeben, darf aber nach Art. 11 Abs. 1 der Verordnung (EG) Nr. 1073/1999 nicht in den Ablauf der Untersuchungen eingreifen.

[305] Vgl. ABl. 1999 Nr. L 136/15 ff.

[306] Die GOEP regelt in Art. 54 Abs. 1, dass das Parlament "in Anwendung der Verträge oder zur Verbesserung und Verdeutlichung der Verfahren Vereinbarungen mit anderen Organen treffen (kann)". Art. 54 Abs. 2 bestimmt, dass "solche Vereinbarungen (...) in Form einer gemeinsamen Erklärung (...) erfolgen. Sie werden mit Zustimmung des Parlaments vom Präsidenten unterzeichnet. Sie können der Geschäftsordnung zur Information als Anlage beigefügt werden".

[307] Vgl. ABl. 1999 Nr. L 149/36.

dd) Durchführungsbeschluss

Für diese Untersuchung ist der Durchführungsbeschluss[309] des Europäischen Parlaments zur Umsetzung des Standardbeschlusses gemäß der Vereinbarung vom 25.05.1999 von entscheidender Bedeutung. Durch diesen Durchführungsbeschluss werden die Untersuchungsbefugnisse des Amtes gegenüber dem Europäischen Parlament sowie die entsprechenden Kooperationspflichten der Abgeordneten des Europäischen Parlaments näher ausgestaltet.

Der Durchführungsbeschluss des Europäischen Parlaments, der - abgesehen von einer technischen Anpassung für die Anwendung innerhalb des Europäischen Parlaments - dem Standardbeschluss im Anhang an die Vereinbarung vom 25.05.1999 entspricht, erfolgte erst nach der Neukonstituierung des Europäischen Parlaments vom 20.6.1999 und mehreren Abstimmungen im Plenum[310] am 18.11.1999[311]. Mit dem Durchführungsbeschluss wurde die GOEP durch Einfügung eines neuen Art. 9a geändert[312]. Dass die einzelnen Abgeordneten des Europäischen Parlaments von den internen Untersuchungen des Amtes direkt betroffen sind, folgt aus den Erwägungsgründen Nr. 4-7 sowie aus Art. 1, 2 und Art. 4-7 des Durchführungsbeschlusses[313].

Art. 1 Abs. 2 des Beschlusses bestimmt, dass die Abgeordneten "unbeschadet der einschlägigen Bestimmungen der Verträge zur Gründung der Gemeinschaften, insbesondere des Protokolls über die Vorrechte und Befreiungen sowie der für ihre Anwendung erlassenen Rechtsvorschriften (...) umfassend mit dem Art (zusammenzuarbeiten haben)".

---

308 Vgl. ABl. 1999 Nr. L 149/57.

309 Vgl. ABl. 2000 Nr. C 189/210 ff.

310 Der Ausschuss für konstitutionelle Fragen unter Vorsitz des Abgeordneten Napolitano hatte erstmals am 28.10.1999 im Plenum des Europäischen Parlaments den Vorschlag für einen Beschluss zur Umsetzung des Standardbeschlusses zur Abstimmung gestellt ("Napolitano-Bericht", Dok. A5-36/98), der nicht die erforderliche qualifizierte Mehrheit erhalten hatte. Erst der geänderte "Napolitano-Bericht" (Dok. A5-66/99) wurde nach mehreren Änderungsanträgen am 16.11.1999 im Ausschuss angenommen.

311 Vgl. Dok. PE 282.275/9

312 Der neue Art. 9a der Geschäftsordnung lautet: "Die in der Interinstitutionellen Vereinbarung vom 25.5.1999 über die internen Untersuchungen des Europäischen Amtes für Betrugsbekämpfung (OLAF) enthaltene gemeinsame Regelung mit den erforderlichen Maßnahmen zur Erleichterung eines reibungslosen Ablaufs der Untersuchungen des Amtes findet gemäß dem Beschluss des Parlaments, der der Geschäftsordnung als Anlage beigefügt ist, innerhalb des Parlaments Anwendung".

313 Diese erstrecken die "internen Verwaltungsuntersuchungen" auf das Europäische Parlament (Erwägungsgründe 4-7), regeln konkret die Pflicht der Abgeordneten zur Zusammenarbeit mit dem Amt (Art. 1-2) und zur Vorgehensweise bei persönlicher Implikation des betroffenen Abgeordneten (Art. 4-6).

Das Amt kann seine Untersuchungsbefugnisse nach Art. 4 Abs. 2 der Verordnung i.V.m. dem Durchführungsbeschluss gegenüber den einzelnen Abgeordneten zum Einsatz bringen, indem es "ohne Voranmeldung und unverzüglich Zugang zu sämtlichen Informationen und Räumlichkeiten" des Europäischen Parlaments erhält. Das Amt besitzt ferner die Befugnis, dort Kopien aller Dokumente und des Inhalts aller Datenträger anzufertigen sowie diese, "um ein mögliches Verschwinden zu verhindern“, sicherzustellen. Zudem kann das Amt die Abgeordneten nach Art. 4 Abs. 2 der Verordnung i.V.m. dem Durchführungsbeschluss um mündliche Informationen ersuchen. Die Abgeordneten des Europäischen Parlaments sind darüber hinaus nach Art. 2 Abs. 1 und 4 des Durchführungsbeschlusses ausdrücklich dazu verpflichtet, bei Kenntnis von rechtswidrigen Tatsachen und Handlungen von Beamten und Bediensteten des Parlaments sowie bei einer Verletzung der "entsprechenden Verhaltenspflichten der Abgeordneten“ zum Nachteil der Gemeinschaftsfinanzen dem Amt bzw. dem Präsidenten des Europäischen Parlaments unverzüglich Mitteilung zu machen.

Art. 4 lässt die "Regeln über die parlamentarische Immunität und das Zeugnisverweigerungsrecht des Abgeordneten (von den internen Untersuchungen durch das Amt) unberührt"[314]. Ersuchen um Aufhebung der Immunität eines Abgeordneten werden dem Amt nach Art. 7 mitgeteilt.

Art. 5 regelt: In den Fällen, "in denen die Möglichkeit einer persönlichen Implikation eines Abgeordneten (...) besteht, ist der Betroffene rasch zu unterrichten, sofern dies nicht die Untersuchung beeinträchtigt. Auf keinen Fall dürfen einen Abgeordneten (...) mit Namen nennende Schlussfolgerungen am Ende der Untersuchung gezogen werden, ohne dass ihm Gelegenheit gegeben wurde, sich zu den ihn betreffenden Tatsachen zu äußern" (Abs. 1). In den Fällen, in denen aus ermittlungstechnischen Gründen absolute Geheimhaltung gewahrt werden muss und die die Hinzuziehung einer innerstaatlichen Justizbehörde erfordern, kann dem betreffenden Abgeordneten (...) mit Zustimmung des Präsidenten bzw. des Generalsekretärs Gelegenheit zur Stellungnahme gegeben werden" (Abs. 2).

c) Stellungnahme

Als wichtigste Neuerung und Verbesserung in dem Tätigkeitsbereich des Amtes gegenüber der von dem Amt abgelösten Einheit erweist sich zunächst die Möglichkeit der Durchführung administrativer Untersuchungen im Geschäftsbereich von Kommission, Rat und Parlament sowie in allen übrigen Organen,

---

[314] Vgl. dazu Erwägungsgrund Nr. 5 der Vereinbarung sowie Art. 4 Abs. 6 der Verordnung.

Einrichtungen, Ämtern und Agenturen der Gemeinschaft[315], so dass das Amt quasi im Wege der "Organleihe" in deren internem Geschäftsbereich tätig werden kann. Eine weitere Neuheit ist der disziplinar-, verwaltungs- und / oder strafrechtliche Zweck der Untersuchungen[316].

Eine wichtige Neugestaltung ist die Herauslösung des Amtes aus dem hierarchischen Geflecht der Kommissionsverwaltung. Das Amt ist immer noch in die Kommissionsverwaltung eingebunden, genießt aber betriebliche Unabhängigkeit[317]. Bezüglich der internen Kontrollen zeigt sich, dass die Rechte des Amtes[318] bzw. die Pflichten der Organe Einrichtungen, Ämter und Agenturen der Gemeinschaft gegenüber dem Amt[319] zum ersten Mal festgelegten Kriterien unterworfen sind. Viele wichtige Details sind allerdings nicht geregelt worden: Insbesondere fehlt eine Regelung darüber, anhand welcher Kriterien der Direktor des Amtes über die Einleitung von Ermittlungen zu entscheiden hat. Auch die rechtliche Einbindung der Durchführung interner Untersuchungen - bezüglich deren Einleitung und ihrer Modalitäten wie der Dauer der Untersuchungen, der Erstellung von Protokollen oder der Beschlagnahme von Dokumenten - fehlt.

In seinem ersten Jahresbericht hatte der Überwachungsausschuss des Amtes dann auch eine kritische Bilanz gezogen: Ein Jahr nach Aufnahme der Aktivitäten sei der Schutz der finanziellen Interessen der Gemeinschaft noch nicht spürbar besser organisiert. Gründe seien die enge Anbindung des Amtes an die Kommissionsverwaltung, die zu einer "Quasi-Lähmung" in der Rekrutierung des Personals führe[320] und die Handlungsfähigkeit des Amtes schwäche.

Die Unabhängigkeit des Amtes von der Kommission ist Anfang 2004 tatsächlich immer noch nicht vollzogen. Ein wichtiger Grund dafür ist, dass das gesamte Personal der früheren Einheit in das neue Amt eingegliedert worden war[321]. Außerdem hatte das Amt die bisherigen Verfahren der Personalverwaltung der Einheit übernommen[322]. Obwohl die Haushaltsbehörde die personellen und finanziellen Mittel des Amtes angehoben hatte und die

---

[315] Vgl. den 7. Erwägungsgrund sowie Art. 4 der Verordnung.

[316] Vgl. Art. 4, 6, 9 und 10 sowie den 10. und 16. Erwägungsgrund der Verordnung.

[317] Vgl. den 4., 12., 17. und 18. Erwägungsgrund der Verordnung.

[318] Vgl. Art. 4 Abs. 2 und 3 der Verordnung.

[319] Vgl. Art. 4 Abs. 6 a, Art. 6 Abs. 6, Art. 7 Abs. 1 sowie Art. 9 Abs. 4 der Verordnung.

[320] Neben dem strukturellen Mangel in der Personalausstattung besteht für das Amt die Schwierigkeit, in den wichtigsten Bereichen Experten einzustellen; vgl. Europäisches Amt für Betrugsbekämpfung, Erster Bericht über die operativen Tätigkeiten (1. Juni 1999-31. März 2000), S. 27.

[321] Vgl. Europäisches Amt für Betrugsbekämpfung, Erster Bericht a.a.O., S. 37 ff.

[322] Vgl. Europäisches Amt für Betrugsbekämpfung, Erster Bericht a.a.O., S. 37 ff.

Planstellen bis ins Jahr 2001 auf 300 aufgestockt worden waren[323], erweisen sich die Einstellungsverfahren für neue Mitarbeiter - teilweise auch im Hinblick auf eine Behinderung durch die Mitgliedstaaten[324] - als schwerfällig und kompliziert. So obliegt die Entscheidung über die Einstellung von neuem Personal zwar dem Amt, vollzieht sich aber nach den für die Kommission geltenden langwierigen Einstellungsverfahren und -vorschriften[325]. Das Europäische Parlament moniert in diesem Zusammenhang, dass Kandidaten für Führungspositionen von einem beratenden Ernennungsausschuss[326] begutachtet werden, der von der Kommission eingesetzt wird, und fordert einen unabhängigen Ernennungsausschuss des Amtes[327].

Problematisch ist auch, dass sich die Laufbahn und die Beförderung der Mitarbeiter des Amtes ebenfalls nach den für das gesamte Personal der Kommission geltenden Regeln vollzieht. Anstellungsbehörde ist das für den Bereich "Personal" zuständige Kommissionsmitglied, das zwar auf Vorschlag des Amtes aber nach Maßgabe der für alle Beförderungen innerhalb der Kommission verfügbaren Haushaltsmittel entscheidet[328]. Die Personal- und Handlungshoheit des Amtes ist aber eine unabdingbare Voraussetzung der

[323] Das Europäische Parlament und der Rat der EU hatten im Dezember 1999 im Rahmen von zwei Berichtigungs- und Nachtragshaushalten ab dem Jahr 1999 neue Planstellen beschlossen; vgl. Europäisches Amt für Betrugsbekämpfung, Erster Bericht a.a.O., S. 49 f.

[324] Vgl. diesbezüglich die Schriftliche Anfrage der Abgeordneten des Europäischen Parlaments Pasqualina Napoletano (PSE) an die Kommission bzgl. der Behinderung der Einstellung der Richter Vaudano, Piacente und Perduca durch die italienische Regierung mit Antwort der Kommission, ABl. Nr. C 2002 147 E/164 f.

[325] So richtet sich die Ernennung der Direktoren und Abteilungsleiter (A2 bzw. A3-Beamten) nach den regulären und langwierigen Einstellungsverfahren der Kommission. Bei der Ernennung der Direktoren, Referatsleiter und Berater als Zeitbedienstete müssen die Vorschriften über die Bekanntmachung der zu besetzenden Stellen und der Auswahl der Bewerber beachtet werden, so dass keine direkte Vereinbarung mit dem Amt geschlossen werden kann; vgl. Überwachungsausschuss, Tätigkeitsbericht (September 2001-Juni 2002), v. 18.06.2002, S. 12 f, (einzusehen unter: http://europa.eu.int/comm/anti_fraud/reports/sup_comm/2002/rep_sc_2002_de.pdf). Vgl. zur Reform der Laufbahnstruktur der Kommission, wonach zukünftig die im Dienst erbrachten Leistungen und die nach der Einstellung erbrachten Qualifikationen - neben der bisherigen Beförderung nach dem Dienstalter - die Beförderung in eine höhere Besoldungsstufe begründen sollen: Mehde, in: ZEuS 2000, 403 (423 f) mit kritischer Auseinandersetzung, S. 424 ff.

[326] Vgl. Comitée Consultation de Nomination (CCN) aus Mitgliedern des Rates der EU, des Europäischen Rechnungshofes sowie des EuGH.

[327] Vgl. Entschließung des Europäischen Parlaments zu dem Jahresbericht 1999 der Kommission über den Schutz der finanziellen Interessen der Gemeinschaft und Betrugsbekämpfung, Dok. KOM(2000) 718 endg., Dok. A 5-0078/2001, Ziff. 5.

[328] Überwachungsausschuss, Tätigkeitsbericht (September 2001-Juni 2002), v. 18.06.2002, S. 13.

budgetären Unabhängigkeit[329]. Zu verweisen ist auf die dem Direktor des Amtes in Art. 6 Abs. 1 des Errichtungsbeschlusses übertragene Zuständigkeit für die Festlegung der "Einstellungsvoraussetzungen und -modalitäten" und die ihm in Art. 6 Abs. 2 des Errichtungsbeschlusses übertragenen Zuständigkeiten als Anweisungsbefugter. Der Direktor des Amtes verfügt somit über die für die Autonomie des Amtes in den Bereichen Verwaltung und Haushalt erforderlichen Befugnisse.
Obwohl das Amt aus Mitteln einer besonderen Haushaltslinie des Teils A des Haushaltsplans der Gemeinschaften (Verwaltungsmittel) bzw. des Teil B (operative Mittel) finanziert wird, genießt es hinsichtlich seiner Verwaltung keine budgetäre Unabhängigkeit von der Kommission[330]. Bis Oktober 2001 waren lediglich 199 Mitarbeiter eingestellt worden[331], Ende Juni 2002 waren noch 76 der 300 bewilligten Stellen offen[332]. Im Haushaltsvorentwurf für das Jahr 2003 hatte das Amt statt der bisherigen 300 Planstellen 320 Planstellen sowie Geldmittel für weitere 10 Mitarbeiter beantragt, die von der Kommission nicht bewilligt worden waren[333]. Am 01.06.2003 waren 262 Bedienstete für das Amt tätig, ein Jahr zuvor waren es 216[334].

In struktureller Hinsicht erweist es sich zudem als problematisch, dass das Amt weitgehend die organisatorische Struktur der ehemaligen Einheit übernommen hat, deren Aufgabe es war, durch Kontrollen und Systemprüfungen gegen

---

329 So auch: Überwachungsausschuss, Tätigkeitsbericht (Juli 1999-Juli 2000), v. 25.08.2000, S. 24, der auf die Dauer des Ablaufs von Besetzungsverfahren und die Schwierigkeiten, sich in notwendigen Fällen von Personal zu trennen, verweist; einzusehen unter: http://www.europa.eu.int/comm/anti_fraud/reports/sup_comm/2000/rep_sc_2000_de.pdf.

330 Vgl. die Feststellung des Überwachungsausschusses des Amtes, in: Tätigkeitsbericht (September 2001-Juni 2002), v. 18.06.2002, S. 15, dass die Kommission in diesem Jahr über ihren Finanzkontrolleur in die interne Verwaltung des Amtes eingegriffen habe.

331 Vgl. Europäisches Amt für Betrugsbekämpfung, Erster Bericht a.a.O., S. 37 ff.

332 Vgl. Bericht des Europäischen Amtes für Betrugsbekämpfung, Dritter Tätigkeitsbericht für das im Juni 2002 endende Jahr, vom Direktor des Amtes vorgestellt am 17.10.2002, S. 2.

333 Die fehlende Bewilligung der zusätzlichen Stellen steht grundsätzlich im Einklang mit der von dem Europäischen Rat am 26.03.1999 in Berlin im Rahmen der "agenda 2000" - im Hinblick auf die EU-Erweiterung - beschlossenen Disziplinierung der Ausgabentätigkeit der EU und insbesondere der Senkung der Verwaltungsausgaben, vgl. http://www.europa.eu.int/comm/agenda2000.de. In der Entscheidung der Kommission, die Planstellen des Amtes nicht - wie von dem Amt beantragt - zu erhöhen, liegt aber zum einen ein unzulässiger Eingriff in die eigentlich budgetäre Unabhängigkeit des Amtes von der Kommission, andererseits liegt dem offenbar eine Wertentscheidung der Kommission zugrunde, sich gerade in dem wichtigen Bereich der Betrugsbekämpfung auf die "Berliner Beschlüsse" zu berufen.

334 Vgl. Bericht des Europäischen Amtes für Betrugsbekämpfung, Vierter Tätigkeitsbericht für das im Juni 2003 endende Jahr, S. 58, einzusehen unter: www.europa.eu.int/comm/anti_fraud/reports/olaf/2002-2003/de.pdf.

Betrug anzugehen[335]. Im Zuge einer ersten Umstrukturierung wurden im September 2000 zunächst zwei Direktionen geschaffen: Eine Direktion "Untersuchungen und operative Maßnahmen" und auf gleicher Ebene eine zweite, deren Aufgabe neben Rechtsetzungsinitiativen und Maßnahmen auf politischer Ebene die Unterstützung und Beratung der Untersuchungsteams ist[336]. Die Struktur des Amtes ist ebenfalls im September 2001 durch eine neue Direktion "Intelligence, operative Strategie und Informationstechnologie" erweitert worden, die sämtliche Tätigkeiten im Zusammenhang mit der EDV - gestützten Erfassung und Auswertung der Informationen übernommen hat[337].

Daneben wurde ein Referat "Finanzielle Folgemaßnahmen / Wiedereinsetzung" im Rahmen der Direktion "Politik, Gesetzgebung und Rechtsangelegenheiten" für die von dem Amt bearbeiteten Fälle sowie ein Referat "Unterstützung für Beitragskandidaten"[338] eingerichtet. Das Amt hat darüber hinaus die Stelle eines internen Prüfers[339] und die Stelle eines Datenschutzbeauftragten sowie ein Referat "Richter/Staatsanwälte"[340] geschaffen. Da im Ersten Jahresbericht des

---

[335] Vgl. Europäisches Amt für Betrugsbekämpfung, Erster Bericht über die operativen Tätigkeiten (1. Juni 1999-31. März 2000), S. 34 ff.

[336] Zur Direktion "Untersuchungen und operative Maßnahmen" gehören außerdem Berater für einzelne Sachgebiete, die in zwei Gruppen unterteilt wurden: ein für interne Untersuchungen, direkte Ausgaben und Strukturmaßnahmen zuständiges Team und ein zweites Team, das sich mit externen Untersuchungen und operativen Maßnahmen befasst; vgl. Europäisches Amt für Betrugsbekämpfung, Erster Bericht a.a.O., S. 35 ff.

[337] Diese soll auf Gemeinschaftsebene eine gewisse Vorreiterrolle für eine zukünftige Stelle der Wirtschaftskriminalität übernehmen, vgl. Europäisches Amt für Betrugsbekämpfung, Tätigkeitsbericht (1. Juni 2000-31. Mai 2001), v. 11.10.2001, S. 35 f. Zu den Schwerpunkten der "Intelligence - Arbeit"; vgl. Bericht des Europäischen Amtes für Betrugs-bekämpfung, Dritter Tätigkeitsbericht für das im Juni 2002 endende Jahr, v. 17.10.2002, S. 23 f sowie Bericht des Europäischen Amtes für Betrugsbekämpfung, Vierter Tätigkeitsbericht für das im Juni 2003 endende Jahr, S. 23 f.

[338] Dieses Referat ist unmittelbar dem Generaldirektor des Amtes unterstellt und soll im Wege einer engen Zusammenarbeit mit den Beitrittsländern dafür sorgen, dass die finanziellen Interessen der Gemeinschaft dort mit dem Beitritt geschützt werden; vgl. Europäisches Amt für Betrugsbekämpfung, Tätigkeitsbericht a.a.O., S. 36.

[339] Dieser soll entsprechend der neuen Zielvorgaben der Kommission für Verbesserungen im Bereich der Finanzverwaltung und der Evaluierungstätigkeit sorgen; vgl. Europäisches Amt für Betrugsbekämpfung, Tätigkeitsbericht a.a.O., S. 36.

[340] Diese haben zunächst eine Analyse der internen Untersuchungen vorgenommen und werden in den Untersuchungsprozess von der Entscheidung, eine Untersuchung einzuleiten, bis hin zu Folgemaßnahmen eingeschaltet, vgl. Überwachungsausschuss, Tätigkeitsbericht (Juli 2000-September 2001), v. 11.10.2001, S. 52 ff. Bislang sind aber weder die Aufgaben noch die Rolle des im Oktober 2002 aus 11 Staatsanwälten und Richtern bestehenden Referats klar eingegrenzt. Der Direktor des Amtes spricht in seinem dritten Tätigkeitsbericht von "juristischer Unterstützung" durch das Referat bei der Entwicklung der allgemeinen Untersuchungspolitik des Amtes, der Auslegung von gemeinschaftsrechtlichen

Amtes festgestellt worden war, dass die systematische Auswertung und Sammlung von Informationen zu kurz komme, was die Möglichkeit vorbeugender Ermittlungen schmälere[341], wurde im Mai 2001 das Fallverwaltungssystem (Case Management System, CMS) als neues System der Registrierung in Betrieb genommen, das die bisherige Datenbank "Irene" ablöste und eine kohärente und fallbegeleitende Datenerfassung gewährleisten soll[342]. Anfang 2003 wurde das Fallverwaltungssystem (Case Management System, CMS) verbessert und ermöglicht den Untersuchungsbeamten nunmehr eine Fallbearbeitung anhand eines elektronischen Dossiers; ein neues Posterfassungssystem bewirkt eine Verkürzung der Bearbeitungszeit der ein- und ausgehenden Dokumente[343].

Zur Gewährleistung der Unabhängigkeit des Amtes in seinen Beziehungen zu den anderen Gemeinschaftsorganen und -einrichtungen und insbesondere zur Präzisierung der funktionellen Unabhängigkeit des Amtes gegenüber der Kommission wurde in Absprache mit dem Überwachungsausschuss der Entwurf des Verhaltenskodex ausgearbeitet. In diesem Entwurf werden die einschlägigen Rechtsvorschriften und vor allem die gegenseitigen Verpflichtungen aufgeführt, die dem Amt und den Gemeinschaftsorganen und -einrichtungen insbesondere in Bezug auf die internen Untersuchungen und die Bekämpfung von Bestechung und Bestechlichkeit obliegen sollen[344].

Zur Beachtung der rechtlichen und tatsächlichen Anforderungen bei der Verwaltung der eingeholten operationellen Informationen wurde in Absprache mit dem Überwachungsausschuss der Entwurf der "Leitlinien für die Kommunikationspolitik des OLAF" fertig gestellt. Darin werden objektive Kriterien genannt, um insbesondere das Recht der Unionsbürger auf den Zugang

---

Rahmenvorschriften sowie bei der Berücksichtigung der Belange des nationalen Rechts; vgl. Bericht des Europäischen Amtes für Betrugsbekämpfung, Dritter Tätigkeitsbericht für das im Juni 2002 endende Jahr, v. 17.10.2002, S. 27.

[341] Vgl. Europäisches Amt für Betrugsbekämpfung, Erster Bericht a.a.O., S. 44 f.

[342] Vgl. zu den Modalitäten der neuen EDV-Unterstützung: Europäisches Amt für Betrugsbekämpfung, Tätigkeitsbericht (September 2001-Juni 2002) v. 18.06.2002, S. 45 ff. Problematisch ist die fehlende Möglichkeit einer Speicherung und Klassifizierung einzelner Aktenunterlagen.

[343] Bericht des Europäischen Amtes für Betrugsbekämpfung, Vierter Tätigkeitsbericht für das im Juni 2003 endende Jahr, S. 39 f.

[344] Vgl. Überwachungsausschuss, Tätigkeitsbericht (Juli 2000-September 2001), v. 11.10.2001, S. 23 ff: Der Verhaltenskodex enthält zudem Anregungen für die praktische Gestaltung der Beziehungen des Amtes zu den Kommissionsdienststellen und beschreibt Bedingungen für die Autonomie des Amtes bei der Finanz- und sonstigen Verwaltung.

von Dokumenten nach Art. 255 EGV[345], die Wahrung des Berufsgeheimnisses im Falle von Informationen, die im Rahmen interner[346] oder externer Untersuchungen[347] mitgeteilt oder eingeholt werden, bzw. von im Rahmen des Art. 286 bzw. des Art. 287 EGV eingeholten Informationen[348] zu gewährleisten.

Zur Verbesserung der Transparenz und Effizienz der Arbeit des Amtes hat das Amt zudem ein seit dem 15.02.2001 verfügbares Handbuch für den internen Gebrauch des Personals des Amtes, das die Verwaltungsverfahren behandelt, die in den einzelnen Untersuchungsphasen zu beachten sind und das fortlaufend überarbeitet werden soll, erstellt[349].

Trotz dieser Neuerungen hat der Überwachungsausschuss in seinem zweiten Tätigkeitsbericht[350] gerügt, dass die Abwicklung der Untersuchungen des Amtes "bisher mit einer gewissen Willkür bei der Bewertung einhergegangen (sei)"; es sei "weiterhin schwierig (...), die Kriterien zu identifizieren, nach denen der Beschluss, eine Untersuchung einzuleiten, bzw. von der Einleitung abzusehen, von (dem Amt) gefasst (werde)"[351].

In seinem dritten Tätigkeitsbericht[352] bemängelte der Ausschuss, dass das Handbuch im Berichtszeitraum nicht aktualisiert worden sei. Die Tätigkeit des Amtes im Bereich der internen Untersuchungen mache darüber hinaus noch immer lediglich einen kleinen Prozentsatz im Verhältnis zu der Gesamtzahl der

---

[345] Einzelheiten bzgl. des Rechts auf Zugang zu den Dokumenten der Gemeinschaftsorgane regelt die Verordnung (EG) Nr. 1049/2001 des Europäischen Parlaments und des Rates vom 30.05.2001, vgl. ABl. 2001 Nr. L 145/1 ff.

[346] Vgl. Art. 8 Abs. 2 der Verordnung.

[347] Vgl. Art. 8 Abs.1 der Verordnung (EG) Nr. 2185/1996.

[348] Das Recht auf Datenschutz beruht auf den Artikeln 286 und 287 sowie auf der Verordnung (EG) Nr. 45/2001 des Europäischen Parlaments und des Rates vom 18.12.2000 "zum Schutz natürlicher Personen bei der Verarbeitung personenbezogener Daten durch die Organe und Einrichtungen der Gemeinschaft und zum freien Datenverkehr", vgl. ABl. 2001 Nr. L 8/1ff.

[349] Vgl. Europäisches Amt für Betrugsbekämpfung, Tätigkeitsbericht (September 2001-Juni 2002) v. 18.06.2002, S. 21 ff.

[350] Vgl. Überwachungsausschuss, Tätigkeitsbericht (Juli 2000-September 2001) v. 11.10.2001, S. 52 ff.

[351] Vgl. Überwachungsausschuss, Tätigkeitsbericht a.a.O., S. 62. So sei beispielsweise bei der Prüfung der Begründungen für die Überschreitung der in Artikel 11 Absatz 7 der Verordnung vorgesehenen Untersuchungsdauer festzustellen, dass für die Einleitung von Untersuchungen keine klaren Kriterien vorgegeben seien. Das gleiche gelte für die Praktiken und Verfahren zur Registrierung der Vorgänge und der Unterlagen betreffend die Akte, die anschließend den Gerichtsbehörden übermittelt werden würden; vgl. Überwachungsausschuss, Tätigkeitsbericht a.a.O., S. 49.

[352] Vgl. Europäisches Amt für Betrugsbekämpfung, Tätigkeitsbericht (September 2001-Juni 2002) v. 18.06.2002, S. 22 f.

Untersuchungen aus und beziehe sich weniger auf Fälle von betrügerischer Bereicherung einzelner Mitglieder oder Bediensteter der Organe[353]. Als gravierendes strukturelles Problem bemängelt der Ausschuss, die dem Amt übertragenen Ermittlungen reichten zunehmend in das Strafrecht hinein, wobei das Amt nicht über sämtliche Instrumente des strafrechtlichen Bereichs verfüge. In den Bereichen, in denen das Amt über strafrechtliche Instrumente verfüge, fehle es an präzisen Regeln, welche deren Gültigkeit gewährleisten könnten. Das Fehlen vereinheitlichender Regeln gestatte es außerdem nicht, die Gültigkeit der im Laufe der Untersuchung gesammelten Elemente zu gewährleisten[354]. Nach Auffassung des Ausschusses ist eine wirkliche Verbesserung der Untersuchungsmethoden und -verfahren des Amtes nur durch die Einsetzung eines unabhängigen Europäischen Staatsanwalts für die internen Untersuchungen in sämtlichen Organen und Einrichtungen der Gemeinschaft zu erreichen[355]. Der Ausschuss unterstützt deshalb die Forderungen von Kommission[356], Europäischem Parlament[357] und dem Ausschuss Unabhängiger Sachverständiger[358] für eine Reform des EG-Vertrages, die die Einsetzung eines Europäischen Staatsanwalts ermöglichen würde[359].

Als Reaktion auf die schleppende Personalrekrutierung stellte das Europäische Parlament in Aussicht, seine Kontrollmechanismen gegenüber der Kommission im Bereich der Budgethoheit als Druckmittel einzusetzen[360].

---

353 Ende 2001 bezogen sich nur 80 von 1700 Fällen auf interne Untersuchungen, die durchgeführten Untersuchungen betrafen hauptsächlich Fälle des abgesprochenen Vorgehens mehrerer Personen in organisierten Netzen, vgl. Überwachungsausschuss (Tätigkeitsbericht Juli 1999 – Juli 2000), v. 25.08.2000, S. 60 f.

354 Vgl. Überwachungsausschuss, Tätigkeitsbericht a.a.O., S. 63.

355 Vgl. Überwachungsausschuss, Tätigkeitsbericht a.a.O., S. 53 ff.

356 Vgl. Kommission, Ergänzender Beitrag zur Regierungskonferenz über die institutionellen Reformen - Strafrechtlicher Schutz der finanziellen Interessen der Gemeinschaft: Das Amt eines Europäischen Staatsanwalts, Dok. KOM(2000) 608 endg., Brüssel 2000 sowie Kommission, Grünbuch zum strafrechtlichen Schutz der finanziellen Interessen der Europäischen Gemeinschaften und zur Schaffung einer Europäischen Staatsanwaltschaft, Dok. KOM(2001) 715 endg..

357 Vgl. bspw. Entschließung des Europäischen Parlaments zur Betrugsbekämpfungsstrategie der Kommission, ABl. 2001 Nr. C 232/191 ff.

358 Vgl. Ausschuss Unabhängiger Sachverständiger, Zweiter Bericht über die Reform der Kommission, Analyse der derzeitigen Praxis und Vorschläge zur Bekämpfung von Missmanagement, Unregelmäßigkeiten und Betrug, Band II, v. 10.10.1999, S. 196 ff.

359 Vgl. Überwachungsausschuss, Tätigkeitsbericht (Juli 1999-Juli 2000), S. 52 f; vgl. auch: Europäisches Amt für Betrugsbekämpfung, Tätigkeitsbericht a.a.O., S. 53 f, 60 ff, 68 ff. So könnte das Amt ein hilfreiches Instrument für Ermittlungs- und Koordinierungsarbeiten der Europäischen Staatsanwaltschaft sein. Vgl. zur Reform des EG-Vertrages für die Einführung einer Europäischen Staatsanwaltschaft: Erster Teil C. I. 2. a. bb) sowie Erster Teil C. III.

360 Vgl. dazu den zynischen Kommentar des stellvertretenden Vorsitzenden des Haushaltskontrollausschusses, Bösch, Frankfurter Allgemeine Zeitung v. 29.8.2000: "Wenn OLAF nur

Im Februar 2002 folgte eine weitere Revision der Verwaltungsstrukturen des Amtes. So wurde das Referat "Richter und Staatsanwälte" unmittelbar dem Direktor des Amtes unterstellt. Innerhalb der Direktion C wurde das Referat "Intelligence" in zwei Referate - eines für strategische sowie eines für operative Intelligence aufgeteilt. Innerhalb der Direktion A wurde das Tätigkeitsfeld des sowohl für administrative und finanzielle Folgemaßnahmen als auch für die Gesetzgebung im Bereich der Betrugsbekämpfung und der Einziehung zuständige Referat in drei eigenständige Bereiche unterteilt[361]. Die Verwaltung der in elektronischer Form oder auf Papier vorliegenden Informationen wurde im Berichtszeitraum Juli 2002-Juni 2003 in der neu eingerichteten Kanzlei "Informationsdienste" zentralisiert[362].

Der Überwachungsausschuss des Amtes[363] kam allerdings in seinem dritten Amtsjahr[364] zu der Feststellung, dass die Verwaltungsautonomie des Amtes von der Kommission als nicht verwirklicht anzusehen sei. Das Amt habe innerhalb der Kommission keine eigene Identität entwickeln können[365]. In seiner Stellungnahme vom 18.06.2003 rügt der Ausschuss, dass das Ziel des Gesetzgebers, die internen Fälle effizient und objektiv zu behandeln, seitens des Amtes nicht hinreichend verwirklicht werde, da der disziplinar-, verwaltungs- oder strafrechtliche Zweck der Untersuchungen aufgrund der starken Beanspruchung von Ressourcen bzw. des Fehlens entsprechender Verfahrensvorschriften für die Durchführung der Untersuchungen nicht erreicht werde[366].

---

als Verschiebebahnhof für Kommissionsbeamte dient, müssen wir das Geld der Steuerzahler schützen".

361 Vgl. Bericht des Europäischen Amtes für Betrugsbekämpfung, Dritter Tätigkeitsbericht für das im Juni 2002 endende Jahr, v. 17.10.2002, S. 30.

362 Vgl. Bericht des Europäischen Amtes für Betrugsbekämpfung, Vierter Tätigkeitsbericht für das im Juni 2003 endende Jahr, S. 39 f.

363 Vgl. Überwachungsausschuss, Tätigkeitsbericht (September 2001-Juni 2002) v. 18.06.2002, S. 8 f, 15 ff.

364 Vgl. Art. 11 Abs. 3 S. 1 der Verordnung. Danach beträgt die Amtszeit der Mitglieder des Überwachungsausschusses drei Jahre. Gemäß Art. 11 Abs. 3 S. 2 der Verordnung ist eine einmalige Wiederwahl zulässig.

365 Vgl. Tätigkeitsbericht a.a.O., S. 17. A.A. ist der Direktor des Amtes – wohl im Hinblick auf die Unterstützung durch die Kommissionsverwaltung - nach dem die Kommission seine operative Unabhängigkeit "gewissenhaft respektiert (habe)". Nach Auffassung des Direktors sei das Amt "in administrativer und budgetärer Hinsicht (..) autonom"; vgl. Bericht des Europäischen Amtes für Betrugsbekämpfung, Dritter Tätigkeitsbericht für das im Juni 2002 endende Jahr, v. 17.10.2002, S. 2.

366 OLAF-Überwachungsausschuss, Stellungnahme Nr. 2/03 zum Bericht der Kommission, Bewertung der Tätigkeiten des Europäischen Amtes für Betrugsbekämpfung (OLAF), Verordnung des Europäischen Parlamentes und des Rates (EG) Nr. 1073/99 und Verordnung (Euratom) Nr. 1074/99, (Artikel 15), v. 18.06.2003, S. 5, 11 f, einzusehen unter: www.europa.eu.int/comm/anti_fraud/reports/sup_comm/2003/avis/de.pdf.

Nach Ansicht des Ausschusses gewährleisten die internen Vorschriften der Organe kein einheitliches Vorgehen des Amtes[367].

Hintergrund der Legitimitäts- und Effizienzmängel in der Untersuchungstätigkeit des Amtes ist, dass das Amt im Zusammenhang mit der Krise der Kommission und damit besonders zügig eingesetzt werden musste und so nicht die Zeit geblieben war, den rechtlichen Rahmen -sowohl den des europäischen Rechtsraums als auch des materiellen Rechts sowie des Verfahrensrechts der Mitgliedstaaten - an das neu geschaffene Untersuchungsorgan der Gemeinschaft anzupassen.

Als positiv zu bewerten ist, dass sich die Zahl der bearbeiteten internen Fälle, auch wenn diese immer noch einen kleinen Teil der von dem Amt insgesamt bearbeiteten Vorgänge ausmachen, stark erhöht hat. Zum Ende des dritten Berichtzeitraums (30.06.2002) waren seitens des Amtes insgesamt 154 bearbeitete interne Fälle im "Case-Management-System" registriert worden; im Berichtszeitraum Mai 2001 bis Juni 2002 waren Untersuchungen in 63 internen Korruptionsfällen eingeleitet worden, so dass die von dem Amt in diesem Berichtszeitraum bearbeiteten Fälle 41 % aller bis dahin bearbeiteten internen Fälle bzw. 11 % aller insgesamt bearbeiteten Fälle des Berichtszeitraums ausmachten[368]. Dabei betraf die große Mehrheit der internen Fälle (75 %) die Kommission[369]. Im Berichtszeitraum Juli 2002-Juni 2003 wurden 64 neue Fälle im Fallverwaltungssystem CMS registriert und evaluiert sowie 30 neue Untersuchungen eingeleitet, wobei die meisten internen Untersuchungen wiederum die Kommission betrafen[370]. Die Steigerung ist auf die Untersuchungspolitik des Amtes zurückzuführen, den internen Fällen eine hohe Priorität einzuräumen und jedem Hinweis - sei er auch aus fragwürdiger Quelle oder das Schadensvolumen gering - nachzugehen[371].

Insgesamt ist festzustellen, dass die bislang von dem Amt vorgenommenen strukturellen Maßnahmen, insbesondere die Einrichtung der Intelligence-Dienststelle für die Planung der unabhängigen operativen Tätigkeiten, die Schaffung des Referats "Richter und Staatsanwälte" für die Einhaltung der Verfahren bzw. der Untersuchungsdienststelle für die operative Tätigkeit

[367] Vgl. OLAF-Überwachungsausschuss, a.a.O., S. 5.

[368] Vgl. Bericht des Europäischen Amtes für Betrugsbekämpfung, Dritter Tätigkeitsbericht für das im Juni 2002 endende Jahr, v. 17.10.2002, S. 10 ff, 14.

[369] 5 % der internen Fälle entfallen auf das Europäische Parlament, 3 % auf den Europäischen Rechnungshof, 2 % auf den Rat der EU und 11 % auf sonstige Einrichtungen der Gemeinschaft; vgl. Bericht des Europäischen Amtes für Betrugsbekämpfung, a.a.O., S. 15.

[370] Vgl. Bericht des Europäischen Amtes für Betrugsbekämpfung, Vierter Tätigkeitsbericht für das im Juni 2003 endende Jahr, S. 19 ff.

[371] Vgl. Bericht des Europäischen Amtes für Betrugsbekämpfung, a.a.O., S. 7.

wichtige und wirksame Maßnahmen sind, um die Schwerfälligkeit der von der Einheit übernommenen Organisationsstruktur abzustreifen. Es sollten zudem alle Anstrengungen unternommen werden, um die einzelnen neu geschaffenen Bereiche mit qualifiziertem Fachpersonal auszustatten.

Ob die Untersuchungsbefugnisse des Amtes bzw. die korrespondierenden Verhaltenspflichten der einzelnen Abgeordneten des Europäischen Parlaments mit den Statusrechten der Parlamentarier sowie mit den institutionellen Rechten des Europäischen Parlaments selbst vereinbar sind, ist Gegenstand dieser Untersuchung sowie wesentlicher Gegenstand des Rechtsstreits über die Nichtigerklärung des Durchführungsbeschlusses des Europäischen Parlaments.

E. Verfahren gegen den Durchführungsbeschluss

Gegen den Durchführungsbeschluss des Europäischen Parlaments vom 18.11.1999 über die Änderung der Geschäftsordnung im Anschluss an die Vereinbarung über die internen Untersuchungen des Amtes hatten 71 Abgeordnete des Europäischen Parlaments unter Federführung des Abgeordneten Willi Rothley mit Schriftsatz vom 20.01.2000 beim EuG Klage auf Nichtigerklärung dieses Beschlusses erhoben. Dabei stützen sich die Abgeordneten insbesondere darauf, der Beschluss beeinträchtige ihre Immunität und die Freiheit ihres Mandats.

Mit besonderem Schriftsatz, der - wie die Klageschrift - am 21.01.2000 in das Register der Kanzlei des Gerichts eingetragen worden war, hatten die Abgeordneten ferner gemäß Art. 242 EGV beantragt, den Vollzug des Durchführungsbeschlusses bis zur Entscheidung in der Hauptsache auszusetzen. Hilfsweise wurde beantragt, das Gericht möge, auf Art. 243 EGV gestützt, das Europäische Parlament verpflichten, bei bevorstehenden Maßnahmen des Amtes gegenüber Mitgliedern des Europäischen Parlaments diese unverzüglich zu informieren und dem Parlament zu untersagen, dem Amt Zugang zu den Räumlichkeiten der Mitglieder des Europäischen Parlaments in deren Abwesenheit oder ohne deren Zustimmung zu gestatten.

Dem Europäischen Parlament waren im vorläufigen Rechtschutzverfahren (Rechtsache T-17/00 R) der Rat der Europäischen Union und die Kommission als Streithelfer beigetreten[372]. Im Hauptverfahren wurde das Europäische

[372] Der Rat der EU und die Kommission beantragten mit Schreiben vom 04. bzw. vom 10.02.2000, im Verfahren der einstweiligen Anordnung und im Hauptsacheverfahren als Streithelfer zur Unterstützung des Europäischen Parlaments zugelassen zu werden. Mit

Parlament erneut durch den Rat der EU und die Kommission[373] sowie durch das Königreich der Niederlande und die Französische Republik[374] als Streithelfer unterstützt.

Im Verfahren der einstweiligen Anordnung erging am 02.05.2000 der Beschluss des Präsidenten des EuG[375]. Das Gericht setzte den Vollzug der Artikel 1 und 2 des Beschlusses des Parlaments über die Bedingungen und Modalitäten der internen Untersuchungen aus, soweit sie die Antragsteller zur Zusammenarbeit mit dem Amt und zu Mitteilungen an den Präsidenten oder an das Amt verpflichten. Weiterhin verpflichtete das EuG das Parlament, bis zur Entscheidung des Gerichts über die Klage, die Antragsteller unverzüglich über bevorstehende Maßnahmen des Europäischen Amtes für Betrugsbekämpfung gegen sie zu informieren und den Bediensteten des Amtes nur mit Zustimmung der Antragsteller Zugang zu deren Räumen zu gewähren. Aus den Urteilsgründen geht hervor, dass, obwohl das System der internen Untersuchungen als solches auch auf die Mitglieder des Europäischen Parlaments Anwendung findet, nicht von vornherein ausgeschlossen werden kann, dass eine Handlung des Amtes im Rahmen einer Untersuchung die jedem Abgeordneten zustehende Immunität beeinträchtigt. Der hilfsweise gestellte Antrag im Verfahren der einstweiligen Anordnung wurde durch Beschluss des Präsidenten der zweiten Kammer des EuG vom 15.05.2000 zurückgewiesen[376].

Das Urteil des EuG erging am 26.02.2002[377]. Das EuG wies die Klage als unzulässig ab: Die angefochtene Handlung gehe zwar sowohl vom Gegenstand als auch von ihren Wirkungen her über die rein interne Organisation der Arbeit des Europäischen Parlaments hinaus und unterliege damit der Rechtmäßigkeitskontrolle nach Art. 230 Abs. 1 EGV; die Kläger seien aber nicht klagebefugt, da sie keine Umstände vorgetragen hätten, die sie in Bezug auf die angefochtene Handlung individualisiert hätten. Gegen dieses Urteil legten die Kläger beim

---

Beschluss vom 07.02.2000 gab der Präsident des Gerichts dem Antrag des Rates sowie in der Anhörung vom 10.02.2000 dem Antrag der Kommission statt.

[373] Mit Beschluss der Präsidentin der Fünften Kammer des EuG vom 09.03.2000 wurden der Rat der EU und die Kommission im Hauptsacheverfahren als Streithelfer zugelassen. Die Streithilfeschriftsätze des Rates der EU und der Kommission waren am 13.06. bzw. am 31.05.2000 bei der Kanzlei des Gerichts eingegangen. Die Kläger reichten ihre Stellungnahme zu diesen Schriftsätzen am 05.09.2000 ein. Das Parlament verzichtete auf eine eigene Stellungnahme.

[374] Die Streithilfeschriftsätze des Königreichs der Niederlande und der Französischen Republik wurden am 24.11. bzw. am 06.12.2000 eingereicht. Die Kläger reichten ihre Stellungnahme zu diesen Schriftsätzen am 08.02.2001 ein. Das Europäische Parlament verzichtete erneut auf die Einreichung einer eigenen Stellungnahme.

[375] Vgl. ABl. 2000 Nr. C 211/21 ff.

[376] Vgl. ABl. 2000 Nr. C 211/21 ff.

[377] Vgl. Abl. 2002 Nr. C 144/40 ff.

EuGH am 03.05.2002 gemäß Art. 225 Abs. 1 EGV, 110 ff EuGH-Verfahrensordnung ein auf Rechtsfragen beschränktes Rechtsmittel ein[378], dessen Ausgang noch offen steht.

[378] Vgl. Rechtsache C-167/02 P ff.

Zweiter Teil
Rechtmäßigkeit der dem Amt zugrunde liegenden Rechtsakte

Die der Errichtung des Amtes sowie der Ausgestaltung seiner Untersuchungstätigkeit zugrunde liegenden Rechtsakte sind ihrerseits in ihrer Rechtmäßigkeit in Frage zu stellen.

A. Rechtmäßigkeit der Errichtung des Amtes

Bei der Errichtung des Amtes stützte sich die Kommission auf die Vorschriften über die Geschäftsordnungsautonomie (Art. 162 Abs. 2 EGV a.F., Art. 218 EGV n.F.).

Untersucht werden soll zunächst, ob der Kommission aufgrund des Rücktritts aller Kommissare am 16.03.1999 überhaupt noch die Befugnis zur Fassung des am 28.04.1999 getroffenen Errichtungsbeschlusses zukam[379].

I. Errichtungsbefugnis der "Santer-Kommission"

Die Kommission hat ihren Rücktritt auf Art. 215 EGV gestützt[380]. Gemäß Art. 215 S. 1 EGV "(...) endet das Amt eines Mitglieds der Kommission durch Rücktritt oder Amtsenthebung". Die Vorschrift bezieht sich auf den Rücktritt "eines Mitglieds", d.h. auf den Rücktritt einzelner Kommissare. Art. 215 S. 2 EGV regelt den Ersatz des ausgeschiedenen Mitglieds durch ein von den Regierungen der Mitgliedstaaten im gegenseitigen Einvernehmen ernanntes neues Mitglied[381]. Art. 215 S. 1 EGV ist seinem Wortlaut nach nicht auf den - in der Geschichte der Europäischen Gemeinschaft bisher einmaligen - freiwilligen Rücktritt aller Kommissare anwendbar.

Diskutiert werden soll, ob für den geschlossenen Rücktritt der Kommission eine andere vertragliche Rechtsgrundlage herangezogen werden kann.

Im Gemeinschaftsrecht ist in Art. 201 Abs. 2 S. 1 EGV die Amtsiederlegung durch alle Kommissare nach einem erfolgreichen Misstrauensvotum des

---

379 Die Rechtsetzungsbefugnis der "Santer-Kommission" stark einschränkend: Hummer/Obwexer, in: EWS 1999, 161 (164 ff).

380 Vgl. die Entschließung zum Rücktritt der Kommission und zur Ernennung einer neuen Kommission, in: Bulletin Quotidien Europe Nr. 3-1999, 2.3.1.

381 Schmitt v. Sydow, in: v. d. Groeben/Thiesing/Ehlermann, Art. 159 EGV Rdnr. 4, 8 ff.

Europäischen Parlaments geregelt. Ein Misstrauensvotum des Europäischen Parlaments lag zum Zeitpunkt des Rücktritts der "Santer-Kommission" jedoch nicht vor, so dass Art. 201 EGV als Rechtsgrundlage ausscheidet. Eine analoge Anwendung der Vorschrift scheitert daran, dass Art. 201 Abs. 2 S. 1 EGV den zwangsweisen Rücktritt der Kommission als Sanktion für ein erfolgreiches Misstrauensvotum betrifft[382]. Der entsprechenden Anwendung der Vorschrift auf den freiwilligen Rücktritt der Kommission stehen somit anders gelagerte Beweggründe sowie die unterschiedliche Ausgangslage entgegen[383].

Näher liegt indes die analoge Anwendung des Art. 215 EGV. Die "Santer-Kommission" selbst hat im Zusammenhang mit ihrem Rücktritt beschlossen, im Wesentlichen nur noch die Geschäfte der laufenden Verwaltung weiterzuführen, den institutionellen und rechtlichen Verpflichtungen nachzukommen und auf politische Grundsatzentscheidungen zu verzichten[384].

Wollte man den freiwilligen Rücktritt der Kommission, wie von dieser selbst auch angenommen[385], auf Art. 215 Abs. 1 EGV stützen[386], wären die Befugnisse der Kommission zur Weiterführung der Geschäfte nicht beschränkt[387]. Art. 215 Abs. 4 EGV bestimmt, dass die Kommissare bis zur Neubesetzung ihres Sitzes im Amt bleiben. Aus Art. 215 Abs. 4 EGV ist wiederum keine Verpflichtung ableitbar, die aus dem Mandat fließenden Befugnisse der Kommissare ohne Beschränkung auszuüben[388]. Vor diesem Hintergrund ist die Befugnisbeschränkung der scheidenden "Santer-Kommission" auf die Führung der laufenden Geschäfte als freiwillige politische Selbstbeschränkung einzustufen.

---

[382] Schoo, in: Schwarze, EU-Kommentar, Art. 201 EGV Rdnr. 1.

[383] Vgl. aber Schoo, in: Schwarze, EU-Kommentar, Art. 201 EGV Rdnr. 7, nach dem der freiwillige Rücktritt der "Santer-Kommission" dem Rücktritt nach einem erfolgreichen Misstrauensvotum sehr nahe komme und für ein zukünftiges erfolgreiches Misstrauensvotum rechtstatsächliche Präzedenzwirkung entfalten werde.

[384] Vgl. die Erklärung der "Santer-Kommission" vom 17.03.1999, in: Bulletin Quotidien Europe Nr. 3 – 1999, 1.10.12: "Dennoch haben wir beschlossen, unsere Befugnisse restriktiv auszuüben, d.h. die laufenden und dringenden Amtsgeschäfte zu erledigen und unseren institutionellen und rechtlichen Verpflichtungen nachzukommen. Wir werden jedoch keine neuen politischen Initiativen einleiten".

[385] Vgl. die Entschließung zum Rücktritt der Kommission und zur Ernennung einer neuen Kommission, in: Bulletin Quotidien Europe Nr. 3 - 1999, 2.3.1.

[386] So Jorna, in: Schwarze, EU-Kommentar, Art. 215 EGV Rdnr. 6; a.A.: Hummer/Obwexer, in: EWS 1999, 161 (164 ff).

[387] Vgl. Schmitt v. Sydow, in: v. d. Groeben/Thiesing/Ehlermann, Art. 159 EGV Rdnr. 21.

[388] So auch: Jorna, in: Schwarze, Art. 215 EGV Rdnr. 6, nach dem die "Santer-Kommission" durch ihre freiwillige Selbstbeschränkung keine nachvertraglichen Treuepflichten als Ausfluss aus Art. 215 Abs. 4 EGV verletzt habe.

Auf den freiwilligen Rücktritt der Kommission ist aber auch Art. 215 EGV nicht analog anzuwenden. Gegen eine analoge Anwendung der Vorschrift auf den geschlossenen Rücktritt der Kommissare spricht neben dem eindeutigen Wortlaut[389], dass die Neubenennung eines Mitglieds – mit Ausnahme des Präsidenten[390] - nach Art. 215 S. 2 EGV durch die Mitgliedstaaten erfolgt, die im gegenseitigen Einvernehmen, nicht aber unter Mitwirkung des Europäischen Parlaments, entscheiden[391]. Dem Europäische Parlament steht gemäß Art. 214 Abs. 2 EGV bei der Ernennung der Kommission ein vertraglich gesichertes Vetorecht zu, so dass ein Rückgriff auf Art. 215 EGV für den freiwilligen Rücktritt aller Kommissare die vertraglich festgelegten Mitwirkungsrechte des Europäischen Parlaments bei der Neueinsetzung der Kommission unterlaufen könnte.

Folgt man somit der Annahme, dass der geschlossene Rücktritt der Kommission einer einschlägigen Rechtsgrundlage entbehrt, kann nur von einem rein faktischen Ausscheiden der Kommission ausgegangen werden[392]. Eine faktische Demission vermag die Kommission aber - zur Sicherung der Funktionsfähigkeit des Organs - nur zu einem zeitlich begrenzten Verbleib bis zur Neubestellung anderer Organwalter im Sinne eines ordnungsgemäßen Verwaltungshandelns zu berechtigen[393]. In diesem Fall ist der Kommission bis zur Ernennung einer "neuen" Kommission die Befugnis zur Führung der laufenden Geschäfte zuzusprechen. Diese Rechtslage entspricht somit der freiwilligen politischen Selbstbeschränkung der "Santer-Kommission". Die Frage, ob Art. 215 EGV auf den Präzedenzfall des spektakulären Rücktritts der geschlossenen Kommission herangezogen werden kann, bedarf daher keiner weiteren Klärung. Vielmehr ist entscheidend, ob die Errichtung des Amtes als "Akt der laufenden Geschäftsführung" angesehen werden kann. Dazu sind alle Handlungen zu zählen, die sich im Rahmen der üblichen und gewöhnlichen Geschäfte bewegen oder - sofern sie darüber hinausgehen - zu ihrer Erfüllung keinerlei neuer Initiativen oder politisch sensibler Entscheidungen bedürfen, mit Ausnahme jener Fälle, die sofort erledigt werden müssen, um eine Gefahr oder einen schwerwiegenden

---

389 Vgl. Art. 215 Abs. 1 S. 1 EGV: "(...) endet das Amt *eines Mitglieds* (...)".

390 Dessen Ersetzung erfolgt gemäß Art. 215 Abs. 3 i.V.m. Art. 214 Abs. 2 EGV mit Zustimmung des Europäischen Parlaments.

391 Anders aber die Ernennung eines neuen Präsidenten der Kommission, die sich im Verfahren des Art. 214 Abs. 2 EGV unter Zustimmung des Europäischen Parlaments vollzieht, vgl. Art. 215 S. 4 EGV.

392 Vgl. Hummer, in: Grabitz/Hilf, Art. 159 EGV Rdnr. 41 sowie Hummer/Obwexer, in: EWS 1999, 161 (164 f).

393 In diesem Sinne auch Hummer, in: Grabitz/Hilf, Art. 159 EGV Rdnr. 41 sowie Hummer/Obwexer, in: EWS 1999, 161 (164), die in diesem Zusammenhang auf die entsprechende Handhabe im Fall der vorübergehenden Amtszeitverlängerung der Delors-Kommission vom 06.01.1995 bis zum 22.01.1995 verweisen.

Nachteil von den Gemeinschaftsinteressen abzuwenden[394]. Neue Rechtsetzungsinitiativen können daher nur in Ausnahmefällen und zur Abwehr schwerer Nachteile für die Interessen der Gemeinschaft zulässig sein.

Soweit das Amt gemäß Art. 2 Abs. 1 UAbs. 1 des Errichtungsbeschlusses die Befugnisse der Kommission zur Durchführung externer Verwaltungsuntersuchungen ausführt, die schon vor Schaffung des Amtes bei der Task-Force "Koordinierung der Maßnahmen zur Betrugsbekämpfung" als Nachfolgerin der Einheit angesiedelt waren[395], kommt dem Errichtungsbeschluss keine gesonderte Außenwirkung zu. Etwas anderes muss aber für die dem Amt gemäß Art. 2 Abs. 1 UAbs. 2 des Errichtungsbeschlusses übertragene Befugnis zur Ausführung interner Verwaltungsuntersuchungen gelten, der das Amt in voller Unabhängigkeit nachkommen soll[396]. Diese Ausweitung der Untersuchungskompetenzen auf den internen Geschäftsbereich anderer Gemeinschaftsorgane, Einrichtungen, Ämter und Agenturen ist ein "Novum" im Gemeinschaftsrecht und ein mehr als gradueller Unterschied zur bisherigen Untersuchungstätigkeit der vormaligen Einheit[397]. Die Errichtung des Amtes liegt daher einer neuen politischen Rechtsetzungsinitiative der Kommission weit näher als einem Akt der laufenden Geschäftsführung.

Zu berücksichtigen ist allerdings, dass die Kommission der Errichtung des Amtes bereits am 01.12.1998 und damit *vor* ihrem freiwilligen Rücktritt - auf Druck des Europäischen Parlaments[398] - zugestimmt hatte[399], so dass die *faktische Errichtung* des Amtes aufgrund des Errichtungsbeschlusses vom 28.04.1999 als Geschäft der "laufenden Verwaltung" angesehen werden könnte.

Denkbar erscheint auch, der Kommission die Befugnis zur Schaffung des Amtes deshalb zuzubilligen, weil es sich dabei um eine über den Verwaltungsalltag hinausgehende dringliche Aufgabe gehandelt haben könnte, deren umgehende

---

[394] Vgl. Hummer, in: Grabitz/Hilf, Art. 159 EGV Rdnr. 45.

[395] Vgl. Erwägungsgrund Nr. 3 des Errichtungsbeschlusses: "Die Aufgabe, Verwaltungsuntersuchungen zum Schutz der finanziellen Interessen der Gemeinschaft durchzuführen, lag bisher bei der Task-Force Koordinierung der Maßnahmen zur Betrugsbekämpfung als Nachfolgerin der Dienststelle für die Koordinierung der Betrugsbekämpfung (UCLAF)".

[396] Vgl. Art. 3 des Errichtungsbeschlusses: "Das Amt übt die Untersuchungsbefugnisse gemäß Art. 2 Abs. 1 in voller Unabhängigkeit aus. Der Direktor des Amtes darf bei der Ausübung dieser Befugnisse keine Anweisungen der Kommission, einer Regierung, eines anderen Organs, einer Einrichtung, eines Amtes oder einer Agentur erbitten oder entgegennehmen".

[397] Vgl. Erster Teil D II. 2. c).

[398] Vgl. Die Entschließung des Europäischen Parlaments, gestützt auf den Bericht Bösch des Ausschusses für Haushaltskontrolle (Dok. PE 225.069/endg.); ABl. 1998 Nr. C 328/74 ff.

[399] Vgl. Vorschlag für eine Verordnung des Rates zur Errichtung eines Europäischen Amtes für Untersuchungen zur Betrugsbekämpfung, Dok. KOM(1999) 140 endg, ABl. 1999 Nr. C 21/10 ff.

Ausführung als erforderlich angesehen werden musste, um den Gemeinschaftsfinanzen keinen unwiederbringlichen Schaden zuzufügen, so dass diese Rechtsetzungsinitiative ausnahmsweise als zulässig einzustufen wäre.

II. Tragfähigkeit der herangezogenen Ermächtigungsgrundlage

Die Kommission hat den Errichtungsbeschluss auf Art. 218 Abs. 2 EGV (Art. 162 Abs. 2 EGV a.F.) gestützt. Gemäß Art. 218 Abs. 2 EGV gibt sich die Kommission eine Geschäftsordnung, um ihr ordnungsgemäßes Arbeiten und das ihrer Dienststellen zu gewährleisten[400].

Nach Art. 1 des Errichtungsbeschlusses wurde das Amt als nach geordnete Dienststelle der Kommission innerhalb ihrer Verwaltungsstruktur errichtet[401]. Da Art. 3 des Errichtungsbeschlusses die Unabhängigkeit des Amtes fest schreibt[402], handelt es sich bei dem Amt um eine verselbstständigte Verwaltungseinrichtung. Ob Art. 218 Abs. 2 EGV die Errichtung des Amtes als der Kommission nach geordneter Einrichtung deckt, soll nachfolgend untersucht werden.

Die grundsätzliche Befugnis der Kommission zur Schaffung subordiniert Behörden ist - insbesondere aufgrund der Komplexität der ihr übertragenen Aufgaben - gemeinschaftsrechtlich anerkannt[403]. Die Praxis der Schaffung solcher Behörden lässt sich bislang nicht systematisieren, so dass die Anforderungen an die Errichtung solcher Verwaltungseinrichtungen kontrovers diskutiert werden[404]. Jedenfalls muss es einen legitimen Grund für die Verselbstständigung der Verwaltungseinheit und damit für die mittelbare Gemeinschaftsverwaltung statt der gemeinschaftsunmittelbaren Verwaltung

---

[400] Die neu eingesetzte "Prodi-Kommission" hat am 18.09.1999 eine umfassende neue Geschäftsordnung verabschiedet, in der insbesondere die Rolle des Kommissionspräsidenten deutlich - im Sinne einer Richtlinienkompetenz - gestärkt wird, vgl. ABl. 1999 Nr. L 252/41 ff.

[401] Vgl. den 4. Erwägungsgrund der Verordnung: "(...) hat die Kommission (...) innerhalb ihrer Verwaltungsstruktur das (...) Amt errichtet".

[402] Vgl. Art. 3 des Errichtungsbeschlusses: "Das Amt übt die Untersuchungsbefugnisse gemäß Art. 2 Abs. 1 in voller Unabhängigkeit aus. Der Direktor des Amtes darf bei der Ausübung dieser Befugnisse keine Anweisungen der Kommission, einer Regierung, eines anderen Organs, einer Einrichtung, eines Amtes oder einer Agentur erbitten oder entgegennehmen".

[403] Vgl. nur: Jorna, in: Schwarze, EU-Kommentar, Art. 218 EGV Rdnr. 13.

[404] Vgl. bspw. Hilf, S. 109 ff; Nettesheim, in: Grabitz/Hilf, Art. 4 EGV Rdnr. 4; vgl. auch die inzwischen von der Rechtspraxis eingeholte Auffassung von: Everling, in: FS-Ophüls, S. 33 (42), nach welchem die Übertragung von Hoheitsrechten auf nach geordnete Behörden einer Vertragsänderung bedarf.

durch die Kommission bzw. der indirekten Verwaltung durch die Mitgliedstaaten geben[405].

Das Amt nimmt mit der Befugnis zur Vornahme externer Untersuchungen solche Befugnisse wahr, die bis zur Errichtung des Amtes ohnehin im Zuständigkeitsbereich der Kommission angesiedelt waren[406], so dass es grundsätzlich innerhalb der Verwaltungsstruktur der Kommission errichtet werden konnte. Da das Amt gegenüber der Kommission sowie gegenüber den anderen Organen, Einrichtungen, Ämtern und Agenturen der Gemeinschaft zur Durchführung interner Untersuchungen berechtigt sein soll[407], bedarf es der Unabhängigkeit seiner Entscheidungen[408]. Die Rechtsform als rechtlich verselbstständigtes Organglied ist damit grundsätzlich gerechtfertigt.

Als Rechtsgrundlage für die Schaffung verselbstständigter Verwaltungseinheiten wird die interne Geschäftsordnungsautonomie der Organe, europäisches Gewohnheitsrecht, eine Analogie zur staatlichen Organisationsgewalt bzw. die Vertragsänderungskompetenz gemäß Art. 308 EGV erwogen[409].

Mit Hilf[410] kann die Geschäftsordnungsautonomie allerdings dann nicht mehr als tragfähige Kompetenzgrundlage für die Errichtung nachgeordneter Organisationseinheiten angesehen werden, wenn Organisationseinheiten unter Beteiligung außen stehender, nicht mehr dem Organ angehörender Personen gebildet oder Befugnisse zu einer *weitgehend autonomen Wahrnehmung* zugewiesen werden[411]. Zu berücksichtigen ist, dass die Geschäftsordnung nur die interne Arbeitsorganisation eines Gemeinschaftsorgans zu regeln vermag[412]. Durch die Geschäftsordnung werden daher die internen Aufgaben und

---

405 Vgl. dazu: Oppermann, Rdnr. 636 ff sowie Uerpmann, in: AöR 2000, 551 (559).

406 Vgl. den 3. Erwägungsgrund des Errichtungsbeschlusses: "Die Aufgabe, Verwaltungsuntersuchungen zum Schutz der finanziellen Interessen durchzuführen, lag bisher bei der Task-Force (...) als Nachfolgerin der Dienststelle für die Koordinierung der Zusammenarbeit UCLAF; vgl. auch Art. 2 Abs. 1 UAbs. 1 des Errichtungsbeschlusses: "Das Amt übt die Befugnisse der Kommission zur Durchführung externer Verwaltungsuntersuchungen aus (...)" sowie Art. 2 Abs. 1 UAbs. 3: "Das Amt nimmt die diesbezüglichen Zuständigkeiten der Kommission (...) wahr (...) und Art. 5 Abs. 1: "Das Amt nimmt alle sonstigen operationellen Aufgaben der Kommission in Sachen der Betrugsbekämpfung (..) wahr (...)".

407 Vgl. nur Art. 2 Abs. 1 des Errichtungsbeschlusses sowie Art. 4 Abs. 1 der Verordnung.

408 Vgl. nur die Festschreibung der Unabhängigkeit des Amtes in Art. 3 des Errichtungsbeschlusses.

409 Vgl. die Zusammenfassung bei: Hilf, S. 109 ff, 131 ff; vgl. zur Vertragsänderungskompetenz als Ermächtigungsgrundlage für die Errichtung nachgeordneter Einrichtungen auch: Uerpmann, in: AöR 2000, 551 (557 ff).

410 Vgl. Hilf, S. 112.

411 Vgl. Hilf, a.a.O.

412 Vgl. EuGH, Rs. C-69/89, Slg. 1991, I-2069, Rdnr. 49.

Verfahren des Organs sowie die interne Entscheidungsstruktur festgelegt. Werden aber Entscheidungsbefugnisse an außerhalb stehende Personen delegiert oder wird der Arbeitsbereich der internen Organisationsstruktur durch Handlungen mit Wirkung außerhalb des Organs verlassen, kann die Geschäftsordnungsautonomie nicht mehr als ausreichend angesehen werden.

Dadurch, dass dem Amt die Befugnis zur Vornahme interner Verwaltungsuntersuchungen in anderen Gemeinschaftsorganen zugewiesen wird[413], greift es in den internen Geschäftsbereich dieser Organe ein. Die Untersuchungsbefugnisse werden von dem Direktor des Amtes in voller Unabhängigkeit eingeleitet und durchgeführt[414]. Unabhängig von der Frage des Bestehens von Kontrollbefugnissen der Kommission gegenüber dem Amt, können solche Untersuchungsbefugnisse keinesfalls von der Geschäftsordnungsautonomie der Kommission gedeckt sein. Der Errichtungsbeschluss ist daher – soweit man der scheidenden "Santer-Kommission" überhaupt noch die Befugnis zur Errichtung des Amtes zusprechen will - aufgrund der falschen Ermächtigungsgrundlage als unwirksam anzusehen.

Die Unwirksamkeit des Errichtungsbeschlusses ist auch nicht durch die Schaffung der Verordnung als geheilt anzusehen. Gemäß Art. 7 des Errichtungsbeschlusses wird dieser erst am Tage des Inkrafttretens der Verordnung wirksam. Nach Art. 2 Abs. 1 des Errichtungsbeschlusses nimmt das Amt die internen Untersuchungen in anderen Organen nur "gemäß den Bestimmungen wahr, welche auf der Grundlage der Verträge und gemäß den dort festgelegten Voraussetzungen und Grenzen ergangen sind". In Art. 4 der Verordnung sind dem Amt die Kompetenzen zur Durchführung interner Verwaltungsuntersuchungen übertragen worden. Da die Verordnung aber gemeinsam vom Europäischem Parlament und dem Rat der EU erlassen wurde, müsste diesen ein Wille zur Heilung einer rechtsfehlerhaften Gründung des Amtes unterstellt werden können. Hierfür sind allerdings keine Anzeichen ersichtlich.

---

[413] Vgl. bspw. Art. 2 Abs. 1 UAbs. 2 des Errichtungsbeschlusses sowie Erwägungsgrund Nr. 7 der Verordnung: "Angesichts der Notwendigkeit eines schärferen Vorgehens gegen Betrug, Korruption und sonstige rechtswidrige Handlungen zum Nachteil der finanziellen Interessen der Gemeinschaften muss das Amt ermächtigt werden, interne Untersuchungen in allen durch den EG-Vertrag (...) geschaffenen Organen, Einrichtungen sowie Ämtern und Agenturen (...) durchzuführen".

[414] Vgl. Art. 3 des Errichtungsbeschlusses.

B. Rechtmäßigkeit der Verordnung

Die Verordnung ist auf Art. 280 Abs. 4 EGV gestützt. Wie oben[415] ausgeführt, ist Art. 280 Abs. 4 EGV nicht nur Kompetenznorm zum Erlass von Maßnahmen zur Bekämpfung von Betrügereien zum Nachteil der Gemeinschaftsfinanzen in den Mitgliedstaaten, sondern berechtigt - entgegen seinem Wortlaut - auch zum Erlass aller erforderlichen Maßnahmen im Hinblick auf eine effektive Bekämpfung von Betrügereien, die innerhalb der Gemeinschaft Anwendung finden. Die Verordnung konnte daher wirksam auf Art. 280 Abs. 4 EGV gestützt werden[416]. Etwas anderes ergibt sich nur insofern, als sich die Zuständigkeit des Amtes gemäß dem 5. Erwägungsgrund der Verordnung "(...) über den Schutz der finanziellen Interessen hinaus auf alle Tätigkeiten im Zusammenhang mit der Wahrung der gemeinschaftsrechtlichen Interessen gegenüber rechtswidrigen Handlungen, die verwaltungs- oder strafrechtlich geahndet werden können", erstrecken soll. Zum Schutz dieser völlig unbestimmten gemeinschaftlichen Interessen kann Art. 280 Abs. 4 EGV nicht als Kompetenznorm herangezogen werden.

Die Verordnung stellt auch keine Kriterien für die Einleitung und die Durchführung der Untersuchungen des Amtes auf. So regelt Art. 5 Abs. 2 der Verordnung nur: "Die Einleitung interner Untersuchungen wird vom Direktor des Amtes von sich aus oder auf Ersuchen des Organs, der Einrichtung oder des Amtes oder der Agentur, bei dem bzw. der die Untersuchung durchgeführt werden soll, beschlossen“[417].

Die Verordnung stellt auch keine Kriterien dafür auf, nach welchen Modalitäten und Verfahren die (internen und externen) Untersuchungen zu verlaufen haben. Art. 6 Abs. 5 der Verordnung bestimmt lediglich: "Die Untersuchungen sind ohne Unterbrechung durchzuführen, ihre Dauer muss den Umständen und der Komplexität des betreffenden Falles angemessen sein.“

---

[415] Vgl. Erster Teil C. I. 2. a. bb).

[416] A.A. Mager, in: ZEuS 2000, 177 (186 ff), nach der aufgrund des Umstandes, dass der Wortlaut des Art. 280 Abs. 4 EGV die internen Untersuchungsbefugnisse des Amtes nicht erfasse, Art. 280 Abs. 4 nur mit Hilfe der "implied-powers"-Lehre als Kompetenzgrundlage für die Verordnung herangezogen werden könne; vgl. zur Theorie der "implied-powers" als "Kompetenz kraft Sachzusammenhangs" bzw. als "Annexkompetenz" der Gemeinschaft auch: Nicolaysen, in: EuR 1966, 129 (135 ff) sowie Oppermann, Rdnr. 527 ff.

[417] Eine entsprechende Regelung findet sich für die Einleitung externer Untersuchungen in Art. 5 Abs. 1: "Die Einleitung externer Untersuchungen wird vom Direktor des Amtes von sich aus oder auf Ersuchen des Organs (...) oder auf Ersuchen eines betroffenen Mitgliedstaates beschlossen".

Die Unbestimmtheit der Verordnung durch die weiten Ermessensbefugnisse des Direktors vermag aber nicht deren materielle Unwirksamkeit zu begründen, da sie die Untersuchungsbefugnisse des Amtes zwar ausgestalten[418], aber nur eine Rahmenregelung darstellen soll. Während der ursprüngliche Vorschlag der Kommission zur Errichtung des Amtes im Wege einer Verordnung detaillierte Bestimmungen über die Vornahme interner Untersuchungen in den Organen, Einrichtungen, Ämtern und Agenturen der Gemeinschaften enthalten hatte[419], verweist die Verordnung in ihrem 4. Erwägungsgrund ausdrücklich darauf, dass das Amt unter Wahrung der "*internen Organisationsautonomie jedes Organs*" errichtet worden sei. So haben die Umsetzungsbeschlüsse der Organe, Einrichtungen, Ämter und Agenturen nach dem 10. Erwägungsgrund sowie gemäß Art. 4 Abs. 1, 2 und 6 i.V.m. Art. 6 Abs. 4 der Verordnung die Modalitäten und Bedingungen der internen Untersuchungen des Amtes näher auszugestalten. Es obliegt damit nach den Vorgaben der Verordnung den Organen, Einrichtungen, Ämtern und Agenturen, die Untersuchungsbefugnisse des Amtes an die speziellen Erfordernisse ihres internen Geschäftsbereichs anzupassen. Die Unbestimmtheit der Verordnung trägt somit der internen Organisationsautonomie der Organe Rechnung. Der Wirksamkeit der Verordnung steht daher nur entgegen, dass sie sich nach ihrem 5. Erwägungsgrund über den Schutz der Gemeinschaftsfinanzen hinaus auch auf den Schutz der "(sonstigen) *gemeinschaftlichen Interessen gegenüber rechtswidrigen Handlungen*" bezieht; insofern liegt eine Verletzung des Bestimmtheitsgrundsatzes als Teil des Rechtsgrundsatzes der Rechtssicherheit[420] vor.

C. Rechtmäßigkeit der Vereinbarung

Gemäß Art. 4 Abs. 1 der Verordnung erfolgen die internen Untersuchungen des Amtes unter den Bedingungen und Modalitäten der von den einzelnen Organen zu erlassenden "einschlägigen Beschlüsse". Durch diese Beschlüsse wird die Umsetzung der Untersuchungsbefugnisse in den internen Geschäftsbereich der Gemeinschaftsorgane geregelt. Zur Gewährleistung, dass die Untersuchungen des Amtes gegenüber den einzelnen Organen gleichwertigen Bedingungen unterliegen, haben das Europäische Parlament, der Rat der EU und die Kommission am 25.05.1999 die Vereinbarung über die internen Untersuchungen des Amtes geschlossen. In der Vereinbarung ist vorgesehen, dass die Organe

---

[418] Vgl. Art. 7 des Errichtungsbeschlusses, wonach dieser erst am Tage des Inkrafttretens der Verordnung wirksam wird.

[419] Vgl. Vorschlag für eine Verordnung (EG, Euratom) des Rates zur Errichtung eines Europäischen Amtes für Betrugsbekämpfung, Dok. KOM(1998) 717 endg., ABl. 1999 Nr. C 21/ 10 ff.

[420] Vgl. bspw. EuGH Rs. 169/80, Slg. 1981 (Gondrand Frères), 1931 (1942).

dem Amt "aufgrund ihrer Verwaltungsautonomie die Befugnis übertragen sollen, bei ihnen interne Verwaltungsuntersuchungen (...) durchzuführen"[421].

Die Umsetzung der Vereinbarung soll gemäß Nr. 2 der Vereinbarung durch einen internen Beschluss der beteiligten Organe gemäß dem in der Anlage beigefügten Standardbeschluss festgelegt und unmittelbar zur Anwendung gebracht werden. Von diesem Beschluss dürfen die beteiligten Organe nur abweichen, wenn dies aufgrund besonderer ihnen eigener Erfordernisse als erforderlich erscheint. Die Vereinbarung endet mit der ausdrücklichen Aufforderung an alle anderen Organe, Einrichtungen, Ämter und Agenturen der Gemeinschaft, sich der Vereinbarung anzuschließen.

Solche Interorganverträge sind, auch wenn der EG-Vertrag den Organen nicht ausdrückliche eine Rechtspersönlichkeit einräumt, im Interesse der Funktionsfähigkeit der Europäischen Gemeinschaft grundsätzlich als zulässig anzusehen[422]. Die rechtliche Qualifikation der interorganschaftlichen Vereinbarungen ist allerdings schwierig[423]. Ihnen muss im Hinblick auf die Rechtsprechung des EuGH[424] und unter Berücksichtigung des Prinzips der Organtreue[425] eine rechtliche Bindungswirkung zugesprochen werden, sofern eine solche Bindungswirkung von den beteiligten Organen auch gewollt ist[426]. Im Hinblick auf eine Verletzung der Rechtspflicht zur gegenseitigen Loyalität der Organe sind Interorganvereinbarungen auch deswegen als justitiabel anzusehen, weil eine Rechtspflicht der Organe zur Vornahme der in der Vereinbarung festgelegten Handlungen anzunehmen ist[427]. Von einem entsprechenden Bindungswillen der an der Vereinbarung beteiligten Organe - Rat der EU, Kommission und Europäisches Parlament - ist auszugehen[428].

---

[421] Vgl. den 4. Erwägungsgrund der Vereinbarung.

[422] Vgl. Bleckmann, S. 80; Hölscheidt, in: Grabitz/Hilf, Art. 199 EGV Rdnr. 11 ff; a.A. Grabitz/Läufer, S. 27, die davon ausgehen, dass zwischen einzelnen Organen keine Vertragsbindungen entstehen könnten, da der EG-Vertrag Vertragschlusskompetenzen der Organe gerade nicht voraussetze.

[423] Vgl. nur die Kategorisierungsversuche bei Gauweiler, S. 3 ff, 52 ff, die sie als politische Vereinbarungen ansieht.

[424] Vgl. EuGH, Rs. C-25/1994, Slg. 1996 (Kommission/Rat) I - 1469 ff.

[425] Vgl. Gauweiler, S. 123 f, 150; Schwarze, in: EuR Beiheft 2/1995, 49 (54); vgl. aber auch Hilf, in: EuR 1984, 9 (25), nach dem die Rechtspflicht der Organtreue nicht der "Zauberstab ist, durch dessen Berührung die weichen politischen Verhaltenserklärungen in stahlgläserne Rechtspflichten verwandelt werden".

[426] Vgl. dazu auch: Hilf, in: EuR 1984, 9 (21), der auf die Möglichkeit eines "hinkenden Status der Vereinbarung" hinweist, der dann vorläge, wenn nur ein Organ seinen Rechtsbindungswillen deutlich zum Ausdruck bringe.

[427] So auch: Gauweiler, S. 140 ff, 150 f sowie Bieber, in: Sasse, 327 (342 f).

[428] Vgl. insbesondere die Erwägungsgründe 4 und 6 der Vereinbarung.

Die Verbindlichkeit interorganschaftlicher Absprachen muss allerdings auch unter dem Vorbehalt der Beachtung des Gemeinschaftsrechts[429] und insbesondere des institutionellen Gleichgewichts[430] stehen. Die Funktionsübertragung auf das Amt zur Durchführung von Verwaltungsuntersuchungen gegenüber den beteiligten Organen durch die Vereinbarung muss sich daher im Rahmen der zulässigen Gestaltung halten. Trotz fehlender Gewaltenteilung enthält das Gemeinschaftsrecht de facto ein System gegenseitiger Verschränkungen und Hemmungen, das vom EuGH als "institutionelles Gleichgewicht" bezeichnet wird[431]. Der EuGH hat hierzu ausgeführt, dass "die Wahrung des institutionellen Gleichgewichts es gebietet, dass jedes Organ seine Befugnisse unter Beachtung der Befugnisse der anderen Organe ausübt"[432]. Bei der Schaffung von Organgliedern muss insbesondere die Zurechnung der Aufgabenerfüllung zur Gemeinschaft sichergestellt sein, um das institutionelle Gleichgewicht nicht zu gefährden. Das delegierende Organ muss die Verantwortung für den Aufgabenbereich der Verwaltungseinheit behalten[433]. Das wiederum setzt voraus, dass das betreffende Organ die Tätigkeit der selbständigen Verwaltungseinheit steuern und kontrollieren kann[434]. Das Organ darf an die nachgeordnete Einrichtung auch keine Befugnisse übertragen, die ihm selbst nicht zustehen[435].

Diesen Erfordernissen genügt die Übertragung der internen Untersuchungsbefugnisse an das neu geschaffene Amt nicht. Die Kommission besitzt zwar die Befugnis zur Vornahme externer Untersuchungen in den Mitgliedstaaten aber gerade nicht zu einer Durchführung *interner* Verwaltungsuntersuchungen gegenüber dem Europäischen Parlament, wie sie nach Art. 4 Abs. 2 der Verordnung i.V.m. dem Durchführungsbeschluss dem Amt zugewiesen werden. Problematisch ist auch, dass dem Direktor des Amtes ein unbeschränktes Ermessen hinsichtlich der Einleitung interner Verwaltungsuntersuchungen[436] und deren Durchführung[437] bis hin zu den Folgemaßnahmen[438] zusteht.

---

[429] Vgl. Schwarze, in: EuR Beiheft 2/1995, 49 (55), der darauf hinweist, dass es dem Organ zudem - unter Berücksichtigung des Prinzips der Organtreue - möglich sein müsse, sich unter Angabe sachgemäßer Gründe von seiner Bindung zu lösen

[430] Vgl. Hummer/Obwexer, in. EWS 1999, 161 (163).

[431] Vgl. Fischer, S. 64 f; Schweitzer/Hummer, S. 286 f.

[432] EuGH, Rs. 25/70, Slg. 1970 (Köster), 1161.

[433] Vgl. Uerpmann, in: AöR 2000, 551 (568 ff).

[434] Vgl. Nettesheim, in: Grabitz/Hilf, Art. 4 Rdnr. 9, 37; Uerpmann, in: AöR 2000, 551 (569).

[435] Vgl. Hummer, in: Grabitz/Hilf, Art. 162 Rdnr. 112 ff.

[436] Vgl. Art. 5 der Verordnung, der keine inhaltlichen Kriterien enthält, wonach der Direktor des Amtes über die Einleitung von Ermittlungen zu entscheiden hat.

[437] Vgl. Art. 4 Abs. 2, 5 und 6 der Verordnung. Danach erhält das Amt ein Entschließungsermessen hinsichtlich der Durchführung von Zugangsrechten, Kontrollen und Sicherstellungen (Art. 4); zudem kann es deren Dauer und Intensität frei bestimmen (Art. 5 und 6).

Nach der Rechtsprechung des EuGH[439] kann die Übertragung eines Beurteilungs- oder Ermessensspielraums auf eine nach geordnete Einrichtung nur im Einzelfall als zulässig angesehen werden, wenn dem delegierenden Organ weitgehende Befugnisse zur Steuerung des Ermessensgebrauchs eingeräumt werden. Die Ermessensausübung des Direktors des Amtes unterliegt aber gerade nicht der Möglichkeit der Steuerung durch die Kommission, die sie früher über die Einheit hatte, da die Weisungsbefugnis entfallen ist[440]. Der Direktor des Amtes besitzt vielmehr gemäß Art. 3 S. 2 der Verordnung die Befugnis, Klage gegen die Kommission zu erheben, sofern er seine Unabhängigkeit als angetastet ansieht.

Kontrolliert wird das Amt nach Art. 4 des Errichtungsbeschlusses und Art. 11 der Verordnung allein durch den unabhängigen Überwachungsausschuss. Der Überwachungsausschuss erfüllt allerdings nicht die Voraussetzungen einer Kontrollinstanz für die Untersuchungstätigkeit des Amtes[441]. Die Verantwortung für die Untersuchungshandlungen des Amtes liegt nicht bei dem Überwachungsausschuss. Ihm obliegt vielmehr die "a posteriori"-Kontrolle, insbesondere mittels der Erstellung jährlicher Tätigkeitsberichte[442].

Die Unabhängigkeit des Amtes ist auch nicht etwa mit dem Status des europäischen Finanzkontrolleurs vergleichbar[443]. Der Finanzkontrolleur ist zwar einerseits - wie das Amt selbst - bei der Erfüllung seiner Aufgaben unabhängig und kann die Anerkennung dieser Unabhängigkeit durch sein Organ sogar mit einer Rückgriffsklage beim EuGH erzwingen[444]; andererseits kann sich aber das Organ über seine Verantwortung, unter Einhaltung gewisser Vorgaben hinwegsetzen[445]. Der Direktor des Amtes ist bei der Durchführung der ihm obliegenden Tätigkeiten ebenfalls unabhängig und kann diese Unabhängigkeit gemäß Art. 12 Abs. 3 der Verordnung gegenüber der Kommission klageweise durchsetzen. Die Kommission besitzt aber nicht die Möglichkeit, die Unter-

---

[438] Vgl. Art. 10 Abs. 3 der Verordnung: "Unbeschadet der Artikel 8 und 9 kann das Amt dem betreffenden Organ, der betreffenden Einrichtung oder dem betreffenden Amt (...) jederzeit Informationen übermitteln, die es im Laufe interner Untersuchungen erlangt hat".

[439] Vgl. EuGH, Rs. 9/56 und 10/56, Slg. 1958 (Meroni), 53 ff; so wohl auch die Analyse der Entscheidung bei Hilf, S. 83 f.

[440] Nach Art. 3 des Errichtungsbeschlusses und Art. 12 Abs. 3 der Verordnung übt das Amt seine Untersuchungsbefugnisse in voller Unabhängigkeit aus. Der Direktor des Amtes darf bei der Ausübung dieser Befugnisse keine Anweisungen der Kommission erbitten oder entgegennehmen.

[441] Vgl. dazu die Ausführungen in: Sechster Teil C. I. 2.

[442] Vgl. Art. 11 Abs. 8 der Verordnung.

[443] Vgl. zur Position des Finanzkontrolleurs: Art. 279 c EGV.

[444] Vgl. Art. 24 der Haushaltsordnung.

[445] Vgl. Art. 39 der Haushaltsordnung.

suchungshandlungen des Amtes unter eigener Leitung und Verantwortung durchzuführen.

Die Maßnahmen des Amtes im Rahmen der Ermittlungstätigkeit sind zudem nicht direkt gerichtlich angreifbar, da diesbezügliche Klagen gegen die Kommission zu richten wären "innerhalb (deren) Verwaltungsstruktur“ das Amt errichtet wurde[446]. Der Kommission stünde im Falle einer Verurteilung wegen einer rechtswidrigen Maßnahme des Amtes keine Möglichkeit offen, diese zu unterbinden oder künftige Rechtsverstöße zu verhindern. Die Kommission könnte bei einer rechtswidrigen Maßnahme des Amtes nur im Sinne von Art. 5 Abs. 2 des Errichtungsbeschlusses sowie von Art. 12 Abs. 4 der Verordnung Disziplinarmaßnahmen gegen den Direktor des Amtes einleiten.

Wegen der Unabhängigkeit des Amtes und der auf Ermessensentscheidungen des Direktors ausgelegten Vorschriften können Disziplinarmaßnahmen der Kommission allenfalls bei groben Pflichtverletzungen des Direktors eingreifen. Eine *effektive Kontrolle* der Kommission über das Amt lässt sich daraus aber keineswegs ableiten[447].

Dem Direktor des Amtes kommt somit eine organähnliche Stellung zu[448]; die - ausgehend von der Rechtsprechung des EuGH - herausgebildeten Grundsätze für die Übertragung von Befugnissen an nach geordneter Organteile sind gerade nicht eingehalten worden.

Problematisch ist zudem, dass die Vereinbarung auch für die an ihr nicht beteiligten Gemeinschaftsorgane, Einrichtungen, Ämter und Agenturen Bindungswirkung entfalten soll[449] und eine Änderung der Vereinbarung der aus-

---

[446] Vgl. Erwägungsgrund 4; vgl. zur Zurechung der Klagen von Agenturen und Ämtern gegenüber der Kommission: Rengeling/Middeke/Gellermann, S. 111.

[447] Dies gilt insbesondere aufgrund der Tatsache, dass sich der Direktor des Amtes seinerseits gemäß Art. 12 Abs. 3 der Verordnung gegen eine Einflussnahme durch die Kommission wehren kann

[448] A.A. insoweit: Mager, in: ZeuS 2000, 177 (190); Gleß/Lüke, in: Jura 2000, 400, 406 nach denen die Gemeinschaftsorgane die rechtlichen Befugnisse des Amtes sowie die Personalentscheidungen bestimmen und so das Amt steuern würden. Eine ausreichende Kontrolle der Untersuchungstätigkeit des Amtes ergebe sich daraus, dass die Einsetzung des Überwachungsausschusses und die Bestellung des Direktors in der Verantwortung von Kommission, Europäischem Parlament und Rat liege.

[449] Vgl. den 4. und 6. Erwägungsgrund der Vereinbarung. So bestimmt der 6. Erwägungsgrund: "In der Erwägung, dass diese Untersuchungen unter den gleichen Bedingungen bei allen Organen, Einrichtungen sowie Ämtern und Agenturen der Gemeinschaft durchzuführen sind (...)". Gemäß Nr. 4 Abs. 3 der Vereinbarung werden die "(...) übrigen Organe, Einrichtungen sowie Ämter und Agenturen, die durch den EG- oder den Euratom-Vertrag oder auf deren Grundlage geschaffen wurden, (...) aufgefordert, jeweils anhand einer an die

drücklichen Zustimmung der drei unterzeichnenden Gemeinschaftsorgane bedarf[450]. Diese Problematik hat sich bereits in dem Rechtsstreit der Kommission gegen die EZB sowie die EIB konkretisiert[451].
In materieller Hinsicht ist festzustellen, dass der der Vereinbarung anliegende und von den beteiligten Organen umzusetzende "Standardbeschluss" überaus unbestimmt ist[452] und eine Anpassung der Untersuchungsbefugnisse an den jeweiligen internen Geschäftsbereich der Organe gemäß Nr. 2 S. 2 der Vereinbarung nur insoweit erfolgen darf, als "(...) dies aufgrund besonderer ihnen eigener Erfordernisse in technischer Hinsicht geboten erscheint".

Die Vereinbarung muss daher - trotz eines entsprechenden Bindungswillens der Organe und der grundsätzlichen Zulässigkeit interorganschaftlicher Absprachen - als mit dem Gemeinschaftsrecht unvereinbar und damit als unwirksam angesehen werden. Gleiches muss für die Umsetzungsbeschlüsse der beteiligten Organe gelten.

D. Zusammenfassung

Die dem Amt zugrunde liegenden Rechtsakte genügen den Rechtmäßigkeitsanforderungen des Gemeinschaftsrechts nicht. Der Errichtungsbeschluss des Amtes ist - sofern der scheidenden "Santer-Kommission" überhaupt noch eine

---

Präsidenten der unterzeichnenden Organe gemeinsam gerichtete Erklärung dieser Vereinbarung beizutreten".

450 Gemäß Nr. 4 der Vereinbarung kann diese "(...) nur mit ausdrücklicher Zustimmung der Organe, die sie unterzeichnet haben, geändert werden".

451 So haben die EZB und die EIB nach Errichtung des Amtes Beschlüsse erlassen, wonach interne Einheiten zur Betrugsbekämpfung geschaffen wurden (so errichtete die EZB einen "Ausschuss für Betrugsbekämpfung", der seitdem die bestehende "Direktion für interne Revision" unterstützt), bzw. bestehende interne Kontrollsysteme unter Einschluss von Maßnahmen zur Betrugsbekämpfung aufrechterhalten werden sollen; vgl. Beschluss der EZB (1999/5) v. 07.10.1999; ABl. 1999, Nr. L 291/36 ff sowie Beschluss der EIB v. 10.11.1999 über die Zusammenarbeit mit dem Amt (nicht im Amtsblatt veröffentlicht). Gegen diese beiden Institutionen hat die Kommission am 06.01.1999 Klage beim EuGH auf Nichtigerklärung der beiden Beschlüsse erhoben; vgl. Rs. C-11/00 (EZB) sowie Rs. C-15/00 (EIB), ABl. 2000 Nr. C 122/8 ff; vgl. auch die Schlussanträge des Generalanwalts Francis G. Jacobs v. 03.10.2002 zu beiden Rechtssachen, in denen dieser die Auffassung vertritt, die streitigen Beschlüsse seien wegen Unvereinbarkeit mit der Verordnung - insbesondere mit deren Art. 4 bzgl. der internen Untersuchungen - für nichtig zu erklären; die Schlussanträge sind einzusehen unter: http://www.curia.eu.int.

452 Vgl. nur Art. 1 Abs. 2 des Standardbeschlusses: "Unbeschadet der einschlägigen Bestimmungen der Verträge zur Gründung der Europäischen Gemeinschaften, insbesondere des Protokolls über die Vorrechte und Befreiungen, sowie der für ihre Anwendung erlassenen Rechtsvorschriften, arbeiten die Mitglieder umfassend mit dem Amt zusammen".

Befugnis zur Errichtung des Amtes zugebilligt werden kann - aufgrund der falschen Rechtsgrundlage als unwirksam einzustufen. Die Geschäftsordnungsautonomie der Kommission gemäß Art. 218 EGV (162 EGV a.F.) vermag die Errichtung des Amtes als rechtlich verselbstständigtem Organglied mit autonomen Untersuchungsbefugnissen in dem Geschäftsbereich der anderen Organe, Einrichtungen, Ämter und Agenturen der Gemeinschaft nicht zu rechtfertigen.

Die Verordnung ist dagegen sowohl von Art. 280 EGV als Ermächtigungsgrundlage gedeckt als auch - trotz ihrer materiellen Unbestimmtheit - aufgrund der Geschäftsordnungsautonomie der Organe, Einrichtungen, Ämter und Agenturen der Gemeinschaft grundsätzlich mit dem Gemeinschaftsrecht vereinbar. Etwas anderes muss nur dann gelten, soweit sich die Verordnung über den Schutz der Gemeinschaftsfinanzen hinaus auch auf den Schutz der "(sonstigen") Interessen gegenüber rechtswidrigen Handlungen" bezieht.

Im Hinblick auf die Rechtmäßigkeit der Vereinbarung ist festzuhalten, dass durch die Funktionsübertragung auf das Amt zur Durchführung interner Verwaltungsuntersuchung gemäß dem Standardbeschluss die Verpflichtung der an der Vereinbarung beteiligten Organe begründet wird, einer mit umfassenden Ermessensbefugnissen ausgestatteten Einrichtung Befugnisse einzuräumen, die direkt in ihren internen Geschäftsbereich eingreifen. Weder der Kommission als dem delegierenden noch einem anderen an der Absprache beteiligten Organ obliegt die Möglichkeit der Steuerung und Kontrolle der Entscheidungen des Amtes. Die Übertragung der internen Untersuchungsbefugnisse auf das Amt greift daher in das institutionelle Gefüge der primärrechtlich geschaffenen Hauptorgane ein. Etwas anderes könnte nur dann gelten, wenn das Amt vollständig aus der Kommission ausgegliedert und seine interne Untersuchungstätigkeit dem Richtervorbehalt unterstellt werden würde[453]. Als problematisch ist weiterhin anzusehen, dass die Vereinbarung für alle - nicht an ihrem Zustandekommen beteiligten - Organe, Einrichtungen, Ämter und Agenturen gelten soll. In materieller Hinsicht erweist sich die Vereinbarung aufgrund der Unbestimmtheit des Standardbeschlusses und der eingeschränkten Möglichkeit einer Konkretisierung der Untersuchungsbefugnisse im Hinblick auf die Erfordernisse des internen Geschäftsbereichs der Organe ebenfalls als unwirksam.

[453] Vgl. Sechster Teil A. und C.

Dritter Teil
Das freie Mandat

A. Inhalt und Bedeutung des Freien Mandats

Zur Untersuchung, ob und inwiefern das Freie Mandat der Abgeordneten des Europäischen Parlaments durch die internen Untersuchungsbefugnisse des Amtes gegenüber dem Europäischen Parlament beeinträchtigt wird, ist zunächst herauszustellen, was unter der Freiheit des Mandats der Abgeordneten des Europäischen Parlaments generell zu verstehen ist.

Das freie Mandat der Mitglieder des Europäischen Parlaments stellt einen allgemeinen Rechtsgrundsatz als primärrechtliche Regelung dar, an den die Gemeinschaft nach Art. 6 Abs. 2 EUV gebunden ist. Im Gemeinschaftsrecht ist das freie Mandat der europäischen Parlamentsabgeordneten in Art. 4 Abs. 1 S. 2 des DWA und Art. 2 der GOEP sowie in § 2 des Gesetzes über die Rechtsverhältnisse der Mitglieder des Europäischen Parlaments aus der Bundesrepublik Deutschland (genannt: "Europaabgeordnetengesetz", im Folgenden: "EuAbgG") normiert. Danach sind die Abgeordneten nicht an Weisungen und Aufträge gebunden und nur ihrem Gewissen unterworfen. Mit dieser Formel, die dem Verfassungsrecht der Mitgliedstaaten entspricht[454], will das Gemeinschaftsrecht sicherstellen, dass auch die Abgeordneten des Europäischen Parlaments ihr Mandat im Wesentlichen frei ausüben können und bei ihrer Tätigkeit nur den begrenzten Bindungen demokratischer Willensbildungsprozesse in Fraktion und Partei unterliegen[455]. Im Unterschied zum nationalen Mandat wirken auf den einzelnen Abgeordneten im Europäischen Parlament allerdings wegen der geringeren Homogenität europäischer Fraktionen und damit geringerer "Fraktionsdisziplin“ schwächere faktisch-politische Zwänge[456].

---

[454] Vgl. bspw. Art. 38 Abs. 1 S. 2 des GG v. 23.5.1949, BGBl. 1949, S. 1 ff.

[455] So auch: Grabitz/Läufer, S. 35; Meesen, in: FS-Scheuer, 431 (442 f); Küchenhoff, in: NJW 1972, 618 (619); Weßels, in: Herzog/Rebenstorf/Weßels, 99 (107); Hofmann, in: Politik und Kultur 1985, 37 (47).

[456] Der Abgeordnete des Europäischen Parlaments ist von seiner nationalen Partei, bzw. von der Einbindung dieser Partei in einen der europäischen Parteibünde rechtlich losgelöst, wenngleich nicht geleugnet werden kann, dass er auch im europäischen Bereich faktisch-politischen Abhängigkeiten unterliegt, wie bspw. der Listenaufstellung durch seine Partei oder dem politischen Druck von Mehrheitsentscheidungen seiner europäischen oder - bei der Ausübung eines Doppelmandats - nationaler Fraktionen; bzgl. der Grenzen der Unabhängigkeit des Mandats der Abgeordneten des Europäischen Parlaments ist auf das von der Fraktion der "Europäischen Demokraten für den Fortschritt“ praktizierte System der Mandatsrotation hinzuweisen, welches, nach Auffassung des Europäischen Parlaments

Zur Begründung des Instituts des freien Mandats werden im deutschen Recht verschiedene Ansätze vertreten, die im Hinblick auf die Vergleichbarkeit der Aufgaben des Europäischen Parlaments und der Aufgaben nationaler Parlamente[457] auf das Europäische Parlament übertragen werden können.

Die Freiheit des Mandats wird teilweise aus dem Gedanken der Repräsentation als staatstheoretischem Grundbegriff hergeleitet. So sei der Repräsentant nicht Sendbote seines Auftraggebers oder Wählers, sondern dazu berufen, nach freier Überzeugung zu stimmen und sich als Repräsentant des ganzen Volkes zu benehmen[458]. Andere Auffassungen gründen sich auf eher pragmatische Erwägungen. So fördere ein freies Mandat die Flexibilität und Entscheidungsfreiheit in der Debatte und den Abstimmungen im Parlament, insbesondere bei unvorhergesehenen Problemen, wodurch die Verbundenheit und die Kommunikation mit dem Wähler gestärkt werde[459]. Ein weiterer Begründungsansatz für das Rechtsinstitut des freien Mandats basiert auf staatstheoretischen Grundgedanken. Danach wird die Freiheit des Mandats als Instrument innerparteilicher Demokratie und als Garant freier demokratischer Willensbildung eingestuft[460].

Die Besonderheit des Mandats der Abgeordneten des Europäischen Parlaments im Verhältnis zum Mandat der nationalen Abgeordneten besteht darin, dass Art. 4 Abs. 1 S. 2 DWA seiner Rechtnatur nach Bestandteil des als völkerrechtlicher Vertrag zwischen den Mitgliedstaaten abgeschlossenen Vertrages zur Einsetzung eines gemeinsamen Rates und einer gemeinsamen Kommission (im Folgenden: "Fusionsvertrag")[461] ist. In der Mandatsstellung der Abgeordneten

---

mangels rechtlicher Verbindlichkeit nicht gegen Art. 4 Abs. 1 DWA verstößt, vgl. dazu die Entschließung des Europäischen Parlaments v. 9.2.1983, ABl. 1983 Nr. C 68/31 ff.

[457] Vgl. dazu: Jacqué/Bieber/Constantinesco/Nickel, S. 69: "(...) parce qu`ils remplissent notamment la mȩme mission de controle et de critique (ils) ont besoin de la meme indepéndence a l`egard des institutions communautaires et des institutions nationales".

[458] Vgl. Grabitz/Läufer, S. 357 ff; Wiese, in: AöR Bd. 101 (1976), S. 560 f.; Czepluch, S. 166 ff; Wolfslast, in: NStZ 1987, 433 (436); Leibholz, S. 73; Peine, in: JZ 1985, 914 (919), der im Falle der Verfolgung eigener Interessen aus dem Rechtsstaatsprinzip ein Tätigkeitsverbot für den jeweiligen Abgeordneten ableiten will; deutlich auch: BVerfG, in: EuGRZ 1989, 288 (295): "Der (...) repräsentative verfassungsrechtliche Status des Abgeordneten (...) ist Grundlage für die repräsentative Stellung des Parlaments (...)"; vgl. dazu auch Immesberger, S. 26 ff, 32 ff und Spalckhaver, S. 104 ff, die vom Begriff eines modifizierten Repräsentationssystems ausgehen, welches die Doppelstellung des Abgeordneten als Repräsentant des ganzen Volkes und als Parteimitglied in Einklang bringen soll.

[459] Vgl. Jellinek, S. 572 f; Köttgen, in: AöR Bd. 58 (1930), S. 292 (298); Reuß, in: AöR Bd. 66 (1936), 1 (21 f); Trachternach, in: DVBl. 1975, 85 (86 f); Steiger, S. 194.

[460] Vgl. Koja, S. 45; Böckenförde, in: VVDStRL 1975, S. 133 f; Nell, in: JZ 1975, 519 (521); Kirchheimer, in: AöR (Bd. 79) 1953/54, S. 301 (315 f); Scheuner, in: Wanderleb, S. 145; Hesse, in: VVDStRL, 17 (1959), 1 (31 f).

[461] v. 13.7.1967, ABl. 1967 Nr. L 152/2 ff.

des Europäischen Parlaments müssen daher sowohl völkerrechtliche als auch nationale Elemente verbunden werden: So ergibt sich aus der Notwendigkeit einer "europäischen Identität“ des Abgeordneten, dass er nationale Bestrebungen nur im Rahmen und um des gemeinsamen europäischen Interesses willen verfolgen darf[462]. Denn zu einem erheblichen Teil dient der Abgeordnete dem Interesse des von ihm im Europäischen Parlament vertretenen Volkes dadurch, dass er daran mitwirkt, "die Grundlagen für einen immer engeren Zusammenschluss der europäischen Völker zu schaffen"[463]. Als Repräsentanten der Bevölkerung der Mitgliedstaaten sind die Parlamentsmitglieder daher gehalten, den verschiedenen Aufgaben des Europäischen Parlaments (Politikgestaltungs-, Systemgestaltungs-, und Interaktionsfunktion)[464] im europäischen Bereich gerecht zu werden und in den nationalen Bereich hinein zu übersetzen. Zudem folgt aus der Vermittlungs- und Aufklärungsfunktion des Europäischen Parlaments[465] für seine Mitglieder der Auftrag, auf eine Veränderung der immer noch relativ schwach entwickelten europäischen Bewusstseinsstrukturen im nationalen Bereich hinzuwirken[466]. Die Zuweisung typisch parlamentarischer Aufgaben an Abgeordnete eines supranationalen Organs ist somit ein im internationalen Bereich neuartiger Versuch, über den Rahmen der einzelnen Mitgliedstaaten hinaus der EG eine eigenständige Legitimation zu geben, die durch demokratische Verfahren bestätigt oder widerrufen werden kann.

---

[462] Vgl. dazu Corbert, S. 52: "A Parliament of professionals whose primary allegiance will be European. In other words, political activity within the European Parliament will no longer be based on travellers essentially preoccupied with national tasks, but people who will all else be Members of the new Assembly".

[463] So der Einleitungssatz der Präambel des EGV.

[464] Die Politikgestaltungsfunktion beinhaltet Initiativ-, Entscheidungs- und Kontrollbefugnisse gegenüber der Kommission und dem Rat der EU. Die Systemgestaltungsfunktion des Europäischen Parlaments ist auf Beiträge zur Veränderung und Fortentwicklung des institutionellen Rahmens des Europäischen Parlaments gerichtet. Die Interaktionsfunktion umfasst die Artikulierung von Bevölkerungsinteressen und die Mobilisierung der Wählerschaft. Vgl. zu den Funktionsbereichen parlamentarischer Tätigkeit auch: Saalfrank, 26 ff. Nach Saalfrank ist das Europäische Parlament im europäischen Integrationsprozess darauf beschränkt, die Tätigkeit der anderen Gemeinschaftsorgane zu überwachen und notfalls zu intervenieren. Da das Europäische Parlament aber die Voraussetzungen für ein parlamentarisch-demokratisches Handeln erfüllt, obliegen ihm zweifelsfrei - entgegen Saalfrank - zusätzlich Rechtsetzungsbefugnisse und sonstige Mitwirkungsrechte.

[465] Vgl. dazu eingehend: Fleuter, S. 78 ff.

[466] Der Bekanntheitsgrad der Abgeordneten des Europäischen Parlaments und der Institution des Europäischen Parlaments in der Bevölkerung der Mitgliedstaaten ist nach wie vor begrenzt; vgl. dazu Schmuck, S. 65 ff; vgl. speziell zu den Gründen des geringen Bekannt- und Beliebtheitsgrades der Abgeordneten des Europäischen Parlaments auch: Schönberger, S. 22 ff, der anführt, dass die Tätigkeit der Abgeordneten für die Gemeinschaftsbürger vielfach nicht durchschaubar sei und diese, wenn überhaupt, zumeist - bspw. bezüglich ihrer Spesenrechnungen und ausgedehnter Reisetätigkeiten - negativ in die Schlagzeilen gerieten.

B. Beeinträchtigung des Freien Mandats

Die Untersuchungsbefugnisse des Amtes gegenüber dem Europäischen Parlament bzw. die entsprechenden Verhaltenspflichten der Abgeordneten des Europäischen Parlaments stehen grundsätzlich im Zielkonflikt mit dem Statusrecht des freien Mandats der Abgeordneten. Sowohl die Untersuchungsbefugnisse des Amtes, denen die Abgeordneten nach den Vorgaben der Verordnung über die Untersuchungen des Europäischen Amtes für Betrugsbekämpfung[467] sowie des Durchführungsbeschlusses des Europäischen Parlaments[468] unterliegen, als auch die mit den Untersuchungsbefugnissen des Amtes korrespondierenden Verhaltenspflichten der Abgeordneten greifen in das in Art. 4 Abs. 1 S. 2 des DWA sowie in § 2 EuAbgG und Art. 2 Abs. 2 der GOEP normierte Recht der Abgeordneten, ihr Mandat unabhängig von Weisungen - insbesondere seitens der Exekutive - frei nach ihrem Gewissen auszuüben, ein, sofern und soweit dieses Recht nach den durch die Verordnung und den Durchführungsbeschluss gesteckten Rahmenbedingungen in seiner freien Ausgestaltung nicht ausreichend gewährleistet ist.

I. Die Untersuchungsbefugnisse des Amtes

Gemäß Art. 4 Abs. 2 der Verordnung i.V.m. dem Durchführungsbeschluss des Europäischen Parlaments besitzt das Amt die Kompetenz, gegenüber dem Europäischen Parlament Untersuchungen vorzunehmen. So erhält das Amt unverzüglich Zugang zu den Räumlichkeiten des Europäischen Parlaments, kann dort die Rechnungsführung des Parlaments kontrollieren, Kopien von Dokumenten anfertigen sowie diese notfalls sicherstellen. Der Erwägungsgrund Nr. 4 des Durchführungsbeschlusses legt die Verpflichtung des Europäischen Parlaments fest, dem Amt "die Kompetenz zur Durchführung interner Verwaltungsuntersuchungen (...) bezüglich einer Verletzung der vergleichbaren Verpflichtungen der Abgeordneten zu übertragen“. Auch die Erwägungsgründe Nr. 5 - 7 des Durchführungsbeschlusses bestätigen die internen Untersuchungsbefugnisse des Amtes gegenüber dem Europäischen Parlament. Der neue Art. 9a der Geschäftsordnung des Europäischen Parlaments ermöglicht die Anwendung der in der Vereinbarung vorgesehenen Regelung zur Erleichterung eines reibungslosen Ablaufs der internen Untersuchungen des Amtes in den Gemeinschaftsorganen und stellt eine eigene Rechtsgrundlage für die Verpflichtungen der Abgeordneten gegenüber dem Amt dar[469]. Auf Seiten der Ab-

[467] ABl. 1999 Nr. L 136/1 ff.

[468] ABl. 2000 Nr. C 189/210 ff.

[469] Art. 9a der GOEP lautet: "Die in der Interinstitutionellen Vereinbarung vom 25. Mai 1999 über die internen Untersuchungen des Europäischen Amtes für Betrugsbekämpfung (OLAF) enthaltene gemeinsame Regelung mit den erforderlichen Maßnahmen zur Erleichterung eines

geordneten bedingen die Untersuchungsbefugnisse des Amtes entsprechende Duldungspflichten der Abgeordneten des Europäischen Parlaments.

1) Unbestimmtheit der Untersuchungsbefugnisse

Die Untersuchungsbefugnisse des Amtes stehen als wesentliche Rahmenbedingung für den Bestand des freien Mandats der Abgeordneten des Europäischen Parlaments unter der Bedingung der allgemeinen Rechtsgrundsätze, die der EuGH in seiner Rechtsprechung aus den Verfassungsüberlieferungen der Mitgliedstaaten entwickelt hat und die als "ungeschriebenes Primärrecht" von den Gemeinschaftsorganen beim Erlass von Rechtsakten zu beachten sind[470].

Der EuGH hat in der Rs. 169/80[471] entschieden: "Der Grundsatz der Rechtssicherheit verlangt, dass eine (...) belastende Regelung klar und deutlich ist, damit (der Betroffene) seine Rechte und Pflichten unzweideutig erkennen und somit seine Vorkehrungen treffen kann".

Im Folgenden wird untersucht, inwieweit die Ausgestaltung der Untersuchungsbefugnisse des Amtes in der Verordnung i.V.m. dem Durchführungsbeschluss den Anforderungen des Bestimmtheitsgrundsatzes als Konkretisierung des allgemeinen Rechtsgrundsatzes der Rechtssicherheit genügt.

a) Regelungsgehalt der Verordnung

Die Verordnung muss grundsätzlich einen genauen Bezugsrahmen für den Gegenstand, die Einleitung und die Durchführung der Untersuchungen des Amtes aufstellen, um den Anforderungen an eine hinreichende Bestimmtheit zu genügen.

aa) Gegenstand der Untersuchungen

Die Befugnisse des Amtes zur Durchführung von Untersuchungen gegenüber dem Europäischen Parlament sind insofern mit den Anforderungen des

---

reibungslosen Ablaufs der Untersuchungen des Amtes findet gemäß dem Beschluss des Parlaments, der der Geschäftsordnung als Anlage beigefügt ist, innerhalb des Parlaments Anwendung".

470 Vgl. dazu bspw.: EuGH, Rs. 13/61, Slg. 1962 (Bosch), 97 (113); Rs. 43/76, Slg. 1976 (Defrenne), 455 (480) sowie Rs. 44/69, Slg. 1970 (Buchler), 733 (753); vgl. zu den allgemeinen Rechtsgrundsätzen auf Gemeinschaftsebene auch die Nachweise bei: Streinz, S. 107 ff sowie bei Beutler/Bieber/Pipkorn/Streil, S. 188 ff.

471 Rs. 169/80, Slg. 1981 (Gondrand Frères), 1931 (1942). Die hiergegen verstoßende Vorschrift wurde vom EuGH für ungültig erklärt.

allgemeinen Bestimmtheitsgrundsatzes vereinbar, als das sie nach dem 5.[472] und 7.[473] Erwägungsgrund der Verordnung neben "Betrug und Korruption" in Bezug auf alle sonstigen rechtswidrigen Handlungen eingreifen, die sich zum einen gegen die finanziellen Interessen der Gemeinschaft richten und zum anderen "verwaltungs- oder strafrechtlich geahndet werden können".

Gemäß Art. 280 Abs. 4 EGV besteht die Kompetenz der Gemeinschaft zur "Bekämpfung von Betrügereien, die sich gegen die finanziellen Interessen der Gemeinschaft richten", entsprechende Maßnahmen einzuleiten. Dabei ermächtigt Art. 280 Abs. 4 EGV die EG auch zur Einführung von Maßnahmen zum Schutz vor Betrügereien zu Lasten des Gemeinschaftsfinanzen, die innerhalb der Gemeinschaft Geltung finden. Der Begriff der Betrügereien ist mit obiger Begründung[474] weit auszulegen. Es sind die Verhaltensweisen von Bedeutung, die gegen Vorschriften des Gemeinschaftsrechts verstoßen[475]. Insofern kann in Übereinstimmung mit der Verordnung (EG) Nr. 2988/95[476] von "Unregelmäßigkeiten" gesprochen werden. Soweit diese Unregelmäßigkeiten auf einem vorsätzlichen oder fahrlässigen Verhalten beruhen, liegt der Tatbestand des Betruges gegen die finanziellen Interessen der Gemeinschaft vor und es greifen die Untersuchungsbefugnisse des Amtes ein.

Unerheblich ist, ob eine Unregelmäßigkeit mit strafrechtlicher oder ordnungswidrigkeitenrechtlicher Tendenz gegeben ist. Eine Unterscheidung zwischen vermögensrechtlichen *Straftatbeständen*, bei denen eine Untersuchung durch die Bediensteten des Amtes angezeigt ist und sonstigen Unregelmäßigkeiten, welche die Eingriffsbefugnisse des Amtes nicht auslösen, würde der Aufgabenstellung des Amtes sowie dem Gesetzeszweck des Art. 280 Abs. 4 EGV widersprechen. Der Begriff der "*sonstigen rechtswidrigen Handlungen*" indiziert zumindest eine Fahrlässigkeit des Vorgehens und wird von dem Begriff der

---

472 Der 5. Erwägungsgrund der Verordnung lautet "Die Zuständigkeit des Amtes, wie von der Kommission eingerichtet, erstreckt sich über den Schutz der finanziellen Interessen hinaus auf alle Tätigkeiten im Zusammenhang mit der Wahrung der gemeinschaftlichen Interessen gegenüber *rechtswidrigen Handlungen, die verwaltungs- oder strafrechtlich geahndet werden können*".

473 Der 7. Erwägungsgrund lautet: "Angesichts der Notwendigkeit eines schärferen Vorgehens gegen Betrug, Korruption und *sonstige rechtswidrige Handlungen* zum Nachteil der finanziellen Interessen der Gemeinschaften muss das Amt ermächtigt werden, interne Untersuchungen in allen durch den EG- und den Euratom-Vertrag oder auf deren Grundlage geschaffenen Organen, Einrichtungen sowie Ämtern und Agenturen (...) durchzuführen".

474 Vgl. dazu: Erster Teil A.

475 Legale Gestaltungsmöglichkeiten sind also zulässig. Diese sind allerdings von Umgehungs- oder Scheintatbeständen zu unterscheiden. Diese sind rechtswidrig und werden vom Begriff der Betrügereien zum Nachteil der finanziellen Interessen der Gemeinschaft umfasst.

476 v. 23.2.1995, ABl. 1995 Nr. L 312/1 ff.

Betrügereien umfasst, sofern die rechtswidrigen Handlungen geeignet sind, sich nachteilig auf die finanziellen Interessen der Gemeinschaft auszuwirken. Insofern steht der durch den 5. und 7. Erwägungsgrund der Verordnung ausgestaltete Gegenstand der internen Untersuchungen des Amtes nicht im Konflikt mit dem Bestimmtheitsgrundsatz als Ausgestaltung des allgemeinen Grundsatzes der Rechtssicherheit.

Anders verhält es sich, soweit durch die Untersuchungen des Amtes nicht der Schutz der Gemeinschaftsfinanzen, sondern nach dem 5. Erwägungsgrund der Verordnung "über den Schutz der finanziellen Interessen hinaus" die "*Wahrung der (sonstigen) gemeinschaftlichen Interessen gegenüber rechtswidrigen Handlungen (...)*" angestrebt wird. Da der Begriff der "(sonstigen) gemeinschaftlichen Interessen" in keiner Weise deutlich macht, welche Interessen der Gemeinschaft durch derartige rechtswidrige Handlungen berührt sein könnten, ist diese fehlende Begrenzung der Untersuchungstätigkeit des Amtes mit dem Bestimmtheitsgrundsatz als Ausgestaltung des allgemeinen Grundsatzes der Rechtssicherheit unvereinbar.

bb) Einleitung und Durchführung der Untersuchungen

Nach den Vorgaben der Verordnung sind die Kontrollen und Überprüfungen der Bediensteten des Amtes durch drei Dokumente beschränkt: Grundlage der Untersuchungen ist zunächst die Ermächtigung durch den Direktor des Amtes[477], der Beschluss zur Einleitung der betreffenden Untersuchung[478] sowie ein schriftlicher Auftrag, in dem die Bediensteten namentlich genannt und somit rechtlich abgesichert sind und in dem der Gegenstand der Untersuchung und die dafür vorgesehene Rechtsgrundlage festgelegt wird[479].

Problematisch ist allerdings, dass insoweit eine Regelung darüber fehlt, welche Kriterien für den Beschluss des Direktors zur Einleitung der Untersuchungen maßgeblich sind. Art. 5 der Verordnung enthält bloß die Regelung: "Die Einleitung interner Untersuchungen wird vom Direktor des Amtes von sich aus oder

---

[477] Vgl. 6 Abs. 2 der Verordnung: "Die Bediensteten des Amtes nehmen ihre Aufgaben unter Vorlage einer schriftlichen Ermächtigung wahr, die über ihre Person und ihre Dienststellung Auskunft gibt".

[478] Vgl. Art. 5 Abs. 2 der Verordnung: "Die Einleitung interner Untersuchungen wird vom Direktor des Amtes von sich aus oder auf Ersuchen des Organs, der Einrichtung oder des Amtes oder der Agentur, bei dem bzw. der die Untersuchung durchgeführt werden soll, beschlossen." Vgl. auch den 12. Erwägungsgrund: "(...) muss seinem Direktor die Befugnis übertragen werden, Untersuchungen aus eigener Initiative einzuleiten".

[479] Vgl. Art. 6 Abs. 3 der Verordnung: "Die Bediensteten des Amtes, die eine Untersuchung durchzuführen haben, müssen im Besitz eines vom Direktor ausgestellten schriftlichen Auftrags sein, aus dem der Gegenstand der Untersuchung hervorgeht".

auf Ersuchen des Organs, der Einrichtung oder des Amtes oder der Agentur, bei dem bzw. der die Untersuchung durchgeführt werden soll, beschlossen".

Die Verordnung stellt auch keine Kriterien dafür auf, nach welchen Modalitäten und Verfahren die Untersuchungen im Europäischen Parlament zu verlaufen haben. Art. 6 Abs. 5 der Verordnung regelt nur: "Die Untersuchungen sind ohne Unterbrechung durchzuführen; ihre Dauer muss den Umständen und der Komplexität des betreffenden Falles angemessen sein". Eine Konkretisierung der Einleitung und Durchführung der Untersuchungen des Amtes ergibt sich auch nicht aus dem Durchführungsbeschluss des Europäischen Parlaments, der nach Art. 4 Abs. 1, 2 und 6 i.V.m. Art. 6 Abs. 4 der Verordnung die Modalitäten der Untersuchungsbefugnisse des Amtes gegenüber dem Europäischen Parlament auszugestalten hat.

b) Regelungsgehalt des Durchführungsbeschlusses

Art. 1 Abs. 1 des Durchführungsbeschlusses des Europäischen Parlaments regelt, dass die Bediensteten des Europäischen Parlaments "umfassend mit den Bediensteten des Amtes zusammenzuarbeiten und (dem Amt) jede für die Untersuchung erforderliche Unterstützung zu gewähren (haben)". In Bezug auf die Abgeordneten des Europäischen Parlaments legt Art. 1 Abs. 2 fest, dass "die Abgeordneten umfassend mit dem Amt zusammenzuarbeiten (haben). Art. 2 des Beschlusses betrifft die Mitteilungspflicht der Beamten und Bediensteten des Europäischen Parlaments, "(...) falls es sich um eine Verletzung der entsprechenden Verpflichtungen der Abgeordneten handelt, den Präsidenten des Europäischen Parlaments (zu unterrichten)". Art. 3 bestimmt lediglich die Unterstützung des Sicherheitsbüros des Europäischen Parlaments bei den Untersuchungen des Amtes gegenüber dem Europäischen Parlament. Art. 5 nennt ausschließlich das Verfahren bei der Möglichkeit "persönlicher Implikation eines Abgeordneten".

Eine Ausgestaltung der Verpflichtungen der Abgeordneten bezüglich der Untersuchungen des Amtes fehlt. Aus den Erwägungsgründen des Durchführungsbeschlusses ergibt sich ebenfalls keine Konkretisierung der Verhaltenspflichten der Abgeordneten des Europäischen Parlaments. Erwägungsgrund Nr. 5 regelt nur, dass die Untersuchungen des Amtes unter Beachtung der einschlägigen Bestimmungen der Verträge sowie des Protokolls erfolgen sollen.

Der Durchführungsbeschluss des Europäischen Parlaments enthält daher keine Konkretisierung der Untersuchungsbefugnisse des Amtes gegenüber dem Europäischen Parlament. Der dadurch entstehende Entscheidungsspielraum des Direktors des Amtes ist somit mit dem Bestimmtheitsgrundsatz als Ausgestaltung des allgemeinen Grundsatzes der Rechtssicherheit unvereinbar.

c) Stellungnahme

Der Grundsatz des freien Mandats regelt die Ungebundenheit des Abgeordneten von äußeren Einflüssen bei der Ausübung seines Mandats außerhalb der begrenzten Bindungen in Fraktion und Partei.

Im Zuge einer wirksamen Untersuchungstätigkeit des Amtes im Zusammenhang mit betrügerischen Tätigkeiten von Abgeordneten des Europäischen Parlaments ist ein Eingriff in die Mandatsfreiheit der Abgeordneten grundsätzlich eine zwangsläufige Folge. Der Eingriff in das freie Mandat der Abgeordneten des Europäischen Parlaments durch die internen Untersuchungen des Amtes wird auch nicht durch den Untersuchungszweck - den Schutz der Gemeinschaftsfinanzen[480] - gerechtfertigt. Um ein Ausufern der Rechte des Amtes zu verhindern, ist vielmehr eine genaue Festlegung erforderlich, unter welchen Voraussetzungen gegen die Abgeordneten des Europäischen Parlaments ermittelt werden kann. Der Entscheidungsspielraum des Direktors des Amtes bei der Einleitung und Durchführung der internen Untersuchungen ist so weit, dass eine sachgerechte Ermessensausübung nicht grundsätzlich verbürgt werden kann. Zur Gewährleistung einer ordnungsgemäßen Ermessensausübung wären vielmehr genau festgelegte Schranken und Richtmaßstäbe erforderlich[481].

Der Überwachungsausschuss des Amtes stellt in seinem zweiten Tätigkeitsbericht (Juli 2000-September 2001)[482] fest, dass sich bei der Prüfung der Begründungen für die Überschreitung der in Art. 11 Abs. 7 der Verordnung vorgesehen Untersuchungsdauer gezeigt habe, dass für die Einleitung und Durchführung der Untersuchungen keine klaren Kriterien vorgegeben seien. So sei eine nicht unerhebliche Zahl von Fristüberschreitungen mit "nicht prioritär" bzw. "fehlende Mittel" begründet worden. In einigen Fällen sei mehrere Monate nach dem Beschluss zur Einleitung der Untersuchungen festgestellt worden, dass der Angelegenheit keine Priorität zukomme[483]. Mit dem Überwachungsausschuss ist daher in Frage zu stellen, dass seitens des Amtes eindeutige Kriterien für die Einleitung der internen Untersuchungen angelegt werden.
Der Direktor des Amtes spricht in seinem dritten Tätigkeitsbericht[484] von einer "förmlichen Entscheidung" über die Einleitung der Untersuchungen nach Erhalt einer Mitteilung über Verdachtsmomente für eine Unregelmäßigkeit, ohne aber die internen Entscheidungskriterien aufzuzeigen. Muss der Abgeordnete damit *jederzeit* mit der Durchsuchung seiner Amtsräumlichkeiten seitens der Be-

---

[480] Vgl. den 7. Erwägungsgrund der Verordnung.
[481] Vgl. dazu für das deutsche Verwaltungsrecht, Kopp/Schenke, § 114 Rdnr. 1 ff.
[482] Vgl. S. 46 des Berichts.
[483] Vgl. S. 46 des Berichts.
[484] Vgl. Bericht des Europäischen Amtes für Betrugsbekämpfung, Dritter Tätigkeitsbericht für das im Juni 2002 endende Jahr, v. 17.10.2002, S. 35 f.

diensteten des Amtes rechnen, kann die sachliche und persönliche Unabhängigkeit des Abgeordneten nicht ausreichend gewährleistet werden.

Wegen der Unbestimmtheit der Untersuchungsbefugnisse des Amtes besteht daher die Gefahr, dass die Abgeordneten des Europäischen Parlaments in der freien Ausübung des ihnen übertragenen Mandats beeinträchtigt werden[485].

2) Unverhältnismäßigkeit der Untersuchungsbefugnisse

Die Untersuchungsbefugnisse des Amtes sind auch mit dem allgemeinen Verhältnismäßigkeitsgrundsatz unvereinbar.

Das Verhältnismäßigkeitsprinzip zählt ebenfalls zu den Rechtsstaatsprinzipien der Mitgliedstaaten, die als allgemeine Rechtsgrundsätze auf Gemeinschaftsebene Beachtung finden[486]; er spielt auch als selbständiger Gerechtigkeits- bzw. Billigkeitsmaßstab eine wichtige Rolle[487]. Der Verhältnismäßigkeitsgrundsatz ist auf Gemeinschaftsebene ausdrücklich in Art. 5 Abs. 3 EGV normiert[488].

In der Prüfung der Verhältnismäßigkeit folgt der Europäische Gerichthof dem in Deutschland geltenden Schema. Nach EuGH Rs. C-275/92[489] hängt die Rechtmäßigkeit eines Eingriffs davon ab, dass die Maßnahmen "zur Erreichung der mit der fraglichen Regelung zulässigerweise verfolgten Ziele geeignet und erforderlich sind. Dabei ist, wenn mehrere geeignete Maßnahmen zur Auswahl stehen, die am wenigsten belastende zu wählen. Ferner müssen die verursachten Nachteile in angemessenem Verhältnis zu den angestrebten Zielen stehen"[490].

Zunächst ist festzustellen, dass das Amt mit dem Schutz der finanziellen Interessen der Gemeinschaft einen legitimen Zweck verfolgt. Die internen

---

[485] Diese Gefahr realisiert sich dann in einer Verletzung des freien Mandats, wenn die Räumlichkeiten des Abgeordneten tatsächlich ohne dessen Kenntnis und Zustimmung durchsucht bzw. Kopien der Dokumente und sonstiger Informationen durch die Mitarbeiter des Amtes erstellt bzw. beschlagnahmt werden.

[486] Vgl. bspw. EuGH, Rs. 41/79, Slg. 1980 (Testa), 1979 (1997).

[487] Vgl. dazu: EuGH, Rs. 15/57, Slg. 1958 (Compagnie des hauts Fourneaux de Chasse), 159 (196 f) oder Rs. 5/73, Slg. 1973 (Balkan), 1091 (1112): "(...) haben die Organe darüber zu wachen, dass die den Wirtschaftsteilnehmern auferlegten Belastungen nicht das Maß überschreiten, das erforderlich ist, damit die Verwaltung die ihr gesteckten Ziele zu erreichen vermag".

[488] Art. 5 Abs. 3 EGV regelt: "Die Maßnahmen der Gemeinschaft gehen nicht über das für die Erreichung der Ziele dieses Vertrages erforderliche Maß hinaus".

[489] Slg. 1992 (Ramrath), 3351 (3383 ff).

[490] Ständige Rechtsprechung; vgl. bspw. EuGH, Rs. 265/87, Slg. 1989 (Schräder), 2237 (2269 f); vgl. zum Übermaßverbot als zentrales Prinzip des Gemeinschaftsrechts auch: Emilou, S. 115 ff.

Untersuchungen der Bediensteten des Amtes gegenüber dem Europäischen Parlament sind auch geeignet, dem Schutz der finanziellen Interessen der Gemeinschaft zu dienen. Sie sind zudem erforderlich. Dies ist dann der Fall, wenn es keine andere Maßnahme mit geringerer Eingriffintensität gibt, die das angestrebte Ziel ebenso erfolgreich erreichen könnte[491]. Eine mildere Maßnahme gleicher Wirksamkeit zum Schutz der Gemeinschaftsfinanzen vor betrügerischen Handlungen durch Abgeordnete des Europäischen Parlaments als die Durchführung von internen Untersuchungshandlungen gegenüber dem Europäischen Parlament ist nicht ersichtlich.

Die Untersuchungsbefugnisse des Amtes sind allerdings nicht angemessen. Der Grundsatz der Angemessenheit verlangt, dass das angestrebte Ziel nicht außer Verhältnis zu den eingesetzten Mitteln steht, d.h. es muss "bei einer Gesamtabwägung zwischen der Schwere des Eingriffs und dem Gewicht und der Dringlichkeit der ihn rechtfertigenden Gründe die Grenze der Zumutbarkeit gewahrt bleiben"[492]. Die Untersuchungsbefugnisse des Amtes verletzen im Hinblick auf die Gewährleistung des freien Mandats der Abgeordneten des Europäischen Parlaments in verschiedener Hinsicht den Rechtsgrundsatz der Angemessenheit.

a) Einleitung der Untersuchungen

Die Untersuchungsbefugnisse des Amtes sind schon deshalb unangemessen, weil sie bei jedem Verdacht einer vermögensrechtlichen Straftat oder einer sonstigen gegen die finanziellen Interessen oder sonstigen Interessen der Gemeinschaft gerichteten rechtswidrigen Handlung eingreifen. Weder durch die Verordnung, noch durch den Durchführungsbeschluss werden sachliche Kriterien für die Einleitung der Untersuchungsmaßnahmen des Amtes aufgestellt.

Zur Einordnung der Untersuchungen des Amtes sind rechtsvergleichend die grundlegenden Systeme der europäischen Mitgliedstaaten für die Einleitung eines strafrechtlichen Ermittlungsverfahrens, nämlich die Erhebung einer Anklage durch Bindung der Staatsanwaltschaft an das sog. Legalitätsprinzip am Beispiel Deutschlands sowie die Anklageerhebung unter Geltung des sog. Opportunitätsprinzips am Beispiel Frankreichs, heranzuziehen[493].

---

[491] Vgl. dazu BVerfGE 53, 135 (145 f); EuGH, Rs. 265/87, Slg. 1989 (Schräder), 2237 (2269 f).

[492] Vgl. BVerfGE 67, 157 (173); EuGH, Rs. 265/87, Slg. 1989 (Schräder), 2237 (2269 f).

[493] Vgl. zu diesen gegensätzlichen Prinzipien die umfassende Darstellung bei Erb, S. 1 ff.

In den Mitgliedstaaten der Gemeinschaft fehlen umfassende rechtsvergleichende Studien im Bezug auf die Einleitung strafrechtlicher Ermittlungsverfahren im Allgemeinen[494] und im Hinblick auf Ermittlungsverfahren gegen die Abgeordneten der jeweiligen Landesparlamente im Besonderen. Daher vermag die Beleuchtung so grundsätzlich unterschiedlicher Strafverfahrenssysteme wie des Legalitätsprinzips am Beispiel Deutschlands sowie des Opportunitätsprinzips am Beispiel Frankreichs, die auch in anderen Mitgliedstaaten Geltung beanspruchen[495], insbesondere anhand der Schwächen der jeweiligen Ermittlungssysteme, Rückschlüsse für die Bewertung der Untersuchungsbefugnisse des Amtes gegenüber dem Europäischen Parlament zu geben.

Bei den Untersuchungsbefugnissen der Beamten und Bediensteten des Amtes handelt es sich zwar nicht um strafrechtliche Ermittlungsbefugnisse, so dass an der Vergleichbarkeit zu der Einleitung eines mitgliedstaatlichen Strafverfahrens gezweifelt werden könnte. Mit der Verordnung i. V. m. dem Durchführungsbeschluss erhalten die Beamten und Bediensteten des Amtes gegenüber dem Europäischen Parlament allerdings durch die ihnen übertragenen umfangreichen Untersuchungsbefugnisse Rechte, die denen einer mitgliedstaatlichen Ermittlungsbehörde betreffend der Einleitung des Verfahrens, der Befugnis zu einem Zutritt zu den Räumlichkeiten, zu einer Durchsuchung und Beschlagnahme von Dokumenten und Dateien durchaus vergleichbar sind. Die von dem Amt bei seinen Ermittlungen in den Gemeinschaftsorganen erlangten Beweise über gegebenenfalls strafrechtlich zu ahndende Handlungen werden zudem nach Art. 10 Abs. 2 der Verordnung den Justizbehörden des betreffenden Mitgliedstaates übermittelt[496]. Nach deutschem Recht untersucht der Staatsanwalt daraufhin den Sachverhalt[497] und erhebt beim zuständigen Gericht durch Einreichung einer Anklageschrift öffentliche Klage, soweit die Ermittlungen genügend Anlass zur Erhebung der öffentlichen Klage bieten[498]. Dabei dienen die Untersuchungsberichte des Amtes den nationalen Ermittlungsbehörden als Beweismittel[499] und sind somit Vorstufe zur Einleitung eines nationalen

---

494 Vgl. aber Jung; Jescheck/Leibinger sowie Hatchard/Huber/Vogler.

495 Wie das deutsche Recht so geht auch das Prozesssystem Italiens und dasjenige Österreichs vom sog. Legalitätsprinzip aus. Dagegen unterstehen die strafrechtlichen Ermittlungssysteme in England, den Niederlanden und Dänemark in jeweils abgewandelter Form hauptsächlich dem sog. Opportunitätsprinzip.

496 Vgl. dazu auch Erwägungsgrund Nr. 13 der Verordnung: "Der Direktor des Amtes sollte verpflichtet werden, den Justizbehörden des betroffenen Mitgliedstaates unmittelbar alle Informationen zu übermitteln, die das Europäische Amt für Betrugsbekämpfung bei internen Untersuchungen über strafrechtlich relevante Sachverhalte zusammengetragen hat".

497 Vgl. § 160 Abs. 2 StPO.

498 Vgl. § 170 Abs. 1 StPO.

499 Vgl. Erwägungsgrund Nr. 16 der Verordnung: "(...) ist vorzusehen, dass die Untersuchungsberichte in den Verwaltungs- und Gerichtsverfahren der Mitgliedstaaten zulässige

Ermittlungsverfahrens und zur Verhängung anschließender Sanktionen, so dass eine Vergleichbarkeit auch im Hinblick auf die Folgemaßnahmen der Untersuchungstätigkeit des Amtes gegeben ist.

aa) Ermittlungsverfahren gegen einen Abgeordneten nach deutschem Recht

Nach deutschem Recht ist Voraussetzung für die Einleitung eines strafprozessualen Ermittlungsverfahrens das Vorliegen eines Anfangsverdachts gemäß § 152 Abs. 2 StPO. Es müssen "zureichende tatsächliche Anhaltspunkte" vorliegen, die es nach kriminalistischer Erfahrung als möglich erscheinen lassen, dass eine verfolgbare Straftat vorliegt (sog. "Anfangsverdacht"). Bloße Vermutungen für das Vorliegen einer Straftat reichen nicht. Der Bürger soll davor geschützt sein, dass er der Gegenstand von Ermittlungen wird, für deren Einleitung es keinen verständlichen Anlass gibt[500].

Bei Vorliegen eines Anfangsverdachts ist der Staatsanwalt aufgrund des Legalitätsprinzips[501] *verpflichtet*, wegen aller verfolgbaren Straftaten einzuschreiten[502]. Ist ein Abgeordneter Gegenstand des Anfangsverdachts, ist die Straftat solange nicht verfolgbar bis die parlamentarische Immunität aufgehoben wird. Daher wird der Antrag auf Aufhebung der parlamentarischen Immunität seitens der Staatsanwaltschaft in einem sog. "Vorermittlungs- oder Vorprüfungsverfahren" gestellt[503]. Wird nunmehr die Immunität aufgehoben - wie das seitens des Deutschen Bundestages regelmäßig der Fall ist[504] - wandelt sich der

---

Beweismittel darstellen". Vgl. bspw. §§ 244 ff. StPO über die Beweisaufnahme im deutschen Ermittlungsverfahren bzw. §§ 249 ff StPO über die Einführung des Urkundsbeweises in den Prozess.

500 Kleinknecht/Meyer-Goßner, § 152 StPO Rdnr. 4.

501 Vgl. § 152 Abs. 2 StPO: "(Die Staatsanwaltschaft) ist, soweit nicht gesetzlich ein anderes bestimmt ist, verpflichtet, wegen aller verfolgbaren Straftaten einzuschreiten, sofern zureichende tatsächliche Anhaltspunkte vorliegen". Eine Verletzung des Legalitätsprinzips durch eine vorsätzliche Nichtverfolgung eines Schuldigen ist gemäß Art. 258 a StGB als Strafvereitelung im Amt strafbar.

502 Wie das deutsche Recht, so geht auch das Prozesssystem Italiens vom Legalitätsprinzip aus. Die absolute Anklagepflicht ist sogar in Art. 112 der italienischen Verfassung von 1947 verankert, um insbesondere eine politische Einflussnahme auf die Entscheidungen der Staatsanwaltschaft zu verhindern; vgl. Heyden, S. 37 f. Gleichfalls dem Legalitätsprinzip ist das Strafprozessrecht Österreichs verpflichtet (§ 34 Abs. 1 ÖstPO); vgl. Moos, in: Jung, S. 47 ff; Driendel, in: Jescheck/Leibinger, S. 191 ff. Die Ergebnisse der nachfolgend vorgenommenen Untersuchung anhand des Beispiels Deutschland finden für diese Länder in den wesentlichen Punkten ebenfalls Geltung.

503 Vgl. zum Ablauf des staatsanwaltschaftlichen Vorermittlungsverfahrens gegen Bundes- bzw. Landesabgeordnete: Lange, S. 176 ff; 191 f.

504 Die zuständige Staatsanwaltschaft muss ihre Ermittlungsabsicht dem Bundestagspräsidenten zunächst unmittelbar schriftlich mitteilen.

Überprüfungsvorgang in ein Ermittlungsverfahren[505]. Problematisch ist bei Ermittlungsverfahren gegen Abgeordnete des Deutschen Bundestages oder eines Landesparlaments, dass wegen einer Mehrheit von politisch motivierten oder sonstigen tendenziösen Strafanzeigen gegen Abgeordnete häufig Zweifel am Vorliegen eines Anfangsverdachts bestehen[506]. Die Staatsanwaltschaften können und sollen daher bei Anzeigen gegen Parlamentsmitglieder gemäß Nr. 191 Abs. 4 der Richtlinien für das Straf- und Bußgeldverfahren (im Folgenden: "RiStBV"), "(...) zur Klärung der Frage, ob es sich um eine offensichtlich unbegründete Anzeige handelt, (...) Feststellungen über die Persönlichkeit des Anzeigeerstatters sowie über andere für die Beurteilung der Ernsthaftigkeit der Anzeige wichtige Umstände treffen".

Wurde von staatsanwaltschaftlicher Seite das Vorliegen eines Anfangsverdachts gemäß § 152 Abs. 2 StPO bejaht, ist die Schwelle zur Einleitung von Zwangsmaßnahmen gegen den Betroffenen, wie der Durchführung von Durchsuchungen und Beschlagnahmen, gering. So ist Voraussetzung jeder Durchsuchung zwar grundsätzlich die Wahrscheinlichkeit, dass eine bestimmte Straftat bereits begangen und nicht nur straflos vorbereitet worden ist; hierfür müssen zureichende tatsächliche Anhaltspunkte vorliegen[507]. Für die Einleitung einer Durchsuchung reicht es allerdings aus, dass aufgrund kriminalistischer Erfahrung die *Vermutung* besteht, dass der Zweck der Durchsuchung erreicht werden kann[508]. Dies hat zur Folge, dass Staatsanwaltschaften in manchen

---

Der Deutsche Bundestag hat seinerseits zur Vereinfachung des Verfahrens in Immunitätsangelegenheiten beschlossen, die Strafverfolgung eines Abgeordneten grundsätzlich zu genehmigen; vgl. Beschluss des Deutschen Bundestages betreffend die Aufhebung der Immunität von Mitgliedern des Bundestages, Anlage zur Geschäftsordnung des Deutschen Bundestages, i.d.F. v. 02.07.1980, BGBl. I S. 1237 ff, zuletzt geändert laut Bekanntmachung v. 02.07.1998, BGBl. I S. 428 ff.
Ausgenommen sind spezielle Ermittlungsmaßnahmen (wie freiheitsentziehende und freiheitsbeschränkende Maßnahmen sowie Durchsuchungen) die nach der richterlichen Anordnung einen Beschluss des Bundestages im Einzelfall voraussetzen, der auch regelmäßig erteilt wird.

[505] Vgl. dazu Rautenberg, der im Hinblick auf die fehlende Rechtsgleichheit in der Praxis beklagt, dass Strafanzeigen gegen Abgeordnete - entgegen den einschlägigen Aktenordnungen im Justizbereich - nicht wie alle übrigen Strafanzeigen in das Register für Straf- und Bußgeldsachen ("Js-Register"), sondern zunächst - bis zur Feststellung zureichender tatsächlicher Anhaltspunkte für eine Straftat und bis zur Aufhebung der parlamentarischen Immunität - in das Allgemeine ("AR"-)Register eingetragen werden, da nach Auffassung der Abgeordneten sowie des Ausschusses für Wahlprüfung, Immunität und Geschäftsordnung des Deutschen Bundestages in der deutschen Bevölkerung ein "Js-Verfahren" mit einem staatsanwaltschaftlichen Ermittlungsverfahren gleichzusetzen sei.

[506] Über 90 % der Strafanzeigen gegen Abgeordnete sind bereits unschlüssig, vgl. BT-PlPr 1. WP / 49. Sitzung v. 22.3.1950, S. 1689 f.

[507] Vgl. BVerfG, in: NJW 1991, 690 (691).

[508] Vgl. Kleinknecht/Meyer-Goßner, § 102 StPO, Rdnr. 2; Beulke, S. 121.

Fällen eine Durchsuchung beantragen, um bei dem Betroffenen belastendes Material zu finden, wodurch der gesetzliche Tatbestand erst vervollständigt wird[509]. So werden in der Praxis gelegentlich von staatsanwaltschaftlicher Seite Durchsuchungsbeschlüsse ohne substantielle (Vor-) Ermittlungen und ohne kritische Prüfung, ob Durchsuchungs- und Beschlagnahmemaßnahmen tatsächlich unerlässlich und nach der Schwere des Tatvorwurfs auch gerechtfertigt sind, in die Wege geleitet[510]. Ein solches Vorgehen ist als rechtswidrig einzustufen. Eine Rufschädigung und Vorverurteilung des Abgeordneten in der Öffentlichkeit sind die Folge[511], zumal nicht ersichtlich ist, dass Strafverfolgungsbehörden bei der Anordnung und dem Vollzug von Durchsuchungen und Beschlagnahmen gegenüber Abgeordneten - im Hinblick auf die politischen Auswirkungen der Ermittlungen - anders verfahren[512].
Als Folgeproblem einer ohne bestehenden Anfangsverdacht eingeleiteten Untersuchung kann auch die Regelung des § 108 Abs. 1 StPO gravierende faktische Auswirkungen auf den betreffenden Abgeordneten entfalten. Nach § 108 Abs. 1 StPO sind Gegenstände, die "zwar in keiner Beziehung zu der

---

[509] Vgl. dazu bspw. folgende Entscheidungen: BVerfG, in: NJW 1994, 2079 (2079 ff); LG Köln, in: StV 1983, 275 (275 f); OLG Hamm, in: MDR 1981, 70 (70 f). Vgl. umfassend zu den strafprozessualen Schutzlücken bei Durchsuchungen und Beschlagnahmen im Ermittlungsverfahren: Butzer, S. 263 ff.

[510] Vielfach wird gefordert, dass die sich bei der Vornahme von Durchsuchungen aus dem Grundsatz der Verhältnismäßigkeit ergebenden Beschränkungen (vgl. BVerfGE 20, 162 (187); BVerfGE 42, 212 (219 f); BVerfG, in: MDR 1990, 980, 980 f) dazu führen müssten, dass Durchsuchungen nur bei einem gesteigerten Verdacht zulässig sind, in der Praxis wird dies allerdings nicht so gehandhabt; vgl. dazu BGH, in: WM 1982, 1366 (1366); Dahs, in: NJW 1985, 1113 (1114); Kleinknecht/Meyer-Goßner, § 94 StPO, Rdnr. 18; Rudolphi, in: Systematischer Kommentar zur Strafprozessordnung, § 94 StPO Rdnr. 7.; vgl. zum bewussten Missbrauch des Rechts einer Staatsanwaltschaft, wegen "Gefahr im Verzug“ eine Durchsuchung anzuordnen auch den Fall bei: AG Offenbach, in: NStZ 1991, 247 (247 f).

[511] Wenn sich die Untersuchungen gegen den verdächtigen Abgeordneten richten, entsteht nach hier vertretener Auffassung in der Öffentlichkeit das Bild eines korrekten Untersuchungsablaufs, wobei angenommen wird, der betroffene Abgeordnete habe tatsächlich ein schwerwiegendes Delikt begangen. Darüber hinaus ist dem juristischen Laien grundsätzlich nicht bekannt, dass Durchsuchungen auch gegen einen unverdächtigen Dritten - bspw. den Mitarbeiter eines Abgeordneten - angeordnet werden können, vgl. § 103 StPO.

[512] So bspw. die Vorgänge im Fall der Hausdurchsuchung gegen die drei Tage vorher in das Europäische Parlament gewählte Abgeordnete Feleknas Uca aus Celle wegen des Verdachts des Fälschens eines Führerscheins; vgl. Kleine schriftliche Anfrage des Abgeordneten Schwarzenholz (PDS) an die Staatskanzlei des Niedersächischen Landtages mit Antwort, Niedersächsischer Landtag, Drucksache 14/981; vgl. auch Wurbs, S. 44 ff, der insbesondere auf den Fall des deutschen Abgeordneten *Wienand* hinweist; vgl. zum Fall Wienand auch: Rosen, in: ZRP 74, 80 (80 f). Vgl auch die Sachlage im Fall der deutschen Abgeordneten Gewandt und Prof. Dr. Holtz, bei denen augrund eines bloßen Anfangsverdachts Durchsuchungsbeschlüsse ergingen und das Verfahren der Durchsuchung aus Mangel an Beweisen sofort eingestellt werden musste, in: Butzer, S. 366 ff.

Untersuchung stehen, aber auf die Verübung einer anderen Straftat hindeuten", einstweilen in Beschlag zu nehmen, sofern sie bei Gelegenheit einer Durchsuchung aufgefunden werden. § 108 Abs. 1 StPO gestattet daher auch die einstweilige Beschlagnahme von Zufallsfunden. Dadurch soll der Staatsanwaltschaft die Prüfung ermöglicht werden, ob ein neues Ermittlungsverfahren gegen den von der Durchsuchung Betroffenen oder einen Dritten einzuleiten und der Gegenstand in diesem Ermittlungsverfahren zu beschlagnahmen ist[513]. Dabei besteht in einigen Fällen der durch eine entsprechende Rechtsprechung[514] erhärtete Verdacht, dass in der Praxis bewusst nach Zufallsfunden Ausschau gehalten wird, so dass gelegentlich der eigentliche Durchsuchungszweck darin besteht, nach Gegenständen Ausschau zu halten, auf die sich die Durchsuchungsanordnung nicht bezieht. Ein solches Vorgehen der Strafverfolgungsbehörden ist im Hinblick auf den Schutz parlamentarischer Informationen eine schwere Beeinträchtigung des Parlaments. Hinzu kommt, dass die auf diese Weise rechtswidrig erlangten Beweismittel mittelbar verwertet werden können[515].

Bemerkenswert sind auch die Fälle, bei denen seitens der Staatsanwaltschaft Durchsuchungen so terminiert werden, dass sie direkt vor einem für den Abgeordneten wichtigen politischen Ereignis, wie der Wahl zum Deutschen Bundestag stattfinden[516]. In diesen Fällen besteht der Verdacht einer hoheitlichen Einflussnahme auf den Ablauf des Strafverfahrens[517].
Eine vorherige Anhörung oder Unterrichtung des von einer Durchsuchungs- oder Beschlagnahmeanordnung betroffenen Abgeordneten wird aus ermittlungstaktischen Gründen regelmäßig nicht erfolgen. § 33 Abs. 4 S. 1 StPO schreibt

[513] Kleinknecht/Meyer-Goßner, § 108 Rdnr. 1.
[514] Vgl. dazu die einschlägige Rspr.: OLG Köln, in: StV 1983, 56 (56); LG Bremen, in: StV 1984, 505 (506); LG Zweibrücken, in: NJW 1990, 2760 (2760); vgl. auch Kalf, in: Die Polizei, 413 (418).
[515] Das Beweisverwertungsgebot ist nach Ansicht der Rechtsprechung nur auf unmittelbar prozesswidrig erlangte Beweismittel beschränkt und erfasst nicht auch solche Beweisgegenstände, die mit Hilfe des unverwertbaren Beweismittels erlangt worden sind oder nur so erlangt werden können; ständige Rechtsprechung, vgl. BGHSt 34, 362 (364), BGHSt 32, 68 (70 f); grundlegend: BGHSt 29, 244 (248 f).
[516] Vgl. dazu: Heydlauf, S. 96 f, der auf den Fall des Abgeordneten Wirth hinweist, bei dem ein bereits von dem Bundestag genehmigtes Verfahren wegen eines verbalen Angriffs gegen einen leitenden Ministerialbeamten seitens der Staatsanwaltschaft zwei Jahre lang unbearbeitet geblieben und dann kurz vor der Wahl zum 2. Deutschen Bundestag wieder in Gang gesetzt worden sei.
[517] Vgl. dazu Moller, in: DVBl 1966, 881 (881), der darauf hinweist, dass eine tendenziöse Verfolgung in Deutschland auch für den Fall denkbar sei, dass eine Minderheitsregierung, deren Ablösung wegen des konstruktiven Misstrauensvotums nicht erfolgen könne, versuche, die Opposition mit Gerichtsverfahren zu überziehen, um wieder eine Mehrheit im Parlament zu gewinnen.

ausdrücklich vor, dass eine vorherige Anhörung zu unterbleiben hat, wenn sie den Zweck der Anordnung gefährden würde.

Die Gewährleistung des § 106 StPO, wonach dem Inhaber der zu durchsuchenden Räume bei der Durchsuchung ein Anwesenheitsrecht zusteht, schützt den Abgeordneten auch nicht nachhaltig, da die Einhaltung dieser Förmlichkeit im "pflichtgemäßen Ermessen" des Durchsuchungsbeamten liegt[518]. Hintergrund ist, dass dem Betroffenen nicht die Möglichkeit gegeben werden soll, die Beweislage - durch das Beiseiteschaffen etwaiger Beweismittel - zu seinen Gunsten zu "verdunkeln". Durchsuchungen erfolgen daher in der Regel überraschend und unangekündigt, so dass die Möglichkeit besteht, dass der Abgeordnete vor einer Durchsuchung seiner Büroräume nicht verständigt wird. Zudem handelt es sich bei § 106 StPO um eine reine Ordnungsvorschrift, aus deren Verletzung keine Rechtsfolgen hergeleitet werden können[519].

Die deutschen Durchsuchungs- und Beschlagnahmeanordnungen gegen Abgeordnete werden daher in einigen Fällen in Ermittlungsverfahren eingeleitet, denen bereits das Erfordernis eines Anfangsverdachts fehlt[520]. Dabei wird einerseits von staatsanwaltschaftlicher und richterlicher Seite wenig Rücksichtnahme auf die insbesondere bei Abgeordneten folgenschwere Gefahr einer öffentlichen Vorverurteilung gezeigt, andererseits besteht gelegentlich der Verdacht einer hoheitlichen Einflussnahme auf die Einleitung bzw. den Ablauf des Strafverfahrens[521].

bb) Ermittlungsverfahren gegen einen Abgeordneten nach französischem Recht

Während in Deutschland die Staatsanwaltschaft - von einigen Ausnahmen abgesehen[522] - aufgrund des sog. Legalitätsprinzips verpflichtet ist, gegen begangene Straftaten einzuschreiten, gilt im Gegensatz hierzu in Frankreich das sog. Opportunitätsprinzip, Art. 40 Code de procédure pénale (im Folgenden:

---

[518] Vgl. Kleinknecht/Meyer-Goßner, § 106 StPO, Rdnr. 2.

[519] Vgl. BGH, NStZ 1983, 372 (375).

[520] So bspw.: LG Köln, in: StV 1983, 275 (275 f) sowie OLG Hamm, in: MDR 1981, 70 (70 f).

[521] Vgl. auch Rautenberg, in: NJ 2003, 169 (170 ff), der die Gefahr der politischen Beeinflussung der Staatsanwaltschaft durch die Exekutive sieht und aus diesem Grund die Abschaffung des § 147 Nr. 1 und 2 GVG für notwendig erachtet, wonach die Staatsanwaltschaft der Leitung und Aufsicht des Justizministers untersteht; die Staatsanwaltschaft sei vielmehr der Judikative zuzuordnen.

[522] Ausnahmen gelten nach dem Opportunitätsprinzip insbesondere bei Bagatellstrafsachen; vgl. §§ 153, 153 a StPO.

"C.P.P".)[523]. Dieses Prinzip besagt, dass die Staatsanwaltschaft im Rahmen ihrer Weisungsabhängigkeit in der Entscheidung frei ist, ob sie die ihr bekannt gewordenen Straftaten verfolgen will oder nicht, es herrscht "le principe de l`opportunité des poursuites"[524].

Nach der gesetzlichen Regelung erhält die Staatsanwaltschaft alle polizeilichen (und sonstigen) Anzeigen (Art. 19 C.P.P.) übermittelt und entscheidet dann über das weitere Verfahren. Der Staatsanwalt kann daher entweder die "action publique" einleiten und den Untersuchungsrichter zu einer weitergehenden Beweisermittlung im Rahmen einer gerichtlichen Voruntersuchung ersuchen[525] oder unmittelbar Anklage beim zuständigen Gericht erheben (tribunal correctionnel[526] oder tribunal de police[527], sog. "Citation directe")[528], wenn die während des polizeilichen Ermittlungsverfahrens gesammelten Beweise für eine Anklageerhebung ausreichen[529].

Der Staatsanwalt kann aber auch das Verfahren sofort einstellen, ohne die Sache einem Untersuchungsrichter oder Strafgericht vorzulegen. Besteht die Entscheidung in der Nichtverfolgung, so ergeht die Verfügung des "classement sans suite", die durch die "archivation du dossier" bei der Staatsanwaltschaft vollzogen wird[530].
Form und Inhalt dieser Einstellung sind gesetzlich nicht besonders geregelt; sie stellt auch lediglich einen verwaltungsrechtlichen Vorgang dar, der sich dadurch auszeichnet, dass er nicht rechtsmittelfähig ist und auch nicht in Rechtskraft erwächst. Die Strafverfolgung kann bis zur Verjährung jederzeit wieder aufgenommen werden.

Die Gründe, die zu einer Verfahrenseinstellung führen können, sind vielfältig, materielle Kriterien für das Absehen von Strafverfolgung werden im Gesetz

---

523 Vgl. zum Opportunitätsprinzip als Gegensatz zu dem in Deutschland geltenden Legaltitätsprinzip: Schneider, S. 1 ff.

524 Vgl. dazu eingehend: Roth, S. 85 ff.

525 Diese Form der Anklageerhebung ist zwingend vorgeschrieben, wenn ein Verbrechen Gegenstand der Anklage ist und ist geboten, wenn für die weitere Ermittlung der Straftat Zwangsmaßnahmen erforderlich sind.

526 Dort wird im Falle eines Vergehens Anklage erhoben.

527 Beim "tribunal de police" kann die Staatsanwaltschaft Anklage erheben, wenn es sich um eine Übertretung handelt. Vgl. zur historischen Entwicklung der Polizei in Frankreich: Glatthaar, S. 21 ff.

528 Die "Citation directe" ist die unmittelbare Ladung des Beschuldigten vor das betreffende Gericht; sie setzt voraus, dass das Verfahren einfach gelagert ist; vgl. Art. 55 ff C.P.P., JC. Procedure pénale Art. 550 -556 Ziff. 16 -58.

529 Vgl. zur Einleitung und Durchführung der "Citation directe", Roth, S. 81 ff.

530 Vgl. zu den Erledigungsarten im französischen Strafverfahren: Grebing, in: Jescheck/Leibinger, 1 (48).

nicht genannt. Das Absehen von Strafverfolgung steht daher völlig im Ermessen der Staatsanwaltschaft[531]. So kann das Verfahren neben prozessökonomischen sowie sonstigen praktischen Notwendigkeiten insbesondere auch eingestellt werden, wenn es sich um einen Fall handelt, bei dem aufgrund politischer Umstände eine Strafverfolgung der öffentlichen Ordnung mehr schaden als nützen würde[532]. Dabei ist die Gefahr von Missbräuchen groß, wenn von der in starkem Maße politisch abhängigen Staatsanwaltschaft gewisse Angelegenheiten verheimlicht werden, weil wichtige Politiker betroffen sein könnten[533].

Ähnliche Konflikte ergeben sich in England[534], den Niederlanden[535] sowie anderen hauptsächlich dem Opportunitätsprinzip verpflichteten Staaten[536].

---

[531] Soweit es sich bei dem betroffenen Delikt um ein Verbrechen handelt, kommt eine Einstellung des Verfahrens allerdings kaum in Betracht, Opportunitätsüberlegungen können aber dazu führen, dass das Delikt als Vergehen verfolgt wird; vgl. Grebing, in: Jescheck/Leibinger, 1 (45 ff).

[532] Vgl. zu den materiellen Kriterien für eine Einstellung des Verfahrens: Vitu, in: Jung, 1 (28 f).

[533] Vgl. zu dieser Kritik am Opportunitätsprinzip auch: Vitu, in: Jung, 1 (29); Roth, S. 86; Weigend, S. 63 ff, 90; vgl. dazu auch: Delmas-Marty, The Criminal Process, S. 30 f: "Giving the responsibilitiy for investigations to public prosecutors should not result in leaving the sole responsibility for the process to those who, even if they are magistrates, are not fully and statutorily independent from the executive. It would thus be incumbent on the judiciary to insure that the prosecutor acts with due diligence and, in appropriate circumstances, it would be up to the Chambre d' Accusation to relieve the prosecutor of jurisdiction and assume control of the case. Vgl. dagegen: Vouin-Léauté, S. 385, nach dem durch das Opportunitätsprinzip die "unmenschliche Härte" einer allzu genauen Anwendung des Strafgesetzes vermieden wird.

[534] In England weicht die Einleitung und Durchführung eines strafrechtlichen Ermittlungsverfahrens von denjenigen der übrigen europäischen Staaten schon im Grundsatz ab, da der öffentliche Ankläger - der sog. "Director of Public Prosecutions" - nur für eine geringe Anzahl besonders schwerer Straftaten zuständig ist, im übrigen aber das System der Popularklage gilt. In der Praxis obliegt die Erhebung der öffentlichen Klage den Polizeibehörden. Bei der Entscheidung über die Einleitung der Strafverfolgung haben diese Strafverfolgungsbehörden einen weiten Ermessensspielraum, der zwar gesetzlich nicht festgelegt ist, aber bislang von gerichtlicher Seite - außer bei eklatantem Missbrauch der übertragenen Machtbefugnis - nicht angetastet wurde; es gilt die polizeiliche "discretion whether to prosecute or not", also das Opportunitätsprinzip. Obwohl von Inhabern des Amtes des "Attorney General", dessen Aufsicht wiederum der "Director of Public Prosecutions" untersteht, der seinerseits dem Parlament verantwortlich ist, wiederholt betont wurde, dass parteipolitische Erwägungen oder sonstiger politischer Druck keinen Einfluss auf die Entscheidung einer Strafverfolgung haben würden, ist es nicht selten, dass aus Gründen des öffentlichen Interesses und unter Berücksichtigung politischer Erwägungen insbesondere Straftaten englischer Abgeordneten nicht angeklagt werden; vgl. dazu und allgemein zum strafrechtlichen Ermittlungsverfahren in England: Liebehentze, S. 1 ff; Huber, in: Jescheck/Leibinger, S. 548 ff; Hatchard/Huber/Vogler, 5.1.4.1; Delmas-Marty, The Criminal Process, S. 73.

cc) Rechtslage nach der Verordnung sowie nach dem Durchführungsbeschluss

Nach dem 12. Erwägungsgrund der Verordnung "(...) muss dem Direktor (des Amtes) die Befugnis übertragen werden, Untersuchungen aus eigener Initiative einzuleiten". Art. 5 Abs. 2 der Verordnung bestimmt: "Die Einleitung interner Untersuchungen wird vom Direktor des Amtes von sich aus oder auf Ersuchen des Organs, (...) bei dem die Untersuchung durchgeführt werden soll, beschlossen". Nach welchen Kriterien der Direktor des Amtes über die Einleitung der Untersuchungen entscheidet, bleibt dabei offen. Es genügt daher jegliche Vermutung einer gegen die finanziellen oder *sonstigen Interessen* der Gemeinschaft gerichteten Handlung, um die extensiven Eingriffsbefugnisse des Amtes gegenüber dem Europäischen Parlament auszulösen. Der Durchführungsbeschluss enthält ebenfalls keine Konkretisierung, nach welchen Vorgaben das Amt seine Untersuchungstätigkeit gegenüber dem Europäischen Parlament in Ansatz bringen darf.

dd) Stellungnahme

Im Rechtsvergleich offenbarte die Untersuchung, dass die dem Legalitätsprinzip verpflichteten deutschen Staatsanwaltschaften in praxi gelegentlich Durchsuchungen gegen Abgeordnete entweder ohne substantielle Vorermittlungen oder bloß als Vorwand einleiten, um nach Zufallsfunden Ausschau zu halten. Dabei entsteht ein großer Schaden für das Vertrauensverhältnis zwischen den Abgeordneten und den Bürgern der Mitgliedstaaten sowie für die öffentliche Reputation des Abgeordneten.

Die Gefahr tendenziöser Verfolgung von staatsanwaltschaftlicher Seite ist auch nach dem auf dem Opportunitätsprinzip beruhenden französischen Strafverfahrensrecht gegeben. Dieses eröffnet den Strafverfolgungsbehörden zunächst die Möglichkeit, Verfahren gegen Abgeordnete nach freiem Ermessen und damit unter Umständen auch aus tendenziösen Erwägungen heraus einzuleiten[537]. Problematisch erscheint dabei, dass selbst bei einem dringenden Tatverdacht gegen den beschuldigten Abgeordneten allein wegen einer zu erwartenden "unverhältnismäßigen Störung der öffentlichen Ordnung" von einer

---

[535] In den Niederlanden findet ein eingeschränktes Opportunitätsprinzips Anwendung: Die Staatsanwaltschaft ist die einzige Strafverfolgungsbehörde und kann die Entscheidung über eine Strafverfolgung von Ermessens- oder Zweckmäßigkeitserwägungen abhängig machen, die ihrerseits nur eingeschränkt der richterlichen Überprüfung zugänglich sind; vgl. Schaffmeister, in: Jescheck/Leibinger, S. 86 ff.

[536] So beispielsweise Dänemark. Hier ist das Einstellungsermessen in komplizierter Weise auf verschiedene Instanzen verteilt; vgl. Gammeltoft-Hansen, S. 13 ff.

[537] Die Einleitung der Strafverfolgung ist nur bei dem Verdacht einer Verbrechensbegehung zwingend geboten, vgl. Roth, S. 85 ff.

Strafverfolgung abgesehen werden kann[538]. Da dem Amt keine Zwangsbefugnisse zustehen, sind Durchsuchungen sowie Beschlagnahmen gegen den Widerstand des Abgeordneten zwar unzulässig, die Bediensteten des Amtes besitzen allerdings die Befugnis, jederzeit ohne vorheriges Einverständnis des Abgeordneten dessen Räumlichkeiten zu durchsuchen sowie Dokumente zu beschlagnahmen, wobei die Einleitung der Untersuchungen nach den Vorgaben der Verordnung sowie des Durchführungsbeschlusses nicht an das Eingreifen bestimmter Voraussetzungen geknüpft ist[539].

Die Gefahr der Einleitung der internen Untersuchungen des Amtes aufgrund unsachgemäßer Erwägungen ist auch aufgrund der verwaltungstechnischen Eingliederung des Amtes in die Kommission gegeben. So sieht der Rechnungshof[540] die institutionelle Unabhängigkeit des Amtes durch seine Zugehörigkeit zur Verwaltungsstruktur der Kommission als nicht verwirklicht an. Auch der Direktor des Amtes selbst äußert in seinem ersten Jahresbericht[541] Zweifel an der Unabhängigkeit des Amtes von der Kommission. So führe die enge Anbindung an die Kommissionsverwaltung zu Problemen hinsichtlich der Personalrekrutierung und Personalaufstockung. Personalentscheidungen sowie die Einstellung neuer Beamter werde verzögert, die Kommission versuche gar, ihr genehme Beamte dort unterzubringen. Auch der Überwachungsausschuss des Amtes mahnt in seinem dritten Tätigkeitsbericht (September 2001-Juni 2002)[542] die personelle Abhängigkeit des Amtes von der Kommissionsverwaltung bei der Ernennung und Beförderung seiner Mitarbeiter an. Auch wenn das Amt schrittweise mehr Personal erhalten soll, ist seine Zusammensetzung von ehemaligen Mitgliedern der Einheit und damit ehemals direkt der Kommission unterstellten Beamten und Bediensteten geprägt. Der Überwachungsausschuss des Amtes sieht die Autonomie des Amtes aufgrund seines

---

538 Auch wenn im Falle eines zur Last gelegten Verbrechens eine Einstellung des Verfahrens wohl auszuschließen ist, besteht seitens der Staatsanwaltschaft noch die Möglichkeit, das Delikt unter Opportunitätsgesichtspunkten als Vergehen zu verfolgen; vgl. dazu Grebing, in: Jescheck, 1 (45 ff). In Deutschland kann eine Einstellung des Verfahrens durch die Staatsanwaltschaften nur mit Zustimmung des für die Eröffnung des Hauptverfahrens zuständigen Gerichts erfolgen und nur unter der Voraussetzung, dass die Schuld des Täters als gering anzusehen ist und kein öffentliches Verfolgungsinteresse besteht, vgl. § 153 Abs. 1 StPO; vgl. zu den Einstellungskriterien Kleinknecht/Meyer-Goßner, § 153 Rdnr. 2 ff.

539 Der Verordnung fehlt auch eine § 106 StPO vergleichbare Vorschrift, wonach dem Inhaber der zu durchsuchenden Räume bei der Durchsuchung ein Anwesenheitsrecht zusteht; eine solche Regelung wurde auch nicht durch den parlamentarischen Durchführungsbeschluss geschaffen.

540 Vgl. die Stellungsnahme des Europäischen Rechnungshofes 2/ 1999; vgl. ABl. Nr. C 154/01 v. 01.06.1999.

541 Vgl. Europäisches Amt für Betrugsbekämpfung, Tätigkeitsbericht 1. Juni 2000-31. Mai 2001, S. S. 26 f, 39 f.

542 Vgl. Überwachungsausschuss, Tätigkeitsbericht (September 2001-Juli 2002), S. 12 f.

rechtlichen und budgetären Status innerhalb der Kommissionsverwaltung grundsätzlich als nicht verwirklicht an[543].

In rechtlicher Hinsicht wird insbesondere durch die Regelung des Art. 12 Abs. 1 der Verordnung, wonach die fünf-jährige Amtszeit des Direktors des Amtes einmalig verlängert werden kann, die Wiederernennung aber nach den von der Kommission festzulegenden Modalitäten erfolgt, eine Abhängigkeit des Direktors von der Kommission statuiert.

Formal entscheidet der Direktor des Amtes über die Einleitung der Untersuchungen[544]. Die interne Entscheidungsgewalt ist seitens des Amtes allerdings auf die mit der Untersuchung betrauten Mitarbeiter verteilt[545]. Eine tendenziöse Einflussnahme der Mitarbeiter des Amtes auf die Einleitung der Untersuchungen ist dabei - auch im Hinblick auf die tatsächlich noch nicht vollzogene Unabhängigkeit von der Kommission - nicht gänzlich auszuschließen[546].

b) Durchführung der Untersuchungen

Die Verordnung stellt hinsichtlich der Durchführung der Untersuchungen keine Kriterien auf. Die Modalitäten der Untersuchungen und insbesondere ihre Dauer werden allein von der Ermessentscheidung des Direktors bestimmt. Art. 6 Abs. 1 der Verordnung bestimmt lediglich, dass der Direktor des Amtes die Untersuchungen leitet. Hinsichtlich der Dauer der Untersuchungen regelt Art. 6 Abs. 5 der Verordnung: "Die Untersuchungen sind ohne Unterbrechung durchzuführen; ihre Dauer muss den Umständen und der Komplexität des betreffenden Falles angemessen sein".

---

543 Vgl. Überwachungsausschuss, a.a.O., S. 8 f, 15 f. So habe die Kommission im Haushaltsjahr 2001-2003 sowohl über ihren Finanzkontrolleur, über ihren Juristischen Dienst als auch über ihre Generaldirektion ADMIN in die Verwaltung des Amtes eingegriffen; vgl. auch OLAF-Überwachungsausschuss, Stellungnahme Nr. 2/03 zum Bericht der Kommission, Bewertung der Tätigkeiten des Europäischen Amtes für Betrugsbekämpfung (OLAF), Verordnung des Europäischen Parlamentes und des Rates (EG) Nr. 1073/99 und Verordnung (Euratom) Nr. 1074/99, (Artikel 15), v. 18.06.2003, S. 5, 11 f.

544 Vgl. Art. 5 der Verordnung: "Die Einleitung interner Untersuchungen wird vom Direktor des Amtes von sich aus oder auf Ersuchen des Organs (...) beschlossen".

545 Nach dem Überwachungsausschuss des Amtes, in: Tätigkeitsbericht (September 2001-Juni 2002), S. 8, spielen die Mitarbeiter des Amtes - aufgrund des fehlenden rechtlichen Bezugsrahmens und fehlender interner Prioritäten - auch bei der Einleitung der Untersuchungen eine maßgebliche Rolle, indem sie bspw. entscheiden können, ob sie die Untersuchung selbst durchführen wollen oder andere damit betrauen.

546 Dies gilt insbesondere aufgrund der organisatorisch bedingten Entscheidungsverlagerung innerhalb des Amtes und der wohl seltenen persönlichen Anwesenheit des Direktors bei der Durchführung interner Untersuchungen.

Lediglich das Verfahren nach Abschluss der internen Untersuchung ist geregelt worden. So legen Art. 9 Abs. 4 und Art. 10 Abs. 2 die Pflicht des Amtes zur Übersendung des abschließenden Untersuchungsberichts an das betreffende Organ, die jeweilige Einrichtung, Amt oder Agentur der Gemeinschaft bzw. im Falle einer möglicherweise strafrechtlich zu ahndenden Handlung an den betreffenden Mitgliedstaat fest.

Die Regelungen des Durchführungsbeschlusses stellen ebenfalls keine konkreten Rahmenbedingungen hinsichtlich der Durchführung der Untersuchungen auf. Der Durchführungsbeschluss des Europäischen Parlaments bestimmt in Art. 5 Abs. 1, dass der Betroffene - im Falle der "Möglichkeit einer persönlichen Implikation" - rasch zu unterrichten ist, "sofern dies nicht die Untersuchung beeinträchtigt". Art. 6 des Durchführungsbeschlusses stellt die Vorgabe auf, dass, wenn sich die gegen den Abgeordneten erhoben Vorwürfe nicht erhärtet haben sollten, "die ihn betreffende interne Untersuchung auf Beschluss des Direktors eingestellt (wird), der ihn schriftlich benachrichtigt".

c) Stellungnahme und Zusammenfassung

Die Untersuchungsbefugnisse des Amtes verstoßen nicht deshalb gegen den Verhältnismäßigkeitsgrundsatz, weil sie schon bei bloßen Unregelmäßigkeiten eingreifen. Sie sind aber insofern als unangemessen einzustufen, weil sie schon bei jedem Verdacht eingeleitet werden können. Soweit die Untersuchungen gegenüber dem Europäischen Parlament daher von dem Direktor des Amtes unter den Voraussetzungen des Art. 4 Abs. 2 und Art. 5 Abs. 2 der Verordnung i.V.m. Art. 1 des parlamentarischen Durchführungsbeschlusses eingeleitet und von den Beamten und Bediensteten des Amtes ausgeführt werden, verletzen sie die Abgeordneten des Europäischen Parlaments in der freien Ausübung ihres parlamentarischen Mandats, insbesondere da diese in ihrer Funktion als Glied zwischen den Gemeinschaftsorganen einerseits und den Gemeinschaftsbürgern andererseits einen besonderen Schutz vor außerparlamentarischer Einflussnahme genießen.
Die Einleitung der Untersuchungen durch das Amt bei jedem Verdacht bzw. das freie Ermessen des Direktors des Amtes hinsichtlich deren Durchführung gemäß den Regelungen der Verordnung i.V.m. dem Durchführungsbeschluss ist daher mangels eines eindeutigen rechtlichen Rahmens ein Einfallstor für Einzelfallentscheidungen, die auf unsachgemäßen oder sogar tendenziösen Erwägungen beruhen. Damit besteht die Gefahr einer Beeinträchtigung der Abgeordneten des Europäischen Parlaments in der Wahrnehmung ihrer parlamentarischen Tätigkeit und in der freien Ausübung ihres Mandats: Auch wenn es sich bei dem Amt um einen Teil der Exekutive handelt, der im Europäischen Parlament interne Verwaltungsuntersuchungen vornimmt, werden die Ergebnisse dieser

Untersuchungen dem betreffenden Organ übermittelt[547]. Als justitielle Folgemaßnahme wird der Bericht des Amtes "über gegebenenfalls strafrechtlich zu ahndende Handlungen" an die Justizbehörden der Mitgliedstaaten weitergeleitet[548] und dient in einem mitgliedstaatlichen "Verwaltungs- oder Gerichtsverfahren" als Beweismittel[549].

II. Mitteilungs- und Kooperationspflichten

Die Abgeordneten des Europäischen Parlaments haben nach Art. 2 Abs. 4 des Durchführungsbeschlusses - korrespondierend mit den Untersuchungsbefugnissen des Amtes gegenüber dem Europäischen Parlament - bestimmte Mitteilungspflichten wahlweise gegenüber dem Europäischen Parlament oder direkt gegenüber dem Amt.

Die Mitteilungspflicht der Abgeordneten bezieht sich nach Art. 2 Abs. 4 i. V. m. Abs. 1 des Durchführungsbeschlusses auf Tatsachen, "(...) die mögliche Fälle von Betrug, Korruption oder sonstige rechtswidrige Handlungen zum Nachteil der Interessen der Gemeinschaft, die eine disziplinarrechtlich und gegebenenfalls strafrechtlich zu ahndende Verletzung der Verpflichtungen der Beamten und Bediensteten (...) darstellen können" sowie auf eine Verletzung der "(...) entsprechenden Verpflichtungen der Abgeordneten". Diese Mitteilungspflichten stehen in einem Spannungsverhältnis mit dem freien Mandat der Abgeordneten des Europäischen Parlaments.

Zunächst besteht die Möglichkeit, dass der von der Mitteilungspflicht betroffene Abgeordnete in der freien Ausübung des ihm übertragenen Mandats dergestalt nachteilig betroffen wird, dass durch die Ausübung der Mitteilungspflicht die extensiven Untersuchungsbefugnisse des Amtes in seinen Amtsräumlichkeiten ausgelöst werden. Darüber hinaus steht die der freien Mandatsausübung zugrunde liegende Weisungsunabhängigkeit jedes Abgeordneten des Europäischen Parlaments mit den auferlegten Mitteilungspflichten schon grundsätzlich in Konflikt.

Der Durchführungsbeschluss statuiert für die Abgeordneten des Europäischen Parlaments auch Kooperationspflichten. So enthält Art. 1 Abs. 2 des Durchführungsbeschlusses die Verpflichtung, "umfassend mit dem Amt zusammen (zu arbeiten)". Daraus muss der Schluss gezogen werden, dass die Abgeordneten des Europäischen Parlaments zumindest zu einer Duldung der Untersuchungen des Amtes in ihren Amtsräumlichkeiten verpflichtet sind. Da die weitreichenden

---

547 Vgl. Art. 4 Abs. 5 UAbs. 1 der Verordnung.
548 Vgl. Art. 10 Abs. 4 und 2 der Verordnung.
549 Vgl. Art. 9 Abs. 2 der Verordnung.

Untersuchungsbefugnisse ihrerseits schon nicht mit der Freiheit des Mandats der Abgeordneten des Europäischen Parlaments vereinbar sind, ist herauszustellen, ob dasselbe für die damit zusammenhängenden Duldungs- bzw. Kooperationspflichten gilt.

Neben den Abgeordneten des Europäischen Parlaments legt Art. 2 des Durchführungsbeschlusses auch den Beamten und Bediensteten Mitteilungspflichten auf. Auch wenn diese die Abgeordneten des Europäischen Parlaments - vor allem wegen der Gefahr des Missbrauchs der Mitteilungspflicht in Bezug auf missliebige Abgeordnete - mittelbar in der Freiheit des Mandats beeinträchtigen können, sind sie nicht Gegenstand der nachfolgenden Untersuchung[550]. Auch die mit den Mitteilungspflichten zusammenhängende Verpflichtung jedes Abgeordneten, die Amtsführung der übrigen Abgeordneten des Europäischen Parlaments auf mögliche Verfehlungen hin zu beobachten, ist nicht Gegenstand der Untersuchung, da diese ein quasi "vorbereitender Akt" der Mitteilungspflichten ist.

1) Mitteilungspflichten der Abgeordneten

Nach Art. 2 Abs. 1 des parlamentarischen Durchführungsbeschlusses "(...) hat jeder Beamte oder Bedienstete des Europäischen Parlaments bei Kenntnis von Tatsachen, die mögliche Fälle von Betrug, Korruption oder sonstige rechtswidrige Handlungen zum Nachteil der Interessen der Gemeinschaften (....) der Beamten oder Bediensteten der Gemeinschaften oder des nicht dem Statut unterliegenden Personals darstellen können, unverzüglich seinen Dienststellenleiter oder Generaldirektor, oder (....), falls es sich um eine Verletzung der entsprechenden Verpflichtungen der Abgeordneten handelt, den Präsidenten des Europäischen Parlaments zu unterrichten". Den Abgeordneten des Europäischen Parlaments obliegt ebenfalls nach Art. 2 Abs. 4 des Durchführungsbeschlusses die Verpflichtung, bei "Kenntnis von Tatsachen oder Vorkommnissen gemäß Unterabsatz 1[551], den Präsidenten des Europäischen Parlaments, oder, falls sie dies für zweckdienlich halten, direkt das Europäische Amt für Betrugsbekämpfung hiervon (zu unterrichten)". Diese Mitteilungspflichten müssten mit dem Prinzip der Verhältnismäßigkeit bzw. mit dem Bestimmtheitsgrundsatz als Ausformung des allgemeinen Grundsatzes der Rechtssicherheit im Einklang

[550] Allerdings sind die nachfolgenden Ergebnisse zur Bestimmtheit und Verhältnismäßigkeit der den Abgeordneten auferlegten Mitteilungspflichten entsprechend auf diese Mitteilungspflichten anwendbar, soweit sich die Erwägungen nicht direkt auf den Status der Abgeordneten des Europäischen Parlaments beziehen.

[551] D.h. bei Kenntnis von möglichen Fällen von Betrug, Korruption oder sonstigen rechtswidrigen Handlungen, schwerwiegenden Vorkommnissen sowie bei einer Verletzung der entsprechenden Verhaltenspflichten der Abgeordneten.

stehen, um nicht in das freie Mandat der Abgeordneten des Europäischen Parlaments empfindlich einzugreifen.

a) Unbestimmtheit

Die Mitteilungspflichten der Abgeordneten des Europäischen Parlaments nach Art. 2 Abs. 1, bzw. Art. 2 Abs. 4 i. V. m. Abs. 1 des Durchführungsbeschlusses beziehen sich auf eine Verletzung der "(...) entsprechenden Verpflichtungen" der Abgeordneten. Dieser Rechtsbegriff bedarf der Auslegung.

Das Europäische Parlament hat gemäß Art. 9 der GOEP das Recht, sich Verhaltensregeln zu geben[552] und davon auch Gebrauch gemacht. Die Verhaltensregeln des Europäischen Parlaments sind der GOEP als Anlage I beigefügt und sollen durch verschiedene Anzeige- und Offenbarungspflichten einem Mandatsmissbrauch bereits im Vorfeld entgegenwirken[553]. Aus der Fassung in Art. 2 Abs. 4 und 1 des Durchführungsbeschlusses geht allerdings nicht hervor, ob sich die Mitteilungspflichten bezüglich einer Verletzung der "entsprechenden Verpflichtungen der Abgeordneten“ nach Art. 2 Abs. 1 des Durchführungsbeschlusses auf einen Verstoß gegen die in Anlage I der GOEP festgeschriebenen Verhaltenspflichten beziehen oder, ob sonstiges betrügerisches Verhalten der Abgeordneten ebenfalls die Mitteilungspflicht des Art. 2 Abs. 1 des Durchführungsbeschlusses auslösen kann. In jedem Fall geht aus der Bezeichnung "(...) eine Verletzung der entsprechenden Verpflichtungen der Abgeordneten“ nicht hinreichend klar hervor, welche Verhaltenspflichten der Abgeordneten davon betroffen sind.

---

552 Vgl. Art. 9 Abs. 1 der GOEP: "Das Parlament kann für seine Mitglieder Verhaltensregeln beschließen. Diese Regeln werden gemäß Artikel 181 Absatz 2 beschlossen und als Anlage dieser Geschäftsordnung beigefügt".

553 Nach Art. 1 der Verhaltensregeln muss ein Mitglied, das ein unmittelbares finanzielles Interesse an dem behandelten Thema hat, dieses mündlich mitteilen, bevor es im Parlament oder in einem seiner Gremien das Wort ergreift. In Art. 2 sind die Offenlegungspflichten der Mitglieder des Europäischen Parlaments geregelt. Danach führen die Quästoren ein Register, in welchem jedes Mitglied seine beruflichen Tätigkeiten sowie alle sonstigen gegen Entgelt ausgeübten Funktionen oder Tätigkeiten angibt (Art. 2 Ziffer a der Verhaltensregeln). Die hierbei erzielten Einkünfte müssen allerdings nicht mitgeteilt werden. Gemäß Art. 2 Nummer b der Verhaltensregeln müssen die Mitglieder des Europäischen Parlaments jegliche finanzielle, personelle oder materielle Unterstützung, die ihnen zusätzlich zu den vom Parlament bereitgestellten Mitteln im Rahmen ihrer politischen Tätigkeit von Dritten gewährt wird, angeben, wobei auch die Identität des Dritten preiszugeben ist. Diese Angaben werden ebenfalls in einem Register verzeichnet. Das Register ist öffentlich und wird jährlich auf den neusten Stand gebracht. Schließlich bestimmen die Verhaltensregeln des Europäischen Parlaments, dass seine Mitglieder bei der Ausübung ihres Mandats keine Geschenke oder Zuwendungen annehmen sollen. Sanktionen für den Fall eines Verstoßes sind allerdings nicht vorgesehen.

Die knappen und wenig detaillierten Verhaltensregelungen der Mitglieder des Europäischen Parlaments[554] sowie die Vielzahl von Möglichkeiten betrügerischer Praktiken im parlamentarischen Bereich widersprechen einer Beschränkung der Mitteilungspflichten auf die der GOEP als Anlage beigefügten Verhaltensregeln: Zu berücksichtigen ist, dass - im Hinblick auf die vielfältigen Möglichkeiten einer Schädigung der Gemeinschaftsfinanzen - eine enumerative Aufzählung der Verhaltensweisen, die final zu einer Schädigung der finanziellen Interessen der Gemeinschaft führen können, schlechthin nicht möglich ist. Dies ergibt sich auch aus der Auslegung des Begriffs der "Betrügereien", der jedes vorsätzliche oder fahrlässige Verhalten strafrechtlicher oder ordnungswidrigkeitenrechtlicher Tendenz erfasst, das in seiner Ausrichtung zu einer Schädigung der Gemeinschaftsfinanzen führt oder zumindest führen kann. Dabei muss gerade kein Verstoß gegen eine Gemeinschaftsvorschrift vorliegen, so dass auch der große Bereich der Schein- und Umgehungsgeschäfte von dem Begriff der "Betrügereien" umfasst wird[555].

Selbst wenn es gelänge, alle Verhaltensweisen der Abgeordneten aufzuzählen, die eine Schädigung der finanziellen Interessen der Gemeinschaft bewirken könnten, würde der Sinn der in Art. 2 Abs. 4 i. V. m. Art. 2 Abs. 1 des Durchführungsbeschlusses normierten Mitteilungspflichten unterlaufen werden. Denn sowohl ein breit gefächerter Stamm von Mitteilungspflichten als auch eine Einschränkung der Mitteilungspflichten - bspw. auf die in Anlage I der GOEP festgeschriebenen Verhaltenspflichten - würde bewirken, dass diese einem "unterrichtungswilligen" Abgeordneten genauestens bekannt sein müssten und dieser bereits im Vorfeld eine eigenständige Abwägung zu treffen hätte, ob eine Verletzung dieser Verhaltenspflichten oder nicht vielmehr eine nicht der Mitteilungspflicht aus Art. 2 Abs. 4 i. V. m. Art. 2 Abs. 1 des Durchführungsbeschlusses unterfallende sonstige Verfehlung des jeweiligen Abgeordneten vorliegen könnte. Diese ungünstigen Ausgangsbedingungen würden im Ergebnis dazu führen, dass von den Mitteilungspflichten nur eingeschränkt Gebrauch gemacht und der damit bezweckte Nutzen für die Gemeinschaftsfinanzen in sein Gegenteil verkehrt werden würde.

Der Bestimmtheitsgrundsatz muss vielmehr dort seine Grenzen finden, wo Sinn und Zweck einer Regelung nur eine unbestimmte Fassung zulassen. So sind auch nach der Rechtsprechung des deutschen BVerfG aufgrund des Bestimmtheitsgrundsatzes Rechtsvorschriften "so genau zu fassen, wie dies nach Eigenart der zu ordnenden Lebenssachverhalte und mit Rücksicht auf den

---

[554] Wesentlich umfangreicher und detaillierter sind demgegenüber bspw. die Verhaltensregeln des Deutschen Bundestages (vgl. Anlage 1 zur Geschäftsordnung des Deutschen Bundestages, im Folgenden: GOBT, i.d.F. v. 12.02.1998, BGBl. I, S. 428 ff).

[555] Vgl. zu dem hier vertretenen Begriff der Betrügereien: Erster Teil A. I.

Normzweck möglich ist"[556]. Unbestimmte, auslegungsbedürftige Rechtsbegriffe sind danach - auch auf Gemeinschaftsebene[557] - regelmäßig zulässig[558].

Nach alledem ist der Begriff einer Verletzung der "entsprechenden Verhaltenspflichten" als auslegungsbedürftiger Rechtsbegriff auf europäischer Ebene mit dem Bestimmtheitsgrundsatz als Ausgestaltung des allgemeinen Grundsatzes der Rechtssicherheit vereinbar[559].

b) Unverhältnismäßigkeit

Die durch Art. 2 des Durchführungsbeschlusses den Abgeordneten auferlegten Mitteilungspflichten in Bezug auf eine Verletzung der "entsprechenden Verpflichtungen der Abgeordneten" müssen allerdings auch mit dem Verhältnismäßigkeitsgrundsatz vereinbar sein, um die Abgeordneten nicht der Gefahr einer Beeinträchtigung in der freien Ausübung ihres Mandats auszusetzen.

Zunächst dienen die den Abgeordneten durch Art. 2 Abs. 4 i.V.m. Art. 2 Abs. 1 des Durchführungsbeschlusses auferlegten Mitteilungspflichten dem Ziel der Aufdeckung von Betrügereien zu Lasten der Gemeinschaftsfinanzen einem legitimen Zweck. Zur Erreichung dieses Zwecks sind sie auch geeignet und erforderlich, da keine andere Maßnahme mit geringerer Eingriffintensität ersichtlich ist, die - korrespondierend mit den Untersuchungsbefugnissen des Amtes gegenüber dem Europäischen Parlament - dem Schutz der finanziellen Interessen der Gemeinschaft vor Betrügereien im Europäischen Parlament ebenso effektiv dienen könnte wie die Auferlegung entsprechender Mitteilungspflichten.

Die Mitteilungspflichten der Abgeordneten des Europäischen Parlaments gegenüber dem Präsidenten des Europäischen Parlaments bzw. direkt gegenüber dem Amt sind im Hinblick auf das freie Mandat der Abgeordneten auch angemessen. Zwar werden die Abgeordneten des Europäischen Parlaments durch die Auferlegung dieser Verpflichtungen quasi als "Ermittlungsgehilfen" für das Amt tätig. Die Verpflichtung, andere Abgeordnete bei ihrer Amtsführung zu beobachten und etwaige Verfehlungen zum Nachteil der finanziellen Interessen der Gemeinschaft anzuzeigen, greift auch unstreitig in die Weisungsunabhängigkeit der Abgeordneten als Ausfluss ihres freien Mandats ein. Die Mitteilungspflichten bergen darüber hinaus die Gefahr von Diskriminierungen

[556] Vgl. BVerfGE 49, 168 (181); 59, 104 (114).
[557] Vgl. zur Geltung des Bestimmtheitsgrundsatzes im Gemeinschaftsrecht, Lecheler, S. 46 ff.
[558] Vgl. BVerfGE, 4, 352 (357 f); 80, 103 (108).
[559] A.A. insoweit Mager, in: ZEuS 2000, 177 (195).

und Missstimmigkeiten innerhalb des Europäischen Parlaments in sich[560], welche die Funktionsfähigkeit des Europäischen Parlaments insgesamt und damit auch die Abgeordneten in der freien Ausübung ihres Mandats beeinträchtigen könnte. So besteht die Gefahr des Missbrauchs der Mitteilungspflicht gerade zwischen politisch gegensätzlichen Fraktionen im Europäischen Parlament; dadurch könnte in die persönliche Unabhängigkeit der Abgeordneten eingegriffen und so die freie Mandatsausübung beeinträchtigt werden.

Eine Beeinträchtigung des freien Mandats kann aber nur vor dem Hintergrund der spezifischen Aufgaben der Abgeordneten des Europäischen Parlaments beurteilt werden: Diese sind zwar bei der Wahrnehmung ihres Mandats zunächst nur ihrem eigenen Gewissen verpflichtet, sie sind aber zugleich Vertreter der Bürger der Mitgliedstaaten. Gegenüber diesen kommt ihnen die Verpflichtung zu einer Interaktion, d.h. zu einer Artikulation der politischen Interessen in der Bevölkerung und zur Aggregation dieser Interessen, d.h. zu einer Einbindung widerstreitender Kräfte in den Willensbildungs- und Entscheidungsprozeß auf europäischer Ebene, zu[561]. Ohne reine Interessenvertreter der Bevölkerung der Mitgliedstaaten zu sein, sind die Abgeordneten des Europäischen Parlaments notwendigerweise auch zur Schaffung größtmöglicher Transparenz in jedem Stadium dieses Prozesses verpflichtet.

Die Mitteilungspflichten dienen nach Art. 2 Abs. 1 des Durchführungsbeschlusses dem Schutz der Gemeinschaftsfinanzen[562] sowie dem Schutz der sonstigen "gemeinschaftlichen Interessen gegenüber rechtwidrigen Handlungen", wobei der letztere Begriff[563] aufgrund seiner Unbestimmtheit[564] unbeachtet bleiben soll. Gerade in Bezug auf die finanziellen Interessen der Gemeinschaft sind die Abgeordneten - insbesondere gegenüber der Bevölkerung der Mitgliedstaaten - gehalten, diese auch vor Betrügereien aus den eigenen Reihen zu schützen. Die Beschränkung der Weisungsunabhängigkeit der Abgeordneten des Europäischen Parlaments durch die auferlegten Mitteilungspflichten ist daher insofern angemessen, als äußerst fraglich ist, ob die Freiheit des Mandats auch die Freiheit umfasst, andere Abgeordnete bei Handlungen zum Nachteil der finanziellen Interessen der Gemeinschaft

[560] Art. 2 Abs. 4 des Durchführungsbeschlusses führt bzgl. der Beamten und Bediensteten des Europäischen Parlaments aus: "Die Mitteilung gemäß den Unterabsätzen 1 und 2 darf auf keinen Fall dazu führen, dass der Beamte oder Bedienstete des Europäischen Parlaments ungerecht behandelt oder diskriminiert wird." Dies ist jedoch nur eine formale Gewährleistung, die sich nicht auf die tatsächlichen Gegebenheiten auswirken dürfte.
[561] Vgl. zu den Aufgaben und Funktionen des Europäischen Parlaments und seiner Mitglieder: Fleuter, S. 78 ff.
[562] Vgl. den 7. Erwägungsgrund der Verordnung.
[563] Vgl. den 5. Erwägungsgrund der Verordnung.
[564] Vgl. Dritter Teil B. I. 1. a. aa.

ungestört fortfahren zu lassen. Vielmehr ergibt sich aus der Verpflichtung des Abgeordneten gegenüber seinem eigenen Gewissen entweder automatisch die Verpflichtung zum Schutz der Gemeinschaftsfinanzen an der Aufklärung von Betrügereien mitzuwirken, oder aber die Verpflichtung gegenüber dem eigenen Gewissen muss dort ihre Grenzen finden, wo sie (auch nur zum Teil) der Verdeckung von Betrügereien zu Lasten der finanziellen Interessen der Gemeinschaft dient.

Die Mitteilungspflichten können auch nicht aufgrund der Möglichkeit einer Gefährdung der innerparlamentarischen Harmonie als unangemessen eingestuft werden. Bei dem Europäischen Parlament handelt es sich gerade um ein Forum auf Gemeinschaftsebene, in welchem die verschiedensten widerstreitenden Interessen und Grundvorstellungen auf ihre Verwirklichung und Vereinheitlichung drängen.

Sofern die Ausübung der Mitteilungspflicht bezüglich der Verletzung einer "entsprechenden Verpflichtung" eines anderen Abgeordneten dazu führen kann, dass dieser sich den extensiven Durchsuchungs- und Beschlagnahmebefugnissen des Amtes in seinen Amtsräumlichkeiten ausgesetzt sieht, bewirken die Mitteilungspflichten zwar mittelbar einen Eingriff in die freie Ausübung des Mandats des betroffenen Abgeordneten; dieser Umstand kann aber nicht die Mitteilungspflicht der Abgeordneten an sich als unangemessen erscheinen lassen.

Für die Verhältnismäßigkeit der auferlegten Mitteilungspflichten spricht zudem, dass diese nicht schrankenlos gewährleistet sind. Gemäß Art. 2 Abs. 5 des Durchführungsbeschlusses gelten die Mitteilungspflichten der Abgeordneten gemäß Art. 2 "unbeschadet der Bestimmungen über die Vertraulichkeit, die in Gesetzesvorschriften oder in der Geschäftsordnung des Europäischen Parlaments festgelegt sind“. Informationen, die die Abgeordneten des Europäischen Parlaments in ihrer Eigenschaft als Mitglieder des Europäischen Parlaments erhalten haben, unterliegen der Geheimhaltungspflicht nach Art. 287 EGV[565]. Die Reichweite dieses Schutzes gegenüber anderen Stellen der Gemeinschaft, die ebenfalls der Geheimhaltungspflicht unterliegen, ist allerdings nicht genau bestimmt[566]. Gemäß Art. 8 Abs. 2 der Verordnung unterliegt das Amt bei der

[565] Art. 287 EGV regelt: "Die Mitglieder der Organe der Gemeinschaft, die Mitglieder der Ausschüsse sowie die Beamten und sonstigen Bediensteten der Gemeinschaft sind verpflichtet, auch nach Beendigung ihrer Amtstätigkeit Auskünfte, die ihrem Wesen nach unter das Berufsgeheimnis fallen, nicht preiszugeben; dies gilt insbesondere für Auskünfte über Unternehmen sowie deren Geschäftsbeziehungen oder Kostenelemente".

[566] Vgl. Wegener, in: Calliess/Ruffert, Art. 287 EGV Rdnr. 3; Hummer, in: Grabitz/Hilf, Art. 214 Rdnr. 25.

Ausführung der internen Untersuchungen einer Geheimhaltungspflicht[567]. Zweck des Art. 287 EGV ist es, die Geheimhaltung von geheimhaltungsbedürftigen Informationen sicherzustellen. Die Weitergabe durch die Abgeordneten an das Amt, das ebenfalls zur Geheimhaltung verpflichtet ist, kann daher durch Arzt. 287 EGV nicht ausgeschlossen und allenfalls in engen Grenzen eine Beschränkung finden[568].

Die den Abgeordneten auferlegten Mitteilungspflichten sollen aber nach den Regelungen des Durchführungsbeschlusses ihre Grenze in dem Zeugnisverweigerungsrecht der Abgeordneten des Europäischen Parlaments finden. So erklärt Art. 4 des Durchführungsbeschlusses: "Die Regeln über (...) das Zeugnisverweigerungsrecht bleiben hiervon unberührt". Diese Regelung kann nur so verstanden werden, als dass sie sich auf die in Art. 2 festgeschriebenen Mitteilungspflichten bezieht. Aus dem Regelungsgehalt des Durchführungsbeschlusses geht allerdings nicht hervor, ob Art. 4 des Durchführungsbeschlusses ein bereits bestehendes gemeinschaftsrechtliches Zeugnisverweigerungsrecht kodifiziert oder auf national bestehende Zeugnisverweigerungsrechte verweist.

c) Gemeinschaftsrechtliches Zeugnisverweigerungsrecht

Zu untersuchen ist, ob für die Abgeordneten des Europäischen Parlaments ein gemeinschaftsrechtliches Zeugnisverweigerungsrecht existiert, welches sie im Falle der persönlichen Implikation eines Abgeordneten den ihm nach Art. 2 Abs. 4 i. V. m. Abs. 1 auferlegten Mitteilungspflichten wirksam entgegengehalten könnten.

---

567 Art. 8 Abs. 2 der Verordnung lautet: "Informationen, die im Rahmen interner Untersuchungen mitgeteilt oder eingeholt werden, fallen, unabhängig davon, in welcher Form sie vorliegen, unter das Berufsgeheimnis und genießen den Schutz, der durch die für die Organe der Europäischen Gemeinschaften einschlägigen Bestimmungen gewährleistet ist. Diese Informationen dürfen insbesondere nur Personen mitgeteilt werden, die in den Organen der Europäischen Gemeinschaften oder den Mitgliedstaaten aufgrund ihres Amtes davon Kenntnis erhalten dürfen; sie dürfen zu keinem anderen Zweck als der Bekämpfung von Betrug, Korruption und sonstigen rechtswidrigen Handlungen verwendet werden". Zudem hat das Amt in den von seinem Überwachungsausschuss ausgearbeiteten "Leitlinien für die Kommunikationspolitik des OLAF" objektive Kriterien aufgestellt, um die Wahrung des Berufsgeheimnisses im Falle von Informationen, die im Rahmen des Art. 287 EGV mitgeteilt oder eingeholt werden, sicherzustellen.

568 Vgl. Wegener, in: Calliess/Ruffert, Art. 287 EGV Rdnr. 3, der der Auffassung ist, dass eine Rechtfertigung für die Nichtweitergabe von Geheimnissen gegenüber Gemeinschaftsorganen nur "in engen Grenzen" wegen einer "erhöhten Gefahr des Bekanntwerdens" möglich sei.

aa) Bestand

Ein Zeugnisverweigerungsrecht ist für die Mitglieder des Europäischen Parlaments im Gemeinschaftsrecht bislang nicht normiert[569].

bb) Herleitung

Ein gemeinschaftsrechtliches Zeugnisverweigerungsrecht kann auch nicht rechtsvergleichend hergeleitet werden. Dies soll durch die Beleuchtung der Stellung als Befragter in einem parlamentarischen Untersuchungsausschuss der Mitgliedstaaten am Beispiel des deutschen parlamentarischen Untersuchungsverfahrens herausgestellt werden.

Der parlamentarische Untersuchungsausschuss ist für den Deutschen Bundestag in Art. 44 des Grundgesetzes für die Bundesrepublik Deutschland (im Folgenden: "GG") geregelt. Da ein Ausführungsgesetz noch nicht erlassen ist, besitzt der Ausschuss eine weitreichende Verfahrensautonomie und ist insofern allenfalls durch den Inhalt des Einsetzungsbeschlusses gebunden[570]. Geregelt ist allerdings die Beweiserhebung durch den Untersuchungsausschuss, für die Art. 44 Abs. 1 GG auf die Vorschriften der StPO verweist[571].

Geht es um die Befragung irgendeiner Person, die etwas zur Sachverhaltsaufklärung beitragen könnte, finden die in der StPO geregelten Zeugenpflichten Anwendung. Anders könnte man dies jedoch sehen, soweit sich ein Untersuchungsausschuss ausschließlich oder doch im Wesentlichen "gegen“ eine bestimmte Person richtet[572] und diese Person befragt werden soll.

Heute geht die ganz herrschende Lehre davon aus, dass im Untersuchungsverfahren als sanktionslosem Sachverhaltsaufklärungsverfahren für den Betroffenen keine Besonderheiten gelten, so dass auch dieser als persönliches Beweismittel grundsätzlich über den Verweis des Art. 44 Abs. 2 S. 1 GG wie ein Zeuge zu behandeln sei[573]. So laufen nahezu alle Vernehmungen

---

[569] Vgl. Fleuter, S. 116; Bangemann/Klebsch/Weber/Bieber, S. 199.

[570] Vgl. dazu Morlok, in: Dreier, GG, Art. 44 Rdnr. 39.

[571] Umstritten ist, wie die "sinngemäße Anwendung des Strafprozessrechts" für die Beweiserhebung in den Untersuchungsausschüssen des Deutschen Bundestages auszulegen ist. Auch das neue Untersuchungsausschussgesetz (im Folgenden: "UAG") v. 19.06.2001 enthält eine entsprechende Regelung; vgl. zum neuen UAG: Klein, in: Frankfurter Allgemeine Zeitung v. 28.05.2001.

[572] Maunz, in: Maunz/Düring/Herzog, GG, Art. 44 Rdnr. 54 spricht von sog. "Skandalenqueten“.

[573] So im Ergebnis Morlok, in: Dreier, Art. 44 Rdnr. 45; inzident wohl auch Pieroth, in: Jarass/Pieroth, GG, Art. 44 Rdnr. 7 f, der jedenfalls keine Sonderstellung des Betroffenen diskutiert.

im Untersuchungsausschuss als Zeugenvernehmungen ab, obwohl sie in der Sache eine Art Beschuldigtenverhör darstellen[574]. Damit findet jedenfalls das Aussageverweigerungsrecht des § 136 StPO[575] auf den Betroffenen keine Anwendung. Wird ein Befragter daher wie ein Zeuge im Strafverfahrensrecht behandelt, finden grundsätzlich auch die Ordnungsmaßnahmen auf ihn Anwendung, die dem Zeugen drohen, der seinen Zeugenpflichten nicht nachkommt[576]. Allerdings sind diese Maßnahmen bereits nach dem Gesetzeswortlaut nur möglich, wenn das Zeugnis "ohne gesetzlichen Grund" verweigert wird. § 53 Abs. 1 Nr. 4 StPO gewährleistet ein Zeugnisverweigerungsrecht für die Abgeordneten des Deutschen Bundestages[577] . Daneben kann ein Auskunftsverweigerungsrecht gemäß § 55 StPO bestehen[578]. Danach darf ein Zeuge die "Auskunft auf solche Fragen verweigern, deren Beantwortung ihm selbst (...) die Gefahr zuziehen würde, wegen einer Straftat (...) verfolgt zu werden“. Damit kommt man hier zu dem Ergebnis, dass zwar vor dem Untersuchungsausschuss das Aussageverweigerungsrecht des § 136 StPO keine entsprechende Anwendung findet, erzwungene Aussagen für ein Strafverfahren allerdings nicht verwertbar sind, bzw. für die Abgeordneten des Deutschen Bundestages ein Zeugnisverweigerungsrecht nach § 53 Abs. 1 Nr. 4 bzw. ein Auskunftsverweigerungsrecht nach § 55 StPO besteht. Im Hinblick auf die Einstufung der deutschen Untersuchungsausschüsse als "sanktionsloses Sachverhaltsaufklärungsverfahren“, bei welchem die erlangten Beweise in einem nachfolgenden strafprozessualen Ermittlungsverfahren gegen den jeweiligen Abgeordneten verwertet werden können, ist durchaus eine Vergleichbarkeit zum Untersuchungsverfahren des Amtes gegeben. Gleiches gilt für die in den meisten anderen Mitgliedstaaten einzusetzenden parlamentarischen Untersuchungsausschüsse[579].

---

[574] Vgl. zur Vereidigungsbefugnis des Untersuchungsausschusses des Deutschen Bundestages Schaefer, in: NJW 2002, 490 (490 ff).

[575] Nach § 136 StPO hat ist der Beschuldigte bei Beginn der ersten Vernehmung im Ermittlungsverfahren darauf hinzuweisen, dass es ihm nach dem Gesetz freistehe sich zu der Beschuldigung zu äußern oder nicht zur Sache auszusagen.

[576] So könnten gegen den nicht erschienenen Zeugen nach § 52 Abs. 1 S. 2 StPO Ordnungsgeld und - wenn dieses nicht beigetrieben werden kann - Ordnungshaft verhängt werden, und es ist nach § 51 Abs. 1 S. 3 StPO sogar eine zwangsweise Vorführung möglich. Wird ohne Grund das Zeugnis verweigert, können Ordnungsgeld bzw. später Ordnungshaft nach § 70 Abs. 1 festgesetzt werden.

[577] Danach sind die Mitglieder des Bundestages "über Personen, die ihnen in ihrer Eigenschaft als Mitglieder dieses Organs oder denen sie in dieser Eigenschaft Tatsachen anvertraut haben sowie über diese Tatsachen selbst“ zur Verweigerung des Zeugnisses berechtigt.

[578] Zu der Bedeutung des Auskunftsverweigerungsrechts vor deutschen Untersuchungsausschüssen, vgl. Morlok, in: Dreier, GG, Art. 44 Rdnr. 45.

[579] Das Recht, parlamentarische Untersuchungsausschüsse einzusetzen, ist in der Verfassung der meisten Mitgliedstaaten festgeschrieben, vgl. Art. 56 der belgischen, Art. 51 der dänischen, Art. 68 Abs. 2 und 3 der griechischen, Art. 82 der italienischen, Art. 64 der

Dem Amt steht es ebenso wenig zu, gegen den betroffenen Abgeordneten Sanktionen zu verhängen. Bei dem Untersuchungsverfahren des Amtes handelt es sich vielmehr ebenfalls um eine Art Voruntersuchung, welche in diesem Falle nicht von parlamentarischer, sondern von administrativer Seite erfolgt. Die bei den internen Untersuchungen gegenüber dem Europäischen Parlament gegen einzelne Abgeordnete erlangten Beweise über gegebenenfalls strafrechtlich zu ahndende Handlungen werden den Justizbehörden des betreffenden Mitgliedstaates übermittelt[580] und dienen, wie die im deutschen Untersuchungsverfahren erlangten Informationen, als zulässiges Beweismittel in einem nachfolgenden mitgliedstaatlichen Verwaltungs- oder Gerichtsverfahren[581]. Überträgt man die Situation als Befragter in einem deutschen parlamentarischen Untersuchungsausschuss auf die Stellung als befragter Abgeordneter des Europäischen Parlaments im Untersuchungsverfahren des Amtes, so müsste den Abgeordneten des Europäischen Parlaments daher, trotz fehlender gemeinschaftsrechtlicher Normierung, ebenfalls ein Zeugnisverweigerungsrecht zugesprochen werden.

Wenn sich ein gemeinschaftsrechtliches Zeugnisverweigerungsrecht der Abgeordneten aber auch rechtsvergleichend aus der Stellung als Befragter in einem parlamentarischen Untersuchungsausschuss ergäbe, darf nicht außer Acht gelassen werden, dass es zu einer wirksamen Geltendmachung des Zeugnisverweigerungsrechts gegenüber dem Amt einer ausdrücklichen Normierung im Gemeinschaftsrecht bedarf. Vor diesem Hintergrund kann Art. 4 des Durchführungsbeschlusses nur als eine Regelung verstanden werden, die dasjenige gewährleistet, was in den einzelstaatlichen Rechtsordnungen der Mitgliedstaaten für die nationalen Abgeordneten an Zeugnisverweigerungsrechten festgeschrieben ist.

Das Zeugnisverweigerungsrecht ist allerdings in den einzelnen Mitgliedstaaten völlig unterschiedlich ausgestaltet. So gilt für die deutschen Abgeordneten des Europäischen Parlaments § 6 EuAbgG. Danach besteht für die deutschen Abgeordneten die Befugnis, "(...) über Personen, die ihnen in ihrer Eigenschaft als Mitglieder oder denen sie in dieser Eigenschaft Tatsachen anvertraut haben sowie über diese Tatsachen selbst das Zeugnis zu verweigern".

cc) Fingierung

Ein gemeinschaftliches Zeugnisverweigerungsrecht kann auch nicht mit Rückgriff auf die einzelstaatlichen Rechtsordnungen fingiert werden.

---

luxemburgischen, Art. 70 der niederländischen, Art. 178 Abs. 5 und 6 der portugiesischen sowie Art. 76 der spanischen Verfassung.

580 Vgl. Art. 10 Abs. 2 Verordnung.

581 Vgl. Art. 9 Abs. 2 Verordnung.

So vertritt Bieber[582] die Auffassung, dass dort, wo ein nationales Zeugnisverweigerungsrecht besteht[583], dieses auch auf die Mitglieder des Europäischen Parlaments angewendet werden muss. Dies soll sogar dann gelten, wenn diese nicht die Staatsangehörigkeit des Staates besitzen, in welchem das Recht geltend gemacht wird. Obgleich etwa einem deutschen Mitglied des Europäischen Parlaments danach bei einer Zeugenaussage vor dem EuGH ein Zeugnisverweigerungsrecht durch Rückgriff auf das in den Mitgliedstaaten insoweit geltende Recht zuzubilligen wäre, hält Bieber im Interesse einer eindeutigen und übereinstimmenden Rechtslage eine Ergänzung des Protokolls um eine Art. 47 GG entsprechende Formulierung für wünschenswert. Die Fingierung eines gemeinschaftsrechtlichen Zeugnisverweigerungsrechts kann aber die fehlende gemeinschaftsrechtliche Normierung nicht ersetzen; denn diese macht es dem betreffenden Abgeordneten de facto unmöglich, den auferlegten Mitteilungspflichten ein auf Gemeinschaftsebene existentes Zeugnisverweigerungsrecht entgegenzuhalten.

dd) Stellungnahme

Art. 4 des parlamentarischen Durchführungsbeschlusses kommt nur deklaratorische Wirkung zu. Das Europäische Parlament konnte mit Erlass von Art. 4 des Durchführungsbeschlusses daher nur auf bestehende nationale Zeugnisverweigerungsrechte verweisen.

Die Auferlegung der Mitteilungspflichten ist aber auch dort noch als verhältnismäßig anzusehen, wo für die Abgeordneten des Europäischen Parlaments aufgrund nationaler Vorschriften kein Zeugnisverweigerungsrecht festgeschrieben ist[584]. Das Zeugnisverweigerungsrecht schützt als "Berufsgeheimnis des Parlamentariers“[585] die Bildung und Erhaltung des für den europäischen Integrationsprozess unverzichtbaren Vertrauensverhältnisses zwischen den Bürgern der Mitgliedstaaten und den Mandatsträgern auf nationaler und europäischer Ebene, wenn diese mit Petitionen und Sachfragen an die Abgeordneten des Europäischen Parlaments herantreten und diese auf bestimmte Aspekte nationaler Bestrebungen, Interessen und Unzulänglichkeiten hinweisen. Durch die Erleichterung des Informationsflusses von den Gemeinschaftsbürgern und sonstigen nationalen Stellen zu den Abgeordneten des Europäischen Parlaments wird deren Unabhängigkeit und Entscheidungsfreiheit als Grundlage des freien Mandats gesichert.

---

[582] in: EuR 1981, 124 (132) sowie in: Bangemann/Klebsch/Weber/Bieber, S. 199.
[583] Vgl. bspw. in Deutschland: Art. 47 GG.
[584] A.A. Mager, in: ZEuS 2000, 177 (197), nach der das in Art. 4 des Durchführungsbeschlusses festgeschriebene Zeugnisverweigerungsrecht im Hinblick auf die Mitteilungspflichten der Abgeordneten gegenüber dem Amt der näheren Präzision bedarf.
[585] Vgl. Demmler, S. 70.

Dieses Vertrauensverhältnis zwischen den Bürgern der Mitgliedstaaten und den Abgeordneten des Europäischen Parlaments könnte zwar im Falle eines fehlenden gemeinschaftsrechtlichen Zeugnisverweigerungsrechts durch die auferlegten Mitteilungspflichten empfindlich gestört werden. Dies wäre dann der Fall, wenn nicht mehr hinreichend sichergestellt wäre, dass den Abgeordneten weiterhin vertrauliche Informationen übermittelt werden würden. Jedoch ist in diesem Zusammenhang zu beachten, dass der von der Mitteilungspflicht betroffene Abgeordnete selbst, d.h. bezüglich seiner eigenen Person, nach Art. 2 Abs. 4 i. V. m. Abs. 1 des Durchführungsbeschlusses zu keiner Mitteilung verpflichtet werden kann[586] und damit regelmäßig auch die ihm von den Bürgern der Mitgliedstaaten zugetragenen Informationen nicht offenbaren wird. Es muss daher davon ausgegangen werden, dass die Bürger der Mitgliedstaaten trotz der fehlenden Existenz eines gemeinschaftsrechtlichen Zeugnisverweigerungsrechts weiterhin mit persönlichen Problemen und Sachfragen an die Abgeordneten des Europäischen Parlaments herantreten werden und das Vertrauensverhältnis zwischen Bürgern und Mandatsträgern auf europäischer Ebene trotz der internen Untersuchungen des Amtes gegenüber dem Europäischen Parlament grundsätzlich nicht wesentlich beeinträchtigt werden wird.

Als Folgeproblem der den Abgeordneten des Europäischen Parlaments auferlegten Mitteilungspflichten ergibt sich allerdings, dass diese teilweise dazu führen werden, dass das Amt gegenüber dem die Mitteilung betreffenden Abgeordneten von seinen ausgedehnten Untersuchungsbefugnissen Gebrauch machen wird. Die von den Bürgern der Mitgliedstaaten erteilten Informationen könnten daher über diesen "Umweg" den Beamten und Bediensteten des Amtes zur Kenntnis gebracht werden. Aufgrund der Tatsache, dass das Amt die gesammelten Beweise möglicherweise an die Justizbehörden der Mitgliedstaaten weiterleiten würde, könnten sich die betreffenden Bürger der Mitgliedstaaten - insbesondere bei betrügerischer Kooperation mit dem betreffenden Abgeordneten - im extremsten Fall einem mitgliedstaatlichen Gerichtsverfahren ausgesetzt sehen. Soweit allerdings die Bürger der Mitgliedstaaten selbst in betrügerische Handlungen des betreffenden Abgeordneten des Europäischen Parlaments verwickelt sind, ist der Schutz des Vertrauensverhältnisses zwischen den Bürgern und den Abgeordneten des Europäischen Parlaments ohnehin zu vernachlässigen. Der Bürger der Mitgliedstaaten, welcher an einen Abgeordneten des Europäischen Parlaments herantritt, der nicht auf ein nationales Zeugnisverweigerungsrecht verweisen kann, sieht sich daher nur der *generellen Gefahr* von Untersuchungen des Amtes in den Abgeordnetenbüros des Europäischen Parlaments gegenüber. Da diese Rechts-

---

[586] Selbst wenn man eine solche Verpflichtung aus Art. 2 des Durchführungsbeschlusses ableiten würde, wäre sie doch in der Praxis realitätsfern und damit unbeachtlich.

lage aber wiederum dem entspricht, was ohnehin in den jeweiligen Mitgliedstaaten für die meisten nationalen Abgeordneten sowie für die Abgeordneten des Europäischen Parlaments betreffend ihrer nationalen Abgeordnetenbüros gilt, kann die fehlende Gewährleistung eines Zeugnisverweigerungsrechts auch in dieser Hinsicht keine Unverhältnismäßigkeit der Mitteilungspflichten bewirken.

Die fehlende Gewährleistung eines gemeinschaftsrechtlichen Zeugnisverweigerungsrechts vermag daher - insbesondere angesichts der Bedeutung des Schutzes der Gemeinschaftsfinanzen - nicht dazu führen, die durch Art. 2 des Durchführungsbeschlusses auferlegten Mitteilungspflichten im Hinblick auf das freie Mandat der Abgeordneten des Europäischen Parlaments als unverhältnismäßige Beeinträchtigung anzusehen[587].

d) Zusammenfassung

Die den Abgeordneten des Europäischen Parlaments durch Art. 2 Abs. 4 i. V. m. Abs. 1 des Durchführungsbeschlusses auferlegten Mitteilungspflichten sind sowohl mit dem Bestimmtheits- als auch mit dem Verhältnismäßigkeitsgrundsatz vereinbar, so dass die Gefahr eines (unverhältnismäßigen) Eingriffs in das freien Mandat der Abgeordneten des Europäischen Parlaments ausgeschlossen ist.

2) Kooperationspflichten der Abgeordneten

Nach Art. 1 Abs. 2 des parlamentarischen Durchführungsbeschlusses "arbeiten die Abgeordneten umfassend mit dem Amt zusammen“.
Durch die Verpflichtung zu einer umfassenden Zusammenarbeit in Art. 1 Abs. 2 sind die Abgeordneten gehalten, die Ausübung der in Art. 4 Abs. 2 der Verordnung niedergelegten Untersuchungsbefugnisse des Amtes wenn nicht zu ermöglichen, so doch zumindest zu dulden. Die Duldungsverpflichtung der Abgeordneten des Europäischen Parlaments bezieht sich damit auch auf das Zugangs-, Durchsuchungs- und Beschlagnahmerecht der Beamten und Bediensteten in ihren Abgeordnetenbüros. Die internen Untersuchungen des Amtes gegenüber dem Europäischen Parlament sind aber aus den oben genannten Gründen mit der Gefahr einer Beeinträchtigung des freien Mandats

---

587 A.A. Mager, in: ZEuS 2000, 177 (195). Nach Mager, erscheint "(...) die Möglichkeit direkter Mitteilungen durch Abgeordnete an das Amt ohne Vorprüfung auf Relevanz durch eine hierfür geeignete Instanz des Europäischen Parlaments selbst als Einladung zum politisch motivierten Missbrauch".

der Abgeordneten verbunden. Für die entsprechenden Duldungspflichten kann nichts anderes gelten.

III. Zusammenfassung

Die Untersuchungsbefugnisse des Amtes gegenüber dem Europäischen Parlament sind aufgrund des weiten Entscheidungsspielraums des Direktors des Amtes bei der Einleitung und Durchführung der Untersuchungen zu unbestimmt und verstoßen damit gegen den Bestimmtheitsgrundsatz als Konkretisierung des allgemeinen Grundsatzes der Rechtsicherheit. Die Untersuchungen des Amtes sind schon deshalb als unverhältnismäßig anzusehen, weil sie schon bei jedem Verdacht eingreifen. Zudem unterliegen die Untersuchungen nicht der Anordnung und Nachprüfung durch eine Kontrollinstanz, die eine willkürliche Ingangsetzung und Ausführung der Untersuchungen und damit einen Eingriff in das freie Mandat der Abgeordneten abwehren könnte. Durchsuchungen und Beschlagnahmen durch das Amt in den Amtsräumlichkeiten der Abgeordneten des Europäischen Parlaments bedürfen daher zum Schutz des freien Mandats der Abgeordneten des Europäischen Parlaments der richterlichen Anordnung durch den EuGH sowie der Genehmigung der Präsidentin bzw. des Präsidenten des Europäischen Parlaments als Hausrechtsinhaber(in).

Die den Abgeordneten auferlegten Mitteilungspflichten hinsichtlich einer Verletzung der *entsprechenden Verpflichtungen* der Abgeordneten gegenüber dem Präsidenten des Europäischen Parlaments bzw. direkt gegenüber dem Amt sind mit dem Statusrecht des freien Mandats vereinbar. Die Mitteilungspflichten verstoßen nach ihrem Sinn und Zweck nicht gegen den Bestimmtheitsgrundsatz. Die Mitteilungspflichten sind darüber hinaus angesichts ihres Nutzens für den Schutz der Gemeinschaftsfinanzen und dem vergleichsweise geringen Eingriff in die Freiheit des Mandats der Abgeordneten mit dem Verhältnismäßigkeitsgrundsatz vereinbar. Dem steht auch nicht die fehlende Gewährleistung eines gemeinschaftsrechtlichen Zeugnisverweigerungsrechts zugunsten der Abgeordneten des Europäischen Parlaments entgegen.

Ewas anderes ergibt sich wiederum für die den Abgeordneten durch Art. 1 Abs. 2 des parlamentarischen Durchführungsbeschlusses des Europäischen Parlaments auferlegten Kooperationspflichten. Diese verletzen ihrerseits den Grundsatz des freien Mandats der Abgeordneten des Europäischen Parlaments dadurch, dass die Abgeordneten des Europäischen Parlaments die Untersuchungen des Amtes in ihren Amtsräumlichkeiten unterstützen oder zumindest dulden müssen. Die Untersuchungen des Amtes bergen aber nach Art. 4 Abs. 2 der Verordnung i.V.m. Art. 1 Abs. 2 des parlamentarischen Durchführungsbeschlusses die Gefahr in sich, dass Untersuchungen gegen Abgeordnete aufgrund unhaltbarer Anhaltspunkte - verfrüht oder gänzlich unberechtigt -

eingeleitet und durchgeführt werden, wobei das Amt sich mittels der Untersuchung Informationen über politische Zielvorstellungen und Initiativen des Mandatsträgers sowie der mit ihm in Verbindung stehenden Personen verschaffen könnte. Da die Abgeordneten somit befürchten müssen, jederzeit von einer Untersuchungen des Amtes betroffen zu werden, kann die zur freien Ausübung ihres Mandats erforderliche sachliche und persönliche Unabhängigkeit nicht hinreichend gewährleistet werden. Genauso wie ein Entzug des Mandats als Sanktionsmittel gegen unlautere Verhaltensweisen des Abgeordneten unzulässig wäre[588], muss auch der Gefahr der willkürlichen Beschränkung des freien Mandats begegnet werden. Unter den Voraussetzungen des Art. 4 Abs. 2 und 5 Abs. 2 der Verordnung i.V.m. Art. 1 des parlamentarischen Durchführungsbeschlusses eingeleitet und durchgeführt, verletzen die Untersuchungsbefugnisse des Amtes gegenüber dem Europäischen Parlament - anders als die Mitteilungspflichten der Abgeordneten des Europäischen Parlaments - diese in der freien Ausübung ihres Mandats.

[588] Ein Entzug des Mandats der Abgeordneten des Europäischen Parlaments als Abwahl oder Abberufung durch den Wähler, durch die Partei, der der betreffende Abgeordnete angehört oder durch Beschluss des Europäischen Parlaments wäre mit dem freien Mandat unvereinbar und ist zwingend unzulässig. Dem Europäischen Parlament ist es lediglich möglich, die Regelung der Ausübung des parlamentarischen Mandats und den zeitweiligen Ausschluss eines Abgeordneten von den Sitzungen zu beschließen, vgl. dazu: Freund, S. 388 ff.

Vierter Teil
Die europäische parlamentarische Immunität

A. Das Rechtsinstitut der europäischen parlamentarischen Immunität

Die Untersuchungsbefugnisse des Amtes sowie die den Abgeordneten des Europäischen Parlaments obliegenden Mitteilungs- und Kooperationspflichten müssten mit dem Rechtsinstitut der europäischen parlamentarischen Immunität vereinbar sein.

Die Immunität der Beamten und Bediensteten der Gemeinschaft steht in keinem Spannungsfeld mit den administrativen Untersuchungen des Amtes, da das Amt Teil der Organisationsgewalt der Gemeinschaft ist. Die Problematik der Aufhebung der Immunität stellt sich hingegen bei Strafverfahren, die aufgrund interner Untersuchungen des Amtes eingeleitet werden.

Bei der Prüfung der Gefahr einer Beeinträchtigung der europäischen parlamentarischen Immunität ist zunächst der Umstand zu berücksichtigen, dass das Europäische Parlaments selbst die Errichtung des reformierten Amtes angeregt hat[589]. Darüber hinaus hat das Europäische Parlament mit dem Rat der EU die Befugnisse des Amtes mit Schaffung der Verordnung näher ausgestaltet und gemäß der Vereinbarung für den internen Funktionsbereich des Parlaments durch einen eigenen Durchführungsbeschluss umgesetzt. Das Europäische Parlament hat dem Amt daher entsprechende Untersuchungsbefugnisse gegenüber dem Europäischen Parlament ausdrücklich zugestanden. Handelt es sich bei dem Rechtsinstitut der europäischen parlamentarischen Immunität daher ausschließlich um ein Privileg des Europäischen Parlaments, nicht aber um ein Recht, das auch dem Schutz des einzelnen Abgeordneten zu dienen bestimmt ist, könnte ein Eingriff in die Rechtsstellung der Abgeordneten des Europäischen Parlaments durch die Untersuchungsbefugnisse des Amtes und die den Abgeordneten auferlegten Mitteilungs- und Duldungspflichten ausgeschlossen sein.

Zunächst ist allerdings herauszustellen, ob die Immunitätsregelung in Art. 10 des Protokolls[590] überhaupt geeignet ist, die Abgeordneten des Europäischen

---

[589] Vgl. Entschließung vom 07.10.1999, ABl. 1998 Nr. C 328/74. Das Europäische Parlament hatte die Kommission bereits in seiner Entschließung v. 22.10.1997 - wegen der Gefahr interner Korruption - aufgefordert, für eine größere Unabhängigkeit der Einheit zu sorgen; vgl. ABl. 1997 Nr. C 339/68 ff.
[590] Vgl. ABl. 1967 Nr. L 152/13.

Parlaments vor den Untersuchungsmaßnahmen des Amtes als gemeinschaftseigener Einrichtung zu schützen.

I. Ausgestaltung der Immunität

Der Grundsatz der europäischen parlamentarischen Immunität ist in Art. 10 des Protokolls geregelt. Sowohl Art. 28 des Fusionsvertrages[591] als auch Art. 4 Abs. 2 des DWA und Art. 3 Abs. 1 der GOEP sowie Art. 5 Abs. 1 EuAbgG verweisen hinsichtlich der Vorrechte und Befreiungen auf das Protokoll im Anhang zum Fusionsvertrag[592].

Da die Gründungsverträge der Gemeinschaften einschließlich der späteren Ergänzungen sowie der mit ihnen verbundenen Anhänge und Protokolle dem primären Gemeinschaftsrecht zuzurechnen sind[593], ist auch Art. 10 des Protokolls Bestandteil des gemeinschaftlichen Verfassungsrechts und stellt so den obersten Rechtmäßigkeitsmaßstab des parlamentarischen Verfahrens in Immunitätsangelegenheiten dar[594].

Aus der aus allgemeinen Rechtsgrundsätzen und dem Charakter des Gemeinschaftsrechts folgenden einheitlichen und unmittelbaren Geltung im innerstaatlichen Recht[595] ergibt sich, dass die europäische parlamentarische Immunität im innerstaatlichen Strafverfahren als Verfahrens- oder Prozesshindernis zwingend zu beachten ist[596].

Art. 10 des Protokolls legt fest:

> "(Abs. 1) Während der Dauer der Sitzungsperiode der Versammlung
>
> a) steht ihren Mitgliedern im Hoheitsgebiet ihres eigenen Staates die den Parlamentsmitgliedern zuerkannte Unverletzlichkeit zu,

---

591 v. 13.7.1967, ABl. 1967 Nr. L 152/2 ff.

592 Vgl. zu der Verweisung im Fusionsvertrag: EuGH, Rs 149/85, Slg. 1986 (Wybot/Faure), 2391 (2398): "Durch die ausdrückliche Erwähnung des Protokolls in Artikel 28 des Fusionsvertrages wird nämlich die Immunität zu einer der Voraussetzungen dafür gemacht, dass die Versammlung der Europäischen Gemeinschaften ihre Aufgabe erfüllen kann".

593 Vgl. Schweitzer/Hummer, S. 3; Sieglerschmidt, in: EuGRZ 1986, 445 (446).

594 Daraus ergibt sich auch, dass eine Änderung des Protokolls nur nach einem mit den Gemeinschaftsverträgen zu vereinbarenden bzw. zulässigen Vertragsänderungsverfahren möglich ist.

595 Der sog. "Anwendungsvorrang" des Gemeinschaftsrechts, vgl. dazu ausführlich: Oppermann, S. 182 f sowie Giegerich, in: JuS 1997, 619 (619).

596 Vgl. Sieglerschmidt, in: EuGRZ 1986, 445 (446).

b) können ihre Mitglieder im Hoheitsgebiet jedes anderen Mitgliedstaates weder festgehalten noch gerichtlich verfolgt werden.

(Abs. 2) Die Unverletzlichkeit besteht auch während der Reise zum Tagungsort der Versammlung.

(Abs. 3) Bei Ergreifung auf frischer Tat kann die Unverletzlichkeit nicht geltend gemacht werden; sie steht auch nicht der Befugnis der Versammlung entgegen, die Unverletzlichkeit eines ihrer Mitglieder aufzuheben"[597].

Anders als die vergleichbaren innerstaatlichen Immunitätsregelungen[598] umfasst der Regelungsbereich der europäischen parlamentarischen Immunität zwei sich gegenseitig ergänzende Schutzbereiche. Art. 10 Abs. 1 a) des Protokolls stellt die Mitglieder des Europäischen Parlaments in ihrem Herkunftsstaat mit den Parlamentariern dieses Mitgliedstaates durch Verweisung auf diese in immunitätsrechtlicher Hinsicht gleich[599]. Dabei bleiben die in einzelnen Mitgliedstaaten gewährten Reichweiten der Immunität hinter denen anderer Mitgliedstaaten zurück[600], so dass für die Abgeordneten des Europäischen Parlaments unterschiedliche Immunitätsstandards festgeschrieben sind[601].

Demgegenüber enthält Art. 10 Abs. 1 b) des Protokolls eine materielle Immunitätsregelung, die in den jeweils restlichen Mitgliedstaaten der Gemeinschaft gilt. Art. 10 Abs. 1 b) des Protokolls schreibt somit - aufgrund der

---

597 Vgl. ABl. 1967 Nr. L 152/13 ff. Die parlamentarische Immunität der Mitglieder des Europäischen Parlaments wird zugleich durch Art. 4 Abs. 2 DWA und Art. 3 Abs. 1 GOEP geregelt. Da diese - hinsichtlich der Vorrechte und Befreiungen der Mitglieder des Europäischen Parlaments - auf Art. 10 des Protokolls verweisen, kommt ihnen hinsichtlich des Geltungsbereichs der europäischen parlamentarischen Immunität nur eine rein deklaratorische Bedeutung zu.

598 Vgl. bspw. Art. 46 Abs. 2 GG.

599 Damit ist klargestellt, dass die Immunität den Mitgliedern des Europäischen Parlaments keinen stärkeren Schutz gewähren soll, als er ihnen als Mitglieder ihres einzelstaatlichen Parlaments zustehen würde.

600 So gibt es das Rechtsinstitut der parlamentarischen Immunität in den Niederlanden nicht, die Abgeordneten besitzen lediglich das Recht der parlamentarischen Indemnität. In Großbritannien sind die Abgeordneten seit 1970 lediglich vor Freiheitsentziehungen im Zivilprozessverfahren geschützt; vgl. zu der parlamentarischen Immunität der nationalen Abgeordneten einiger Mitgliedstaaten: Schultz-Bleis, S. 77 ff.

601 So kann nach der Regelung des Art. 10 Abs. 1a) des Protokolls ein niederländisches oder englisches Mitglied in seinem Mitgliedstaat wegen des Verdachts der Begehung der gemeinsamen Straftat bspw. mit einem belgischen Kollegen ohne weiteres verfolgt werden, das belgische Mitglied allerdings nur mit Genehmigung des Europäischen Parlaments; vgl. dazu auch: Sieglerschmidt, in: EuGRZ 1986, 445 (446).

spezifischen Funktionsbedingungen des Europäischen Parlaments - die Garantie eines *gemeinschaftsweiten* Schutzes für die Mitglieder des Europäischen Parlaments fest. Inhaltlich bilden diese Bestimmungen ein Hindernis für jede Art von strafrechtlicher Verfolgung und von Freiheitsbeschränkungen. Die europäische parlamentarische Immunität tritt mit der Bekanntgabe der Wahl in Kraft und endet mit dem Ablauf des Mandats[602].

Problematisch ist die Geltungsdauer der europäischen parlamentarischen Immunität. Nach Art. 10 Abs. 1 und 2 des Protokolls wird die Immunität den Abgeordneten nur "während der Dauer der Sitzungsperiode“ sowie "während der Reise zum (und vom) Tagungsort“ des Europäischen Parlaments gewährt. Da sich die Sitzungsperiode des Europäischen Parlaments allerdings über ein ganzes Jahr erstreckt und nach Abschluss einer Plenarsitzungswoche lediglich unterbrochen wird[603], besteht in der Praxis ein nahezu lückenloser Immunitätsschutz für die Abgeordneten des Europäischen Parlaments[604]. Die Immunität kann nur dann nicht geltend gemacht werden, wenn ein Mitglied des Parlaments auf frischer Tat ergriffen wird[605]. Unberührt bleibt darüber hinaus die Befugnis des Europäischen Parlaments, die Unverletzlichkeit eines Abgeordneten aufzuheben (Art. 10 Abs. 2 des Protokolls).

---

[602] Vgl. Dok. A2-121/86 (Bericht Donez), S. 11 f.

[603] Vgl. EuGH, Rs. 101/63, Slg. 1964 (Wagner/Fohrmann und Krier), 423 ff (433 f): "Unbeschadet der in Art. 22 EGKS-Vertrag festgesetzten Eröffnungs- und Endtermine der jährlichen Sitzungsperioden ist das Europäische Parlament bis zur Schließung seiner jährlichen oder außerordentlichen Sitzungsperioden als in einer Sitzung befindlich anzusehen, auch wenn es tatsächlich keine Sitzung abhält“; bestätigend auch EuGH, Rs. 149/85, Slg. 1986, (Wybot/Faure), 2391 ff (2411): "Art. 10 (...) ist dahin auszulegen, dass das Europäische Parlament bis zu dem Beschluss, durch den es den Schluss der jährlichen oder außerordentlichen Sitzungsperiode ausspricht als in einer Sitzung befindlich anzusehen ist, selbst wenn es nicht tatsächlich tagt“; vgl. auch Bieber, S. 112 f m.w.N.

[604] Diese Feststellung erscheint nach deutschen Recht nicht ungewöhnlich, hat aber - wegen einer dort zeitlich enger begrenzten Immunität (immunitätsrechtlicher Schutz nur in den parlamentarischen Sitzungsperioden) - z.B. in Frankreich zu heftigen Angriffen auf das Europäische Parlament geführt; vgl. die Kontroverse um die Dauer der parlamentarischen Immunität des Abgeordneten des Europäischen Parlaments Poniatowski, in: Le Monde, v. 21.10.1980, S. 11.

[605] Ist ein Abgeordneter in seinem Herkunftsstaat auf frischer Tat ergriffen worden (sog. "Flagranzdelikt"), richtet sich der Fortgang des damit – ohne Genehmigung des Europäischen Parlaments - aufgenommenen Ermittlungsverfahrens gemäß Art. 10 Abs. 1 a) des Protokolls nach dem Immunitätsrecht dieses Landes. Gegen einen Abgeordneten, der in einem anderen Mitgliedstaat auf frischer Tat ergriffen wird, können nach Art. 10 Abs. 1 b) des Protokolls die eingeleiteten Ermittlungen ohne Genehmigung des Europäischen Parlaments mit der Einschränkung fortgesetzt werden, dass der Abgeordnete nicht "festgehalten“ werden darf, und sich das Verfahren noch in dem Stadium vor der Einschaltung gerichtlicher Instanzen befindet; vgl. zu dem Verfahren bei den sog. Flagranzdelikten auch: Sieglerschmidt, in: EuGRZ 1986, 445 (447).

II. Aufhebung der Immunität

Gemäß Art. 10 Abs. 3 des Protokolls ist das Europäische Parlament befugt, die Unverletzlichkeit eines seiner Mitglieder aufzuheben. Dabei stellt sich die Frage, ob diese Befugnis auch den Fall umfasst, in welchem staatliches Immunitätsrecht zur Anwendung gelangt (Art. 10 Abs. 1 a des Protokolls). Das Europäische Parlament müsste in diesem Fall nach materiellem und formellem innerstaatlichem Recht verfahren. Gehört ein Abgeordneter des Europäischen Parlaments gleichzeitig einem nationalen Parlament sowie dem Europäischen Parlament an, findet sowohl nationales als auch europäisches Immunitätsrecht Anwendung. Bei Doppelmandaten besteht daher die Gefahr widersprüchlicher Entscheidungen. Wortlaut und Systematik von Art. 10 Abs. 3 des Protokolls erstrecken allerdings die Aufhebungsbefugnis des Europäischen Parlaments auf beide in Art. 10 Abs. 1 des Protokolls genannte Formen der Immunität. Auch betrafen sämtliche an das Europäische Parlament gerichtete Anträge auf Aufhebung der Immunität Staaten, in denen der Antrag bereits gestellt worden war[606]. Insofern ist die Aufhebungsbefugnis des Europäischen Parlaments auch für die nach staatlichem Recht gewährte Immunität anzuerkennen[607].

In Art. 6[608] und Art. 6a[609] der GOEP hat sich das Europäische Parlament Verfahrensregeln gegeben, nach denen es über Anträge auf Aufhebung der

---

[606] Vgl. die Fälle der Abgeordneten des Europäischen Parlaments Fohrmann, Krier (Luxemburg) 1964; Thorn (Luxemburg) 1968; Almirante (Italien) 1980; Gouthier (Italien) 1980; Aigner (Deutschland) 1980; Herklotz (Deutschland) 1980; Le Pen (Frankreich) 1998.

[607] Um bei Doppelmandaten eine Kollision der Entscheidungen des jeweiligen nationalen und des Europäischen Parlaments zu vermeiden, ist dem Europäischen Parlament ein Abwarten der Entscheidung des nationalen Parlaments zu empfehlen, da seine anders lautende Entscheidung regelmäßig rechtswidrig wäre, so auch: Sieglerschmidt, in: EuGRZ 1986, 445 (447). Der besonderen Problemlage des Doppelmandats trägt in Deutschland § 5 Abs. 2 EuAbgG Rechnung. Danach sollen Abgeordnete des Europäischen Parlaments, die zugleich Mitglieder des Deutschen Bundestages sind, ihre Immunität nur dann verlieren können, wenn diese kumulativ von beiden parlamentarischen Organen aufgehoben wird. Im Interesse einer gleichmäßigen Ermessensausübung hat der deutsche Bundestag mit den sog. "Grundsätzen der Immunitätsangelegenheiten" Richtlinien aufgestellt, die als parlamentarisches Innenrecht das Ermessen steuern sollen und das Entscheidungsverfahren näher ausgestalten; vgl. dazu: Trute, in: v. Münch, Art. 46 Rdnr. 29.

[608] Die GEOP wurde in der 14. Auflage vom 02.08.1999 und zuletzt unter Berücksichtigung des Vorschlags für einen Beschluss über die Reform der Geschäftsordnung hinsichtlich der parlamentarischen Immunität (Art. 6 GOEP) des Abgeordneten Andrew Nicholas Duff geändert; vgl. zu diesem Änderungsvorschlag Dok. PE 313.375/1-8 v. 10.04.2002. Der neue Wortlaut des Art. 6 Abs. 1 GOEP in der Fassung vom 01.07.2002 lautet: "Bei der Wahrnehmung seiner Befugnisse hinsichtlich der Vorrechte und Immunitäten ist es vorrangiges Ziel des Parlaments, seine Integrität als demokratisch gesetzgebende Versammlung zu wahren und die Unabhängigkeit seiner Mitglieder bei der Wahrnehmung ihrer Aufgaben sicherzustellen". Gemäß Art. 6 Abs. 2 GOEP wird "(...) jeder an den Präsidenten gerichtete Antrag einer zuständigen Behörde eines Mitgliedstaates, die Immunität eines

parlamentarischen Immunität bzw. über Anträge auf Aussetzung der eingeleiteten Strafverfolgung entscheidet. Dem für die Aufhebung der Immunität der Abgeordneten zuständigen Ausschuss für Recht und Binnenmarkt (im Folgenden: "Immunitätsausschuss")[610] des Europäischen Parlaments obliegt gemäß Art. 6 Abs. 2[611] und 3 GOEP[612] bzw. nach Art. 6 a Abs. 2 GOEP[613] die maßgebliche Vorprüfung des Antrags in rechtlicher und tatsächlicher Hinsicht. Gegenstand des Verfahrens im Immunitätsausschuss ist die Beschlussfassung des Europäischen Parlaments über die Frage, ob die Immunität eines Mitglieds aufgehoben wird oder nicht bzw., ob die Aussetzung der bereits mit Genehmigung des Europäischen Parlaments eingeleiteten Strafverfolgung von der zuständigen nationalen Behörde gefordert werden soll.

Gemäß Art. 6 a GOEP hat sich der Vorschlag des Immunitätsausschusses für einen Beschluss des Europäischen Parlaments darauf zu beschränken, "(...) die Annahme oder Ablehnung des Antrags auf Aufhebung der Immunität oder auf Verteidigung der Immunität und Vorrechte zu empfehlen". In der Behandlung seines Antrags ist der Immunitätsausschuss in sachlicher und zeitlicher Hinsicht weisungsunabhängig[614]. Der Ausschuss verhandelt in nicht-öffentlicher Sitzung,

---

Mitglieds aufzuheben, (...) dem Plenum mitgeteilt und an den zuständigen Ausschuss überwiesen".

609 Art. 6a der GOEP wurde in der aktuellsten Novellierung der GOEP neu eingefügt; er enthält die Verfahren für die Aufhebung der parlamentarischen Immunität, die bereits - mit kleinen Abweichungen - in Art. 6 GOEP i.d.F.v. 02.08.1999 enthalten waren. Besonders hervorzuheben ist Art. 6 a Abs. 7 GOEP: "Der Ausschuss kann eine mit Gründen versehene Stellungnahme zur Zuständigkeit der betreffenden Behörde und zur Zulässigkeit des Antrags abgeben, doch äußert er sich in keinem Fall zur Schuld oder Nichtschuld bzw. zur Zweckmäßigkeit einer Strafverfolgung der dem Mitglied zugeschriebenen Äußerungen oder Tätigkeiten, selbst wenn er durch die Prüfung des Antrags umfassende Kenntnis von dem zugrunde liegenden Sachverhalt erlangt".

610 Die Zuständigkeit des Ausschusses für Entscheidungen zur Aufhebung der parlamentarischen Immunität ergibt sich aus der Anlage VI (Zuständigkeiten der ständigen Ausschüsse des Parlaments) der GOEP, vgl. Anlage VI Nr. VI. "Ausschuss für Recht und Binnenmarkt" Nr. 12 "Vorrechte und Immunitäten".

611 Der Wortlaut von Art. 6 Abs. 2 GOEP lautet: "Jeder an den Präsidenten gerichtete Antrag einer zuständigen Behörde eines Mitgliedstaates, die Immunität eines Mitglieds aufzuheben, wird dem Plenum mitgeteilt und an den zuständigen Ausschuss überwiesen".

612 Art. 6 Abs. 3 GOEP bestimmt: "Jeder an den Präsidenten gerichtete Antrag eines Mitglieds oder eines ehemaligen Mitglieds auf Verteidigung von Immunität und Vorrechten wird dem Plenum mitgeteilt und an den zuständigen Ausschuss überwiesen".

613 Art. 6 a Abs. 2 GOEP regelt: "Der Ausschuss unterbreitet einen Vorschlag für einen Beschluss, der sich darauf beschränkt, die Annahme oder Ablehnung des Antrags auf Aufhebung der Immunität oder auf Verteidigung der Immunität und Vorrechte zu empfehlen".

614 Vgl. Rutschke, S. 54; Grabitz/Läufer, S. 82.

die behandelten Schriftstücke gelten als vertraulich[615]. Gemäß Art. 6 a Abs. 3 S. 2 GOEP erhält der betroffene Abgeordnete die Möglichkeit, vor dem Ausschuss gehört zu werden[616]. Er kann dem Ausschuss zudem alle ihm zweckmäßig erscheinenden Schriftstücke vorlegen (Art. 6 a Abs. 3 S. 3 GOEP).

Da Art. 10 Abs. 3 des Protokolls keine Kriterien für die Entscheidung über die Aufhebung der europäischen parlamentarischen Immunität aufstellt, ist dem Europäischen Parlament ein weiter Ermessensspielraum eröffnet. Der Immunitätsausschuss hat seiner Entscheidungspraxis zur Prüfung eines Antrages auf Aufhebung der europäischen parlamentarischen Immunität insbesondere zwei Kriterien zugrunde gelegt. Nach dem ersten Entscheidungskriterium wird die europäische parlamentarische Immunität regelmäßig nicht aufgehoben, wenn die Handlung, die dem Abgeordneten in dem Aufhebungsantrag vorgeworfen wird, "als schützenswerte politische Tätigkeit aus dem Kernbereich der für Abgeordnete typischen Aktivitäten" und somit "als integrierender Bestandteil seiner politischen Tätigkeit" einzustufen ist[617]. Politischer Bezug wird jeder Handlungsweise eines Abgeordneten beigelegt, die in direktem oder indirektem Zusammenhang mit seiner politischen Tätigkeit steht, und in der er seinen Status als Abgeordneter des Europäischen Parlaments benutzt, um für sein Anliegen die Aufmerksamkeit der Öffentlichkeit und insbesondere der Medien zu gewinnen[618]. Dabei ist weder der Bezug der Handlung zu innerparlamentarischen

---

[615] Vgl. zum Ablauf der Prüfung des Verfahrens im Immunitätsausschuss auch: Schultz-Bleis, S. 66 ff.

[616] Der Abgeordnete kann sich auch gemäß Art. 6 a Abs. 3 S. 4 GOEP vor dem Ausschuss durch ein anderes Mitglied vertreten lassen.

[617] Diese Praxis entstammt der Immunitätspraxis des italienischen Parlaments. Die Übernahme dieser Praxis ins Europäische Parlament geht auf den langjährigen Berichterstatter Georges Donnez (LDA) zurück. In der mitgliedstaatlichen Verfassung weist der 1979 neu gefasste Art. 57 Abs. 3 des österreichischen B-VG eine ähnliche Entscheidungspraxis auf. Danach dürfen Mitglieder des Nationalrates wegen einer strafbaren Handlung nur verfolgt werden, wenn diese offensichtlich in keinem Zusammenhang mit einer politischen Tätigkeit des betreffenden Abgeordneten steht; vgl. dazu Kopetzki, in: Österreichische Zeitschrift für Öffentliches Recht und Völkerrecht 37 (1986), 101 (101 ff); vgl. dazu auch den erfolglosen Antrag der ÖVP-Abgeordneten Griesser, Roßmann, Dr. Nindl und Hofer an den Nationalrat betreffend die Abschaffung des Rechtsinstituts der parlamentarischen Immunität v. 03.07.2001, Informationen aus dem Landtag Salzburg, Nr. 598 der Beilagen zum stenographischen Protokoll des Salzburger Landtages, einzusehen unter: http://www.land-sbg.gv.at/lpi/11/LT2Dantrag/3/11176.html.

[618] In der Vergangenheit wurde aus diesem Grund bei Äußerungsdelikten mit dem Hinweis auf das Recht der freien Meinungsäußerung und der Kontrollfähigkeit des Europäischen Parlaments die parlamentarische Immunität nie aufgehoben. Eine Ausnahme von dieser Regel bildet die Aufhebung der parlamentarischen Immunität des Vorsitzenden der französischen rechtsextremistischen "Front National", Jean Marie Le Pen, wegen rassistischer und antisemitischer Äußerungen: Ein erstes Mal musste das Europäische Parlament die Immunität Le Pens wegen eines makaberen Wortspiels ("Durafour-Crématoire") aufheben; vgl.

Beratungen entscheidend, noch muss die Handlung an den Sitzungsorten des Europäischen Parlaments verübt worden sein[619]. Ausgenommen sind allerdings die Fälle, in denen der Abgeordnete bei seiner "politischen" Straftat in irgendeiner Weise Gewalt ausgeübt hat oder aufgrund besonderer Umstände der Schluss möglich ist, dass er dies beabsichtigt hat[620].

Nach dem zweiten Kriterium des Rechtsausschusses erfolgt eine Ablehnung der Aufhebung der europäischen parlamentarischen Immunität außerdem, wenn Grund zu der Annahme besteht, dass dem Antrag auf Aufhebung der europäischen parlamentarischen Immunität die Absicht zugrunde liegt, der politischen Tätigkeit des Abgeordneten zu schaden, (sog. "fumus persecutionis")[621].

Stenographischer Bericht des Europäischen Parlaments (im Folgenden: EP-StenBer.) Sitzungsperiode 1989-90, Sitzung v. 11.12.1989, S. 4-15. Ein zweites Mal wurde die Immunität Le Pens wegen seinen Angriffen gegen die jüdische Internationale aufgehoben; vgl. EP-StenBer. Sitzungsperiode 1989 - 90, Sitzung v. 12.3.1990, S. 13-20. Ein drittes Mal erfolgte die Aufhebung von LePens Immunität wegen seiner Aussage: "Die Gaskammern seien *ein Detail* in der Geschichte des Zweiten Weltkrieges", vgl. Verhandlungen des Europäischen Parlaments Nr. 4-525/1 ff, v. 5.10.98. Insgesamt wurde gegen Le Pen sechsmal der Antrag auf Aufhebung seiner parlamentarischen Immunität gestellt, der in drei Fällen wegen nicht ausreichender Beweise und zum Schutz der Meinungsfreiheit der Abgeordneten abgelehnt worden war; vgl. dazu EP-StenBer. Sitzungsperiode 1989-90, Sitzung v. 8.10.90, S. 15-21. Diese Debatten im damals für die Vorbereitung des Beschlusses über die Aufhebung der Immunität zuständigen Ausschuss für Geschäftsordnung, Wahlprüfung und Immunität illustrieren generell Inhalt und Bedeutung der europäischen parlamentarischen Immunität aus Sicht der Abgeordneten des Europäischen Parlaments.

619 Aufgrund des Fehlens klarer Abgrenzungskriterien ist allerdings nicht ersichtlich, in welchen Fällen ein Zusammenhang mit der politischen Tätigkeit des Abgeordneten bestehen soll. Besonders bedenklich ist die Ablehnung eines nationalen Aufhebungsantrages, wenn das mitgliedstaatliche Strafverfahren in erster Instanz bereits zu einer Verurteilung des Abgeordneten geführt hat. Die Folge sind umstrittene Immunitätsentscheidungen, die den Ruf des betroffenen Abgeordneten belasten und das Vertrauen in das Europäische Parlament gefährden; vgl. z.B. Ausschussbericht vom 3.4.1984, PE 89.379/endg. sowie Sieglerschmidt mit Kasuistik, in: EuGRZ 1986, 445 (449 ff, 452 f), nach dem bereits bei Fällen der Steuerhinterziehung, der Untreue und des Betruges der Zusammenhang mit der politischen Tätigkeit des Abgeordneten hergestellt und die Aufhebung der parlamentarischen Immunität verweigert worden sei.

620 So wurde im Fall des deutschen Abgeordneten des Europäischen Parlaments Klöckner (Die Grünen) die parlamentarische Immunität aufgehoben, weil Klöckner auf dem Weg zu einer politischen Demonstration einen Stein und ein CS-Reizstoff-Gerät mitgeführt hatte; vgl. EP-StenBer., Sitzungsperiode 1985, Sitzung v. 15.4.1985, S. 6 f.

621 Daher behielt der Vorsitzende der französischen rechtsextremistischen "Front National", Le Pen, den Immunitätsschutz, als er von einem französischen Bürger wegen Verleumdung angezeigt wurde, aus dem Text des in Frage stehenden Flugblattes aber nicht hervorging, dass es persönlich von Le Pen verfasst oder unterzeichnet worden war; vgl. EP-StenBer. Sitzungsperiode 1989-90, Sitzung v. 22.10.1990, S. 12 f; vgl. zum Kriterium des "fumus

Nach Abschluss des Ausschussberichts wird dieser im Plenum des Europäischen Parlaments gemäß Art. 6 a Abs. 8 S. 1 GOEP als erster Punkt auf die Tagesordnung der "(...) unmittelbar auf seine Vorlage folgenden Sitzung gesetzt". Der Ablauf der Aussprache im Plenum richtet sich nach Art. 6 a Abs. 8 UAbs. 2.5 GOEP. Gemäß Art. 6 a Abs. 8 UAbs. 2 GOEP "(...) erstreckt sich (die Aussprache) nur auf die Gründe, die für und gegen die einzelnen Vorschläge für die Aufhebung oder Aufrechterhaltung der Immunität oder die Verteidigung eines Vorrechts oder der Immunität sprechen". Die Beschlussfassung im Plenum erfolgt gemäß Art. 6 a Abs. 8 UAbs. 5 S. 1 GOEP im Wege einer einzigen Abstimmung. Wird ein Vorschlag des Immunitätsausschusses abgelehnt, gilt der gegenteilige Vorschlag als angenommen (Art. 6 a Abs. 8 UAbs. 5 S. 2 GOEP)[622]. Der Aufhebungsbeschluss des Europäischen Parlaments ist allgemein gehalten und spricht keine Empfehlung für eine bestimmte Strafverfolgungsmaßnahme aus, so dass offen bleibt, unter welchen strafrechtlichen Gesichtspunkten die Straftat geahndet werden darf, bzw. welche strafrechtlichen Verfolgungsmaßnahmen als zulässig angesehen werden[623].

Der Präsident des Europäischen Parlaments teilt den Beschluss über die Aufhebung oder Nichtaufhebung der europäischen parlamentarischen Immunität bzw. die Aussetzung der Strafverfolgung unverzüglich dem betroffenen Abgeordneten sowie der zuständigen nationalen Strafverfolgungsbehörde mit[624].

III. Reichweite der Immunität gegenüber internen Untersuchungen

Für die Abgeordneten des Europäischen Parlaments findet, soweit es sich um Maßnahmen ihrer Herkunftsstaaten handelt, nationales Immunitätsrecht Anwendung (Art. 10 Abs. 1 a des Protokolls). Dagegen stellt Art. 10 Abs. 1 b) des Protokolls das aus den Funktionsbedingungen des Europäischen Parlaments abzuleitende gemeinschaftliche Element des Abgeordnetenstatus dar, wonach "ihre Mitglieder im Hoheitsgebiet jedes anderen Mitgliedstaates weder fest-

---

persecutionis" auch EP-StenBer. Sitzungsperiode 1988-89, Sitzung v. 11.4. und 10.10.1988, S. 5 ff; vgl. zu beiden Aufhebungskriterien im Europäischen Parlament die Analyse mit Kasuistik bei Sieglerschmidt, in: EuGRZ 1986, 445 (449 ff).

622 Vgl. dazu Schultz-Bleis, S. 72, nach dem lediglich in einem von 62 Fällen in der Beschlussfassung des Plenums Abweichungen von der Beschlussvorlage des Immunitätsausschusses gemacht werden.

623 Vgl. Schultz-Bleis, S. 71, der auf die Praxis des italienischen Parlaments verweist, einerseits die Einleitung der Strafverfolgung und andererseits der Zustimmung zu freiheitsentziehenden Maßnahmen zu erteilen.

624 Vgl. Art. 6 a Abs. 9 S. 1 GOEP. Der Präsident des Europäischen Parlaments ersucht darum, über die weitere Entwicklung des mitgliedstaatlichen Verfahrens unterrichtet zu werden und teilt die dabei erlangen Informationen dem Parlament auf die Weise mit, die ihm "am angemessensten erscheint"; vgl. Art. 6 a Abs. 9 S. 1 und 2 GOEP.

gehalten noch gerichtlich verfolgt werden". Die Abgeordneten des Europäischen Parlaments unterliegen daher der Garantie eines gemeinschaftsweiten Immunitätsschutzes vor strafrechtlicher Verfolgung sowie Freiheitsbeschränkung seitens der mitgliedstaatlichen Behörden, wobei dies nicht der Befugnis der Versammlung entgegen steht, die Unverletzlichkeit eines ihrer Mitglieder aufzuheben[625]. Ein immunitätsrechtliches Hindernis vor einer Verfolgung von Seiten der Gemeinschaft, d.h. ihrer Organe und Einrichtungen, wie dem der Kommission zugehörigen Amt, wird durch Art. 10 Abs. 1 b) des Protokolls aber nicht aufgestellt. Es soll daher untersucht werden, ob Art. 10 Abs. 1 b) des Protokolls geeignet ist, die Abgeordneten des Europäischen Parlaments vor den Untersuchungsbefugnissen des Amtes - als Teil der Exekutive der Gemeinschaft - zu schützen.

Zunächst ist zu berücksichtigen, dass das Protokoll aus dem Jahre 1965 stammt, also acht Jahre nach Unterzeichnung der "Römischen Verträge" zur Gründung der Europäischen Wirtschafts- und der Europäischen Atomgemeinschaft und damit aus einer Zeit, als die Abgeordneten des Europäischen Parlaments nur mit Ermittlungsmaßnahmen mitgliedstaatlicher Strafverfolgungsbehörden, nicht aber mit internen Untersuchungen seitens der Gemeinschaft rechnen mussten[626]. Bis zur Ausgestaltung der internen Untersuchungen des Amtes durch die Verordnung und den Durchführungsbeschluss gemäß der Vereinbarung bestand daher noch keine Erfahrung mit gemeinschaftseigener Exekutivgewalt gegenüber den Mitgliedern des Europäischen Parlaments.

Die Untersuchungsbefugnisse des Amtes sind rechtlich auch nicht als reine "Voruntersuchungen" der Exekutive *ohne Eingriffscharakter* einzuordnen, die lediglich darauf gerichtet sind, die Beweismittel und die Tatsachengrundlage für die Entscheidung über die Einleitung eines strafrechtlichen oder ordnungswidrigkeitenrechtlichen Verfahrens und damit auch für die Aufhebung der

---

[625] Vgl. dazu auch: Zarka, S. 47 ff: "Il importe de souligner que les eurodéputés bénéficient des immunités reconnues aux membres du parlement de leur propre pays. Il en découle des inégalités entre les élus européens car l`immunité parlementaire ne recouvre pas les mêmes garanties selon les membres de l`Union".

[626] So im Ergebnis auch das EuG in der Rechtsache T-17/00-R. Das Gericht wies insbesondere auch auf Art. 18 des Protokolls hin, wonach "Die Vorrechte, Befreiungen und Erleichterungen (...) den Beamten und sonstigen Bediensteten der Gemeinschaften ausschließlich im Interesse der Gemeinschaften gewährt (werden)". Daraus folgerte das EuG, dass die die Mitglieder des Europäischen Parlaments betreffenden Regelungen des Protokolls dahingehend zu verstehen seien, dass sie sowohl die Unabhängigkeit der Amtsausübung der Mitglieder des Europäischen Parlaments als auch die Funktionsfähigkeit des Europäischen Parlaments als Ganzes gewährleisten sollen; vgl. zum Verfahren gegen den Durchführungsbeschluss; Erster Teil E.

europäischen parlamentarischen Immunität zu schaffen[627]. Solche Voruntersuchungen werden bspw. nach dem deutschen Immunitätsrecht als zulässig eingestuft: Danach kann zwar die Einleitung eines Ermittlungsverfahrens erst nach Aufhebung der parlamentarischen Immunität erfolgen[628], diejenigen Untersuchungshandlungen zur Feststellung, ob überhaupt eine Genehmigung des Bundestages eingeholt werden soll, werden allerdings als zulässig angesehen[629].

Das Amt nimmt gegenüber dem Europäischen Parlament zwar tatsächlich eine Art Voruntersuchung zur Feststellung eines straf- oder ordnungswidrigkeitenrechtlich relevanten Verhaltens seiner Mitglieder vor. Dem Amt kommen aber bei seinen Untersuchungen gegenüber dem Europäischen Parlament zusätzlich quasi ermittlungsbehördliche Untersuchungsbefugnisse zu, indem ihm nach den Vorgaben von Art. 4 Abs. 2 der Verordnung i.V.m. dem Durchführungsbeschluss das Recht der Durchsuchung und der Beschlagnahme in den Räumlichkeiten des Europäischen Parlaments und damit auch in den Abgeordnetenbüros zusteht. Die von dem Amt bei den Untersuchungen erlangten Informationen über möglicherweise strafrechtlich zu ahndende Handlungen werden seitens des Amtes den Justizbehörden des betreffenden Mitgliedstaates übermittelt[630]; die von den Amt erstellten Untersuchungsberichte sind in den Verwaltungs- und Gerichtsverfahren der Mitgliedstaaten zulässige Beweismittel[631]. Den internen Untersuchungsbefugnissen des Amtes kommt daher eine andere rechtliche Qualität zu als Voruntersuchungen mitgliedstaatlicher Ermittlungsbehörden, auch wenn die nachfolgende Einleitung eines nationalen Ermittlungsverfahrens dem Ermessen der Mitgliedstaaten unterliegt.

Aus diesen Gründen ist der Schutzbereich von Art. 10 Abs. 1 b) des Protokolls auch auf Untersuchungen gemeinschaftseigener Exekutivbehörden auszudehnen. Die Abgeordneten des Europäischen Parlaments können daher den Untersuchungsbefugnissen des Amtes grundsätzlich das Recht der europäischen parlamentarischen Immunität entgegenhalten[632], sofern und soweit dieses Rechtsinstitut zumindest (auch) als ihr Privileg anzusehen ist.

---

[627] So aber: Mager, in: ZEuS 2000, 177 (196 f).
[628] Vgl. Pieroth, in: Jarass/Pieroth, Art. 46 GG Rdnr. 6.
[629] Vgl. bspw. Pieroth, in: Jarass/Pieroth, Art. 46 GG Rdnr. 6; Maunz, in: Maunz/Düring/Herzog/Scholz, Art. 46 Rdnr. 47.
[630] Vgl. Art. 10 Abs. 2 der Verordnung sowie Erwägungsgrund Nr. 13 der Verordnung.
[631] Vgl. Art. 9 Abs. 2 der Verordnung.
[632] So im Ergebnis auch das EuG im Verfahren des einstweiligen Rechtsschutzes in der Rs. T-17/00 R; a.A. das EuG im Hauptsacheverfahren, das auf den Wortlaut von Art. 10 Abs. 1 b) des Protokolls verweist, der sich nicht auf parlamentsinterne Untersuchungen beziehe.

B. Die Regelungen der Immunität

Aus dem Umstand, dass das Europäische Parlament dem Amt - als Teil der Kommission - die Befugnis zu der Durchführung interner Untersuchungen durch Schaffung der Verordnung sowie des Durchführungsbeschlusses ausdrücklich zugebilligt hat, ergeben sich nachfolgende Erwägungen: Wäre die europäische parlamentarische Immunität als alleiniges Privileg des Europäischen Parlaments anzusehen, könnte dieses durch die Ausgestaltung der Untersuchungen des Amtes - im Wege eines vorgezogenen Genehmigungsvorbehalts - einer Beschränkung des genannten Rechts durch die Durchführung von Ermittlungsmaßnahmen des Amtes gegenüber den Mitgliedern des Europäischen Parlaments quasi "im Vornherein" zugestimmt haben, auch wenn die von den Untersuchungsmaßnahmen betroffenen Abgeordneten "reflexartig" von den Eingriffsbefugnissen des Amtes berührt werden würden. Würde es sich bei der europäischen parlamentarischen Immunität aber zumindest *auch* um ein Statusrecht der Abgeordneten des Europäischen Parlaments handeln, bestünde die Gefahr einer empfindlichen Beeinträchtigung der Abgeordneten in diesem Statusrecht durch die Untersuchungsbefugnisse des Amtes gegenüber dem Europäischen Parlament. Entscheidend ist daher die rechtliche Verortung und insbesondere die Rechtsträgerschaft der europäischen parlamentarischen Immunität.

Gerade die Auseinandersetzung mit den im mitgliedstaatlichen Vergleich weitreichenden Immunitätsbestimmungen des Grundgesetzes[633] unter Berücksichtigung des vielfältigen - wenn auch meist älteren[634] - Schrifttums, vermag interessante Aufschlüsse über die Rechtsträgerschaft der europäischen parlamentarischen Immunität zu geben. In einem zweiten Schritt soll der Frage der Rechtsträgerschaft unter Berücksichtigung der europäischen Rechtslehre und Rechtsprechung nachgegangen und überprüft werden, inwieweit die gewonnenen Erkenntnisse auch auf gemeinschaftsrechtlicher Ebene fruchtbar gemacht werden können.

---

633 Vgl. dazu den Rechtsvergleich bei Schultz-Bleis, S. 77 ff.

634 Vgl. nur Brechling, S. 17 ff; Mende S. 52 ff; Bockelmann, S. 25 ff; vgl. zum neueren Schrifttum: Maunz, in: Maunz/Düring/Herzog/Scholz, Art. 46 Rdnr. 1 ff; Magiera, in: Bonner Kommentar, Art. 46 Rdnr. 1 ff, 72 ff; Wurbs, S. 17; Butzer, S. 88 ff.

I. Die Immunität in den Mitgliedstaaten

1) Entwicklung des Immunitätsrechts

a) Entwicklung des Immunitätsrechts in England

Bei dem Rechtsinstitut der parlamentarischen Immunität handelt es sich um ein altes Privileg des "common law", das auf die Funktion des Parlaments als höchsten königlichem Gerichtshof zurückgeht[635]. Ebenso wie die Richter, Anwälte und Clerks der königlichen Gerichtshöfe sich des Privilegs der Haftfreiheit erfreuten - sofern sie zu Gericht gingen und dort tagten - stand dieses Vorrecht auch den Parlamentsmitgliedern zu[636].

Vorbereitend durch den Fall des Abgeordneten Richard Chedder aus dem Jahre 1404 und schließlich des Abgeordneten John Atwyll aus dem Jahre 1477 beriefen sich die Commons in ihrer Petition gegenüber König Edurad IV. (1461-1483) auf ihr Privileg der Immunität und machten sich so zum Rechtsträger desselben[637].

Erst 1603 unter König Jakob I. (1603-1625) wurde das Privileg der Immunität gesetzlich verankert und von der Krone losgelöst, in seinem Umfang allerdings mehrfach geändert[638]. Praktisch erstreckte sich das Privileg nicht auf die Freiheit von Verhaftungen für Straftaten. Denn jede Straftat stellte einen "breach of peace" dar; das Privileg hatte nur die Bedeutung, dass die Verhaftung eines Abgeordneten von dem Gericht dem Parlament anzuzeigen war[639].

Heute liegt der Schwerpunkt des Immunitätsschutzes auf der Freiheit der Verhaftung in Zivilstreitigkeiten. Auf die Freiheit von Strafhaft und allen vom Gesetz vorgeschriebenen Inhaftierungen erstreckt sich die Unverfolgbarkeit hingegen nicht[640].

---

[635] Vgl. Hatscheck, S. 63.

[636] Vgl. Loewenstein, S. 282.

[637] Vgl. dazu: May, S. 74.

[638] Vgl. dazu die ausführliche Darstellung bei May: S. 103 ff.

[639] Vgl. dazu eingehend: Loewenstein, S. 281 f; Pagel, S. 13 f.

[640] Das "privilege of freedom and molestation" hat sich vor allem in der Freistellung der Mitglieder und Angestellten des Parlaments vom Geschworenendienst ("exemption from jury service") sowie in dem Recht erhalten, als Zeuge vor Gericht nicht ohne vorherige Zustimmung des Hauses aussagen zu müssen ("exemption from attending as a witness"), vgl. May, S. 107 f.

b) Entwicklung des Immunitätsrechts in Frankreich

Im Gegensatz zu der frühen Entstehungsgeschichte des Immunitätsrechts in Großbritannien setzte die entsprechende Entwicklung in Frankreich erst mit der französischen Revolution von 1789 ein.

Richtungweisend für die Entwicklung des Immunitätsrechts in Frankreich war insbesondere Charles de Montesquieu, der durch das englische Parlamentsrecht beeinflusst worden war. Nach Montesquieu[641] steht die Gesetzgebung der Volksgesamtheit selbst zu; lediglich angesichts der Unmöglichkeit ihres Zusammentritts sei es erforderlich, die Gesetzgebung durch die Volksvertretung als Repräsentanten des gesamten Volkes ausüben zu lassen. Der von Montesquieu aufgestellte Gedanke der Gewaltenteilung bildet noch heute eine wesentliche Grundlage des Immunitätsrechts: Sind die einzelnen Mitglieder der Volksvertretung als Repräsentanten des gesamten Volkes anzusehen, ist ein Einschreiten gegen diese als Angriff auf die Legislative und damit als Verstoß gegen das Prinzip der Gewaltenteilung anzusehen.

Die Entwicklung des Immunitäts- und zugleich des Indemnitätsrechts fiel in die erste Phase der Französischen Revolution: in der Sitzung der Nationalversammlung vom 23.06.1789 hatte nur ein kleiner Teil von Adel und Geistlichkeit der Forderung des Königs entsprochen, wie bisher getrennt nach Ständen zu tagen. Um einer Verfolgung durch den König zu entgehen, beschloss die Nationalversammlung noch am gleichen Tag auf Betreiben Mirabeaus ihre Unverletzlichkeit[642].

Der Beschluss, der die Grundlage des französischen Immunitätsrecht bildet, wurde auf Drängen Robespierres in der Sitzung der Nationalversammlung vom 26.06.1790 gefasst. Anlass war der Fall des Abgeordneten Lautrec, der sich, wegen Hochverrats vom Magistrat in Toulouse verhaftet, auf seine Stellung als Abgeordneter berufen hatte. Der Magistrat hatte sich daraufhin mit der Bitte um weitere Verhaltensmaßregeln an die Nationalversammlung gewandt. In der nun

---

641 Vgl. Montesquieu, S. 214 ff; vgl. dazu auch: Imboden, S. 6 ff.

642 Der Wortlaut des Beschlusses lautet nach der Übersetzung von Lebon, S. 106: "Die Nationalversammlung erklärt, dass die Person jedes Deputierten unantastbar ist; jede Privatperson oder Körperschaft, Gerichtshof oder Kommission, welche sich während der letzten Session oder später erlauben würde, einen Abgeordneten wegen eines Antrags, einer Meinungsäußerung, einer Ansicht oder Rede, in der Versammlung der Generalstände ausgesprochen, zu verfolgen, zu verhaften oder verhaften zu lassen, in Haft zu behalten oder behalten zu lassen, sowie jede Person, welche einem diesbezüglichen Befehl, gleichviel von wem er gegeben ist, Vorschub leisten sollte, werden für ehrlos und Volksverräter erklärt, sie sind des Kapitalverbrechens schuldig. Die Nationalversammlung beschließt hiermit, im vorkommenden Falle alle nötigen Maßregeln zu treffen, um die Personen, die ein derartiges Verbrechen angestiftet oder ausgeführt haben sollten, zu verfolgen und zu bestrafen".

folgenden Parlamentsdebatte vom 25.06.1790 einigte man sich über den Schutz der Abgeordneten vor Verhaftungen ohne vorherige Genehmigung der Versammlung[643]. Eine Genehmigung war nur bei flagranten Delikten nicht erforderlich, da in einem solchen Falle ein Missbrauch der Gerichtsbarkeit ausgeschlossen sei[644].

In Art. 37 der Verfassung vom 04.11.1848 ist bestimmt, dass die Versammlung im Falle der Ergreifung auf frischer Tat unverzüglich zu benachrichtigen und deren Entscheidung über die Fortsetzung des Verfahrens einzuholen ist[645]. Art. 14 des Gesetzes vom 16./18. 07. 1875 erweitert das Privileg auf polizeigerichtliche sowie polizeibehördliche Verfolgungen[646]. In der Folgezeit fanden keine materiellen Änderungen des Immunitätsrechts statt.

Der heutige Art. 26 Abs. 2 bis 4 der Verfassung aus dem Jahre 1958 entspricht fast wörtlich den Regelungen des Gesetzes aus dem Jahre 1875[647]:

> (Abs. 2) Kein Mitglied des Parlaments darf ohne Genehmigung der Kammer, der es angehört, während der Sitzungsperiode strafrechtlich verfolgt oder verhaftet werden, ausgenommen bei Ergreifung auf frischer Tat.
>
> (Abs. 3) Kein Mitglied des Parlaments darf außerhalb der Sitzungsperiode ohne Genehmigung des Präsidiums der Kammer, der es angehört, verhaftet werden, ausgenommen bei Ergreifung auf frischer Tat, bei genehmigten Strafverfolgungen oder bei endgültiger Verurteilung.
>
> (Abs. 4) Die Inhaftierung oder Verfolgung eines Mitglieds des Parlaments ist auf Verlangen der Kammer, der es angehört, auszusetzen.

---

643 Nach der Übersetzung Lebons, S. 107 f, hat der Beschluss folgenden Inhalt. "Die Nationalversammlung erklärt hiermit, indem sie sich vorbehält, einzelne Bestimmungen zum Zwecke der Freiheit und Unabhängigkeit ihrer Mitglieder des Corps Legislativ zu treffen, dass, bis zum Erlass des Gesetzes bezüglich der Geschworenengerichte in Strafsachen, die in flagranti betroffenen Abgeordneten bestraft werden dürfen; dass sogar Klagen gegen sie eingereicht und Untersuchungen eingeleitet werden können - mit Ausnahme jedoch der im Dekret vom 23.06.1789 erwähnten Fälle - dass dieses aber von keinem Richter beschlossen werden darf, solange das Corps Legislativ nicht aufgrund von Erkundigungen das Verfahren für zulässig erklärt hat".

644 Vgl. Lebon, S. 107.

645 Vgl. dazu Pagel, S. 18, der hierin die erstmalige Abkehr von dem Gedanken des Schutzzwecks der parlamentarischen Immunität vor tendenziöser Verfolgung sieht.

646 Vgl. Lebon, S. 109, 200.

647 Vgl. den Wortlaut nach Franz, S. 464 f; vgl. auch Auby/Auby, S. 144 f; Gicquel, S. 748.

c) Entwicklung des Immunitätsrechts in Belgien

Das deutsche Immunitätsrecht - wie dasjenige fast aller anderen europäischen Staaten - wurde maßgeblich sowohl durch die in der französischen Revolution entwickelten Ideen als auch von der Belgischen Charta vom 25.11.1831 beeinflusst[648]. In dieser sind die staatsrechtlichen Gedanken Frankreichs hinsichtlich der Gewaltenteilung sowie des Repräsentationsgedankens übernommen worden[649].

In den Art. 44 und 45 der belgischen Verfassung von 1831 wurde den Abgeordneten die Redefreiheit und Unverfolgbarkeit garantiert.

Art. 45 regelt:

> (Abs. 1) Jedes Mitglied der einen oder der anderen Kammer kann während der Dauer der Sitzungsperiode nur mit Ermächtigung der Kammer, der es angehört, verfolgt oder verhaftet werden, es sei denn, es würde auf frischer Tat ergriffen.
>
> (Abs. 2) Schuldhaft kann gegen ein Mitglied der einen oder der anderen Kammer während der Dauer der Sitzungsperiode verhängt werden.
>
> (Abs. 3) Die Haft oder Verfolgung eines Mitglieds der einen oder der anderen Kammer ist während der Sitzungsperiode und für die ganze Dauer aufzuheben, wenn die Kammer es fordert.

Diese Bestimmung enthält in Abs. 2 gegenüber der französischen Verfassung den zusätzlichen Schutz des Genehmigungsvorbehalts für die Vollstreckung von Schuldhaft sowie das Reklamationsrecht der Kammern in Abs. 3 und ist bis heute unverändert beibehalten worden. Durch die Verfassung von 1831 zählt Belgien zu den ersten europäischen Staaten mit parlamentarischem Regierungssystem, wodurch die Verfassungen der Staaten Europas des 19. Jahrhunderts maßgeblich beeinflusst worden waren[650].

d) Entwicklung des Immunitätsrechts in Deutschland

Ausgangspunkt der Entwicklung des Konstitutionalismus in Deutschland war nach dem Zusammenbruch der Herrschaft Napoleons Art. 13 der Deutschen

[648] Vgl. Brorsen, S. 1; Walter, in: Jura 2000, 496 (497).
[649] Vgl. Petri, in: Schieder, 930 (954 ff).
[650] Vgl. Butzer, S. 46.

Bundesakte vom 08.06.1815, der vorsah: "In allen Bundesstaaten wird eine landesständische Verfassung stattfinden"[651].

In der Folgezeit begannen dann mit Herzog Carl August in Weimar als Vorreiter[652] einige deutsche Staaten mit der Einrichtung moderner Volksvertretungen und der Ausbildung von Schutzbestimmungen für das Parlament und seine Mitglieder. Den Abschluss bildete Preußen im Jahre 1848[653], wobei die preußische Verfassung erhebliche Ähnlichkeit mit der belgischen Verfassung von 1831 aufwies[654]. Die Verfassung des Norddeutschen Bundes aus dem Jahre 1866 enthielt keine Immunitätsregelung, während Art. 31 der Reichsverfassung vom 16.04.1871 Art. 84 der Preußischen Verfassungsurkunde übernahm[655]. Dessen Immunitätsregelung galt aber lediglich für Abgeordnete des Reichstags, nicht für die Abgeordneten der Landesparlamente[656]. Diese Lücke füllte Art. 37 der Weimarer Verfassung vom 11.08.1919[657] aus:

> (Abs. 1) Kein Mitglied des Reichstags oder eines Landtags kann ohne Genehmigung des Hauses, dem der Abgeordnete angehört, während der Sitzungsperiode wegen einer mit Strafe bedrohten Handlung zur Untersuchung gezogen oder verhaftet werden, es sei denn, dass das Mitglied bei Ausübung der Tat oder spätestens im Laufe des folgenden Tages festgenommen worden ist.
>
> (Abs. 2) Die gleiche Genehmigung ist bei jeder anderen Beschränkung der persönlichen Freiheit erforderlich, die die Ausübung des Abgeordnetenberufs beeinträchtigt.
>
> (Abs. 3) Jedes Strafverfahren gegen ein Mitglied des Reichstags oder eines Landtags und jede Haft oder sonstige Beschränkung seiner persönlichen Freiheit wird auf Verlangen des Hauses, dem der Abgeordnete angehört, für die Dauer der Sitzungsperiode aufgehoben.

Die heute in Deutschland geltenden Immunitätsbestimmungen - Art. 46 Abs. 2 bis 4 GG - stellen ihrerseits im Wesentlichen einen Rückgriff auf den

---

[651] Vgl. Pagel, S. 21.
[652] Vgl. Forsthoff, S. 108.
[653] Vgl. Forsthoff, S. 109.
[654] Smend, S. 3 ff, führt diese Ähnlichkeit auf den Zeitdruck zurück, unter dem der preußische Verfassungsgeber gestanden habe, so dass auf ein Verfassungsvorbild habe zurückgegriffen werden müssen; kritisch bezüglich einer zu pauschalen Einheitlichkeit der in den jeweiligen Verfassungen enthaltenen Immunitätsbestimmungen: Butzer, S. 56 f.
[655] Vgl. zum Immunitätsrecht des Deutschen Reiches umfassend: Butzer, S. 61 f.
[656] Vgl. Pagel, S. 28.
[657] Vgl. BGBl. 1919, S. 1383 ff.

Rechtszustand der Weimarer Republik dar. Im Unterschied dazu ist die Beschränkung der Immunität auf die Dauer der Sitzungsperiode aufgehoben worden, die Immunität der Landtagsabgeordneten wird grundsätzlich nicht mehr garantiert. In Art. 46 Abs. 3 GG wird jede Freiheitsbeschränkung eines Abgeordneten (sowie die Einleitung eines Verfahrens nach Art. 18 GG) für genehmigungspflichtig erklärt, ohne dass - wie in Art. 37 Abs. 2 der Weimarer Verfassung vorgesehen - dadurch die Ausübung des Abgeordnetenberufs beeinträchtigt sein muss[658].

e) Auswertung

Betrachtet man die parlamentsgeschichtlichen Wurzeln des Immunitätsrechts in Kontinentaleuropa, so wird deutlich, dass das Rechtsinstitut der parlamentarischen Immunität als Schutz der Parlamentsautonomie gegen Übergriffe und die Abhängigkeit von der Exekutive entwickelt wurde. Die Parlamente standen der monarchischen Exekutive als Repräsentant des Volkes in "Frontstellung" gegenüber. Die parlamentarische Immunität sollte die Unabhängigkeit des Parlaments, nicht aber die des einzelnen Abgeordneten gewährleisten.

Dieser Konflikt zwischen Exekutive und Legislative hat mit Einführung des parlamentarischen Regierungssystems an Schärfe verloren. Nichtsdestoweniger orientiert sich die Immunitätsentscheidung der nationalen Parlamente nach wie vor nicht an den Interessen und Belangen des einzelnen Abgeordneten, sondern an den Bedürfnissen des Parlaments als Ganzem. Das vornehmliche Anliegen jedes Parlaments besteht aber in der Aufrechterhaltung seiner Arbeits- und Funktionsfähigkeit insbesondere gegenüber der Exekutive[659]. Das Rechtsinstitut der parlamentarischen Immunität dient somit dem Schutz der äußeren Parlamentsautonomie; die parlamentarische Immunität ist daher jedenfalls ein Recht des Parlaments.

2) Immunität als subjektives oder objektives Recht

Bei der Bestimmung des staatsrechtlichen Charakters der (europäischen) parlamentarischen Immunität ist umstritten, ob es sich dabei um ein objektives Sonderrecht oder um ein subjektives öffentliches Recht handelt. Nach überwiegender Ansicht, sowohl im mitgliedstaatlichen als auch im gemeinschafts-

---

[658] Bockelmann, S. 21, sieht allerdings in Art. 46 Abs. 3 GG angesichts der extensiven Auslegung des Begriffs "Abgeordnetenberuf" in der Weimarer Zeit keine echte Erweiterung des Privilegs; vgl. zum Immunitätsrecht der Weimarer Republik bis heute umfassend: Butzer, S. 66 ff.

[659] So auch: Röper, S. 98; Weismann, in: NStZ 1987, 433 (436).

rechtlichen Schrifttum, wird die (europäische) parlamentarische Immunität den Statusrechten der Abgeordneten zugeordnet und im Zusammenhang mit diesen Rechten erörtert, gleichzeitig aber als alleiniges Vorrecht des Parlaments angesehen[660].

Die Vertreter der Ansicht, es handele sich bei der parlamentarischen Immunität um ein objektives Sonderrecht[661], führen an, die Immunität sei primär objektives Parlamentsrecht, dessen rechtssubjektmäßiger Träger nicht das Parlament selbst sein könne, da dieses als Organ des Staates keine Rechtspersönlichkeit aufweise, sondern jeder Abgeordnete für sich. Dass aber das Parlament selbst Träger von Rechten und Pflichten sein kann, ergibt sich schon aus Art. 93 Abs. 1 GG, nach dem "Streitigkeiten über den Umfang der Rechte und Pflichten eines obersten Bundesorgans", zu denen der Deutsche Bundestag gemäß Art. 40 GG zu zählen ist, der Entscheidungskompetenz des BVerfG unterliegen. Unzutreffend ist diese Ansicht zudem vor dem Hintergrund, dass teilweise die parlamentarische Immunität trotz ihres Charakters als objektives Sonderrecht als Schutzrecht des Parlaments eingestuft wird, das zu dessen Disposition stehe[662].

Bei der parlamentarischen Immunität handelt es sich vielmehr um ein subjektives öffentliches Recht. Dieses setzt einen zwingenden materiellen Rechtssatz voraus, der für einen konkreten Tatbestand einen Verpflichteten und einen Berechtigten bestimmt oder zumindest zu bestimmen gestattet, wobei der Berechtigte nicht nur tatsächlich begünstigt wird, sondern diese Begünstigung auch bezweckt ist, so dass der Berechtigte sich auch rechtlich auf die ihn begünstigende Rechtsfolge berufen kann[663]. Als zwingender Rechtssatz sind die immunitätsrechtlichen Vorschriften in den Verfassungen der Mitgliedstaaten zu werten; Verpflichtete sind vor allem die Strafverfolgungsorgane in den einzelnen Mitgliedstaaten, während die jeweiligen nationalen Parlamente als Berechtigte anzusehen sind. Die Begünstigung der Parlamente ist auch zum Zwecke ihrer Funktionsfähigkeit gewollt, in ihrer Hand liegt es, ob im Falle eines Aussetzungsverlangens das Prozesshindernis der parlamentarischen Immunität aufgehoben wird oder nicht.

---

660 Vgl. Bieber, in: Bangemann/Klepsch/Weber/Bieber, S. 198; vgl. für das deutsche Verfassungsrecht: Stern, S. 1059; Maunz, in: Maunz/Düring/Herzog/Scholz, Art. 46 Rdnr. 1.

661 Vgl. Mende, S. 52; vgl. aus neuerer Zeit: Umbach, in: Bonner Kommentar, Art. 47 Rdnr. 4; vgl. auch Obereuter, in: Röhring/Sontheimer, 21 (21 f), der von "institutionellen Garantien für das Parlament selbst" spricht; offengelassen: Bockelmann, S. 25, nach welchem das Vorrecht der parlamentarischen Immunität insofern objektiver Natur sei, weil es sich auf Normen des objektiven Rechts stütze, es trage aber auch subjektive Züge, da es ein "zur Verfügung des Hauses" stehendes kollektives Schutzrecht darstelle.

662 So bspw.: Mende, S. 52 f.

663 Vgl. im Einzelnen hierzu: Bachof, in: FS - Jellinek, 287 (290 f) sowie in: DVBl. 1961, 128 (130).

Die parlamentarische Immunität ist daher grundsätzlich als ausschließlich subjektives öffentliches Recht zu werten, wie es auch in der überwiegenden Meinung in der deutschen Rechtsprechung und im deutschen Schrifttum[664] vertreten wird. Zu überprüfen bleibt nur, ob der Abgeordnete selbst, das Parlament oder beide durch das Rechtsinstitut der parlamentarischen Immunität privilegiert werden.

3) Rechtsträger der parlamentarischen Immunität

Bei der Bestimmung des staatsrechtlichen Charakters der parlamentarischen Immunität ist umstritten, wer als dessen Träger in Betracht kommt, das Parlament, die Abgeordneten oder das Parlament und die Abgeordneten gemeinsam. Teilweise wird auch vertreten, es handele sich um ein Privileg der Wähler, die verlangen dürften, von einem Abgeordneten ihres Vertrauens vertreten zu werden.

Die Rechtsträgerschaft der (europäischen) parlamentarischen Immunität soll zunächst anhand der deutschen Rechtslage unter besonderer Berücksichtigung der Entscheidung des BVerfG vom 17.12.2001 beleuchtet werden. Im Mittelpunkt dieser Entscheidung steht die Frage, ob sich aus der Vorschrift über die Aufhebung der parlamentarischen Immunität in Art. 46 Abs. 2 GG Rechte des einzelnen Abgeordneten ableiten lassen.

a) Der Abgeordnete

Insbesondere im älteren Schrifttum[665] wird die Ansicht vertreten, der einzelne Abgeordnete sei Rechtsträger der parlamentarischen Immunität. Der Wortlaut der Immunitätsvorschriften beziehe sich allein auf die Person des Abgeordneten; auf ihn wirke sich die Aufhebung der parlamentarischen Immunität aus, nicht auf das Parlament. Schutzzweck der Immunität ist es danach, die Unverletzlichkeit und Unabhängigkeit der Abgeordneten aufrechtzuerhalten.

Nicht verkannt werden darf aber, dass auch die Arbeits- und damit die Funktionsfähigkeit des Parlaments selbst Schaden erleidet, wenn einzelne Ab-

---

[664] Vgl. BGHSt 20, 248, (249); OLG Köln, in: NStZ 1987, 564 (565); Achterberg, S. 243; Ahrens, S. 36; Maunz: in Maunz/Düring/Herzog/Scholz, Art. 46 Rdnr. 72; Rauball, in: v. Münch, Art. 46 GG Rdnr. 1.

[665] Vgl. Brechling, S. 17 ff; in Verweis auf die Rede von Robespierre in der Sitzung vom 25.06.1790: "Pour que les représentants de la nation jouissent de l´ inviolabilité, il fault qu`ils ne pouissent etre attaqués par aucun pouvoir égal à eux, et il n`y a point de pouvoir de cette nature"; nach Meyer/Anschütz, S. 369, handelt es sich bei dem Rechtsinstitut der parlamentarischen Immunität um einen objektiven Rechtssatz und um ein subjektives Recht des Abgeordneten.

geordnete verhaftet, strafrechtlich verfolgt oder im Zusammenhang mit den Verfolgungsmaßnahmen der nationalen Strafverfolgungsbehörden in ihrer parlamentarischen Tätigkeit behindert werden. Der Schutz der Unabhängigkeit des Abgeordneten in seiner Funktion als Mandatsträger dient gleichzeitig der Funktionsfähigkeit des Parlaments, da die körperschaftliche Struktur jedes Parlaments die Unabhängigkeit seiner Mitglieder bedingt. Rechtsträger der parlamentarischen Immunität kann daher nicht (allein) der Abgeordnete selbst sein.

b) Der Wähler

In der Weimarer Republik wurde vertreten[666], die parlamentarische Immunität sei ein Privileg des Wählers. Der Wähler habe ein Recht auf Beachtung und Aufhebung der parlamentarischen Immunität. Beyer[667] baute diesen Gedanken dahingehend aus, dass die Aufgabe, das souveräne Volk zu vertreten, auch gegenüber dem souveränen Wähler verpflichte. Der Wähler selbst müsse darüber bestimmen, ob der von ihm Gewählte im Parlament bleibe, nicht hingegen das Parlament. Dabei spreche die Immunität nicht den "Einzelwähler", sondern das ganze Volk an. Der Satz der Weimarer Zeit, Immunität sei auch ein Recht des Wählers, müsse in den Satz, Immunität sei auch ein Recht des Volkes überführt werde, wobei das Volk sowohl die Wähler seien als auch diejenigen, die nicht mitwählen könnten oder keinen entsprechenden Willen gefasst hätten. Das Volk sei eine reale Größe: Auch nach dem Sinn einer demokratischen Wahl habe das Volk einen Anspruch auf die Nachhaltigkeit und Dauer seiner Wahl.

Niemand vermag zu bestreiten, dass die Wähler aus den Völkern der Mitgliedstaaten persönlich getroffen werden, wenn der von ihnen gewählte Abgeordnete aufgrund eines strafrechtlichen Ermittlungsverfahrens seinen parlamentarischen Aufgaben nicht mehr in gehöriger Weise nachkommen kann. Die Wähler vertrauen vielmehr darauf, dass der Abgeordnete als Person, als sachkundiger Ansprechpartner und Mitgestalter der Politik zur Verfügung steht. Bei Abwesenheit eines Abgeordneten im Zusammenhang mit strafrechtlichen Ermittlungsmaßnahmen nach der Aufhebung seiner parlamentarischen Immunität würde der automatisch nachrückende Abgeordnete zwar wohl die gleiche politische Grundhaltung und das gleiche Abstimmungsergebnis zeigen, aber der dem Wähler vertraute Abgeordnete, an den er sich auch mit Fragen oder Problemen persönlich wenden kann, wäre selbst nicht mehr verfügbar. Der

---

[666] Vgl. dazu: Verhandlungen der Verfassungsgebenden deutschen Nationalversammlung, Stenographischer Bericht, Sitzung vom 30.03.1920, S. 5037 ff: Zunächst wurde hier die parlamentarische Immunität als ein Recht des Reichstags angesehen, "(...) der davor geschützt werden soll, dass ihm nicht Abgeordnete ohne Not und Grund entzogen werden"; dann aber wurde fort gefahren: "Die Immunität ist auch ein Recht der Wähler, die verlangen dürfen, von dem Abgeordneten ihres Vertrauens vertreten zu sein".

[667] Vgl. Beyer, S. 62 ff.

Wähler hätte damit im Ergebnis nur die Partei als solche bzw. die Liste der von dieser aufgestellten Personen gewählt, nicht aber den von ihm gewünschten Abgeordneten. Andererseits werden die Abgeordneten in erster Linie aufgrund ihrer Parteizugehörigkeit und nicht als einzelne Persönlichkeiten gewählt. Die Abgeordneten haben dementsprechend auch nicht die Aufgabe, die Interessen gerade "ihrer" Wähler zu vertreten, so dass ein besonders Recht der Wähler bzw. des Volkes auf Unverletzlichkeit der Abgeordneten nicht hergeleitet werden kann.

Es bleibt daher die Frage, ob es sich bei dem Rechtsinstitut der parlamentarischen Immunität um ein Recht des Parlaments oder um ein Recht der Abgeordneten sowie des Parlaments handelt.

c) Das Parlament

Nach der überwiegenden Ansicht im Schrifttum[668] wird das Rechtsinstitut der parlamentarischen Immunität als Prärogative des Parlaments[669] angesehen. Die parlamentarische Immunität habe den Zweck, die Funktionsfähigkeit des Parlaments zu gewährleisten. Allenfalls sei eine zeitlich begrenzte Begünstigung des Abgeordneten anzunehmen, weil dieser nicht sogleich aufgrund eines Tatverdachts den Maßnahmen der mitgliedstaatlichen Verfolgungsbehörden ausgesetzt, sondern diesen mindestens bis zum Abstimmungszeitpunkt im Parlament entzogen sei. Diese Tatsache und eine mögliche Nichtaufhebung der parlamentarischen Immunität als Ergebnis der Abstimmung des Plenums könnten als Ausfluss und Begleiterscheinung des ausschließlich dem Parlament vorbehaltenen Rechts, über die Aufhebung der parlamentarischen Immunität zu entscheiden, anzusehen sein. Die Unverfolgbarkeit der Abgeordneten des Europäischen Parlaments sei somit nur ein Rechtsreflex[670] des Privilegs der Entscheidungskompetenz des Europäischen Parlaments.

Diese Auffassung gründet sich insbesondere auf die historische Entwicklung des Rechtsinstituts der parlamentarischen Immunität in den Mitgliedstaaten.

d) Parlament und Abgeordneter

Teilweise wird vertreten, die parlamentarische Immunität sei sowohl ein subjektives Recht des Abgeordneten als auch ein Vorrecht des Parlaments[671]. Das

---

[668] Vgl. Maunz, in: Maunz/Düring/Herzog/Scholz, Art. 46 Rdnr. 1 ff; Magiera, in: Bonner Kommentar, Art. 46 Rdnr. 1 ff, 72 ff; Wurbs, S. 17; Butzer, S. 88 ff.

[669] Vgl. zu diesem Begriff: Bücker, in: FS-Blischke, S. 45.

[670] So bspw. Butzer, S. 93 f; Wurbs, S. 17 f; vgl. zu dem Terminus "Rechtsreflex" im Hinblick auf seine Entstehung: Beyer, S. 59 f.

[671] Vgl. Jellinek, S. 169 ff; Bartmann, S. 87 ff.

Rechtsinstitut der parlamentarischen Immunität bezwecke sowohl, die ungestörte Tätigkeit des Parlaments zu sichern als auch der Person des gewählten Abgeordneten die Möglichkeit zu geben, sich als Staatsorgan frei zu betätigen. Daraus erwachse dem Abgeordneten ein Anspruch auf Anerkennung dieser Statuserweiterung und damit auf Aufhebung der ihn möglicherweise verletzenden staatlichen Verfügungen[672]. Der Schutz des Abgeordneten vor tendenziöser Verfolgung bedinge gleichzeitig den Schutz des Parlaments vor der Manipulation seiner Entscheidungen, so dass die parlamentarische Immunität sowohl als subjektives Recht des Abgeordneten als auch des Parlaments einzustufen sei[673].

Dem ist zuzugeben, dass der Schutz des Abgeordneten vor politisch motivierter Verfolgung auch in der heutigen Zeit eine nicht zu unterschätzende Rolle spielt. Gleichzeitig dient die ungestörte Mandatsausübung des Abgeordneten gemäß Art. 38 Abs. 1 S. 2 GG der Funktions- und Repräsentationsfähigkeit des Parlaments. Aus der Tatsache, dass der Abgeordnete auf das Recht der parlamentarischen Immunität nicht verzichten kann, ist auch - wie von Jellinek und Bartmann zutreffend ausgeführt - nicht zu folgern, dass diese nur dem Schutz des Parlaments dient. Während Jellinek[674] sich auf die politischen Hintergründe dieser Unverzichtbarkeit bezieht[675], vertritt Bartmann[676] - unter Verweis auf die grundsätzliche Unverzichtbarkeit auf den Grundrechtsschutz[677] - die These, dass auf subjektive öffentliche Rechte ohne gesetzliche Normierung nur dann verzichtet werden könne, wenn sie dem einzelnen ausschließlich wegen seines Vorteils eingeräumt worden seien. Da die Immunität - so Bartmann[678] - dem öffentlichen Interesse an einer Vermeidung tendenziöser Verfolgungen des Abgeordneten diene, könne folgerichtig der einzelne Abgeordnete nicht auf das Recht der parlamentarischen Immunität verzichten.

Dem ist insoweit zuzustimmen, als das Recht der parlamentarischen Immunität zumindest auch der Funktions- und Repräsentationsfähigkeit des Parlaments durch die Beteiligung aller Abgeordneten dient und daher - nach dem Sinn und Zweck des Rechtsinstituts - dem einzelnen Abgeordneten kein Recht zum Verzicht auf die parlamentarische Immunität zugesprochen werden kann. Das Parlament als Ganzes muss darüber entscheiden, ob es - insbesondere im Inte-

---

672 So Jellinek, S. 170.
673 Vgl. Bartmann, S. 94 f; ähnlich Jellinek, S. 170.
674 Vgl. Jellinek, S. 171.
675 So liege der politische Grund der Unverzichtbarkeit bspw. in der Vermeidung einer Wahlbeeinflussung durch Versprechen der Verzichtsleistung von Seiten der Kandidaten, vgl. Jellinek, S. 171.
676 Vgl. Bartmann, S. 87 f.
677 Vgl. dazu bspw. Jarrass, in: Jarrass/Pieroth, Vorb. vor Art. 1 Rdnr. 27.
678 Vgl. Bartmann, S. 88 f.

resse der vollständigen Repräsentation durch alle Mitglieder - die strafrechtlichen Ermittlungshandlungen gegen einen Abgeordneten genehmigen möchte oder nicht. Allein aus dem fehlenden Verzichtsrecht der Abgeordneten kann daher nicht gefolgert werden, es handele sich bei der parlamentarischen Immunität nur um ein Privileg des Parlaments.

Bei der These der Ausgestaltung der Immunität sowohl als Vorrecht des Abgeordneten, der unmittelbar als Person durch die Strafverfolgungsmaßnahmen betroffen ist, als auch als Vorrecht des Parlaments, muss allerdings folgendes berücksichtigt werden: Ist das Rechtsinstitut der parlamentarischen Immunität zu den subjektiven Statusrechten des Abgeordneten zu zählen, muss ihm - wie von Jellinek[679] zutreffend ausgeführt - ein durchsetzbares Recht auf Anerkennung dieses Statusrechts und auf ein Unterbleiben der ihn in diesem Recht unzulässig beschränkenden staatlichen Verfolgungsmaßnahmen zugesprochen werden.

aa) Entscheidung des BVerfG vom 17.12.2001

In Deutschland hat das BVerfG der juristischen Diskussion über die Rechtsträgerschaft der parlamentarischen Immunität mit seiner Entscheidung vom 17.12.2001[680] eine interessante Wendung gegeben.

Das BVerfG hatte im Falle des Abgeordneten Pofalla darüber zu entscheiden, ob der Bundestag die Genehmigung zu einer Durchsuchung seiner Wohn- und Geschäftsräumlichkeiten rechtmäßig erteilt hat[681].

---

[679] Vgl. Jellinek, S. 170 f.

[680] Vgl. Urteil des Zweiten Senats, Az.: 2 BvE 2/00, einzusehen unter: http://www.bverfg.de/entscheidungen/frames/es20011217_2bve000200.

[681] Anlass des Verfahrens war die Organklage des Bundestagsabgeordneten Ronald Pofalla (CDU). Gegen diesen war drei Tage vor der nordrhein-westfälischen Landtagswahl am 14.05.2000 eine polizeiliche Untersuchung wegen des Verdachts der Steuerhinterziehung durchgeführt worden. Pofalla war im Falle eines Wahlsieges der CDU bei der Landtagswahl als nordrhein-westfälischer Justizminister vorgesehen gewesen. Drei Monate nach der Durchsuchung war Pofalla rehabilitiert worden: Das Landgericht Kleve stellte auf die Beschwerde Pofallas durch Beschluss vom 11.08.2000 rechtskräftig fest, dass die Durchsuchungs- und Beschlagnahmebeschlüsse des Amtsgerichts rechtswidrig gewesen seien. Das Amtsgericht habe zu Unrecht den Verdacht einer Steuerhinterziehung angenommen; die Ermittlungsergebnisse der Staatsanwaltschaft hätten die Durchsuchungs- und Beschlagnahmeanordnungen nicht gerechtfertigt. Justizminister Jochen Dieckmann entschuldigte sich am 19.09.2000 bei Pofalla für das rechtswidrige Vorgehen der Behörden und entließ den zuständigen Generalstaatsanwalt in den vorläufigen Ruhestand; vgl. zur Vorgeschichte und dem Hintergrund des Verfahrens die Pressemitteilung Nr. 101/2001 des BVerfG v. 29.10.2001, einzusehen unter: http://www.bverfg.de/bverfg_cgi/pressemitteilungen/text/bvg101-01.

Nach Auffassung des BVerfG ist das Rechtsinstitut der parlamentarischen Immunität ein Vorrecht des Parlaments. Dies folgt nach Ansicht des Gerichts aus der Geschichte des Immunitätsrechts und aus der Rechtfertigung der parlamentarischen Immunität im Repräsentationsprinzip: Die Mitwirkung aller Abgeordneten müsse bei parlamentarischen Entscheidungen sichergestellt sein. Der einzelne Abgeordnete habe aber aus Art. 46 Abs. 2 i. V. m. Art. 38 Abs. 1 S. 2 GG einen Anspruch darauf, dass sich das Parlament bei der Entscheidung über die Aufhebung der Immunität nicht - den repräsentativen Status des Abgeordneten grob verkennend - von sachfremden, willkürlichen Motiven leiten lasse.

Nach Auffassung der Richter kann nicht von vornherein ausgeschlossen werden, dass sich die Parlamentsmehrheit bei der Immunitätsentscheidung sachfremde Erwägungen der Strafverfolgungsorgane zu Eigen macht. So bestehe "(...) in Zeiten politischer Spannungen keine sichere Gewähr dafür (...), dass das Parlament frei von Übergriffen der Behörden seinen Aufgaben nachkommen (könne)"[682]. Auch eine rechtmäßige behördliche Maßnahme, Verfolgungsmaßnahmen aufgrund von Anzeigen streitlustiger Privatpersonen oder von Verdächtigungen seitens der Medien könnten nach Ansicht des Zweiten Senats die Arbeit des Parlaments beeinträchtigen. Die Richter sind der Auffassung, dass "(...) die Schutzvorkehrung der Immunität (...) gerade dazu beitragen (soll), dass das Parlament in kritischen Situationen handlungsfähig (bleibt)"[683].

Der Anspruch des Abgeordneten auf eine willkürfreie Entscheidung sei erst dann verletzt, wenn bei der Abwägung zwischen den Belangen des Parlaments und denen der Strafverfolgungsbehörden der verfassungsrechtlichen Status des Abgeordneten *grundlegend verkannt* werde. Nach Auffassung des Gerichts darf der Bundestag die Immunität nicht aufheben, wenn "(...) vernünftigerweise kein Zweifel bestehen kann, dass das Strafverfahren gegen den Abgeordneten aus sachfremden, insbesondere politischen Motiven durchgeführt (wird)"[684]. Dabei sprechen die Richter dem Bundestag einen weiten Ermessensspielraum zu.

Der Bundestag ist nach Ansicht der Richter nicht verpflichtet, im Rahmen der Interessenabwägung die Schlüssigkeit des gegen den Abgeordneten erhobenen Tatvorwurfs sowie die Verhältnismäßigkeit der Ermittlungsmaßnahme zu prüfen, selbst wenn sich Anhaltspunkte für eine politisch motivierte Strafverfolgung nicht ausschließen lassen sollten.

---

682 Vgl. Erwägungsgrund Nr. 76.
683 Vgl. Erwägungsgrund Nr. 76.
684 Vgl. Erwägungsgrund Nr. 92.

bb) Stellungnahme

Das BVerfG stellt in seiner Entscheidung heraus, dass es sich bei dem Rechtsinstitut der parlamentarischen Immunität zunächst um ein subjektives Recht des Parlaments handelt. Dem Parlament obliegt nach dem Richtspruch die Prüfung der Frage, ob durch eine auf bewusst sachfremden Motiven beruhende Strafverfolgung die repräsentative Zusammensetzung des Parlaments verändert wird. Das Recht der parlamentarischen Immunität vermag nach Ansicht des Gerichts den einzelnen Abgeordneten allerdings nicht nur im Wege eines Rechtsreflexes zu begünstigen. Nach Auffassung des Gerichts kommt dem Abgeordneten vielmehr - unter Berücksichtigung des Gedankens der Repräsentationsfähigkeit des Parlaments - ein quasi "abgeleitetes" Recht auf eine willkürfreie Entscheidung über die Aufhebung der parlamentarischen Immunität zu. Diese Begrenzung des dem Parlament zustehenden Immunitätsrechts folgt nach Auffassung der Richter aus dem Statusrecht des freien Mandats des Abgeordneten gemäß Art. 38 Abs. 1 S. 2 GG. Der Immunitätsentscheidung des Parlaments wohnt danach die immanente Schranke der Berücksichtigung des freien Mandats der Abgeordneten inne.

Dadurch, dass das BVerfG das Recht der parlamentarischen Immunität zwar als Vorrecht des Parlaments aber auch als subjektives "Schutzrecht" der Abgeordneten ansieht, hat es den verfassungsrechtlichen Status der Abgeordneten grundsätzlich - allerdings nur rechtstheoretisch - gestärkt.

Das BVerfG hat - zutreffend - darauf hingewiesen, dass die Gefahr einer tendenziösen Immunitätsentscheidung gegen einzelne Abgeordnete durch die Parlamentsmehrheit grundsätzlich nicht ausgeschlossen werden kann. Gemäß den Ausführungen des Gerichts stehen sich Parlament und Regierung in der heutigen Zeit zwar nicht mehr in "Frontstellung" gegenüber, die politische Realität sei aber von einer "Grenze quer durch das Plenum" bestimmt. Nach Auffassung des Gerichts bilden "(...) Regierung und die sie unterstützende Parlamentsmehrheit (...) gegenüber der Opposition politisch eine Einheit"[685].

Problematisch an der Entscheidung des BVerfG ist insbesondere die verfassungsgerichtliche Durchsetzbarkeit des Anspruchs des Abgeordneten auf eine willkürfreie Immunitätsentscheidung gemäß Art. 46 Abs. 2 i.V.m. Art. 38 Abs. 1 S. 2 GG. Zur Geltendmachung dieses Rechts wird der betroffene Abgeordnete zwar vor dem BVerfG im Organstreitverfahren als antragsbefugt angesehen[686],

---

[685] Vgl. Erwägungsgrund Nr. 80.

[686] Zwar ist der Abgeordnete nicht wie der Deutsche Bundestag ein oberstes Bundesorgan i.S.d. Art. 93 Abs. 1 Nr. 1 GG, aber nach überwiegender Auffassung "sonstiger Beteiligter" i.S.d. 93 Abs. 1 GG als mit eigenen Rechten ausgestatteter Teil des Bundestages, der im Hinblick auf eine Beeinträchtigung seiner verfassungsmäßig gewährleisteten Rechtsstellung

die Zulässigkeit einer gerichtlichen Kontrolle der eigentlichen Sachentscheidung über die Aufhebung der parlamentarischen Immunität wird aber in Rechtsprechung und Schrifttum uneinheitlich beantwortet. So wird die Sachentscheidung über die Aufhebung der parlamentarischen Immunität teilweise als "politische", eben parlamentarische Entscheidung des Parlaments angesehen, bei der wegen des Fehlens gerichtlicher Kontrollmaßstäbe eine "materielle Injustitiabilität" vorliege[687]. Diese parlamentarischen Beschlüsse müssten als politische Ermessensentscheidungen richterlicher Kontrolle entzogen bleiben, weil zu deren Überprüfung die dem Gericht allein zur Verfügung stehenden rechtlichen Maßstäbe nicht tauglich seien[688]. Andere stufen die Immunitätsentscheidung nicht als justizfreien Hoheitsakt ein[689], da der Entscheidung des Bundestages über die Aufhebung der Immunität nicht die hochpolitische Bedeutung zukomme wie bspw. der Wahl des Bundeskanzlers oder der des Bundespräsidenten.

Letztlich erfolgt zwar die Verweigerung oder Genehmigung, den Abgeordneter der strafrechtlichen Verfolgung auszusetzen, aufgrund einer Interessenabwägung zwischen den Belangen des Parlaments und den Belangen der anderen hoheitlichen Gewalten[690], doch bleibt die Immunitätsentscheidung eine freie Entscheidung des Parlaments. Nur das Parlament selbst kann im Rahmen seiner Selbstbestimmung darüber entscheiden, wann seine Funktionsfähigkeit aufgrund der Durchführung einer Strafverfolgungsmaßnahme gegen einen Abgeordneten gefährdet wird. Die Einordnung der Immunitätsentscheidung als justizfreier Akt des Parlaments erscheint daher nahe liegend. Stuft man die Immunitätsentscheidung als politische Entscheidung des Parlaments ein, muss sie auch der gerichtlichen Kontrolle entzogen bleiben. Die Feststellung einer willkürlichen Entscheidung seitens des Parlaments würde seitens des Gerichts die Festlegung sachlicher Kriterien für die Aufhebung bzw. die Nichtaufhebung der parlamentarischen Immunität bedingen. Ein rechtlicher Maßstab für die Beurteilung dieses Parlamentsaktes fehlt allerdings, insbesondere auch, da das BVerfG dem Bundestag bei seiner Entscheidung einen weiten Gestaltungsspielraum zuerkennt. Butzer[691] ist daher darin beizupflichten, dass das Gericht selbst bei der Prüfung der Rechtmäßigkeit der Immunitätsentscheidung - wegen des Fehlens

---

als parteifähig angesehen wird; vgl. BVerfGE 10, 4 (10); 94, 351 (362 f); 99, 19 (28); Badura, in: Bonner Kommentar, Art. 38 Rdnr. 53, 56.

687 Vgl. Butzer, S. 110 ff; Forsthoff, S. 18; BVerwGE 14, 73 (75); OVG Münster, in: DÖV 1965, 774 (775).

688 Vgl. Butzer, S. 110 f.

689 Vgl. Achterberg, S. 778; Bartmann, S. 128 f; 130 f, 153; Schmelter, S. 122.

690 Vgl. Nr. 4 der von dem Ausschuss für Wahlprüfung, Immunität und Geschäftsordnung beschlossenen Grundsätze für Immunitätsangelegenheiten, Anlage 6 der GOBT, BGBl. I, S. 428 ff.

691 Vgl. Butzer, S. 110 f.

rechtlicher Prüfungsmaßstäbe - eine politische Entscheidung treffen und sich somit an die Stelle des Parlaments setzen würde. Bei einer Rechtmäßigkeitsprüfung würde das Gericht kontrollierend in den politischen Bereich des Parlaments eingreifen und so den Grundsatz der Gewaltenteilung verletzen[692]. Die gerichtliche Kontrolle durch das BVerfG kann und muss sich daher - wie auch von diesem ausgeführt - darauf beschränken, ob der Abgeordnete durch die Entscheidung über die Aufhebung der Immunität in seinem Status als Mitglied des Parlaments und damit in seinem Recht der freien Mandatsausübung aus Art. 38 Abs. 1 S. 2 GG beeinträchtigt wird. Damit ist nicht die Rechtmäßigkeit der Entscheidung des Parlaments an sich, sondern allein eine Rechtsverletzung des Abgeordneten Prüfungsgegenstand des Gerichts. Dadurch, dass das BVerfG den Rechtsanspruch des Abgeordneten aber nur berücksichtigen will, wenn das Parlament dessen Rechtsstellung grundlegend verkannt hat, ist der Prüfungsmaßstab des Gerichts derart weit eingeschränkt, dass der Abgeordnete seinen verfassungsrechtlichen Anspruch auf eine willkürfreie Immunitätsentscheidung kaum jemals wird durchsetzen können. Ein Einschreiten des Parlaments - durch die Nichtaufhebung der parlamentarischen Immunität bzw. das Verlangen auf Aussetzung des Strafverfahrens gemäß Art. 46 Abs. 4 GG - ist daher äußerst fraglich. Janisch[693] führt dazu pointiert aus: "Nur wenn eine Intrige so stümperhaft eingefädelt ist, dass sie jeder durchschaut, ist das Parlament zum Eingreifen gezwungen".

Die Entscheidung des BVerfG hat allerdings den Grundstein für ein neues Verständnis des Immunitätsrechts gelegt. So haben die Präsidenten der deutschen Landesparlamente am 04.06.2002 - in Verweis auf die neue Rechtsprechung des BVerfG - eine einstimmig gefasste Entschließung zu Immunitätsfragen verabschiedet, in der sie sich auf eine Ausdehnung des Immunitätsschutzes zugunsten des betroffenen Angeordneten verständigt haben[694]. In den wesentlichen Punkten dieser Entschließung heißt es:

- Vor der Aufhebung der parlamentarischen Immunität durch Beschluss des Landtages sollen keine förmlichen Ermittlungen - auch nicht bei unbeteiligten Dritten[695] - vorgenommen werden dürfen.

[692] So im Ergebnis auch: BVerfGE 14, 73 (75).
[693] in: Das Parlament Nr. 52/53, Aus Politik und Zeitgeschichte, einzusehen unter: http://www.das-parlament.de/2001/52_53/Kulissen/201_52_53_008_7378.html.
[694] Dieser liegt eine Initiative des rheinland-pfälzischen Landtagspräsidenten Christoph Grimm zugrunde, vgl. dazu die Presseerklärungen des rheinland-pfälzischen Landtages, einzusehen unter: www.landtag.rlp.de.
[695] Bislang regelt § 103 StPO die Zulässigkeit von Durchsuchungen gegenüber unbeteiligten Dritten. Danach sind solche Durchsuchungen zur Aufdeckung von "Spuren einer Straftat" zulässig, wenn "Tatsachen vorliegen, aus denen zu schließen ist, dass die gesuchte (...) Sache sich in den Räumlichkeiten befindet"; vgl. auch: Kleinknecht/Meyer-Goßner, § 103 Rdnr. 6.

- Sofern im Einzelfall aufgrund von Eilbedürftigkeit Ermittlungsmaßnahmen durchgeführt werden sollen, muss die zuständige Ermittlungsbehörde den parlamentarischen Stellen neben dem entsprechenden Antrag die erforderlichen Informationen unverzüglich zuleiten und diesen eine Plausibilitätsprüfung ermöglichen.

- Die Öffentlichkeitsarbeit der Ermittlungsbehörden soll sowohl dem Ansehen als auch der Funktionsfähigkeit des Parlaments Rechnung tragen.

- Wenn die dem Abgeordneten zur Last gelegten Vorwürfe eine Handlung betreffen, die im Zusammenhang mit der Ausübung seines Mandats steht, soll das Parlament bei der Entscheidung über die Aufhebung der parlamentarischen Immunität zu einer besonders sorgfältigen Prüfung verpflichtet sein.

II. Immunität in der Gemeinschaft

Im gemeinschaftsrechtlichen Schrifttum bzw. in der Rechtsprechung des EuGH wird das Recht der europäischen parlamentarischen Immunität einheitlich als alleiniges Vorrecht des Europäischen Parlaments gewertet. Dies wird unterschiedlich begründet:

- Die Unverfolgbarkeit der Abgeordneten des Europäischen Parlaments sei lediglich eine Begünstigung aber kein Sonderrecht der Abgeordneten, welches im Sinne eines subjektiv öffentlichen Rechts zu ihrer freien Disposition gestellt sei[696].

- Die Motive und Intentionen der Immunitätsentscheidung würden nicht von den Bedürfnissen der einzelnen Abgeordneten, sondern von den Belangen des Europäischen Parlaments in seiner Gesamtheit bestimmt werden[697].

- Durch die zeitweilige Abwesenheit oder auch nur die psychische Beanspruchung eines Abgeordneten wegen strafrechtlicher Verfolgungs-

---

Aufgrund dieser niedrigen Eingriffshürde wurden in der Vergangenheit häufig Durchsuchungen bei den Mitarbeitern der Abgeordneten des Deutschen Bundestages bzw. den Abgeordneten der einzelnen Landesparlamente durchgeführt.

696 So bspw.: Bieber, in: Bangemann/Klepsch/Weber/Bieber, S. 198; vgl. zum Begriff des subjektiv öffentlichen Rechts: Bachof, in: DVBl. 1961, 128 (130).

697 Vgl. Sieglerschmidt, in: EuGRZ 1986, 445 (448).

maßnahmen könne die Arbeits- und Funktionsweise des Europäischen Parlaments gestört werden[698].

- Daneben wird die europäische parlamentarische Immunität mit der Repräsentationsfähigkeit des Europäischen Parlaments begründet[699]. Maßgeblich sei nicht die Repräsentation durch den einzelnen Abgeordneten, sondern die kollektive Repräsentation durch die Gesamtheit der Abgeordneten[700].

Das Rechtsinstitut der europäischen parlamentarischen Immunität muss seine Rechtfertigung grundsätzlich insbesondere in der Sicherung der Arbeits- und Funktionsfähigkeit des Europäischen Parlaments als Entscheidungsverband aller Mandatsträger finden. Auch der EuGH hat in seiner Rechtsprechung zur internen Organisationsgewalt die hohe Priorität der Funktionsfähigkeit des Europäischen Parlaments herausgestellt[701] und betont, "Zweck der Immunität der Abgeordneten ist es, jede Beeinträchtigung des Funktionierens der Institution, der sie angehören, also jede Beeinträchtigung der Ausübung der Befugnisse, insbesondere ihrer Kontrollbefugnisse, auszuschließen"[702]. Die Hinderung eines Abgeordneten des Europäischen Parlaments an der Wahrnehmung seiner parlamentarischen Aufgaben kann aber nicht nur die Funktionsfähigkeit des Europäischen Parlaments beeinträchtigen, sondern betrifft mittelbar auch die Interessen der Wähler.
Als Repräsentativorgan ist das Europäische Parlament der Interessenvertreter der Bevölkerung der Mitgliedstaaten[703]. Der EuGH hat die Bedeutung der Repräsentationsfähigkeit des Europäischen Parlaments insbesondere im Hinblick auf seine Beteiligung am gemeinschaftlichen Gesetzgebungsverfahren herausgestellt und ausgeführt: "Die Repräsentationsfähigkeit des Europäischen Parlaments spiegelt auf Gemeinschaftsebene, wenn auch in beschränktem Umfang, ein grundlegendes demokratisches Prinzip wider, nach dem die Völker durch eine Versammlung ihrer Vertreter an der Ausübung der hoheitlichen

---

698 Vgl. Fleuter, S. 109; Bieber, in: Bangemann/Klepsch/Weber/Bieber, S. 195 f; Matia Portilla, S. 59 ff; v. Brünneck, in: EuR 1989, 249 (253 f).

699 Vgl. Fleuter, S. 109.

700 So Bieber, in: Bangemann/Klepsch/Weber/Bieber, S. 195 f.

701 Vgl. bspw. EuGH, Rs. 208/80, Slg. 1981 (Lord Bruce of Donington/Aspden), 2205, 2219; Rs. 230/81, Slg. 1983 (Luxemburg/Parlament), S. 255, 287 sowie Rs. 149/85 Slg. 1986, (Wybot/Faure), S. 2391, 2399 ff.

702 Vgl. Rs. 149/85 (Wybot/Fauré), Slg. 1986, S. 2391 (2399 f): Vor strafrechtlichen Verfolgungsmaßnahmen geschützt werden soll der Abgeordnete insbesondere auch im Hinblick auf die Sitzungen der ständigen oder nichtständigen Parlamentsausschüsse.

703 Vgl. Art. 189 S. 1, 1. HS: "Das Europäische Parlament besteht aus Vertretern der Völker der in der Gemeinschaft zusammengeschlossenen Staaten".

Gewalt beteiligt sind"[704]. Die Mitglieder des Europäischen Parlaments müssen den Bürgern der Mitgliedstaaten grundsätzlich für die Durchsetzung ihrer Anliegen sowohl zur Repräsentation des Wählerwillens bei Abstimmungen im Europäischen Parlament als auch als Repräsentant und Vertrauensperson - insbesondere gegenüber der Exekutive - zur Verfügung stehen.

Die europäische parlamentarische Immunität dient aber auch dazu, die ungestörte Mandatsausübung des Repräsentanten selbst zu sichern. Jedem Mitglied des Europäischen Parlaments kommt im europäischen Meinungsbildungsprozess eine spezifische Rolle und Funktion zu. Dabei ist ein *quantitativer* und ein *qualitativer Aspekt* zu unterscheiden: In quantitativer Hinsicht dürfte eine Beeinträchtigung gerade der Kontrollbefugnisse des Europäischen Parlaments durch eine Verzerrung der Mehrheitsverhältnisse bei Abstimmungen im Europäischen Parlament nur im Extremfall anzunehmen sein, wenn sich etwa Aufhebungsanträge gezielt gegen Abgeordnete einer bestimmten Fraktion richten. In qualitativer Hinsicht ist der Sachkompetenz jedes Abgeordneten bei den Beratungen und Entscheidungen im Europäischen Parlament und seinen Ausschüssen eine gewisse Bedeutung beizumessen. Gerade in der Zeit des Machtzuwachses des Europäischen Parlaments - insbesondere durch die Einführung des Mitentscheidungsverfahrens als Hauptrechtsetzungsverfahren - gewinnt nicht nur das Europäische Parlament insgesamt, sondern auch der einzelne Abgeordnete an Bedeutung. Er muss den gewachsenen Aufgaben des Europäischen Parlaments gerecht werden und im europäischen Integrationsprozess seine volle Arbeitskraft zur Verfügung stellen. Seine Sachkunde ist in der parlamentarischen Arbeit gefragt, er ist Subjekt des Rechtsanspruchs auf Immunität. Die europäische parlamentarische Immunität kann daher nicht als alleiniges Vorrecht des Europäischen Parlaments angesehen werden.

Dem steht auch nicht entgegen, dass den Mitgliedern des Europäischen Parlaments in der parlamentarischen Praxis kein justitiabler Anspruch auf einen Verzicht auf die europäische parlamentarische Immunität zugesprochen werden kann[705]. Die Verfügungsbefugnis über die europäische parlamentarische Immu-

---

[704] Vgl. EuGH, Rs. 138 und 139/79, Slg. 1980 (Isoglukose), 3333, (3360).

[705] Soweit die Abgeordneten ein persönliches Interesse an der Aufhebung ihrer parlamentarischen Immunität haben, werden sie damit nicht gehört, da die Verfügungsbefugnis über die Immunität seiner Mitglieder nach Auffassung des Europäischen Parlaments ausschließlich bei ihm selbst liegt. Auch dringlich geäußerte Wünsche des betroffenen Abgeordneten, seine Immunität aufzuheben, sollen die jeweilige Entscheidung des Europäischen Parlaments "in keiner Weise" berühren; vgl. Dok. A2-46/85 (Panella); vgl. auch Dok. A2-195/85 (Almirante), S. 12, wonach der Abgeordnete Almirante sowohl in der Sitzung des Parlaments vom 15.09.1980 als auch bei seiner Anhörung im Verlauf der Sitzungen vom 29., 30., und 31.10.1985 ohne Erfolg den Wunsch auf Aufhebung seiner Immunität bekräftigt und wiederholt hat.

nität steht nicht dem Abgeordneten persönlich, sondern nur dem Europäischem Parlament als Ganzem zu[706]. Ein Verzichtsrecht der Abgeordneten würde voraussetzen, dass es sich bei dem Rechtsinstitut der europäischen parlamentarischen Immunität um ein alleiniges Vorrecht des Abgeordneten handelt. Da die europäische parlamentarische Immunität aber auch dem Schutz der Funktions- und Repräsentationsfähigkeit des Europäischen Parlaments als Ganzem dient, könnte durch einen persönlichen Verzicht des Abgeordneten auf den Immunitätsschutz diese Funktions- und Repräsentationsfähigkeit beeinträchtigt werden. Dem einzelnen Abgeordneten kann daher nicht die Entscheidung darüber obliegen, ob er dem Zugriff mitgliedstaatlicher Strafverfolgungsorgane ausgesetzt sein soll oder nicht. Auch aus der fehlenden Verfügungsmacht des Abgeordneten über das Recht der europäischen parlamentarischen Immunität kann daher nicht geschlossen werden, dass das Europäische Parlament mit der Aufhebung der europäischen parlamentarischen Immunität auf sein eigenes Recht verzichtet und der Abgeordnete keine Rechtsträgerschaft innehaben kann.

III. Stellungnahme und Zusammenfassung

Das Rechtsinstitut der europäischen parlamentarischen Immunität schützt nicht nur die Funktions- und Repräsentationsfähigkeit des Europäischen Parlaments als Ganzes, sondern auch den einzelnen Abgeordneten des Europäischen Parlaments. Den Abgeordneten bewahrt es insbesondere vor tendenziöser

[706] Dementsprechend fasste der Berichterstatter in der gemeinsamen Aussprache über die Anträge auf Aufhebung der parlamentarischen Immunität der Abgeordneten Cicciomessere das "Für und Wider" der Anerkennung einer Beachtlichkeit von Verzichtserklärungen der Abgeordneten zusammen: "Es ist natürlich immer unsere Aufgabe, im Rahmen des Möglichen mit dem allergrößten Interesse dem Verlangen des beschuldigten Parlamentariers stattzugeben, der den lebhaften Wunsch haben kann, dass seine parlamentarische Immunität aufgehoben wird, sei es auch nur, um sich gegebenenfalls vor besonders ungerechtfertigten, um nicht zu sagen beleidigenden Anschuldigungen reinwaschen zu können (....). Wir hingegen sagen (...), dass wir den Grundsatz aufrechterhalten müssen, dass die *Immunität die Institution schützen soll*". Die Erklärung des Abgeordneten Cicciomessere, auf seine Immunität verzichten zu wollen, wurde deshalb lediglich zur Kenntnis genommen, ohne ihr jedoch eine weitere Bedeutung beizumessen, vgl. Dok. A2-36/87, Dok. A2-37/87, Dok. A2-38/87 (Cicciomessere) v. 29.04.1987. In dem Verfahren zur Aufhebung der parlamentarischen Immunität des Abgeordneten Panella im Jahre 1988 hielt es der Ausschuss zum ersten Mal für angezeigt, zur völligen Klärung des Sachverhalts dessen parlamentarische Immunität aufzuheben, "(...) um so mehr, als es auch im Interesse von Herrn Panella ist, vor Gericht den Beweis für seine Anschuldigung (....) zu erbringen". Gleichzeitig hatte der Ausschuss darauf hingewiesen, dass "(...) sich die parlamentarische Immunität (keinesfalls) in ein echtes Privileg umwandeln (dürfe), dass a priori es nicht mehr zuließe, die persönlichen und legitimen Interessen von (Abgeordneten), die als solche der Rechtsprechung unterliegen, zu wahren", vgl. Dok. A2-130/88 (Panella) v. 28.06.1988, S. 10, sowie Dok. A2-217/88 (Panella), S. 10.

Verfolgung, obgleich es diesem keinen Rechtsanspruch auf einen Verzicht oder ein Aufrechterhalten der parlamentarischen Immunität[707] zubilligen kann.
Dass die Immunität auch ein Vorrecht des Abgeordneten sein muss, wird mit Blick auf die mitgliedstaatlichen Immunitätsregelungen deutlich. Diese sprechen von dem Abgeordneten in seiner Person[708], nicht von dem Parlament oder den parlamentarischen Fraktionen. Der Wortlaut der mitgliedstaatlichen Verfassungsnormen ist ausschließlich auf die Person des Abgeordneten abgestimmt. Der doppelte Schutzbereich des Rechtsinstituts der europäischen parlamentarischen Immunität wird auch durch Art. 6 Abs. 1 GOEP bestätigt. Art. 6 Abs. 1 GOEP lautet:

> Bei der Wahrnehmung seiner Befugnisse hinsichtlich der Vorrechte und Befreiungen ist es vorrangiges Ziel des Parlaments, seine Integrität als demokratisch gesetzgebende Versammlung zu wahren *und* die *Unabhängigkeit seiner Mitglieder* bei der Wahrnehmung ihrer Aufgaben sicherzustellen.

Sowohl die Funktionsfähigkeit des Europäischen Parlaments als Ganzes als auch die "Funktionsfähigkeit" des einzelnen Abgeordneten muss somit durch das Rechtsinstitut der europäischen parlamentarischen Immunität geschützt werden. Das Europäische Parlament konnte daher - abgesehen von der Frage einer entsprechenden Intention - mit Schaffung der Verordnung auch nicht auf die ihm zustehende europäische parlamentarische Immunität im Vorfeld verzichten[709].

---

[707] Verfassungsrechtlich interessanter als der Fall der Genehmigungsversagung ist der Fall ihrer Erteilung: Kann der Abgeordnete des Europäischen Parlaments ein "Recht" darauf haben, dass die Genehmigung nicht erteilt wird, wenn etwa der Verdacht besteht, dass das Europäische Parlament die Genehmigung zur Aufhebung der parlamentarischen Immunität deshalb erteilen würde, um einen die "parlamentarischen Spielregeln" nicht beachtenden Abgeordneten auszuschalten? Abgesehen davon, dass ein solcher Fall bei der - mit Blick auf die Immunitätspraxis des Europäischen Parlaments ohnehin seltenen - Immunitätsentscheidung des Europäischen Parlaments bislang nicht bekannt geworden ist, würde dann die Situation eintreten, die einst zur Schaffung des Rechtsinstituts der (europäischen) parlamentarischen Immunität geführt hat. Der Ausschluss des Abgeordneten erfolgt zwar durch verfassungsrechtlich gleichgestellte Abgeordnete in dem Immunitätsausschuss des Europäischen Parlaments, aber immerhin auch als Machtausübung dieser.

[708] Vgl. Art. 26 der französischen Verfassung: "Kein Mitglied des Parlaments (...)", Art. 62 der griechischen Verfassung: "Ein Abgeordneter (...)", Art. 68 der italienischen Verfassung. "Die Mitglieder des Parlaments (...)", Art. 71 der spanischen Verfassung: "Die Abgeordneten (...)" sowie Art. 46 der deutschen Verfassung "Ein Abgeordneter (...)"; vgl. als Überblick über einige mitgliedstaatliche Immunitätsvorschriften auch: Barbera, S. 54 ff.

[709] Vgl. Vierter Teil B.

C. Beeinträchtigung der parlamentarischen Immunität

Der Zielkonflikt zwischen den Untersuchungsbefugnissen des Amtes und dem Rechtsinstitut der europäischen parlamentarischen Immunität sowohl als Statusrecht der Abgeordneten des Europäischen Parlaments als auch als Vorrecht des Europäischen Parlaments ist Gegenstand nachfolgender Erwägungen.

I. Die Untersuchungsbefugnisse des Amtes

Das Amt erhält nach Art. 4 Abs. 2 der Verordnung i.V.m. dem parlamentarischen Durchführungsbeschluss die Befugnis zur Durchführung "interner Verwaltungsuntersuchungen“ gegenüber dem Europäischen Parlament, indem es "ohne Voranmeldung und unverzüglich Zugang zu den Räumlichkeiten des Parlaments (erhält sowie) die Rechnungsführung (...) kontrollieren (...), Kopien aller Dokumente und des Inhalts aller Datenträger (...) anfertigen und diese (...) erforderlichenfalls sicherstellen (kann), um ein mögliches Verschwinden zu verhindern“.

Problematisch ist die Regelung in Art. 5 Abs. 2 des Durchführungsbeschlusses des Europäischen Parlaments betreffend der Unterrichtung des von einer Untersuchungsmaßnahme des Amtes betroffenen Abgeordneten. Art. 5 Abs. 1 des Durchführungsbeschlusses bestimmt: "In den Fällen, in denen die Möglichkeit einer persönlichen Implikation eines Abgeordneten, eines Beamten oder Bediensteten besteht, ist der Betroffene rasch zu unterrichten, *sofern dies nicht die Untersuchung beeinträchtigt*. Auf keinen Fall dürfen einen Abgeordneten (...) mit Namen nennende Schlussfolgerungen am Ende der Untersuchung gezogen werden, ohne dass ihm Gelegenheit gegeben wurde, sich zu den ihn betreffenden Tatsachen zu äußern". Art. 5 Abs. 2 regelt: "In den Fällen, in denen aus ermittlungstechnischen Gründen absolute Geheimhaltung gewahrt werden muss und die die Hinzuziehung einer innerstaatlichen Justizbehörde erfordern, kann dem betreffenden Abgeordneten (...) mit Zustimmung des Präsidenten, zu einem späteren Zeitpunkt Gelegenheit zur Stellungnahme gegeben werden". Art. 5 des Durchführungsbeschlusses eröffnet dem Amt damit die Möglichkeit, ohne Kenntnis des betroffenen Abgeordneten und ohne Kenntnis des für Immunitätsfragen zuständigen Ausschusses des Europäischen Parlaments, Untersuchungshandlungen in den Abgeordnetenbüros vorzunehmen. Hinzu kommt, dass zwar die Zustimmung des Präsidenten für die Durchführung der Untersuchung vorausgesetzt wird, dieser aber in der Regel nicht über Informationen verfügen dürfte, die es ihm erlauben würden, eine begründete Stellungnahme abgeben zu können, da es sich um vertrauliche untersuchungsbezogene Informationen handelt.

Aufgrund der Unbestimmtheit der Untersuchungsbefugnisse durch das weite Entschließungsermessen des Direktors des Amtes bei der Einleitung[710] und Durchführung[711] der internen Untersuchungen gegenüber dem Europäischen Parlament besteht damit für das Amt jederzeit die Möglichkeit, geheime Untersuchungen gegen Abgeordnete durchzuführen und die Ergebnisse dieser Untersuchung an die nationalen Justizbehörden weiterzuleiten[712]. Etwas anderes ergibt sich auch nicht aus den übrigen Regelungen des Durchführungsbeschlusses. Der parlamentarische Durchführungsbeschluss enthält lediglich formelle Hinweise für die Gewährleistung der europäischen parlamentarischen Immunität: Gemäß Art. 1 Abs. 2 des Durchführungsbeschlusses steht die Kooperationspflicht der Abgeordneten unter dem Vorbehalt des Protokolls. Gemäß Art. 4 bleiben die Regeln über die europäische parlamentarische Immunität und das Zeugnisverweigerungsrecht der Abgeordneten von den internen Untersuchungen durch das Amt unberührt[713]. Ersuchen um Aufhebung der Immunität eines Abgeordneten werden dem Amt nach Art. 7 des Durchführungsbeschlusses mitgeteilt.

Die Einleitung der Untersuchungen des Amtes kann aber nicht allein dem Ermessen des Direktors des Amtes unterliegen. Vielmehr muss die europäische parlamentarische Immunität der Mitglieder des Europäischen Parlaments zum Schutz der Abgeordneten des Europäischen Parlaments eine Schranke vor der Einleitung der Untersuchungen darstellen. Die Kommission empfiehlt in ihrem Bericht zur Bewertung der Tätigkeit des Amtes nach drei - jähriger Amtszeit gemäß Art. 15 aufgrund einiger Fälle fehlender bzw. verspäteter Unterrichtung der betroffenen Organe bzw. der betroffenen Personen, dass das Amt Vorgehensweisen einführen sollte, die auf die Beachtung und einheitliche Anwendung der Verfahren zur Unterrichtung der Behörden, Organe, Ämter und Agenturen einerseits sowie auf die Unterrichtung des Betroffenen andererseits abzielen[714].

Die Untersuchungsbefugnisse des Amtes begründen daher - soweit sie wie in Art. 4 Abs. 2 der Verordnung i.V.m. dem Durchführungsbeschluss vorgesehen eingeleitet und durchgeführt werden - einen unverhältnismäßigen Eingriff in die

---

710 Vgl. Art. 5 Abs. 2 der Verordnung.

711 Vgl. Art. 6 Abs. 5 der Verordnung.

712 Vgl. Art. 10 Abs. 2 der Verordnung.

713 Vgl. dazu Erwägungsgrund Nr. 5 der Vereinbarung sowie Art. 4 Abs. 6 der Verordnung (EG) Nr. 1073/1999.

714 Vgl. Kommission der Europäischen Gemeinschaften, Bericht der Kommission, Bewertung der Tätigkeiten des Europäischen Amtes für Betrugsbekämpfung (OLAF), Verordnungen des Europäischen Parlaments und des Rates (EG) Nr. 1073/1999 und des Rates (Euratom) Nr. 1074/1999, (Artikel 15), S. 40, einzusehen unter: www.europa.eu.int/comm/anti_fraud/ reports/ commission/2003/art15_de.doc.

europäische parlamentarische Immunität der Mitglieder des Europäischen Parlaments. Gleichzeitig besteht die Gefahr, dass die europäische parlamentarische Immunität als Vorrecht des Europäischen Parlaments durch die Untersuchungen des Amtes gegenüber den Mitgliedern des Europäischen Parlaments und gegebenenfalls durch nachfolgende nationale Ermittlungsverfahren beeinträchtigt wird.

II. Mitteilungs- und Kooperationspflichten

Die Mitteilungspflichten der Abgeordneten des Europäischen Parlaments gegenüber dem Amt oder wahlweise gegenüber dem Europäischen Parlament sind mit dem Schutzrecht der europäischen parlamentarischen Immunität der Abgeordneten vereinbar.

Nach Art. 1 Abs. 2 des parlamentarischen Durchführungsbeschlusses "arbeiten die Abgeordneten umfassend mit dem Amt zusammen". Daneben legt Art. 2 Abs. 4 fest: "Die Abgeordneten, die Kenntnis von Tatsachen oder Vorkommnissen gemäß Unterabsatz 1 erhalten, unterrichten den Präsidenten des Parlaments oder, falls sie dies für zweckdienlich halten, direkt das Amt hiervon". Sofern die Mitteilungspflicht nach Art. 2 Abs. 4 des Durchführungsbeschlusses - bei Kenntnis von "Betrug, Korruption oder sonstige(n) rechtswidrigen Handlungen zum Nachteil der Interessen der Gemeinschaften" gemäß Art. 2 Abs. 1 – dazu führen kann, dass interne Untersuchungen gegen einen anderen Abgeordneten des Europäischen Parlaments eingeleitet werden, wird dadurch die europäische parlamentarische Immunität des von der Untersuchungsmaßnahme betroffenen Abgeordneten nachteilig berührt. Wie oben bezüglich einer Verletzung der freien Ausübung des Mandats ausgeführt[715], kann dies aber - angesichts der Bedeutung des Schutzguts der Gemeinschaftsfinanzen - nicht zu einer Unverhältnismäßigkeit der Mitteilungspflichten *an sich* führen.
Etwas anders gilt für die mit den Untersuchungsbefugnissen zusammenhängenden Kooperationspflichten der Abgeordneten des Europäischen Parlaments[716]: Da die Untersuchungen des Amtes in den Amtsräumlichkeiten der Abgeordneten des Europäischen Parlaments mit der europäischen parlamentarischen Immunität der Abgeordneten sowie damit korrespondierend mit der europäischen parlamentarischen Immunität des Europäischen Parlaments unvereinbar sind, muss dies auch für die den Abgeordneten auferlegten Kooperationspflichten gelten.

---

[715] Vgl. Dritter Teil B. II. 1. b und d.
[716] Vgl. Art. 1 Abs. 2 des Durchführungsbeschlusses.

III. Zusammenfassung

Das Rechtsinstitut der europäischen parlamentarischen Immunität ist sowohl als Vorrecht des Europäischen Parlaments als auch als Privileg jedes einzelnen Abgeordneten einzustufen. Als solches muss es vor der Einleitung der Untersuchungen des Amtes eine Schranke bilden.

Diesen Erfordernissen genügen die Vorgaben der Verordnung i.V.m. den Regelungen des Durchführungsbeschlusses nicht. Vielmehr eröffnet Art. 5 des Durchführungsbeschlusses dem Amt die Möglichkeit zu einer Einleitung und Durchführung seiner Untersuchungen ohne Kenntnis des betreffenden Abgeordneten bzw. des Immunitätsausschusses des Europäischen Parlaments. Die Untersuchungen des Amtes begründen daher nach den Regelungen der Verordnung sowie des Durchführungsbeschlusses die Gefahr eines unverhältnismäßigen Eingriffs in die europäische parlamentarische Immunität der Mitglieder des Europäischen Parlaments. Des Weiteren besteht aufgrund der fehlenden Schranke eines Genehmigungsvorbehalts des Europäischen Parlaments auch die Gefahr einer Verletzung der Funktions- und Repräsentationsfähigkeit und damit der europäischen parlamentarischen Immunität des Europäischen Parlaments als Institution. Das gleiche gilt im Hinblick auf die mit den Untersuchungsbefugnissen des Amtes zusammenhängenden Kooperationspflichten der Mitglieder des Europäischen Parlaments.

Allein die den Abgeordneten durch den Durchführungsbeschluss auferlegten Mitteilungspflichten sind als solche mit dem Rechtsinstitut der europäischen parlamentarischen Immunität sowohl als Vorrecht der Abgeordneten des Europäischen Parlaments als auch des Europäischen Parlaments selbst vereinbar.

Fünfter Teil
Das parlamentarische Untersuchungsrecht

Die internen Untersuchungsbefugnisse des Amtes kollidieren auch mit dem parlamentarischen Untersuchungsrechts als eines der wichtigsten institutionellen Kontrollinstrumente des Europäischen Parlaments.

Um das parlamentarische Untersuchungsrecht mit den Untersuchungsbefugnissen des Amtes in Beziehung zu setzen, ist es erforderlich, zunächst die Herleitung, den Gegenstand sowie die Einsetzung eines parlamentarischen Untersuchungsausschusses näher zu beleuchten.

A. Herleitung und Entwicklung

Das parlamentarische Untersuchungsrecht ist eines der bedeutendsten und ältesten Kontrollinstrumente, die jedem Parlament zur Verfügung stehen[717]. So haben in allen Mitgliedstaaten der Europäischen Gemeinschaft die Parlamente das Recht, Untersuchungsausschüsse einzusetzen[718]. Das Institut des parlamentarischen Untersuchungsrechts kann daher als allgemeiner Rechtsgrundsatz der Verfassungsüberlieferungen der Mitgliedstaaten verstanden werden, der als ungeschriebenes Prinzip auf Gemeinschaftsebene Anwendung findet[719].

Bis zur Einführung des Art. 138 c EGV a.F. (193 EGV n.F.) war das parlamentarische Untersuchungsrecht ausschließlich in der GOEP geregelt und wurde vom Europäischen Parlament i. V. m. seinem allgemeinen Kontrollrecht nach Art. 137 EGV a.F. (Art. 189 EGV n.F.) ausgeübt[720].

Die rechtliche Zulässigkeit des parlamentarischen Untersuchungsrechts war allerdings - vor Einführung des Art. 138 c EGV a.F. (Art. 193 EGV n.f.) -

[717] Vgl. dazu für das deutsche Recht: BVerfGE 49, 70 (85).

[718] Bspw. bestehen hinreichende Untersuchungsrechte in der Bundesrepublik Deutschland, in Italien, Griechenland, sowie in den Benelux-Ländern, vgl. Nachweise bei Beckedorf, S. 33 ff; vgl. dazu auch: Europäisches Parlament, Parlamentarische Untersuchungsausschüsse in den Mitgliedstaaten, Arbeitsdokument W-3/Rev 1996.

[719] Vgl. dazu: Beckedorf, in: EuR 1997, 237 (237).

[720] Die meisten Untersuchungsausschüsse stellten daher - vor Einführung des Art. 193 EGV n.F. - lediglich allgemeine Enquête-Kommissionen dar, vgl. Beckedorf, S. 221 ff. Das Europäische Parlament hat erstmals nach seiner Direktwahl im Jahr 1979 das Recht für sich in Anspruch genommen, einen Untersuchungsausschuss einzusetzen. Der erste - am 8.7.1981 eingesetzte - Ausschuss befasste sich mit der Situation der Frau in Europa, vgl. ABl. 1981 Nr. C 50/5 ff.

umstritten. Dieser Streitstand illustriert die Bedeutung und die Kompetenz europäischer parlamentarischer Untersuchungsausschüsse:

- Teilweise wurde vertreten, das Europäische Parlament könne keine Untersuchungsausschüsse einsetzen, weil ihm selbst die rechtliche Befugnis fehle, Beweise zu erheben, Zeugen und Sachverständige zu laden und damit richterliche Funktionen auszuüben[721]. Außerdem wurde angeführt, es fehle dem Europäischen Parlament "(...) an der Antinomie zwischen Regierungspartei und Opposition"[722] und damit an einer wesentlichen Voraussetzung für die Einsetzung eines nichtständigen Untersuchungsausschusses.

- Für das Bestehen eines parlamentarischen Untersuchungsrechts wurde der Grundsatz des Selbstorganisationsrechts des Europäischen Parlaments vorgebracht[723]. Zudem könne die Enquete - Kompetenz nicht abhängig sein von der Zuordnung quasi - richterlicher Befugnisse. Die politischen Strukturen des Europäischen Parlaments oder das Fehlen eines für das parlamentarische Regierungssystem typischen Konfliktmusters zwischen Regierungsparteien und Opposition könne auch nicht als Begründung für die Unzulässigkeit des parlamentarischen Untersuchungsrechts dienen. Das parlamentarische Untersuchungsrecht sei vielmehr für das Europäische Parlament als Administrativ -, Legislativ - oder als so genannte "Skandalenquete" auch außerhalb dieses Musters zur Ermittlung von Tatsachen zweckdienlich[724].

Im nationalen Rechtsvergleich ist festzustellen, dass das Erfordernis richterlicher Funktionen kein notwendiges Wesensmerkmal von Untersuchungsausschüssen auf nationaler Ebene ist[725] und damit auch für das Europäische Parlament nicht zwingend geboten erscheint. Der Einschränkung, dass der Untersuchungsausschuss auf einer Antinomie zwischen Regierungspartei und

---

[721] Vgl. Grabitz/Läufer, S. 83.
[722] Vgl. Ipsen, S. 333.
[723] Vgl. Schoo, in: Schwarze, 102 (110). A.A. insoweit Beckedorf, S. 221 ff, der darauf verweist, dass die durch Ausübung des Selbstorganisationsrechts begründeten Ausschüsse nur die dem Europäischem Parlament als Ganzem zuerkannten Kontroll- und Sanktionsrechte besitzen konnten und daher nur als allgemeine Enquete-Kommissionen, nicht aber als Untersuchungsausschüsse hätten bezeichnet werden dürfen; ähnlich auch: Hölscheidt, in: Grabitz/Hilf, Art. 193 Rdnr. 1.
[724] So Kipke, in: ZParl 1989, 488 (489).
[725] Vgl. bspw. die schwache Stellung parlamentarischer Untersuchungsausschüsse in Frankreich als unverbindliche Informationsvermittlung zur Beratung der Regierung; vgl. dazu: Ordonnance NO. 58-1100 du 17 novembre 1958 relative au fonctionnement des assemblées parlementaires (JO du 18.11.1958, p. 10 335).

Opposition beruhen müsse, kann mit der interinstitutionellen Antinomie zwischen Europäischem Parlament, Rat und Kommission begegnet werden. Es ist nicht einzusehen, weshalb diese Antinomie nicht Grundlage und Legitimation für die Einsetzung eines europäischen parlamentarischen Untersuchungsausschusses sein sollte.

Mit der Einführung des Art. 138 c EGV a.F. (Art. 193 EGV n.F.) durch den Vertrag über die Europäische Union erhielt das parlamentarische Untersuchungsrecht eine primärrechtliche Grundlage und ist damit auch in seiner rechtlichen Zulässigkeit anerkannt[726]. Das Untersuchungsrecht des Europäischen Parlaments hat - seit der primärrechtlichen Fundierung - die demokratische Legitimation des Europäischen Parlaments verstärkt und diesem einen umfassenden Kontrollmechanismus zur Verfügung gestellt.

B. Gegenstand

Nach Art. 193 EGV hat das Europäische Parlament das Recht, nichtständische Untersuchungsausschüsse zur Aufklärung von Verstößen gegen das Gemeinschaftsrecht und von Missständen bei dessen Anwendung einzusetzen[727].

Art. 193 Abs. 1 und 2 EGV enthält keine vollständige Regelung des parlamentarischen Untersuchungsrechts; Abs. 3 ermächtigt daher das Europäische Parlament, den Rat der EU und die Kommission, die Einzelheiten des Untersuchungsverfahrens in einer interinstitutionellen Vereinbarung zu regeln. Dies ist durch den sog. Ausübungsbeschluss geschehen[728].
Der mögliche Untersuchungsgegenstand wird durch Art. 193 Abs. 1 EGV auf "behauptete Verstöße gegen das Gemeinschaftsrecht oder Missstände bei der Anwendung desselben“ begrenzt. Art. 2 Abs. 1 des Ausübungsbeschlusses grenzt das parlamentarische Untersuchungsrecht - zulässigerweise[729] - auf das Verhalten von "einem Organ oder einer Institution der Gemeinschaften, einer

[726] Vgl. Kluth, in: Callies/Ruffert, Art. 193 EGV Rdnr. 1.
[727] Zum Vergleich zwischen der Einsetzung eines parlamentarischen Untersuchungsausschusses und der jährlichen Kontrolle durch den Interfraktionsbericht der Kommission, Schoo, in: Schwarze, 97 (117 ff)
[728] Vgl. Ausübungsbeschluss v. 16.4.1995 - als Ergebnis der am 20.12.1994 geschlossenen Interinstitutionellen Vereinbarung - ABl. 1995 Nr. L 113/1 ff.; Anlage VIII zur GOEP, ABl. 2000 Nr. C 189/180 ff; sowie Bericht Gil-Delgado/ De Giovanni, Dok. A4-0003/95. Vgl. auch Hölscheidt, in: Grabitz/Hilf, Art. 193 EGV Rdnr. 3, der auf die Höherrangigkeit und Spezialität des Ausübungsbeschlusses gegenüber dem in der GOEP geregelten Untersuchungsrecht hinweist.
[729] Vgl. Hölscheidt, in: Grabitz/Hilf, Art. 193 Rdnr. 4.

öffentlichen Verwaltung eines Mitgliedstaates oder Personen, die durch das Gemeinschaftsrecht mit dessen Anwendung beauftragt wurden", ein.

Gemäß Art. 193 Abs. 1, 2. HS. EGV, Art. 2 Abs. 3, UAbs. 1 des Ausübungsbeschlusses kann das parlamentarische Untersuchungsrecht solange nicht ausgeübt werden als ein nationales oder ein gemeinschaftliches Gericht mit demselben Sachverhalt befasst und das Gerichtsverfahren noch nicht abgeschlossen ist. Diese Rechtshängigkeits-Klausel bezweckt den Schutz der Unabhängigkeit und der von Seiten Dritter unbeeinflussten Selbstständigkeit gerichtlicher Verfahren und Entscheidungen[730].

Der parlamentarische Untersuchungsausschuss erfüllt seine Aufgaben nach Art. 193 Abs. 1 EGV n.F., Art. 2 Abs. 2, UAbs. 1 des Ausübungsbeschlusses unter Beachtung der Befugnisse, die den Organen und Institutionen der Gemeinschaft durch die Verträge übertragen worden sind. Die Einsetzung eines Untersuchungsausschusses zur Aufklärung eines bestimmten Sachverhalts beeinträchtigt damit die Prüfungsbefugnisse anderer Gemeinschaftsorgane nicht. Derselbe Sachverhalt kann auch sowohl Gegenstand eines nationalen parlamentarischen sowie des europäischen parlamentarischen Untersuchungsausschusses sein[731].

C. Einsetzung

Der europäische parlamentarische Untersuchungsausschuss wird auf Antrag eines Viertels der Abgeordneten des Europäischen Parlaments eingesetzt. Das Europäische Parlament entscheidet dabei auf Vorschlag der Konferenz der Präsidenten über die Einsetzung des Ausschusses[732].

Umstritten ist, ob das Europäische Parlament bei einem solchen Quorum das Recht oder die Pflicht zur Einsetzung eines Untersuchungsausschusses hat. Nach einer Ansicht ist das Europäische Parlament nicht zur Einsetzung eines Untersuchungsausschusses verpflichtet, da es sich bei Art. 193 EGV um eine

---

[730] Vgl. Beckedorf, in: EuR 1997, 237 (240), nach dem dieses Schutzbedürfnis bereits bei einer gleichzeitigen politischen und damit öffentlichen Auseinandersetzung des Europäischen Parlaments mit einem Sachverhalt, der auch Gegenstand eines Gerichtsverfahrens ist, gegeben sein kann.

[731] Vgl. Hölscheidt, in: Grabitz/Hilf, Art. 193 Rdnr. 5.

[732] Das Minderheitenrecht bei der Einsetzung des Ausschusses schlägt allerdings nicht auf das Untersuchungsverfahren selbst durch. Mangels anders lautender Regelungen gilt hierbei das Mehrheitsprinzip: Anträge auf Einsetzung des Untersuchungsausschusses einschließlich der Beweisanträge werden im Untersuchungsausschuss mit einfacher Mehrheit angenommen, vgl. Beckedorf, S. 219 f.

"Kann-Vorschrift“ handelt[733]. Nach anderer Ansicht stellt der Einsetzungsbeschluss eine gebundene Entscheidung dar, so dass bei Vorliegen des zulässigen Antrags der beantragte Untersuchungsausschuss eingesetzt werden muss[734].
Im Rechtsvergleich zu den nationalen Einsetzungsbeschlüssen[735] spricht die Ausformung des Art. 193 Abs. 1 EGV n.F. als "Kann-Vorschrift" für eine freie Ermessensentscheidung des Europäischen Parlaments[736]. Die Vorschrift als gebundene Entscheidung des Parlaments auszulegen, widerspricht eindeutig dem Wortlaut des Art. 193 Abs. 1 EGV. Daher besteht auch keine Verpflichtung des Europäischen Parlaments zur Einsetzung eines parlamentarischen Untersuchungsausschusses[737].

Der Antrag auf Einsetzung eines nichtständigen Untersuchungsausschusses muss nach Art. 151 Abs. 3 S. 1 GOEP die genaue Angabe des Gegenstandes der Untersuchung sowie eine ausführliche Begründung enthalten. Der Beschluss zur Einsetzung des parlamentarischen Untersuchungsausschusses wird nach Art. 151 Abs. 1, UAbs. 2 GOEP im Amtsblatt (Nr. C) veröffentlicht.

D. Befugnisse

Vor Einfügung des Art. 193 EGV n.F. reichten die Rechte des Untersuchungsausschusses nicht weiter als die dem Parlament als Ganzem zuerkannten Kontroll- und Sanktionsrechte[738].

Die Kommission unterlag in ihrer gesamten Tätigkeit der Kontrolle[739] und damit auch der Enquetebefugnis des Europäischen Parlaments.

---

733 Vgl. Hölscheidt, in: Grabitz/Hilf, Art. 193 Rdnr. 6.
734 Vgl. Beckedorf, S. 339 ff; Kluth, in: Calliess/Ruffert, Art. 193 EGV Rdnr. 5, nach dessen Ansicht der Einsetzungsbeschluss lediglich der formellen Einsetzung des Gremiums, insbesondere der Benennung seiner Mitglieder dient.
735 Vgl. Art. 44 Abs. 1 GG, danach hat der deutsche Bundestag "(...) das *Recht* und auf Antrag eines Viertels seiner Mitglieder die Pflicht, einen Untersuchungsausschuss einzusetzen“.
736 Vgl. auch die insoweit gleich lautende Bestimmung des Art. 136 Abs. 1 GOEP.
737 Da das parlamentarische Untersuchungsrecht aber die Stellung des Europäischen Parlaments im institutionellen Gefüge stärkt, liegt die Einsetzung des Ausschusses im Interesse des Europäischen Parlaments und wurde bislang auch stets verwirklicht.
738 Dies begründet sich aus der Tatsache, dass sich das Europäische Parlament bei der Ausübung seines Untersuchungsrechts nur auf die GOEP stützen konnte und diese - als eine dem Vertrag nachrangige autonome Satzung - dem Europäischen Parlament nicht mehr Rechte zuweisen kann, als im Vertrag bzw. aufgrund interinstitutioneller Absprachen vorgesehen sind, vgl. dazu eingehend: Beutler/Bieber/Pipkorn/Streil, S. 114.
739 Vgl. die primärrechtliche Verankerung der Kontrollrechte insbesondere in Art. 200 f und 276 EGV.

Gegenüber dem Rat der EU bestanden auf der Grundlage der Gemeinschaftsverträge keine entsprechenden Befugnisse. Im Verhältnis zum Rat der EU reichten die Rechte des Untersuchungsausschusses daher nur so weit, wie sich dieser den Kontrollansprüchen des Europäischen Parlaments bisher gewohnheitsrechtlich oder in Form nicht rechtsverbindlicher Absprachen unterworfen hatte[740]. Im Verhältnis zwischen dem Untersuchungsausschuss und den Mitgliedstaaten sowie den Gemeinschaftsbürgern bestanden keine Kontrollansprüche des Europäischen Parlaments[741].

Seit Schaffung des Art. 138 c EGV a.F. (Art. 193 EGV n.F.) sind die einzelnen Befugnisse des europäischen parlamentarischen Untersuchungsausschusses in Art. 3 des Ausübungsbeschlusses sowie in Art. 151 GOEP festgelegt.

Der Untersuchungsausschuss hat danach generell das Recht zur Beweiserhebung[742]. Nach Art. 193 EGV i.V.m. Art. 3 Abs. 2 des Ausübungsbeschlusses kann der Untersuchungsausschuss ein Organ oder eine Institution der Europäischen Gemeinschaft oder die Regierung eines Mitgliedstaates ersuchen, eines ihrer Mitglieder für die Teilnahme an den Arbeiten des Ausschusses zu bestimmen. Mit dem Begriff der "Teilnahme" ist dabei eine aktive Beteiligung in dem Sinne gemeint, dass die Ausschussmitglieder den jeweiligen Vertreter befragen können[743].

Seit der Einführung des Art. 193 EGV n.F. und des Ausübungsbeschlusses besitzt der Untersuchungsausschuss auch ein Vorladungsrecht. Er kann Personen der Institutionen der Gemeinschaft oder der Regierungen der Mitgliedstaaten zur Anhörung vor den Ausschuss bitten[744], bzw. - falls dies für die Erfüllung seiner Aufgaben erforderlich erscheint - jede andere Person auffordern, als Zeuge auszusagen[745]. Der Untersuchungsausschuss kann sich zudem an die in Art. 3 Abs. 2 des Ausübungsbeschlusses genannten Personen wenden,

---

[740] Hier dürfte sich die Pflicht des Rates der EU zum Erscheinen und zur Aussage vor dem Untersuchungsausschuss beschränkt haben, vgl. Schoo, in: Schwarze, 97 (114).

[741] Der Untersuchungsausschuss konnte Mitglieder der Regierungen sowie Einzelpersonen zwar vor den Ausschuss laden, diese waren aber nicht zum Erscheinen verpflichtet. Mittelbar konnte der Untersuchungsausschuss jedoch über die Kontroll- und Auskunftsrechte der Kommission Informationen verlangen; vgl. das Interpellationsrecht des Europäischen Parlaments gemäß Art. 197 Abs. 3 EGV; vgl. zum Ganzen auch Beckedorf, S. 125 ff.

[742] Hölscheidt, in: Grabitz/Hilf, Art. 193 EGV Rdnr. 7.

[743] Gerade die Befragung von Repräsentanten der höchsten nationalen und gemeinschaftlichen Ebenen ist für einen Untersuchungsausschuss als politisches Kontrollorgan unverzichtbar; vgl. Bericht Gil-Robles/Gil-Delgado/De Giovanni im Namen des institutionellen Ausschusses, EP Dok. A4-0003/95, S. 13.

[744] Vgl. Art. 3 Abs. 3 des Ausübungsbeschlusses; Art. 136 Abs. 7, UAbs. 1 GOEP.

[745] Vgl. Art. 2 Abs. 8 des Ausübungsbeschlusses.

um bestimmte auch als vertraulich oder geheim eingestufte Dokumente zu erhalten[746]. Die betreffenden Abgeordneten unterliegen bei der Prüfung als vertraulich eingestufter Dokumente einer Geheimhaltungspflicht[747].

Problematisch ist allerdings, ob der europäische parlamentarische Unteruchungsausschuss seine Befugnisse auch zwangsweise durchsetzen kann. Dabei ist entscheidend auf die primärrechtliche Verankerung des europäischen parlamentarischen Untersuchungsrechts in Art. 138c EGV a.F. bzw. 193 EGV n.F. abzustellen. Dadurch wurde das parlamentarische Untersuchungsrecht sowohl für die anderen Organe der Gemeinschaft als auch für die Mitgliedstaaten verbindlich anerkannt. Das parlamentarische Untersuchungsecht ist damit nicht nur Ausfluss des internen Organisationsrechts des Europäischen Parlaments, sondern Teil der dem Europäischen Parlament durch den Vertrag ausdrücklich zugewiesenen Befugnisse. Der Ausübungsbeschluss regelt zudem nicht nur das Verhältnis der Gemeinschaftsorgane zueinander, sondern entfaltet als eine Art "Verfassungsübereinkommen“ auch unmittelbare Drittwirkung gegenüber den Mitgliedstaaten und ihren Bürgern[748]. Damit sind die Befugnisse des europäischen parlamentarischen Untersuchungsausschusses rechtsverbindlich[749]. Mangels richterlicher Befugnisse besitzt der Ausschuss jedoch keine unmittelbare Zwangsgewalt, um die Erfüllung seiner Rechte durchzusetzen[750].

Wegen des (Anwendungs-) Vorrangs des Gemeinschaftsrechts[751] müssen die nationalen Behörden die Zuständigkeiten des europäischen parlamentarischen Untersuchungsausschusses allerdings respektieren. Im Falle der Versagung der Kooperation mit einem europäischen parlamentarischen Untersuchungsusschuss durch einen Mitgliedstaat verfügt das Europäische Parlament indessen über keine unmittelbaren Sanktionsmöglichkeiten. Er kann lediglich die Kommission ersuchen, ein Vertragsverletzungsverfahren nach Art. 226 EGV n.F. gegen den betreffenden Staat einzuleiten[752].

---

[746] Vgl. Art. Art. 3 Abs. 3 und 4 des Ausübungsbeschlusses; Art. 136 Abs. 7, UAbs. 1 GOEP.
[747] Vgl. Art. 4 Abs. 1 des Ausübungsbeschlusses; Art. 136 Nr. 9 GOEP.
[748] Vgl. Beckedorf, S. 311 ff.
[749] Art. 193 EGV sowie Art. 3 des Ausübungsbeschlusses enthalten daher unmittelbar verbindliche Pflichten der Gemeinschaftsorgane, der Mitgliedstaaten sowie - in eingeschränktem Maße - auch Dritter (vgl. Art. 2 Abs. 8 des Ausübungsbeschlusses) zur Kooperation mit dem Untersuchungsausschuss.
[750] Vgl. Beckedorf, S. 352 ff.
[751] Vgl. EuGH, Rs. C-217/88, Slg. 1990 (Kommission/Deutschland, Tafelwein) 2879 (2907 f) sowie Rs. C-213/89, Slg. 1990 (ex parte Factortame Ltd. u.a.) S. 2433 (2473).
[752] Vgl. Beckedorf, S. 352 ff, der vertritt, dass insoweit das Ermessen der Kommission zur Klageerhebung zumindest eingeschränkt ist.

Im Falle der Verweigerung der Kooperation durch die Kommission oder den Rat der EU kann das Europäische Parlament zudem - abgesehen von seinen politischen Kontrollmitteln - Klage beim EuGH erheben[753]. Zudem hat das Europäische Parlament die Möglichkeit, durch eine öffentliche Anprangerung der Missachtung des Begehrens den Adressaten des jeweiligen Ersuchens zum Einlenken zu zwingen[754].

Abgeschlossen ist die Arbeit des europäischen parlamentarischen Untersuchungsausschusses durch einen Bericht, der innerhalb eines Zeitraums von 12 Monaten zu fertigen ist[755]. Der Abschlußbericht wird veröffentlicht und muss auch die - gegebenenfalls vorhandenen - Minderheitenansichten enthalten. Der Untersuchungsausschuss kann in diesem Bericht dem Europäischen Parlament einen Entwurf für eine an die Organe der Gemeinschaft oder die einzelnen Mitgliedstaaten gerichtete Empfehlung geben[756].

E. Beeinträchtigung des europäischen parlamentarischen Untersuchungsrechts

Die durch die Verordnung i.V.m. dem Durchführungsbeschluss des Europäischen Parlaments ausgestalteten internen Untersuchungsbefugnisse des Amtes sowie die entsprechenden Kooperationspflichten der Abgeordneten des Europäischen Parlaments stehen im Falle ihrer Ausübung gegenüber Mitgliedern eines europäischen parlamentarischen Untersuchungsausschusses mit dem parlamentarischen Untersuchungsrecht in Konflikt.

---

[753] Hierfür kommt allerdings nur die Untätigkeitsklage in Betracht, da es sich bei den begehrten Maßnahmen - Erteilung einer Aussage, bzw. einer Aussagegenehmigung, Vorlage von Dokumenten etc. - nicht um verbindliche Rechtsakte handelt; vgl. Cremer, in: Calliess/Ruffert, Art. 232 EGV Rdnr. 5, nach welchem mit der Untätigkeitsklage alle Maßnahmen angreifbar sind, zu deren Vornahme ein Gemeinschaftsorgan aufgrund des Gemeinschaftsrechts verpflichtet ist; a.A. insoweit: Nicolaysen, S. 196, der nur verbindliche Rechtsakte unter den Begriff des "Beschlusses" i.S.d. Art. 232 EGV fassen will.

[754] Vgl. dazu: Kipke, in: ZParl 1989, 488 (494). Diese Möglichkeit bleibt zumindest gegenüber den Gemeinschaftsbürgern als einzig möglicher Sanktionsmechanismus für eine Verweigerung der Zusammenarbeit mit dem Untersuchungsausschuss bestehen.

[755] Vgl. Art. 136 Abs. 4 GOEP, Art. 2 Abs. 4 des Ausübungsbeschlusses, wobei die Frist von zwölf Monaten durch eine mit Gründen versehene Stellungnahme zweimal um jeweils drei Monate verlängert werden kann. In jedem Fall endet das Mandat des Untersuchungsausschusses - nach dem Grundsatz der Diskontinuität – mit dem Ablauf der Wahlperiode des Europäischen Parlaments.

[756] Vgl. Art. 136 Abs. 10 GOEP.

I. Die Untersuchungsbefugnisse des Amtes

Gemäß Art. 4 Abs. 2 der Verordnung i.V.m. dem Durchführungsbeschluss besitzt das Amt umfangreiche Untersuchungsbefugnisse gegenüber dem Europäischen Parlament, indem es ein jederzeitiges Zugangsrecht zu den Räumlichkeiten des Parlaments hat, dessen Rechnungsführung kontrollieren sowie Kopien aller Dokumente anfertigen und diese erforderlichenfalls sicherstellen kann.

Das parlamentarische Untersuchungsrecht würde aus institutioneller Sicht durch die Ausübung der Untersuchungsbefugnisse des Amtes gegenüber dem Europäischen Parlament beeinträchtigt werden, sofern das Amt - als innerhalb der Verwaltungsstruktur der Kommission errichtete Einrichtung und damit als Teil der Exekutive der Gemeinschaft - seine Untersuchungsbefugnisse während eines laufenden parlamentarischen Untersuchungsverfahrens gegenüber den Mitgliedern des Untersuchungsausschusses ausüben würde. Diese Ausübung der Untersuchungsbefugnisse wäre mit der in Art. 10 EGV n.F. niedergelegten Kooperationspflicht der Kommission unvereinbar und würde gegen den in Art. 5 Abs. 3 EGV normierten Verhältnismäßigkeitsgrundsatz verstoßen.

Nach dem in Art. 10 EGV verankerten Grundsatz der Erhaltung der Funktionsfähigkeit der Gemeinschaft und ihrer Organe (sog. Grundsatz der Verfassungs- oder Organtreue[757]) obliegen den Gemeinschaftsorganen gegenseitige Pflichten zur loyalen Zusammenarbeit und Unterstützung[758]. Diese Kooperationspflichten sind auch vom EuGH anerkannt und bestätigt worden[759]. Wegen ihres allgemeinen Charakters können sie zwar keine konkreten Handlungspflichten für die Gemeinschaftsorgane im Rahmen eines parlamentarischen Untersuchungsverfahrens begründen, eine Behinderung der Arbeit des parlamentarischen Untersuchungsausschusses muss aber als Verstoß gegen das in Art. 10 EGV niedergelegte Prinzip der Funktionsfähigkeit der Gemeinschaft und ihrer Organe - in diesem Falle des Europäischen Parlaments - verstanden werden.

Die Handlungspflichten, die den Gemeinschaftsorganen im Rahmen eines parlamentarischen Untersuchungsverfahrens obliegen, ergeben sich aus den

---

757 Vgl. EuGH, Rs. 5/85, Slg. 1986 (AKZO/Kommission), 2585 (2615); Rs. 208/80, Slg. 1981 (Lord Bruce of Donnington), 2205 (2205 ff).

758 So auch: Kahl, in: Calliess/Ruffert, Art. 10 Rdnr. 14, 46 ff; Lenz, in: Lenz, Art. 10 Rdnr. 8; a.A. v. Bogdandy, in: Grabitz/Hilf, Art. 5 Rdnr. 9, 77; Klein, in: HK-EUV, Art. 5 Rdnr. 40, nach denen Art. 10 EGV n.F. nur den Gemeinschaftsorganen und den Mitgliedstaaten gegenseitige Pflichten zur loyalen Zusammenarbeit auferlegt (sog. Prinzip der Gemeinschaftstreue).

759 Vgl. EuGH, Rs. 204/86, Slg. 1988 (Griechenland/Rat), 5323 (5324 ff); Rs. C-65/93, Slg. 1995 (Parlament/Rat), 643 (643 ff).

Erwägungsgründen des Ausübungsbeschlusses[760]: Danach müssen die nichtständigen Untersuchungsausschüsse "(...) über die zur Erfüllung ihrer Aufgaben notwendigen Mittel verfügen". In diesem Zusammenhang sind die Mitgliedstaaten sowie die Organe und Institutionen der Gemeinschaft verpflichtet, "(...) alle erforderlichen Maßnahmen zu treffen, um die Erfüllung der Aufgaben der nichtständigen Untersuchungsausschüsse zu erleichtern".

Aufgrund des weitreichenden Ermessenspielraums des Direktors des Amtes hinsichtlich der Einleitung interner Verwaltungsuntersuchungen[761] und deren Durchführung[762] bis hin zu den Folgemaßnahmen[763] besteht für das Amt jederzeit die Möglichkeit der Ausübung der Zugangs-, Durchsuchungs- und Beschlagnahmebefugnisse in den Amtsräumlichkeiten der an einem parlamentarischen Untersuchungsverfahren beteiligten Abgeordneten.

Die Untersuchungshandlungen des Amtes sind der Kommission zuzurechnen, innerhalb deren Verwaltungsstruktur das Amt errichtet wurde. Dies wird auch daraus deutlich, dass Klagen gegen konkrete Untersuchungsmaßnahmen des Amtes - als der Kommission nachgeordneter Einrichtung - gegen die Kommission zu richten sind[764].

Erhalten die Bediensteten des Amtes aber jederzeit ohne Voranmeldung und in Abwesenheit des betreffenden Abgeordneten Zugang zu dessen Amtsräumlichkeiten und Arbeitsmaterialien, wird die uneingeschränkte Verfügungs- und Zugriffsmöglichkeit der Mitglieder des europäischen parlamentarischen Untersuchungsausschusses auf ihr Untersuchungsmaterial vereitelt.
Zu berücksichtigen ist in diesem Zusammenhang auch, dass dem Amt nach den Vorgaben von Art. 4 Abs. 2 der Verordnung i.V.m. dem Durchführungsbeschluss - als Teil des Exekutivorgans Kommission - Kontrollmaßnahmen

---

[760] Vgl. Anlage VIII zur GOEP, ABl. 2000 Nr. C 189/180 ff.

[761] Vgl. Art. 5 der Verordnung, der keine inhaltlichen Kriterien enthält, wonach der Direktor des Amtes über die Einleitung von Ermittlungen zu entscheiden hat.

[762] Vgl. Art. 4 Abs. 2, 5 und 6 der Verordnung. Danach erhält das Amt ein Entschließungsermessen hinsichtlich der Durchführung von Zugangsrechten, Kontrollen und Sicherstellungen (Art. 4); zudem kann es deren Dauer und Intensität frei bestimmen (Art. 5 und 6).

[763] Vgl. Art. 10 Abs. 2 und 3 der Verordnung. So lautet Art. 10 Ab. 2: "Unbeschadet der Art. 8, 9 und 11 übermittelt der Direktor des Amtes den Justizbehörden des betreffenden Mitgliedstaates die bei internen Untersuchungen vom Amt eingeholten Informationen über gegebenenfalls strafrechtlich zu ahndende Handlungen. Vorbehaltlich der Untersuchungserfordernisse unterrichtet er gleichzeitig den betreffenden Mitgliedstaat". Art. 10 Abs. 3 regelt: "Unbeschadet der Artikel 8 und 9 kann das Amt dem betreffenden Organ, der betreffenden Einrichtung oder dem betreffenden Amt (...) jederzeit Informationen übermitteln, die es im Laufe interner Untersuchungen erlangt hat".

[764] So auch: Gleß, in: EuZW 1999, 618 (620) und Gleß/Lüke, in: Jura 2000, 400 (405 f).

gegenüber dem Europäischen Parlament obliegen, während Sinn und Zweck des parlamentarischen Untersuchungsrechts die Kontrolle insbesondere der Kommission ist[765]. Dabei gehen die internen Untersuchungsbefugnisse des Amtes weiter als das parlamentarische Untersuchungsrecht selbst: Während der europäische parlamentarische Untersuchungsausschuss die Aushändigung jedes für erforderlich gehaltenen Dokuments beantragen kann[766] stehen ihm doch keine Durchsuchungs- oder Beschlagnahmebefugnisse zu. Im Falle der Ausübung der Untersuchungsbefugnisse des Amtes gegenüber den an einem europäischen parlamentarischen Untersuchungsausschuss beteiligten Abgeordneten würde die Kommission nicht die Aufgabenerfüllung des Untersuchungsausschusses unterstützen, sondern dieser vielmehr zuwiderhandeln und ihrer Kooperationspflicht aus Art. 10 EGV nicht genügen. Insofern ist die Ausübung der Untersuchungsbefugnisse des Amtes mit dem in Art. 5 Abs. 3 EGV normierten Verhältnismäßigkeitsgrundsatz unvereinbar.

II. Mitteilungs- und Kooperationspflichten

Auch die Mitteilungs- und Kooperationspflichten der Abgeordneten des Europäischen Parlaments gegenüber dem Präsidenten des Europäischen Parlaments[767] stehen im Zielkonflikt mit der Teilnahme und der Stellung als beauftragter Abgeordneter in einem parlamentarischen Untersuchungsverfahren.

Den Mitgliedern eines europäischen parlamentarischen Untersuchungsausschusses kommen bestimmte Geheimhaltungspflichten zu: Nach Art. 4 Abs. 1 des Ausübungsbeschlusses sind "(...) die von dem nichtständigen Untersuchungsausschuss eingeholten Informationen ausschließlich für die Erfüllung seiner Aufgaben bestimmt. Sie dürfen nicht bekanntgegeben werden, wenn sie Fakten enthalten, die der Geheimhaltung oder der Vertraulichkeit unterliegen, oder wenn der Betroffene namentlich erwähnt wird“. Art. 4 Abs. 2 des Ausübungsbeschlusses bestimmt: "Das Europäische Parlament erlässt die erforderlichen Verwaltungs- und Geschäftsordnungsbestimmungen, um die Geheimhaltung und Vertraulichkeit der Arbeiten der nichtständigen Untersuchungsausschüsse zu gewährleisten“. Gemäß Art. 151 Abs. 9 GOEP müssen daher die "(...) betreffenden Abgeordneten die feierliche Verpflichtung eingehen, niemandem Zugang zu den geheimen oder vertraulichen Informationen

---

[765] Vgl. zu den Kontrollbefugnissen des Europäischen Parlaments: Art. 193, 197, 200 f und 276 EGV. Diese Problematik stellt sich im Besonderen aus der bislang nicht vollzogenen Unabhängigkeit des Amtes von der Kommission; vgl. bspw. die diesbezüglichen Feststellungen des Überwachungsausschusses in: Tätigkeitsbericht (September 2001-Juni 2002) v. 18.06.2002, S. 8 f, 15 ff.

[766] Vgl. Art. 136 Abs. 7 GOEP, Art. 3 Abs. 4 des Ausübungsbeschlusses.

[767] Diese bestehen alternativ auch gegenüber dem Amt selbst, vgl. Art. 2 Abs. 4 des Durchführungsbeschlusses.

im Sinne dieses Artikels zu gewähren und sie ausschließlich zum Zwecke der Ausarbeitung ihres Berichts für den nichtständigen Untersuchungsausschuss zu verwenden".

Zunächst soll zwischen den Kooperations- und den Mitteilungspflichten der Abgeordneten unterschieden werden.

1) Mitteilungspflichten der Abgeordneten

Die Abgeordneten des Europäischen Parlaments trifft nach Art. 2 Abs. 4 des parlamentarischen Durchführungsbeschlusses eine Mitteilungspflicht bezüglich - auch nicht strafrechtlich relevanter - Tatsachen und Vorkommnissen gemäß Art. 2 Abs. 1 nach Wahl des Abgeordneten gegenüber dem Europäischen Parlament oder direkt gegenüber dem Amt. Diese Mitteilungspflicht kollidiert grundsätzlich mit den Geheimhaltungspflichten der an einem europäischen parlamentarischen Untersuchungsausschuss beteiligten Abgeordneten. Ein gemeinschaftsrechtliches Zeugnisverweigerungsrecht ist zugunsten der Abgeordneten des Europäischen Parlaments ebenfalls bislang nicht normiert.

Etwas anderes ergibt sich allerdings aus Art. 2 Abs. 5 des Durchführungsbeschlusses. Danach gilt dieser Artikel "(...) unbeschadet der Bestimmungen über die Vertraulichkeit, die in Gesetzesvorschriften oder in der Geschäftsordnung des Europäischen Parlaments festgelegt sind".

Durch Art. 2 Abs. 5 des parlamentarischen Durchführungsbeschlusses werden damit die Geheimhaltungspflichten aus Art. 4 Abs. 1 des Ausübungsbeschlusses und Art. 151 Abs. 9 GOEP sichergestellt. Die Mitteilungspflichten der Mitglieder eines parlamentarischen Untersuchungsausschusses gegenüber dem Amt stehen daher unter dem Vorbehalt dieser Geheimhaltungspflichten. Die Gefahr einer Beeinträchtigung des parlamentarischen Untersuchungsrechts ist somit wirksam begegnet worden.

2) Kooperationspflichten der Abgeordneten

Die Abgeordneten des Europäischen Parlaments unterliegen aber auch einer Kooperationspflicht gegenüber dem Amt, da sie gegebenenfalls eine Durchsuchung ihrer Räumlichkeiten und die Beschlagnahme von Dokumenten durch die Beamten und Bediensteten des Amtes dulden müssen.

Diese Duldungspflichten werden von Art. 2 Abs. 5 des Durchführungsbeschlusses nicht erfasst. Es existiert auch keine Schutzvorschrift, nach der das Amt gerade als geheim eingestufte Dokumente nicht beschlagnahmen dürfte. Das Amt kann daher jederzeit und ohne Kenntnis des betreffenden

Abgeordneten in dessen Abwesenheit die Amtsräumlichkeiten durchsuchen und Dokumente beschlagnahmen.

Die Duldungspflichten der an einem parlamentarischen Untersuchungsverfahren beteiligten Abgeordneten finden ihre Rechtfertigung auch nicht in der Geheimhaltungspflicht der Bediensteten des Amtes nach Art. 8 Abs. 2 der Verordnung. Gemäß Art. 8 Abs. 2 der Verordnung fallen "Informationen, die im Rahmen interner Untersuchungen mitgeteilt oder eingeholt werden (...) unabhängig davon, in welcher Form sie vorliegen, unter das Berufsgeheimnis und genießen den Schutz, der durch die für die Organe der Gemeinschaften geltenden einschlägigen Bestimmungen gewährleistet ist". Dieser Vertraulichkeitsschutz greift allerdings erst *nach* der Erlangung der betreffenden Informationen durch das Amt ein. Auch wenn die Bediensteten des Amtes die von ihnen erlangten Informationen vertraulich behandeln müssen, sind sie nicht an der Durchsuchung bzw. der Beschlagnahme von Dokumenten und der damit verbundenen Kenntnisnahme gehindert. Etwas anderes ergibt sich auch nicht aus Art. 4 Abs. 1 der Verordnung, wonach die internen Untersuchungsbefugnisse des Amtes u.a. unter der Beachtung der Verträge und insbesondere der Durchführungsbeschlüsse der Gemeinschaftsorgane zu erfolgen haben. Der parlamentarische Durchführungsbeschluss begründet gerade keine konkreten Verhaltenspflichten für die Beamten und Bediensteten des Amtes. Der Direktor des Amtes kann vielmehr nach freiem Ermessen über die Einleitung und Durchführung der internen Untersuchungen im Europäischen Parlament entscheiden[768].

Somit besteht die Gefahr, dass - trotz der Berufung der Abgeordneten auf ihre Geheimhaltungspflicht nach Art. 4 Abs. 2 des Ausübungsbeschlusses i.V.m. Art. 151 Abs. 9 GOEP - über den Umweg der Kenntnisnahme von Dokumenten durch die Beamten und Bediensteten des Amtes - die Geheimhaltungspflicht der an einem europäischen parlamentarischen Untersuchungsverfahren beteiligten Abgeordneten umgangen wird. Diese Gefahr ist insbesondere deshalb gegeben, weil sich die europäischen parlamentarischen Untersuchungsausschüsse nach Art. 2 Abs. 1 des Ausübungsbeschlusses mit "behaupteten Verstößen gegen das Gemeinschaftsrecht oder Missständen bei der Anwendung desselben" durch Gemeinschaftsorgane oder die Mitgliedstaaten befassen, welche ebenfalls dem Zuständigkeitsbereich des Amtes unterliegen.

Gerade weil in Akten oder auf Datenträgern eines an einem europäischen parlamentarischen Untersuchungsausschuss mitwirkendem Abgeordneten brisante

---

[768] Vgl. zum freien Ermessen des Direktors des Amtes bei der Einleitung und Durchführung von internen Verwaltungsuntersuchungen in den europäischen Organen Art. 5 Abs. 2 und 6 Abs. 5 Verordnung sowie Dritter Teil B. I. 2. a.

politische Fragen aus dem parlamentarischen Bereich behandelt werden, verführt die Durchsicht zu einem genaueren über den Untersuchungszweck hinausgehenden Studium des Inhalts der jeweiligen Papiere. Obwohl die Beamten und Bediensteten des Amtes nach Art. 8 Abs. 2 der Verordnung zur Vertraulichkeit verpflichtet sind, bietet diese Verpflichtung im extremsten Fall von "Organspionage" bzw. im Fall tendenziöser Untersuchungen gegen einen an einem europäischen parlamentarischen Untersuchungsverfahren beteiligten Abgeordneten keine Schranke vor der Weitergabe von Erkenntnissen, die der Beamte oder Bedienstete des Amtes bei der Durchsicht der beschlagnahmten Papiere gewonnen hat. Dadurch könnte die Kontrollfunktion des Europäischen Parlaments gegenüber der Kommission als Exekutive der Gemeinschaft gestört und so das - ohnehin prekäre - Verhältnis von Kommission und Europäischem Parlament empfindlich beeinträchtigt werden.

Selbst wenn die Gefahr der Unterlaufung der Geheimhaltungspflicht der Abgeordneten aufgrund des Vertraulichkeitsgrundsatzes nach Art. 8 Abs. 2 bis 4 der Verordnung ausgeschlossen sein sollte, ist die Informationserlangung der Abgeordneten durch die entsprechenden Informationsbeschaffungswege *allein durch die Möglichkeit* der Ausübung der internen Untersuchungen in den Amtsräumen der Abgeordneten nicht mehr hinreichend sichergestellt: Vertrauliche Informationen werden dem europäischen parlamentarischen Untersuchungsausschuss grundsätzlich in dem Glauben und Selbstverständnis übermittelt, dass sie Dritten nicht zur Kenntnis gelangen und gegebenenfalls die Identität des Informanten gewahrt bleibt[769].

Der europäische parlamentarische Untersuchungsausschuss besitzt zwar die Befugnis, nach Art. 3 Abs. 4 des Ausübungsbeschlusses von den Behörden der Mitgliedstaaten oder den anderen Gemeinschaftsorganen Dokumente zu erlangen, die für die laufende Untersuchung erforderlich sind. Im Gegenzug kann der europäische parlamentarische Untersuchungsausschuss allerdings aufgrund der jederzeitigen Möglichkeit der Durchsuchung und Beschlagnahme durch die Beamten und Bediensteten des Amtes die Unabhängigkeit und damit verbundene Vertraulichkeit seiner Arbeit für diese Informanten nicht mehr gewährleisten. In der Folge ist es daher trotz der Beachtung der Geheimhaltungspflicht durch die am Untersuchungsverfahren beteiligten Abgeordneten des Europäischen Parlaments nicht mehr hinreichend gewährleistet, dass dem Untersuchungsausschuss weiterhin - insbesondere als geheim eingestufte - Dokumente übermittelt werden, zumal dem Untersuchungsausschuss gerade keine Zwangs- oder Sanktionsbefugnisse zukommen. Das gleiche gilt für die Zeugenaussage natürlicher Personen nach Art. 3 Abs. 8 des Ausübungsbeschlusses. Wenn die Informationserlangung und Beweiserhebung des parla-

---

[769] Vgl. dazu Kipke, in: ZParl 89, 488 (492 f).

mentarischen Untersuchungsausschusses aber nicht hinreichend sichergestellt ist, kann die ordnungsgemäße und vor allem sachlich-unabhängige Arbeit der Untersuchungsausschüsse kaum aufrechterhalten werden.

Die Kooperationspflichten der Abgeordneten im Hinblick auf die Beschlagnahme und die Durchsuchung ihrer Amtsräumlichkeiten ist daher mit der Gefahr der Beeinträchtigung des europäischen parlamentarischen Untersuchungsrechts verbunden.

III. Zusammenfassung

Das Recht des Europäischen Parlaments, nichtständige Untersuchungsausschüsse einzusetzen, ist eines der grundlegenden Vorrechte des Europäischen Parlaments.

Die Ausübung dieses Rechts ist durch die internen Untersuchungen des Amtes gegenüber dem Europäischen Parlament aus mehreren Gründen der Gefahr einer Beeinträchtigung ausgesetzt, sofern und soweit das Amt seine internen Untersuchungsbefugnisse gegenüber den an einem parlamentarischen Untersuchungsverfahren beteiligten Abgeordneten ausübt.

Die Untersuchungen des Amtes - als Teil der Kommission - gegenüber den an einem europäischen parlamentarischen Untersuchungsausschuss beteiligten Abgeordneten sind insofern unverhältnismäßig, als dass sie der Kooperationspflicht der Kommission aus Art. 10 EGV zuwiderlaufen würden. Weiterhin begründen die Duldungspflichten der von den Durchsuchungs- und Beschlagnahmebefugnissen des Amtes betroffenen Abgeordneten die Gefahr einer Verletzung des parlamentarischen Untersuchungsrechts, da insoweit die Informationserlangung und Beweisführung durch die an einem parlamentarischen Untersuchungsverfahren mitwirkenden Abgeordneten nicht mehr hinreichend sichergestellt ist.

Sechster Teil
Vorschläge de lege ferenda

Es liegt in der Natur der internen Untersuchungen, dass sie mit den Statusrechten der Abgeordneten des Europäischen Parlaments grundsätzlich in Konflikt stehen. Diesem Spannungsverhältnis werden die dem Amt zugrunde liegenden Rechtsakte nicht gerecht. Es fehlt an Rechtsklarheit bezüglich der Einleitung und Durchführung der Untersuchungen des Amtes und an Rechtssicherheit für die von den Untersuchungen des Amtes betroffenen Mitglieder des Europäischen Parlaments. Bei fehlenden sachlichen Kriterien für die Einleitung und Durchführung der Untersuchungen kann auch der Direktor des Amtes keine einheitliche Untersuchungstätigkeit des Amtes garantieren. Arbeitet das Amt bei seinen internen Untersuchungen aber nach Kriterien, die für die Mitglieder und Bediensteten des Europäischen Parlament sowie der übrigen Gemeinschaftsorgane nicht nachvollziehbar sind, schmälert das deren Bereitschaft, mit dem Amt zusammenzuarbeiten, erheblich[770].
Nur durch die Normierung entsprechender Verfahrensregelungen, die die Beachtung der Statusrechte der Abgeordneten sowie der institutionellen Rechte des Europäischen Parlaments zwingend vorschreiben, kann gewährleistet werden, dass die Grundsätze und Vorschriften über die Zulässigkeit von Beweismitteln berücksichtigt und zum anderen Untersuchungsberichte erstellt werden, die der Finalität der Untersuchungen gerecht werden[771].

Abschließend soll nun zu den vordringlichsten Konsequenzen Stellung genommen werden, die nach eigener Einschätzung zu empfehlen sind, um einerseits die Effizienz der Untersuchungstätigkeit des Amtes zu steigern, andererseits aber es dem Amt zu ermöglichen, seine Untersuchungsbefugnisse im

[770] Vgl. auch die entsprechenden Feststellungen des Überwachungsausschuss des Amtes, in: Tätigkeitsbericht (September 2001-Juni 2002), S. 69 ff.
[771] Auch die Kommission fordert in Ihrem Bericht zur Bewertung der Tätigkeiten des Amtes gemäß Art. 15 der Verordnung die Schaffung eines Korpus von Verwaltungsvorschriften, der den Rahmen für die Handlungen und Maßnahmen der internen Untersuchungen des Amtes bilden soll; vgl. Kommission der Europäischen Gemeinschaften, Bericht der Kommission, Bewertung der Tätigkeiten des Europäischen Amtes für Betrugsbekämpfung (OLAF), Verordnungen des Europäischen Parlaments und des Rates (EG) Nr. 1073/1999 und des Rates (Euratom) Nr. 1074/1999, (Artikel 15), S. 9, 44. Nach Auffassung des Überwachungsausschusses des Amtes würde die Schaffung interner Verfahrensvorschriften die Legitimität und Effektivität der Untersuchungen des Amtes steigern, OLAF-Überwachungsausschuss, Stellungnahme Nr. 2/03 zum Bericht der Kommission, Bewertung der Tätigkeiten des Europäischen Amtes für Betrugsbekämpfung (OLAF), Verordnung des Europäischen Parlamentes und des Rates (EG) Nr. 1073/99 und Verordnung (Euratom) Nr. 1074/99, (Artikel 15), v. 18.06.2003, S. 25.

Einklang mit den Statusrechten der Abgeordneten sowie mit den institutionellen Rechten des Europäischen Parlaments auszuüben.

A. Veränderung des Status des Amtes

Die interinstitutionelle Stellung des Amtes weist besondere Schwierigkeiten auf. Das Amt befindet sich in einer "Zwitterstellung" einerseits als Teil der Kommission und andererseits als autonome Untersuchungseinrichtung. Das Amt ist in seiner Rechtsstellung keiner der bereits eingerichteten Einrichtungen, Ämter und Agenturen der Gemeinschaft zuzuordnen. Es ähnelt einer nationalen Verwaltungsbehörde mit ermittlungsbehördlichen Eingriffsbefugnissen. Gleichzeitig hat das Amt einen unabhängigen Status, nicht aber eine eigene Rechtspersönlichkeit oder eigene Sanktionsbefugnisse.

Das Amt ist neben der formalen Zugehörigkeit zur Kommission auch in die administrative und budgetäre Struktur der Kommissionsverwaltung eingebunden[772]. Zukünftig wird daher verstärkt die Frage zu erörtern sein, ob das Amt hinsichtlich der internen Untersuchungstätigkeit vollständig aus der Kommission ausgegliedert werden sollte[773], wofür im Hinblick auf seine Untersuchungsautonomie einiges spricht[774].

---

[772] Gemäß dem 4. Erwägungsgrund der Verordnung wurde das Amt "(...) innerhalb der (...) Verwaltungsstruktur (der Kommission)" errichtet; betrachtet man die französische Fassung dieses Erwägungsgrundes der Verordnung, so rückt das Amt noch näher an die Kommission heran. So lautet die französische Fassung: "(...) la Commission a institué *en son sein* (..) l' Office européen de lutte antifraude (..)"; vgl. Règlement n ° 1073/1999 du Parlement européen et du Conseil, du 25 mai 1999, relatif aux enquêtes effectuées par l'Office européen de lutte antifraude (OLAF), Journal officiel n° L 136 du 31.05.1999, p. 1.

[773] Vgl. dazu den ersten Verordnungsentwurf der Kommission, ABl. (EG) Nr. C 21, 10 ff, nach welchem dem Amt, gestützt auf die Verordnung, eine eigene Rechtspersönlichkeit zugebilligt werden sollte; vgl. auch die entsprechenden Anregungen der Kommission: in: Grünbuch zum strafrechtlichen Schutz der finanziellen Interessen der Europäischen Gemeinschaften und zur Schaffung einer Europäischen Staatsanwaltschaft, Dok. KOM(2001) 715 endg., S. 74.

[774] Die funktionale Dualität des Amtes einerseits als Teil der Kommission und andererseits als unabhängige Untersuchungseinrichtung wirft rechtliche Probleme auf (vgl. die Ausführungen in Zweiter Teil A II.); andererseits ist die tatsächliche Unabhängigkeit des Amtes in Frage zu stellen (vgl. schon Erster Teil D II. 2. c). Vgl. auch den ersten Verordnungsentwurf der Kommission, ABl. (EG) Nr. C 21, 10 ff, nach dem das Amt durch die Verordnung, gestützt auf Art. 235 EGV und ausgestattet mit eigener Rechtspersönlichkeit, errichtet werden sollte; vgl. auch den Vorstoß der Niederlande für eine primärrechtliche Festschreibung des Amtes als unabhängige Gemeinschaftseinrichtung in einem neuzuschaffenden Art. 280 a EGV; einzusehen unter: http://db.consilium.eu.int/cigdocs/DE/4773d.pdf.

Es erscheint sinnvoll, zumindest die administrative und budgetäre Stellung des Amtes ähnlich der des Europäischen Bürgerbeauftragten[775] auszugestalten und das Amt in Verwaltungs-[776] und Haushaltssachen[777] der Ägide des Europäischen Parlaments zu unterstellen[778]. Durch eine solche Ausgestaltung der Stellung des Amtes könnte dieses die ihm durch die zugrunde liegenden Rechtsakte ohnehin bereits garantierte Unabhängigkeit[779] auch faktisch erlangen. Dadurch würde der Status des Amtes gestärkt und insbesondere für die Organe, Einrichtungen, Ämter und Agenturen der Gemeinschaft Transparenz geschaffen werden. Die Gleichstellung des Amtes mit den Europäischen Ämtern gemäß Art. 172 Abs. 2 der am 01.01.2003 in Kraft getretenen Haushaltsordnung[780] ermöglicht es dem Amt nicht, seinen Personal- und Mittelbedarf unabhängig bei der

---

775 Vgl. Europäisches Parlament, Beschluss über die Regelungen und allgemeinen Bedingungen für die Ausübung der Aufgaben des Bürgerbeauftragten, v. 04.05.1994, ABl. 1994 Nr. L 113 / 15 ff.

776 In Personalangelegenheiten ist der Bürgerbeauftragte im Sinne von Art. 1 des Statuts für die Beamten der Europäischen Gemeinschaften den Gemeinschaftsorganen gleichgestellt; vgl. Art. 11 Abs. 4 des Beschlusses über die Regelungen und allgemeinen Bedingungen für die Ausübung der Aufgaben des Bürgerbeauftragten, a.a.O., sowie das Statut der Beamten der Europäischen Gemeinschaften und die Beschäftigungsbedingungen für die sonstigen Bediensteten dieser Gemeinschaften, festgelegt durch die Verordnung (EWG) Nr. 259/68; ABl. 1968 Nr. L 56/1 ff (im Folgenden: "Beamtenstatut"), vgl. auch Anhang XI des Beamtenstatuts, verlängert bis 30.06.2003 durch die Verordnung (EG) Nr. 2805/2000 des Rates der EU v. 18.12.2000, ABl. 2000 Nr. L 326/ 7 ff.

777 Der Haushaltsplan des Bürgerbeauftragten wird gesondert als Teil des Gesamthaushaltsplans I (Europäisches Parlament) in dem Gesamthaushaltsplan der Gemeinschaften aufgeführt; vgl. Art. 12 des Beschlusses über die Regelungen und allgemeinen Bedingungen für die Ausübung der Aufgaben des Bürgerbeauftragten, a.a.O.

778 Wie das Amt, kann der Europäische Bürgerbeauftragte aus eigener Initiative und in völliger Unabhängigkeit zur Aufdeckung von Missständen bei der Tätigkeit der Organe und Institutionen der Gemeinschaft Untersuchungen vornehmen. Diese sind gegenüber dem Europäischen Bürgerbeauftragten zur Auskunftserteilung verpflichtet, sofern keine berechtigten Geheimhaltungsinteressen bestehen (vgl. Art. 3 Abs. 1 sowie 9 Abs. 1 des Beschlusses über die Regelungen und allgemeinen Bedingungen für die Ausübung der Aufgaben des Bürgerbeauftragten, a.a.O.). Vgl. dazu die entsprechende Forderung des Überwachungsausschusses im Zuge des Verfahrens zur Annahme der am 01. 01.2003 in Kraft getretenen Haushaltsordnung für den Gesamthaushaltsplan der Europäischen Gemeinschaften; Stellungnahme Nr. 2/03 zum Bericht der Kommission , Bewertung der Tätigkeiten des Europäischen Amtes für Betrugsbekämpfung (OLAF) v. 18.06.2003, S. 21, 26.

779 Vgl. nur den 4. Erwägungsgrund der Verordnung, wonach das Amt seine Untersuchungstätigkeit "(...) in völliger Unabhängigkeit ausüben (kann)" sowie die dem Direktor des Amtes in Art. 6 Abs. 1 des Errichtungsbeschlusses übertragene Zuständigkeit für die Festlegung der "Einstellungsvoraussetzungen und -modalitäten" und die ihm gemäß Art. 6 Abs. 2 des Errichtungsbeschlusses obliegenden Zuständigkeiten als Anweisungsbefugter.

780 Vgl. Verordnung (EG, Euratom) Nr. 1605/2002 des Rates v. 25.06.2002 über die Haushaltsordnung für den Gesamthaushaltsplan der Europäischen Gemeinschaften, ABl. 2002 Nr. L 248/1 ff.

Haushaltsbehörde anzumelden. Die Abhängigkeit von der internen Haushaltsentscheidung der Kommission widerspricht aber dem Status des Amtes als unabhängiges Untersuchungsorgan.

Zudem ist der Tätigkeitsbereich des Amtes eindeutig auf den Schutz der Gemeinschaftsfinanzen zu beschränken[781]; die fehlende Begrenzung der Untersuchungstätigkeit des Amtes verletzt den Bestimmtheitsgrundsatz als Ausgestaltung des allgemeinen Grundsatzes der Rechtssicherheit[782].

B. Voraussetzungen für die Einleitung und Durchführung der internen Untersuchungen

I. Einleitung der Untersuchungen

Für die Modalitäten der Untersuchungen des Amtes müssen - zur Vereinbarkeit mit den aus dem freien Mandat fließenden Statusrechten der Abgeordneten des Europäischen Parlaments - festgelegte Rahmenbedingungen aufgestellt werden[783].

Die Einleitung der Untersuchungen des Amtes sollte durch das Legalitätsprinzip - d.h. die *Untersuchungspflicht des Amtes* gegenüber jedem Verdächtigen bei Vorliegen bestimmter Eingriffsvoraussetzungen - gebunden sein. Ein Ermessen des Direktors des Amtes bei der Entscheidung über die Einleitung interner Untersuchungen - wie es die Verordnung in Art. 5 Abs. 2 vorgibt - ist im Interesse einer einheitlichen Untersuchungstätigkeit des Amtes gegenüber allen Organen, Einrichtungen, Ämtern und Agenturen der Gemeinschaft abzulehnen. Denn so erhält der Direktor des Amtes - gemäß dem Opportunitätsprinzip - die Möglichkeit, auch bei an sich bestehenden Voraussetzungen für die Einleitung einer internen Untersuchung, von dieser abzusehen. Die Bindung der Untersuchungstätigkeit des Amtes an das Legalitätsprinzip schließt daher einen weiten Beurteilungsspielraum und damit eine Bandbreite von Entscheidungsmöglichkeiten des Direktors des Amtes im Hinblick auf die Einleitung einer internen Untersuchung aus, wenngleich ihm notwendigerweise ein gewisser Beurteilungsspielraum zuzubilligen ist.

---

781 Nach dem 5. Erwägungsgrund der Verordnung erstreckt sich die Zuständigkeit des Amtes "über den Schutz der finanziellen Interessen hinaus auf alle Tätigkeiten im Zusammenhang mit der Wahrung der gemeinschaftlichen Interessen gegenüber *rechtswidrigen Handlungen, die verwaltungs- oder strafrechtlich geahndet werden können*".

782 Vgl. dazu Dritter Teil B. I. 1. a. aa.

783 Vgl. dazu Dritter Teil B. 2. a. und b.

Als Schwelle für die Einleitung von Untersuchungsmaßnahmen sollte ein "Anfangsverdacht" überprüft werden. Zu erwägen ist - gemäß dem in Deutschland geltenden Anfangsverdacht - "zureichende tatsächliche Anhaltspunkte" für das Vorliegen einer straf- oder ordnungswidrigkeitenrechtlich relevanten Handlung zum Nachteil der Gemeinschaftsfinanzen zu fordern. Dem in Deutschland geltenden Anfangsverdacht ist allerdings bereits dann Rechnung getragen, wenn die *Möglichkeit* des Vorliegens einer strafbaren Handlung besteht[784]. Im Hinblick auf die im deutschen Recht erkannte Missbrauchsgefahr bei der Einleitung von verfrühten oder sogar gänzlich unbegründeten Ermittlungen gegenüber den nationalen Abgeordneten[785] sollte die Untersuchungstätigkeit des Amtes erst bei einem *gesteigerten Verdacht*, d.h. erst dann eingreifen, wenn begründete Tatsachen für das Vorliegen einer straf- oder ordnungswidrigkeitenrechtlich relevanten Handlung sprechen.

Die Frage, ob zureichende tatsächliche Anhaltspunkte für das Vorliegen einer straf- oder ordnungswidrigkeitenrechtlich relevanten Handlung gegeben sind, darf nicht der alleinigen Ermessensentscheidung des Direktors des Amtes unterliegen. Der Verdacht muss sich vielmehr - unter Einräumung eines Beurteilungsspielraums - an konkreten Tatsachen festmachen lassen. Der Direktor des Amtes müsste zunächst die Feststellung treffen, ob der dem Abgeordneten zur Last gelegte Vorwurf überhaupt geeignet ist, einem straf- oder ordnungswidrigkeitenrechtlich relevanten Tatbestand zu entsprechen. Innerhalb des Amtes sollten daher Ressourcen für eine solche Vorprüfung zur Verfügung gestellt werden. Geeignet scheint dafür das durch Beschluss des Direktors vom 08.09.2000 geschaffene und dem Direktor Anfang 2002 direkt unterstellte Referat "Richter und Staatsanwälte" zu sein. Dessen Aufgaben sollten so definiert werden, dass ihm neben der allgemeinen Beratungstätigkeit insbesondere die Aufgabe einer solchen "Vorprüfungsstelle" zukommt[786]. Zur Erfüllung dieser Prüfungstätigkeit und zur Wahrnehmung einer effektiven Kontrollfunktion sollte das Referat nicht wie bislang direkt dem Direktor des Amtes unterstehen, sondern extern angesiedelt werden[787].

---

784 Vgl. Kleinknecht/Meyer-Goßner, § 152 StPO Rdnr. 4.

785 Vgl. Dritter Teil B. I. 2. a. aa. und bb.

786 Vgl. auch die Forderung des Überwachungsausschusses des Amtes, die Einleitung und Durchführung der Untersuchungen von dem Referat "Richter und Staatsanwälte" überwachen zu lassen, um die Rechtmäßigkeit und Effizienz der Untersuchungen zu fördern; OLAF-Überwachungsausschuss, Stellungnahme Nr. 2/03 zum Bericht der Kommission, Bewertung der Tätigkeiten des Europäischen Amtes für Betrugsbekämpfung (OLAF), Verordnung des Europäischen Parlamentes und des Rates (EG) Nr. 1073/99 und Verordnung (Euratom) Nr. 1074/99, (Artikel 15), v. 18.06.2003, S. 15, 24 f.

787 Vgl. auch die Forderungen des Überwachungsausschuss des Amtes in seinem dritten Tätigkeitsbericht, (Juli 2000-September 2001) v. 11.10.2001, S. 46, der darauf hinweist, dass die Rolle des Referats bei der Kontrolle der Ordnungsmäßigkeit der Untersuchungen bislang

II. Durchführung der Untersuchungen

Für die Beamten und Bediensteten des Amtes sind Verfahrensregeln festzulegen, die von diesen bei der Durchführung der internen Untersuchungen zu beachten sind. Denn die Ordnungsmäßigkeit und Qualität der Vornahme der Untersuchungen obliegt den Beamten und sonstigen Bediensteten des Amtes.

Verfahrenrechtlich zu regeln ist, dass die Untersuchungen des Amtes in den Amtsräumlichkeiten der Abgeordneten des Europäischen Parlaments möglichst zügig und möglichst ohne Beeinträchtigung der Arbeit des Abgeordneten und seiner Mitarbeiter durchzuführen sind. Um die gegen einen Abgeordneten erhobenen Vorwürfe nicht unnötig lange ungeklärt zu lassen, sollten die nach Abschluss der Untersuchung erstellten Untersuchungsberichte möglichst zeitnah dem betreffenden Organ[788] bzw. dem betreffenden Mitgliedstaat[789] übermittelt werden. Zu erwägen ist, für die Übersendung der Untersuchungsberichte Höchstfristen einzuführen[790]. In Betracht zu ziehen ist daneben, die Ablegung eines Amtseides durch die Beamten und Bediensteten des Amtes[791]. Eine solche Verpflichtung könnte die Beweiskraft der Untersuchungsberichte des Amtes vor den nationalen Gerichten stärken.

Dem Amt sollte die Befugnis untersagt werden, gegenüber den an einem parlamentarischen Untersuchungsverfahren beteiligten Abgeordneten seine durch Art. 4 Abs. 2 der Verordnung i.V.m. dem Durchführungsbeschluss übertragenen Untersuchungsbefugnisse auszuüben. Ausnahmen von dieser Regelung sind im Interesse des Schutzes der von dem Untersuchungsausschuss gewonnenen Informationen *nicht* zuzulassen. In diesem Zusammenhang ist darauf zu verweisen, dass der EuGH - ohne der Vereinbarung beigetreten zu sein - einen

---

noch nicht klar umrissen und insbesondere auch die Ansiedlung innerhalb des Amtes problematisch sei.

788 Vgl. Art. 9 Abs. 4 der Verordnung.

789 Vgl. Art. 10 Abs. 2 der Verordnung.

790 Vgl. Art. 11 Abs. 7 der Verordnung als Fristenregelung, an die das Amt durch die ihm zugrunde liegenden Rechtsakte gebunden ist: "Läuft eine Untersuchung seit mehr als neun Monaten, so unterrichtet der Direktor den Überwachungsausschuss von den Gründen, die es noch nicht erlauben, die Untersuchung abzuschließen, sowie von der für ihren Abschluss voraussichtlich notwendigen Frist".

791 Vgl. die entsprechende Forderung des Überwachungsausschusses des Amtes, die auch vom Europäischen Parlament befürwortet wird, OLAF-Überwachungsausschuss, Stellungnahme Nr. 2/03 zum Bericht der Kommission, Bewertung der Tätigkeiten des Europäischen Amtes für Betrugsbekämpfung (OLAF), Verordnung des Europäischen Parlamentes und des Rates (EG) Nr. 1073/99 und Verordnung (Euratom) Nr. 1074/99, (Artikel 15), v. 18.06.2003, S. 19.

Beschluss erlassen hat[792], wonach unter Verweis auf seine Unabhängigkeit sowie auf das Beratungsgeheimnis[793], Dokumente und Informationen, die im Rahmen von Gerichtsverfahren erhalten oder erschaffen wurden, von den internen Untersuchungen des Amtes nicht erfasst sein sollen[794]. Dieser Grundsatz sollte in entsprechender Form auch für die von einem parlamentarischen Untersuchungsausschuss erlangten Informationen Geltung finden.

C. Einrichtung einer Kontrollinstanz

Die Befugnisse des Amtes zur Vornahme von Durchsuchungen und Beschlagnahmen bedürfen - insbesondere wegen der ungehinderten Ermessensausübung des Direktors bezüglich der Einleitung und Durchführung der Maßnahmen - der Anordnung bzw. der Kontrolle durch eine unabhängige Instanz. Problematisch ist zunächst, welche Instanz als Kontrollorgan in Betracht kommt.

I. Kontrollorgan

Die Einleitung und Durchführung der Untersuchungen des Amtes allein dem Einverständnis des betroffenen Abgeordneten zu unterstellen, wird nicht befürwortet[795]. Würde die Einleitung und nachfolgende Durchführung der Untersuchungen des Amtes in den Amtsräumlichkeiten der Abgeordneten des Europäischen Parlaments dem Einverständnis des betroffenen Abgeordneten unterliegen, würde der Abgeordnete von dem ihm zur Last gelegten Vorwürfen erfahren und die Möglichkeit erhalten, etwaige in seinen Amtsräumlichkeiten befindliche Beweismittel beiseite zu schaffen. Bei einer solchen Regelung muss bezweifelt werden, ob der Zweck der internen Untersuchungen gegenüber dem Europäischen Parlament - die Aufdeckung interner Betrügereien - tatsächlich erreicht werden kann. Zur Erreichung des Untersuchungszwecks erscheint allein ein antizipiertes Einverständnis aller Abgeordneten des Europäischen Parlaments hinsichtlich etwaiger künftiger Untersuchungen des Amtes in ihren Amtsräumlichkeiten sachgerecht.

Um aber eine größtmöglichste Schonung der aus dem freien Mandat fließenden Statusrechte des Abgeordneten zu erreichen, ist zu fordern, dass der von Untersuchungshandlungen des Amtes betroffene Abgeordnete bei der Durchsuchung

---

[792] Vgl. Beschluss des EuGH v. 26.10.1999 : "Relative aux conditions et modalités des enquêtes internes en matière de lutte contre la fraude, la corruption et toute activité illégale préjudiciable aux intérêts des Communautès", nicht im Amtsblatt veröffentlicht.
[793] Vgl. insb. den 6. und 7. Erwägungsgrund des Beschlusses.
[794] Vgl. Art. 3 des Beschlusses.
[795] So aber das EuG in der Rs. T-17/00 R, vgl. Erster Teil E.

seiner Amtsräumlichkeiten hinzugezogen wird, ohne jedoch Einfluss auf den Durchsuchungsvorgang nehmen zu können. Sollte der Abgeordnete zum Zeitpunkt der Untersuchungen des Amtes verhindert sein, sollte an seiner Stelle ein anderes Mitglied des Europäischen Parlaments der Durchsuchung beiwohnen. Es bietet sich an, dass dieses Mitglied des Europäischen Parlaments in jedem Einzelfall seitens des Präsidenten bzw. der Präsidentin des Europäischen Parlaments im Einvernehmen mit dem Vorsitzenden der Fraktion, der der betreffende Abgeordnete angehört, benannt wird.

Damit der Untersuchungserfolg nicht vereitelt wird, sind die Untersuchungen in den Amtsräumlichkeiten dem Präsidenten des Europäischen Parlaments seitens des Amtes innerhalb eines bestimmten kurz bemessenen Zeitraumes vor deren Einleitung bekannt zu gegeben. Der Zeitraum muss so knapp bemessen sein, dass dem Abgeordneten einerseits keine Möglichkeit für die Beiseiteschaffung etwaiger Beweismittel verbleibt, ihm andererseits aber die Möglichkeit gegeben wird, an der Vornahme der Durchsuchung teilzunehmen bzw. sich dabei vertreten zu lassen.

Für die Kontrolle der Untersuchungstätigkeit des Amtes ist die Zuständigkeit verschiedener Instanzen auf europäischer und nationaler Ebene denkbar. Zudem ist zu definieren, welche Aufgaben diese Kontrollinstanz wahrzunehmen hätte.

1) Hausrechtsinhaber

Gemäß Art. 4 Abs. 4 der Verordnung sind die Organe in Kenntnis zu setzen, wenn das Amt in ihren Räumlichkeiten Untersuchungen durchführen, Dokumente einsehen oder Informationen anfordern will. Art. 4 Abs. 4 der Verordnung setzt allerdings keine Einwilligung des jeweiligen Hausrechtsinhabers voraus. Zudem ist nicht eindeutig bestimmt, ob das Organ *vor* Einleitung der Untersuchungen von deren bevorstehender Durchführung zu informieren ist.

Um die freie Mandatsausübung der Abgeordneten vor einer Beeinträchtigung zu schützen, ist zu postulieren, dass die Untersuchungen in den Räumlichkeiten des Europäischen Parlaments - insbesondere in den Amtsräumlichkeiten der Abgeordneten des Europäischen Parlaments - von einer Einwilligung, d.h. der ausdrücklichen vorherigen Zustimmung des Hausrechtsinhabers des Europäischen Parlaments, abhängig gemacht werden[796].

[796] Vgl. dazu Art. 40 Abs. 2 S. 2 des GG, danach bedürfen Durchsuchungen und Beschlagnahmen in den Amtsräumlichkeiten der Abgeordneten im Deutschen Bundestag zusätzlich einer Genehmigung des Bundestagspräsidenten als Ausübungsorgan des Hausrechts und der Polizeigewalt.

Zunächst ist herauszustellen, auf wessen Einwilligung als Hausrechtsinhaber des Europäischen Parlaments abzustellen ist. Dazu ist das Protokoll über die Unverletzlichkeit der Räumlichkeiten und Gebäude der Gemeinschaften heranzuziehen: Gemäß Art. 1 des Protokolls "sind (...) die Räumlichkeiten und Gebäude der Gemeinschaften unverletzlich“ und "dürfen nicht durchsucht (...) werden“. Der EuGH hat in der Rs. C-201/89 (Le Pen/Puhl)[797] entschieden, dass Art. 1 des Protokolls "die Unverletzlichkeit der Räumlichkeiten und Gebäude sowie anderer Vermögensgegenstände der Gemeinschaft im Hinblick auf Zwangsmaßnahmen“ betrifft. Ob Durchsuchungen innerhalb der Räumlichkeiten des Europäischen Parlaments allerdings generell ausgeschlossen sind, bzw. einer förmlichen Anordnung bedürfen[798], wurde vom EuGH offen gelassen. Es ist aber davon auszugehen, dass die Abgeordnetenbüros in Straßburg und Brüssel, soweit sie einen Teil der "Räumlichkeiten und Gebäude der Gemeinschaften“ darstellen, Art. 1 des Protokolls unterfallen, so dass Durchsuchungen und Beschlagnahmen in den Abgeordnetenbüros des Parlamentsgebäudes grundsätzlich eine Einwilligung des jeweiligen das Hausrecht ausübenden Präsidenten voraussetzen[799].

Dass die Untersuchungen des Amtes aber gerade nicht unter dem Vorbehalt einer Genehmigung der Präsidentin bzw. des Präsidenten des Europäischen Parlaments stehen, ergibt sich aus Art. 4 Abs. 2 der Verordnung i. V. m. dem Durchführungsbeschluss, wonach das Amt "ohne Voranmeldung und unverzüglich Zugang zu den Räumlichkeiten (des Europäischen Parlaments) erhält". Für einen Ausübungsverzicht der Präsidentin bzw. des Präsidenten des Europäischen Parlaments betreffend der Geltendmachung des Hausrechts im Falle der Wahrnehmung der Untersuchungsbefugnisse gegenüber dem Europäischen Parlament liegen keine Anhaltspunkte vor. Das Recht der Präsidentin bzw. des Präsidenten auf Ausübung des Hausrechts kann auch nicht konkludent mit Erlass der Verordnung sowie des parlamentarischen Durchführungsbeschlusses durch das Europäische Parlament in Bezug auf die internen Untersuchungen des Amtes abgeschafft worden sein, da - abgesehen von der Frage einer solchen Möglichkeit - ein entsprechender Wille nicht deutlich ge-

---

797 Slg. 1990, S. 1195 ff.

798 So regelt Art. 1 S. 2 des Protokolls, dass "Vermögensgegenstände und Guthaben der Gemeinschaft ohne Ermächtigung des Gerichtshofs nicht Gegenstand von Zwangsmaßnahmen der Verwaltungsbehörden oder Gerichte sein (dürfen)“.

799 Dies ergibt sich aus Art. 19 Abs. 2 und 4 der GOEP, wonach der Präsident des Europäischen Parlaments "die Ordnung (im Europäischen Parlament) wahrt" und das Parlament in "Verwaltungs-, Gerichts- und Finanzangelegenheiten" vertritt. Das Präsidium des Europäischen Parlaments hat zudem entsprechende Vereinbarungen mit dem früheren Präfekten in Straßburg und der luxemburgischen Regierung über die Gewährleistung der Sicherheit in den Gebäuden des Parlaments getroffen.

macht wurde, und darin zudem eine unzulässige Beschränkung des freien Mandats der Abgeordneten des Europäischen Parlaments zu erblicken wäre.

Durchsuchungen und Beschlagnahmen des Amtes bedürfen daher der ausdrücklichen vorherigen Zustimmung der Präsidentin bzw. des Präsidenten des Europäischen Parlaments. Auf die Einwilligung kann von dem betroffenen Abgeordneten nicht wirksam verzichtet werden, denn die Präsidentin bzw. der Präsident des Europäischen Parlaments schützt den räumlichen Bereich des Europäischen Parlaments als Ganzes insbesondere gegen Übergriffe der Exekutive.

2) Überwachungsausschuss

Der Gemeinschaftsgesetzgeber hat das Amt in Art. 11 der Verordnung der Kontrolle des Überwachungsausschusses unterstellt. Die Aufgabe des Überwachungsausschusses besteht gemäß Art. 11 der Verordnung darin, die Unabhängigkeit des Amtes durch eine regelmäßige und im Grundsatz "a posteriori" erfolgende Kontrolle der Untersuchungsfunktion zu stärken. Sein Mittel ist die Erstellung von jährlichen Tätigkeitsberichten[800].

Der Überwachungsausschuss wird gemäß Art. 11 Abs. 2 S. 2 der Verordnung vom Europäischen Parlament, dem Rat und der Kommission in gegenseitigem Einvernehmen ernannt. Die Verfahren, nach denen die Mitglieder des Überwachungsausschusses bestimmt werden, gehen aus der Verordnung nicht hervor. Wird der Überwachungsausschuss aber nicht nach transparenten Kriterien und Voraussetzungen ernannt, kann ihm schon deshalb der Status einer anerkannten Rechtsinstanz nicht zugebilligt werden.

Gemäß Art. 11 Abs. 2 der Verordnung setzt sich der Ausschuss aus fünf externen unabhängigen Persönlichkeiten zusammen, die in ihren Ländern die Voraussetzungen erfüllen, um hochrangige Aufgaben im Zusammenhang mit dem Tätigkeitsbereich des Amtes wahrzunehmen. Die Amtszeit der Mitglieder beträgt gemäß Art. 11 Abs. 3 der Verordnung drei Jahre, wobei eine einmalige Wiederernennung als zulässig angesehen wird. Diesen fünf "unabhängigen Persönlichkeiten", die nur für eine begrenzte Zeit mit der Wahrnehmung ihres Amtes betraut sind, wird es regelmäßig unmöglich sein, die Untersuchungen des Amtes gegenüber den Organen und Einrichtungen der Gemeinschaft mit gebotener Sorgfalt zu überprüfen. Eine solche Überprüfung setzt neben Sach-

[800] Vgl. Art. 11 Abs. 8 der Verordnung: "Der Ausschuss nimmt mindestens einen Tätigkeitsbericht pro Jahr an und übermittelt ihn den Organen. Der Ausschuss kann dem Europäischen Parlament, dem Rat, der Kommission und dem Rechnungshof Berichte über die Ergebnisse und die Folgemaßnahmen der vom Amt durchgeführten Untersuchungen vorlegen".

wissen über die grundlegenden Funktionen und Arbeitsweisen der Organe, Einrichtungen, Ämter und Agenturen auch entsprechende Kenntnisse über den Status ihrer Mitglieder sowie der Beamten und Bediensteten der Gemeinschaft voraus. Sollte daher der Überwachungsausschuss über die Rechtmäßigkeit einzelner Entscheidungen des Amtes befinden, müssten den Mitgliedern des Ausschusses - da die Ergebnisse der Untersuchungen des Amtes zur Einleitung nationaler Ermittlungsverfahren führen können - auch die Strafverfahrenssysteme der 15 Mitgliedstaaten bekannt sein. Dies kann schwerlich der Fall sein.

Der Überwachungsausschuss besitzt auch nicht die Befugnis zur Korrektur rechtswidriger Amtshandlungen[801]. So verfügt Art. 11 Abs. 1 S. 2 der Verordnung, der Ausschuss dürfe nicht in den Ablauf der laufenden Untersuchungen eingreifen. Die Kontrolle der Untersuchungen des Amtes erfolgt daher unter Wahrung der Unabhängigkeit des Direktors des Amtes. Diese Tatsache sowie die "a posteriori"-Kontrolle durch den Ausschuss widerspricht ebenfalls den Anforderungen an eine ständige Kontrolleinrichtung. Hinzu kommt, dass die Sekretariatsgeschäfte des Überwachungsauschusses von dem Amt geführt werden[802]. Auch der Überwachungsausschuss gibt in seinem ersten Tätigkeitsbericht[803] an, dass ihm durch die Verordnung nicht die Aufgabe einer Kontrollinstanz für das Amt übertragen worden sei. Seine Kontrolltätigkeit bestehe vielmehr darin - insbesondere mittels des Instrumentes der Erstellung jährlicher Tätigkeitsberichte[804] - zu gewährleisten, dass bestimmte grundlegende Verfahren und Prinzipien eingehalten werden[805]. Der Überwachungsausschuss erfüllt daher mangels Legitimität und Effektivität nicht die Voraussetzungen einer Kontrollinstanz für das Amt[806].

3) Ausschuss Unabhängiger Sachverständiger

Die Kontrolle der Untersuchungen des Amtes kann zudem nicht durch den Ausschuss Unabhängiger Sachverständiger erfolgen, da dieser als "Interims-

[801] Kritisch zu dieser Überwachungskonstruktion auch: Gleß, in: EuZW 1999, 618 (620); Haus, in: EuZW 2000, 745 (749).

[802] Vgl. Art. 11 Abs. 6 S. 4 der Verordnung (Überwachungsausschuss): "Sein Sekretariat wird vom Amt gestellt".

[803] Vgl. Überwachungsausschuss, Tätigkeitsbericht (Juli 1999 – Juli 2000) v. 25.08.2000, S. 25.

[804] Vgl. Art. 11 Abs. 8 der Verordnung.

[805] Der Überwachungsausschuss fordert die Herauslösung aus der Struktur der Kommissionsverwaltung sowie budgetäre Unabhängigkeit, da er nicht "von den kontrollierenden Organen kontrolliert (werden dürfe)", vgl. OLAF-Überwachungsausschuss, Stellungnahme Nr. 2/03 zum Bericht der Kommission, Bewertung der Tätigkeiten des Europäischen Amtes für Betrugsbekämpfung (OLAF), Verordnung des Europäischen Parlamentes und des Rates (EG) Nr. 1073/99 und Verordnung (Euratom) Nr. 1074/99, (Artikel 15), v. 18.06.2003, S. 23.

[806] A.A. Mager, in: ZEuS 2000, 177 (190).

Gremium" schon aufgrund seiner Funktion nicht zu einer laufenden Begleitkontrolle des Amtes geeignet ist. Zudem ergeben sich bezüglich Legitimität und Effizienz dieses Gremiums die bereits bei dem Überwachungsausschuss des Amtes angesprochenen Probleme.

4) Immunitätsausschuss

Zu erwägen wäre, die Kontrolle der Untersuchungen des Amtes gegenüber dem Europäischen Parlament dem Immunitätsausschuss[807] des Europäischen Parlaments zu übertragen. Dann müsste aber ein Eingriff in das freie Mandat der Abgeordneten regelmäßig mit einer Beeinträchtigung der parlamentarischen Immunität einhergehen. Unabhängig von dieser Frage kann dem Ausschuss jedoch bereits nicht die für ein Kontrollorgan erforderliche uneingeschränkte Legitimität zugesprochen werden. Der Immunitätsausschuss ist - als Teil der Legislative - selbst aus Mitgliedern des Europäischen Parlaments zusammengesetzt, die ihrerseits über die Rechtmäßigkeit der Anordnung und Durchführung der Untersuchungen des Amtes gegenüber anderen Parlamentariern entscheiden müssten, so dass die Gefahr von politischen bzw. sonst willkürlichen Entscheidungen nicht auszuschließen wäre.

5) Gericht auf nationaler Ebene

Eine richterliche Kontrollinstanz würde dagegen grundsätzlich die Voraussetzungen der Legitimität und der Effektivität erfüllen. Aufgrund der unpolitischen und unparteilichen Stellung der Richter wäre die Objektivität der Ermittlungen sowie die Einhaltung der entsprechenden Verfahrensvorschriften sichergestellt[808].

---

807 Die Zuständigkeit des Ausschusses für Entscheidungen zur Aufhebung der parlamentarischen Immunität ergibt sich aus der Anlage VI (Zuständigkeiten der ständigen Ausschüsse des Parlaments) der GOEP, vgl. Anlage VI Nr. VI. "Ausschuss für Recht und Binnenmarkt" Nr. 12 "Vorrechte und Immunitäten", vgl. Vierter Teil A II.

808 So auch der Vorschlag des Ausschusses Unabhängiger Sachverständiger, in: Zweiter Bericht über die Reform der Kommission, Analyse der derzeitigen Praxis und Vorschläge zur Bekämpfung von Missmanagement, Unregelmäßigkeiten und Betrug v. 10.10.1999, S. 192 f. Der Ausschuss sieht es als zwingend erforderlich an, die Tätigkeit des Amtes einem richterlichen Kontrollorgan zu unterstellen. Der Ausschuss schlägt vor, eine neue Kammer des EuG einzurichten und diese mit der rechtlichen Beurteilung der Ermittlungen des Amtes zu betrauen. Auch der Überwachungsausschuss des Amtes fordert eine gerichtliche Instanz, die die ständige Überwachung der Rechtmäßigkeit der Untersuchungen des Amtes übernehmen würde, vgl. Überwachungsausschuss, Tätigkeitsbericht (Juli 2000-September 2001), v. 11.10.2001, S. 53.

Als richterliches Kontrollorgan kommen sowohl jeweils das nationale Gericht des Herkunftslandes des betroffenen Abgeordneten als auch ein Gericht auf europäischer Ebene - der EuGH bzw. das ihm beigeordnete EuG - in Betracht.

Eine Anordnung und Kontrolle der Untersuchungsbefugnisse des Amtes durch nationale Gerichte ist allerdings aus mehreren Gründen nicht sachgerecht: Zunächst obliegt es nicht den nationalen Gerichten, über die Rechtmäßigkeit der Untersuchungen des Amtes als Teil der Exekutive der Gemeinschaft gegenüber dem Europäischen Parlament als Legislativorgan der Gemeinschaft zu entscheiden. Die Beamten und Bediensteten der EG genießen zudem gemäß Art. 12 des Protokolls[809] Immunität vor der mitgliedstaatlichen Gerichtsbarkeit. Darüber hinaus bestünde die Gefahr von widersprüchlichen Entscheidungen in gleich gelagerten Fällen. Hintergrund sind zum einen die - derzeit siebzehn - unterschiedlichen Strafverfahrenssysteme der Mitgliedstaaten sowie die unterschiedliche Ausgestaltung des Status der Abgeordneten, insbesondere die unterschiedliche Gewichtung der Rechte der Abgeordneten in den einzelnen Mitgliedstaaten, die ihnen als Ausfluss aus der Freiheit ihres nationalen und europäischen Mandats zustehen. Die Einheitlichkeit der Entscheidung kann nur gewahrt bleiben, wenn die Kontrolle der Rechtmäßigkeit der Untersuchungen des Amtes einem Rechtsprechungsorgan auf Gemeinschaftsebene obliegt[810].

6) Gericht auf Gemeinschaftsebene

Als Kontrollinstanz kommen sowohl das EuG sowie der EuGH in Betracht. Das EuG ist als Teilorgan eines einheitlichen Rechtsprechungsorgans der Gemeinschaft[811] für Klagen von Individualpersonen zuständig und könnte daher im Vergleich zum EuGH für die Kontrolle der Untersuchungen des Amtes gegenüber den Mitgliedern des Europäischen Parlaments als das sachnähere Gericht anzusehen sein, für das der EuGH insoweit als Rechtsmittelinstanz fungieren würde. Es steht aber nicht der Schutz der Abgeordneten als natürliche Personen in Rede, vielmehr sollen die Abgeordneten in der freien Ausübung des ihnen übertragenen Mandats bzw. in ihrer parlamentarischen Immunität und damit in ihrem Status als Mitglieder des Europäischen Parlaments vor einer unsachgemäßen Einleitung und Durchführung der Untersuchungen des Amtes bewahrt werden. Eine Rechtskontrolle durch den EuGH erscheint daher vorzugswürdig.

---

[809] Vgl. ABl. 1967 Nr. L 152/13, v. 13.07.1967.

[810] Die nationalen Gerichte können eine mittelbare Kontrolle der Untersuchungstätigkeit des Amtes dadurch ausüben, dass sie die von dem Amt gefertigten Untersuchungsberichte im Rahmen der Urteilsfindung - etwa wegen der Rechtswidrigkeit von Untersuchungshandlungen - als Beweismittel ablehnen; vgl. zur Beweisverwertung die Regelung in Art. 9 Abs. 2 S. 2 der Verordnung.

[811] Vgl. Art. 225 EGV.

Der EuGH besitzt als Rechtsprechungsorgan allerdings noch nicht die für ein neutrales Kontrollorgan zwingend erforderliche Garantie der absoluten Unabhängigkeit insbesondere von den im Rat der EU vertretenen nationalen Regierungen. Gemäß Art. 223 EGV werden die Richter und Generalanwälte von den Mitgliedstaaten in gegenseitigem Einvernehmen auf sechs Jahre ernannt. Ein verobjektiviertes Verfahren zur Ernennung der Richter und Generalanwälte ist weder im EGV noch in der Verfahrensordnung des EuGH[812] kodifiziert. Art. 223 EGV schreibt in Abs. 1 lediglich fest, dass die Richter und Generalanwälte aus Persönlichkeiten auszuwählen sind, "die jede Gewähr für Unabhängigkeit bieten und in ihrem Staat die für die höchsten richterlichen Ämter erforderlichen Voraussetzungen besitzen oder Juristen von anerkannt hervorragender Befähigung sind (...)". Art. 223 Abs. 4 EGV regelt zudem die Zulässigkeit einer Wiederwahl der Richter und Generalanwälte; durch die Verfahrensordnung des EuGH wird das *gerichtsinterne* Verfahren zur Wahl des Präsidenten[813], zur Bildung der Kammern[814], d.h. auch zur Wahl des Kammerpräsidenten und der Generalanwälte[815] bzw. des Kanzlers[816] und der Hilfskanzler[817] sowie der Beamten und sonstigen Bediensteten des Gerichtshofs bestimmt[818]. Welchen Voraussetzungen die Entsendung der Richter durch die Mitgliedstaaten unterliegt, bleibt dabei offen. Durch die fehlende Festschreibung eines nationalen Ernennungsverfahrens besteht aber grundsätzlich die Gefahr einer persönlichen Abhängigkeit des Richters von der ihn entsendenden mitgliedstaatlichen Legislative. Die Einführung eines verobjektivierten Wahlverfahrens in den Mitgliedstaaten erscheint daher sinnvoll. Eine zentrale Regelung seitens der Gemeinschaft im Wege der Verordnung widerspräche allerdings in hohem Maße der mitgliedstaatlichen Souveränität. Denkbar ist aber eine Verpflichtung der Mitgliedstaaten im Wege der Richtlinie, die von ihnen entsandten Richter und Generalanwälte gemäß den nationalen Wahlverfahren für das höchste Richeramt zu bestimmen. Um die persönliche Unabhängigkeit der Richter zu garantieren, ist auch in Betracht zu ziehen, eine Wiederwahl der Richter und Generalanwälte künftig auszuschließen.

Funktionell ist zu erwägen, den Gerichtshof um eine zusätzliche Kammer, befasst mit den internen Untersuchungen des Amtes, zu erweitern.

---

[812] Vgl. ABl. Nr. L 351/72 ff v. 23.12.1997.
[813] Vgl. Art. 7 EuGH-Verfahrensordnung.
[814] Vgl. Art. 9 f EuGH-Verfahrensordnung.
[815] Vgl. Art. 10 Abs. 1 EuGH-Verfahrensordnung.
[816] Vgl. Art. 12 EuGH-Verfahrensordnung.
[817] Vgl. Art. 13 EuGH-Verfahrensordnung.
[818] Vgl. Art. 20 EuGH-Verfahrensordnung.

II. Inhalt der Kontrolltätigkeit

Der Inhalt der Kontrolltätigkeit der beiden Instanzen, der Präsidentin bzw. des Präsidenten des Europäischen Parlaments und insbesondere des EuGH, bedarf der näheren Präzisierung.

Zunächst sind die Untersuchungen des Amtes in den Räumlichkeiten des Europäischen Parlaments der Präsidentin bzw. dem Präsidenten des Europäischen Parlaments vorher anzukündigen und deren ausdrückliche Genehmigung abzuwarten. Nur so kann die ordnungsgemäße Aufgabenerfüllung des Europäischen Parlaments - und damit auch die freie Mandatsausübung der Abgeordneten - vor Übergriffen des Amtes bewahrt werden. Die Präsidentin bzw. der Präsident des Europäischen Parlaments sollte die Genehmigung aber grundsätzlich - bis auf die Fälle, bei denen sich der dringende Verdacht einer tendenziös motivierten Verfolgung aufdrängt - erteilen. Andernfalls würde die Untersuchungstätigkeit des Amtes zu stark eingeschränkt.

Problematisch ist allerdings, welchen Inhalt die Kontrolltätigkeit des EuGH haben sollte. Der Ausschuss Unabhängiger Sachverständiger[819] sowie der Überwachungsausschusses des Amtes[820] fordern, die Untersuchungstätigkeit des Amtes der *ständigen Überwachung* durch eine richterliche Instanz zu unterstellen: Zunächst sollte das Gericht die Maßnahmen, die im Laufe der internen Untersuchungen getroffen werden und eine Beschränkung der individuellen Rechte des Betroffenen bedingen, anordnen bzw. genehmigen. Die Ausführung der Maßnahmen sollte ebenfalls der Überwachung durch das Gericht unterstellt werden; dieses sollte sicherstellen, dass die Ermittlungen dem Grundsatz der Objektivität genügen, Verfahrensnormen eingehalten und individuelle Rechte geschützt werden. Das Gericht sollte zudem nach Auffassung des Ausschusses Unabhängiger Sachverständiger sowie des Überwachungsausschusses die Prüfung der Frage übernehmen, ob die nach Abschluss der Untersuchungen gefertigten Untersuchungsberichte so gefasst sind, dass sie - wie von Art. 9 Abs. 2 der Verordnung vorgesehen - in den Verwaltungs- und Gerichtsverfahren der Mitgliedstaaten als Beweismittel verwertet werden können. Nach Auffassung des Ausschusses Unabhängiger Sachverständiger sollte das Gericht zudem dafür Sorge tragen, dass "die Untersuchungen (des Amtes) möglichst gründlich sind, alle Ermittlungswege verfolgt werden, die Zusammenarbeit

[819] Vgl. Ausschuss Unabhängiger Sachverständiger, Zweiter Bericht über die Reform der Kommission, Analyse der derzeitigen Praxis und Vorschläge zur Bekämpfung von Missmanagement, Unregelmäßigkeiten und Betrug v. 10.10.1999, S. 192 f.

[820] Vgl. Überwachungsausschuss, Tätigkeitsbericht (Juli 1999-Juli 2000) v. 25.08.2000, S. 51 f; vgl. auch: Tätigkeitsbericht (Juli 2000-September 2001), S. 53.

zwischen den nationalen Behörden maximiert wird und dass diese in die Ermittlungen einbezogen werden"[821].

Dem EUGH kann aber richtigerweise aus Praktikabilitätsgründen, insbesondere, um Verzögerungen und damit eine Behinderung der Untersuchungstätigkeit des Amtes zu vermeiden, nicht die Aufgabe einer *ständigen Kontrollinstanz* übertragen werden. Es bietet sich vielmehr an, den Überwachungsausschuss - zumindest bis zur Einführung einer Europäischen Staatsanwaltschaft[822] - weiterhin mit der *laufenden Prüfung* der Verfahren des Amtes zu betrauen[823]. Zu diesem Zweck müsste allerdings die Stellung des Ausschusses gestärkt werden, so dass diesem tatsächlich der Status einer unabhängigen Kontrollinstanz zukommen würde. So ist der Ausschuss aus der budgetären Abhängigkeit von dem Amt herauszulösen[824]. Darüber hinaus sollten die Mitglieder des Ausschusses - unter Aufhebung des bisherigen Status von Sachverständigen der Kommissionsdienststelle - gemäß des Rechtsstatus der Mitglieder des Interims - Ausschusses Unabhängiger Sachverständiger den Status Unabhängiger Persönlichkeiten erhalten[825].

Zu fordern ist, die Vornahme der Untersuchungen des Amtes in den Amtsräumlichkeiten der Abgeordneten des Europäischen Parlaments gemäß Art. 4 Abs. 2 der Verordnung i.V.m. dem parlamentarischen Durchführungsbeschluss der Anordnung durch den EuGH zu unterstellen. Diese Anordnung kann nur auf sorgfältig begründeten Antrag des Direktors des Amtes erfolgen. Dabei müsste

---

821 Vgl. Ausschuss Unabhängiger Sachverständiger, Zweiter Bericht über die Reform der Kommission, Analyse der derzeitigen Praxis und Vorschläge zur Bekämpfung von Missmanagement, Unregelmäßigkeiten und Betrug v. 10.10.1999, S. 192.

822 Der Überwachungsausschuss selbst sieht mit Einrichtung einer Europäischen Staatsanwaltschaft seine Aufgabe als erfüllt und beendet an, vgl. Überwachungsausschuss, Tätigkeitsbericht (September 2001-Juli 2002) v. 18.06.2002, S. 73.

823 A.A. ist der Ausschuss Unabhängiger Sachverständiger, nach diesem sollte der Überwachungsausschuss durch eine eigens für die Untersuchungen des Amtes geschaffenen Kammer des EuG ersetzt werden, der die ständige Überwachung der Untersuchungstätigkeit des Amtes obliegen würde, vgl. Ausschuss Unabhängiger Sachverständiger, Zweiter Bericht, a.a.O., S. 200 f.

824 Der Überwachungsausschuss wird - wie das Amt selbst (vgl. Erster Teil D. II. 2) - aus der Haushaltlinie des Teils A des Haushaltsplans finanziert. Gemäß Art. 11 Abs. 6 S. 4 der Verordnung wird sein Sekretariat von dem Amt gestellt, d.h. der Direktor des Amtes entscheidet über die dem Sekretariat zur Verfügung stehenden personellen und sächlichen Mittel.

825 Vgl. auch die Forderungen des Überwachungsausschusses nach Einstellung von Personal für das Sekretariat des Ausschusses, Sitz des Sekretariats, Veröffentlichung der Jahresberichte etc., in: Tätigkeitsbericht, (September 2001-Juli 2002) v. 18.06.2002, S. 73.

der EuGH insbesondere das Vorliegen eines Anfangsverdachts einer gegen die Gemeinschaftsfinanzen gerichteten betrügerischen Handlung prüfen[826].

Eine Ausnahme von der notwenigen Anordnung der Untersuchungsmaßnahmen ist bei "Gefahr im Verzug" zu machen, das heißt, wenn die richterliche Anordnung nicht eingeholt werden kann, ohne dass der Zweck der Maßnahme gefährdet wird[827]. In diesem Fall bietet sich die alleinige Zuständigkeit des Direktors des Amtes zur Anordnung der Durchsuchung oder Beschlagnahme an[828]. Der Begriff der "Gefahr im Verzug" sollte allerdings sehr eng ausgelegt werden. Eine richterliche Anordnung durch den EuGH kann richtigerweise nur dann entbehrlich sein, wenn das Vorliegen von Gefahr im Verzug von dem Direktor des Amtes mit auf den Einzelfall bezogenen Tatsachen belegt werden kann. Reine Spekulationen, hypothetische Erwägungen oder lediglich auf die Untersuchungserfahrung des Direktors gestützte, fallunabhängige Vermutungen können nicht als ausreichend angesehen werden. Auch die bloße Möglichkeit eines Beweismittelverlustes vermag keine "Gefahr im Verzug" zu begründen.

D. Regelungsmodell und Kriterienkatalog für die Aufhebung der europäischen parlamentarische Immunität

Untersucht werden soll, wie das Recht der europäischen parlamentarischen Immunität im Hinblick auf die parlamentsinternen Ermittlungsbefugnisse des Amtes vor einer Beeinträchtigung zu bewahren ist[829].

Die parlamentarische Immunität ist sowohl ein Vorrecht des Europäischen Parlaments als auch ein Vorrecht jedes einzelnen Abgeordneten[830]. Die Abgeordneten des Europäischen Parlaments können durch den Genehmigungsvorbehalt des Parlaments nicht hinreichend vor einer unsachgemäßen Einleitung und Durchführung der Untersuchungen des Amtes geschützt werden. Eine solche Entscheidung würde voraussetzen, dass es sich bei dem Europäischen Parlament um ein neutrales Gremium handelt. Die Entscheidung über die Aufhebung der parlamentarischen Immunität ist aber abhängig von den bestehenden Mehrheitsverhältnissen im Parlament. Die Immunitätsentscheidung

---

[826] Vgl. zum Erfordernis, die Untersuchungsbefugnisse des Amtes erst bei einem Anfangsverdacht gegen den Betroffenen eingreifen zu lassen, Sechster Teil B. I.
[827] Vgl. zum Kriterium der "Gefahr in Verzug" die Definition des deutschen Kammergerichts in: NJW 1972, 169 (171).
[828] Vgl. §§ 105 Abs. 1, 98 Abs. 1 StPO.
[829] Vgl. Vierter Teil C.
[830] Vgl. Vierter Teil B. III.

ist damit grundsätzlich nicht frei von der Gefahr politischer, sachfremder und damit willkürlicher Erwägungen und Hintergründe.

Das Recht der europäischen parlamentarischen Immunität der Abgeordneten des Europäischen Parlaments kann im Hinblick auf die parlamentsinterne Untersuchungstätigkeit des Amtes nur durch eine unabhängige, neutrale und damit allein durch eine richterliche Instanz sichergestellt werden. In der Rechtspraxis der Mitgliedstaaten kann das schwedische Immunitätsrecht als Vorbild für den Gedanken einer richterlichen Entscheidung über die Aufhebung der parlamentarischen Immunität herangezogen werden: In Schweden besteht nur das Verbot der Verhaftung von Reichtagsmitgliedern, sofern es sich nicht um Gesetzesverstöße mit erhöhter Strafandrohung handelt. Die Entscheidung, ob solche Fälle vorliegen, obliegt aber nicht dem schwedischen Parlament, sondern erfolgt durch richterlichen Beschluss. Die Genehmigung der Aufhebung der parlamentarischen Immunität wird danach nicht durch das schwedische Parlament, sondern durch das Gericht erteilt[831]. Bezogen auf die parlamentsinternen Untersuchungsbefugnisse des Amtes müsste dem EuGH als Hauptrechtsprechungsorgan der Gemeinschaft die Entscheidung über die Aufhebung der europäischen parlamentarischen Immunität obliegen.

Im Einzelnen sollte der EuGH die Entscheidung über die Aufhebung der europäischen parlamentarischen Immunität des betroffenen Abgeordneten - nach der Feststellung eines Anfangsverdacht für das Vorliegen einer straf- oder ordnungswidrigkeitenrechtlich relevanten Handlung[832] - von folgenden Kriterien abhängig machen:

- Ist der Antrag auf Aufhebung der parlamentarischen Immunität in sich schlüssig, d.h., würde er den Vorwurf als richtig unterstellt die Einleitung des Untersuchungsverfahrens des Amtes rechtfertigen?

  Dabei darf dem Gericht keine Beweiswürdigung hinsichtlich der Feststellung von Schuld oder Nichtschuld des Abgeordneten und damit der Erfüllung eines Straftatbestandes oder eines sonstigen ordnungswidrigkeitenrechtlich relevanten Verhaltens obliegen[833].

---

[831] Vgl. dazu Tiberg/Sterzel/Cronhult, S. 43 ff; vgl. zur geschichtlichen Entwicklung der schwedischen Staatsverfassung auch Nordenflycht, S. 4 ff.
[832] Vgl. dazu eingehend die Ausführungen in Dritter Teil 2. B. I. 2 a. bb. (2), C. und Sechster Teil B I. und C II. Im Falle von "Gefahr im Verzug" sollte der Direktor des Amtes selbst zur Anordnung der Untersuchungen berechtigt sein, vgl. Sechster Teil C. II.
[833] Dadurch würde das Gericht im Falle eines nationalen Aufhebungsantrages in das schwebende Verfahren vor einem nationalen Gericht eingreifen.

- Ist der Antrag frei von einem tendenziösen, politischen Hintergrund?

  Ein solcher Hintergrund ist dann anzunehmen, wenn die Einleitung der Untersuchungstätigkeit des Amtes nicht oder nicht allein der Aufklärung des Verdachts einer gegen die Gemeinschaftsfinanzen gerichteten Handlung dienen soll, sondern zumindest teilweise beabsichtigt ist, um dem Abgeordneten Schaden zuzufügen[834]. Für das Vorliegen einer tendenziösen Verfolgung müssen zumindest hinreichend konkrete Anhaltspunkte festgestellt werden[835]. Im Einzelfall kann trotz des Nachweises oder des hinreichenden Verdachts einer zweckgerichteten Einflussnahme auf die Einleitung des Untersuchungsverfahrens die Untersuchungstätigkeit des Amtes unter der Voraussetzung zugelassen werden, dass eine überwiegende Wahrscheinlichkeit, d.h. ein dringender Verdacht für ein straf- oder ordnungswidrigkeitenrechtlich relevantes Verhalten nicht ganz unbedeutender Art angenommen werden kann.

- Ist die Aufhebung der europäischen parlamentarischen Immunität im Einzelfall verhältnismäßig?

  Die Aufhebung der europäischen parlamentarischen Immunität des Abgeordneten ist nach den allgemeinen Regeln[836] dann nicht als verhältnismäßig anzusehen, wenn sie wegen eines Delikts oder Vorwurfs erfolgen soll, der seiner Bedeutung nach die Aufhebung der europäischen parlamentarischen Immunität nicht zu rechtfertigen vermag. Die Einstufung als verhältnismäßig bedarf der Entscheidung in jedem Einzelfall. Das Gericht sollte bei der vorzunehmenden Abwägung nicht die Berücksichtigung der Nachteile einfließen lassen, die dem Abgeordneten als Person durch eine

---

[834] In Betracht kommt eine Einflussnahme durch hoheitliche Stellen auf nationaler oder gemeinschaftlicher Ebene, indem bspw. durch die Einplanung besonderer Umstände bei der Weiterleitung belastenden Materials versucht wird, auf den Zeitpunkt der Einleitung der Untersuchungen Einfluss zu nehmen und diesen gezielt vor ein für den Abgeordneten wichtiges Ereignis zu setzen, wie bspw. die Wahl zum neuen Europäischen Parlament oder die Entscheidung über die Berufung in einen bestimmten Ausschuss. Bezweckt werden kann bspw. auch, den Abgeordneten - insbesondere aus persönlichen oder politischen Motiven - den Unannehmlichkeit einer internen Untersuchung des Amtes auszusetzen, um ihm Schaden zuzufügen, obwohl seine Unschuld nicht in Frage steht.

[835] D.h. es muss nach vorläufiger Bewertung der Sachlage eine gewisse Wahrscheinlichkeit der zweckgerichteten Einflussnahme angenommen werden können; vgl. auch das Kriterium des "hinreichenden Tatverdachts" im deutschen Strafprozessrecht, wonach bei vorläufiger Tatbewertung die Wahrscheinlichkeit der späteren Verurteilung bestehen muss; vgl. Kleinknecht/Meyer-Goßner, § 203 StPO Rdnr. 2.

[836] Vgl. zum Verhältnismäßigkeitsprinzip als allgemeinem Rechtsgrundsatz auf Gemeinschaftsebene bspw. EuGH, Rs. 41/79, Slg. 1980 (Testa), 1979 (1997).

Aufhebung der parlamentarischen Immunität entstehen könnten[837]. Entscheidend ist vielmehr, ob die Aufhebung der europäischen parlamentarischen Immunität im Verhältnis steht zu der Wahrnehmung des parlamentarischen Mandats des Abgeordneten, d.h. zur Erfüllung der Aufgaben, die ihn in seiner Eigenschaft als Abgeordneter des Europäischen Parlaments betreffen.

Dem Gericht obliegt allerdings nur die Entscheidung über die Aufhebung der europäischen parlamentarischen Immunität der *Mitglieder des Europäischen Parlaments*.

Die parlamentarische Immunität ist auch ein Vorrecht des Europäischen Parlaments, das dessen Funktion- und Repräsentationsfähigkeit dient[838]. Über die Aufhebung der europäischen parlamentarischen Immunität des *Europäischen Parlaments* kann der EuGH indes nicht befinden, ohne den Gewaltenteilungsgrundsatz fundamental zu verletzen. Nach dem auf die Lehre von Montesquieu[839] zurückgehenden Organisationsprinzip muss die politische Macht des Staates in Funktionsbereiche aufgeteilt werden, die der gegenseitigen Kontrolle unterliegen. Dieses Organisationsprinzip spiegelt sich auch auf europäischer Ebene wider, da den Gemeinschaftsorganen exekutive, legislative und judikative Funktionen und Kompetenzen zukommen. Eine "horizontale" Delegation der Entscheidungsbefugnis von dem Europäischen Parlament auf den EuGH als Teil des Rechtsprechungsorgans der Gemeinschaft würde einen Eingriff in den Autonomiebereich der Legislative bedeuten. Auch wenn die Befürchtung unsachgemäßer Immunitätsentscheidungen durch das Gericht nicht nahe liegt, muss das Europäische Parlament zwingend selbst darüber befinden, ob es im Interesse seiner Funktionsfähigkeit die europäische parlamentarische Immunität aufhebt oder nicht.

Zu fordern ist, dass das Gericht den Beschluss über die Aufhebung oder Nichtaufhebung der parlamentarischen Immunität des betreffenden Abgeordneten dem zuständigen Immunitätsausschuss des Europäischen Parlaments vorlegt. Dieser sollte prüfen, ob eine Gefährdung der Funktionsfähigkeit des Europäischen Parlaments als Ganzes in Betracht kommt.

Der Immunitätsausschuss befasst sich daraufhin mit der von dem Europäischen Parlament zu prüfenden Frage der Erhaltung der Funktionsfähigkeit des Euro-

---

[837] Bspw. bzgl. der nächsten Wahl zum Europäischen Parlament, der Tätigkeit in einem Ausschuss oder der Übernahme eines sonstigen politischen Amtes.
[838] Vgl. Vierter Teil B II. und III.
[839] Vgl. Montesquieu, S. 214 ff; vgl. zu den von Montesquieu aufgestellten Grundsätzen auch: Imboden, S. 6 ff.

päischen Parlaments angesichts der beabsichtigten Immunitätsaufhebung. Dabei ist die Funktionsfähigkeit des Europäischen Parlaments nicht schon dann als gefährdet anzusehen, wenn einzelne Abgeordnete von einer Untersuchung des Amtes betroffen werden; sie wäre aber bspw. dann in Gefahr, wenn sich Anträge auf Aufhebung der europäischen parlamentarischen Immunität von Abgeordneten einer bestimmten Fraktion häufen würden. Mithin kann sich eine Ablehnung der Aufhebung der parlamentarischen Immunität durch den Immunitätsausschuss nur auf die spezifische Verletzung des Rechts der parlamentarischen Immunität stützen. Die Überprüfung rechtlicher Fragen - wie die aus der Auswertung des Beweismaterials folgende Annahme eines entsprechenden Anfangsverdachts gegen den betreffenden Abgeordneten - obliegt allein dem Gericht.

Da die europäische parlamentarische Immunität als Vorrecht des Europäischen Parlaments - aus Gründen, die in der Institution des Europäischen Parlaments selbst liegen - vor Schaden bewahrt werden soll, müssen die Kriterien, wann von einer Gefährdung der Funktions- und Repräsentationsfähigkeit des Europäischen Parlaments auszugehen ist, vom Europäischen Parlament selbst aufgestellt werden. Nur wenn der Ausschuss die Funktionsfähigkeit des Europäischen Parlaments als gefährdet ansieht, sollte er nach den bisherigen Regelungen der GOEP einen Vorschlag für eine förmliche Entscheidung über die Beschlussvorlage im Plenum ausarbeiten. Ist dies nicht der Fall, sollte der Ausschuss den Bericht mit der Zustimmung zur Aufhebung der europäischen parlamentarischen Immunität an den EuGH zurückleiten. Nach Aufhebung der europäischen parlamentarischen Immunität sollte der EuGH dem Amt die Zustimmung zur Durchführung der internen Untersuchungen übermitteln und das Amt wäre befugt, von seinen Untersuchungsbefugnissen gegenüber den Abgeordneten des Europäischen Parlaments Gebrauch zu machen.

Vor der Aufhebung der europäischen parlamentarischen Immunität wären dem Amt lediglich Vorermittlungen zur Feststellung eines Anfangsverdachts für das Vorliegen einer straf- oder ordnungswidrigkeitenrechtlich relevanten Handlung gestattet[840], wobei das Amt nicht von seinen durch Art. 4 Abs. 2 der Verordnung i. V. m. dem Durchführungsbeschluss ausgestalteten Durchsuchungs- oder Beschlagnahmebefugnissen gegenüber dem Europäischen Parlament Gebrauch machen könnte.

Zukünftig wird die Frage intensiv zu diskutieren sein, ob der Genehmigungsvorbehalt des Europäischen Parlaments grundsätzlich neu definiert werden sollte. Das Rechtsinstitut der (europäischen) parlamentarischen Immunität wird

---

[840] Diese Vorprüfungen sollte der Direktor des Amtes dem Referat "Richter und Staatsanwälte" übertragen, das extern angesiedelt werden sollte, vgl. Sechster Teil B. I.

sowohl auf nationaler[841] als auch auf europäischer Ebene[842] zunehmend in seinem Bestand in Frage gestellt.

- Die Kritik an der Aufrechterhaltung des Rechtsinstituts der parlamentarischen Immunität wird insbesondere darauf gestützt, dass es vor dem Hintergrund der inzwischen eingetretenen Entwicklung der Mitgliedstaaten zu demokratisch-parlamentarisch regierten Rechtsstaaten keinen Anlass mehr zu der Befürchtung einer tendenziösen Verfolgung der Abgeordneten gebe[843].

- Die Funktions- oder Arbeitsfähigkeit des Parlaments werde darüber hinaus nicht beeinträchtigt oder behindert, wenn der eine oder andere Abgeordnete "zur Untersuchung gezogen" werde, da das Parlament als solches arbeitsfähig bleibe[844].

Diese Kritik am grundsätzlichen Bestand des Rechtsinstituts der (europäischen) parlamentarischen Immunität ist aufgrund der insbesondere dem Amt des Abgeordneten des Europäischen Parlaments inhärenten besonderen Pflichtenstellung[845] und der auch in der heutigen Zeit nicht zu unterschätzenden Gefahr tendenziöser Verfolgungen eindeutig abzulehnen[846]. Jedem Abgeordneten des

---

[841] Vgl. Bockelmann, S. 16, 18; Rauball, in: v. Münch, Art. 46 GG Rdnr. 29; Wolfslast, in: NStZ 1987, 433 (435); Ranft, in: ZRP 1981, 271 (276); Beyer, S. 80 ff sowie Jendral, S. 100 ff, 114 f, der anführt, dass vielmehr die politischen Fraktionen und Gremien, nicht der einzelne Abgeordnete als die eigentlich verantwortlichen Träger von Beratungen und Entscheidungen anzusehen seien.

[842] Vgl. Fleuter, S. 111; v. Brünneck, in: EuR 1989, S. 249, 253 f.; Ahrens, S. 20; Beyer, S. 80 ff.; vgl. auch Sieglerschmidt, in: EuGRZ 1986, 445 (447).

[843] Vgl. nur: Bockelmann, S. 16 ff; Jendral, S. 83 ff, 110 ff; Sieglerschmidt, in: EuGRZ 1986, 445 (447), die darauf abstellen, dass das historische Spannungsverhältnis zwischen Legislative und Exekutive weitgehend weggefallen und die parlamentarische Immunität somit bedeutungslos geworden sei.

[844] Vgl. nur: Beyer, S. 80 ff; Jendral, S. 100 ff, 114 f, der anführt, dass vielmehr die politischen Fraktionen und Gremien und nicht der einzelne Abgeordnete als die eigentlich verantwortlichen Träger von Beratungen und Entscheidungen anzusehen seien.

[845] Den Abgeordneten des Europäischen Parlaments kommt aufgrund ihrer doppelten Verpflichtung einerseits gegenüber den Bürgern ihres Heimatstaates und andererseits gegenüber den Bürgern der Mitgliedstaaten eine besondere Aufgabenstellung zu; vgl. dazu auch die Ausführungen, in: Dritter Teil A.

[846] Gelegentlich wird zudem vertreten, die parlamentarische Immunität sei ein gegen den Gleichheitsgrundsatz verstoßendes Privileg der (europäischen) Abgeordneten gegenüber den übrigen Bürgern; vgl. Fleuter, S. 111; Bornemann, in: DÖV 1986, 93 (94 f); Ahrens, S. 20; Beyer, S. 80 ff; vgl. auch Sieglerschnmidt, in: EuGRZ 1986, 445 (447), der auch aus diesem Grund eine Streichung des Art. 10 des Protokolls für die sauberste Lösung, aufgrund der gemeinsamen Verfassungsüberlieferungen der Mitgliedstaaten aber für wenig wahrscheinlich hält. Diese Kritik vermag allerdings schon deshalb nicht zu überzeugen, weil es bereits an der

Europäischen Parlaments[847] muss grundsätzlich ein Recht auf eine willkürfreie Immunitätsentscheidung zugebilligt werden. Die Durchsetzung dieses Rechts ist allerdings in der Rechtspraxis kaum realisierbar: Dem EuGH als Rechtsmittelinstanz stehen keine rechtlichen Mittel zur Verfügung, um die Immunitätsentscheidung des Europäischen Parlaments auf ihre Rechtmäßigkeit hin zu überprüfen. Die Aufhebung der europäischen parlamentarischen Immunität erfolgt durch das Europäische Parlament nicht regelhaft, sondern nach eigenen und von der nationalen Praxis unabhängigen Kriterien. Dem Immunitätsausschuss des Europäischen Parlaments obliegt nach den vom ihm aufgestellten Entscheidungsgrundsätzen die Prüfung der Frage, ob die Handlung entweder "als schützenswerte politische Tätigkeit" anzusehen ist oder aber "Grund zu der Annahme besteht, der politischen Tätigkeit des Abgeordneten zu schaden"[848]. Das Parlament hat die Kriterien, nach denen es die Entscheidung über die Aufhebung der parlamentarischen Immunität beurteilt, selbst aufgestellt. Eine Überprüfung dieser Kriterien durch den EuGH erscheint - unabhängig von der Frage, ob den Abgeordneten gegen Immunitätsentscheidungen der Weg der Nichtigkeitsklage nach Art. 230 Abs. 4 EGV offen stehen kann[849] - insbesondere wegen des zugunsten des Europäischen Parlaments bestehenden Beurteilungsspielraums nicht vorstellbar. Dem EuGH kann auch nicht die rechtliche Ausfüllung dieser Kriterien oder gar die Aufstellung neuer Entscheidungsvoraussetzungen obliegen, da er sonst in den Bereich der Legislative eingreifen würde - unabhängig davon, ob man die von dem Immunitätsausschuss entwickelten Voraussetzungen für die Immunitätsentscheidung als mit Art. 10 des Protokolls vereinbar ansehen will oder nicht[850]. Das Gericht müsste die Überprüfung der Immunitätsentscheidung auf eine Verletzung des Statusrechts des freien Mandats stützen; die Bestimmung der hierfür einschlägigen Kriterien ist - wie auf nationaler Ebene die Auswertung der Entscheidung des BVerfG

Vergleichbarkeit des Parlamentariers gegenüber dem Normalbürger - sowohl auf nationaler als auch auf europäischer Ebene - fehlt. Zudem kann die parlamentarische Immunität sogar zu einer Benachteiligung des Abgeordneten des Europäischen Parlaments gegenüber anderen Bürgern führen. Denn der Schutz der Privatsphäre des Abgeordneten wird stärker beeinträchtigt, wenn die Immunität nicht aufgehoben wird, aber die gegen den Abgeordneten des Europäischen Parlaments erhobenen Vorwürfe im Rahmen des Aufhebungsverfahrens im Plenum des Europäischen Parlaments öffentlich bekannt gegeben werden. Eine gerichtliche Klärung der Vorwürfe durch Strafverfolgungsbehörden und Gerichte ist dem Abgeordneten dann verwehrt.

[847] Dies muss auch für die Abgeordneten nationaler Parlamente, denen seitens der Mitgliedstaaten ein Schutz vor strafrechtlicher Verfolgung zugebilligt worden ist, Geltung finden.

[848] Vgl. zu beiden Aufhebungskriterien des Europäischen Parlaments die Analyse mit Kasuistik bei Sieglerschmidt, in: EuGRZ 1986, 445 (449 ff).

[849] Vgl. Sechster Teil F.

[850] Zweifelnd: Schultz-Bleis, S. 76, der jedoch die Vereinbarkeit dieser Parlamentspraxis mit vorrangigen Verfassungsrechtssätzen der Gemeinschaft offen lässt.

vom 17.12.2001 gezeigt hat[851] - schwierig, die gerichtliche Durchsetzbarkeit äußerst fraglich. Dem Europäischen Parlament als politischem Organ ist zudem eine auf rein objektiven Kriterien beruhende Immunitätsentscheidung nicht wesensimmanent. Das Europäische Parlament ist aus Interessenvertretern der unterschiedlichsten politischen Richtungen aus fünfzehn Nationalitäten zusammengesetzt, die ihrerseits durch Interessenvereinigungen und Experten beraten werden. Die Gefahr der unsachgemäßen Beeinflussung der Entscheidung - von dem Aufhebungsantrag bis hin zu der Abstimmung im Plenum, aber auch bei der nicht öffentlichen Beratung im Immunitätsausschuss - ist nicht nur nicht auszuschließen sondern allgegenwärtig. Dem kann auch nicht die Praxis des Europäischen Parlaments entgegengehalten werden, die Immunität grundsätzlich nicht aufzuheben, da dieser Praxis gerade unsachgemäße Immunitätsentscheidungen immanent sind, indem es an klaren Abgrenzungskriterien für die von dem Europäischen Parlament entwickelten Aufhebungsvoraussetzungen fehlt[852]. Zu erwägen ist daher, die Entscheidung über die Aufhebung der europäischen parlamentarischen Immunität - abgesehen von den Flagranztaten[853] - grundsätzlich einem richterlichen Beschluss zu unterstellen. Die Ermittlungsbefugnisse der nationalen Strafverfolgungsbehörden greifen allerdings nicht in gleicher Weise wie die Untersuchungsbefugnisse des Amtes in den Rechtskreis der Abgeordneten des Europäischen Parlaments ein, da den nationalen Strafverfolgungsbehörden kein Recht zur Durchsuchung und Beschlagnahme in den Räumlichkeiten des Europäischen Parlaments in Straßburg und Brüssel zusteht.

Zu postulieren ist allerdings, dass das Europäische Parlament im Sinne einer transparenten Entscheidungspraxis von dem von ihm entwickelten - unscharfen - Kriterien für die Aufhebung der parlamentarischen Immunität Abstand nimmt[854]. Die Immunitätsentscheidung sollte sich allein daran orientieren, ob der Abgeordnete durch die Zulassung ermittlungsbehördlicher Maßnahmen derart in seiner Eigenschaft als Mandatsträger beeinträchtigt wird, dass das Europäische Parlament als Ganzes in seiner Funktions- und Repräsentationsfähigkeit Schaden nehmen könnte. Dieses Kriterium wird in den wenigsten

---

[851] Vgl. dazu: Vierter Teil B. 3. d. aa. und bb.

[852] Kritisch bzgl. der Unsauberkeit der Aufhebungskriterien des Europäischen Parlaments auch: Sieglerschmidt mit Kasuistik, in: EuGRZ 1986, 445 (452 f).

[853] Bei diesen wird der Abgeordnete in unmittelbarem zeitlichen und räumlichen Zusammenhang zur Tat festgenommen, so dass eine hohe Wahrscheinlichkeit der Tatbegehung besteht und die Gefahr einer tendenziösen Verfolgung sowie einer Beeinträchtigung der institutionellen Funktionsfähigkeit des Europäischen Parlaments in den Hintergrund treten muss.

[854] Die Kriterien der "schützenswerten politischen Tätigkeit" sowie des "fumus persecutionis" (vgl. Vierter Teil A. II.) ermöglichen dem Europäischen Parlament in nahezu jedem Einzelfall eine freie Ermessensentscheidung über die Aufhebung der europäischen parlamentarischen Immunität.

Fällen erfüllt sein. Die europäische parlamentarische Immunität wäre daher - im Gegensatz zu der bisherigen Entscheidungspraxis - vom Europäischen Parlament grundsätzlich aufzuheben. Mit dieser Entscheidungspraxis würde das Europäische Parlament sein öffentliches Ansehen insbesondere bei den Bürgern der Mitgliedstaaten steigern: Denn die Tatsache an sich, dass gegen ein Mitglied des Europäischen Parlaments ein Verfahren eingeleitet werden soll, hat die Wirkung, den Abgeordneten in der Öffentlichkeit zu kompromittieren und ihn, auch wenn sich später seine Unschuld herausgestellt hat, mit der Verfehlung in Verbindung zu bringen. Eine solchermaßen hervorgerufene Publizität liegt aber nicht im Sinne des Immunitätsschutzes. Zudem gilt es dem möglichen Eindruck in der Öffentlichkeit entgegenzuwirken, die Sachentscheidungen würden im Sinne von Privilegien für die Mitglieder des Europäischen Parlaments getroffen und diese seien so durch die Immunität im Verhältnis zu den Gemeinschaftsbürgern besser gestellt und bevorzugt.

E. Normierung der Verfahrensvoraussetzungen

Zu diskutieren ist, wo die aufgestellten Verfahrensvoraussetzungen für die Untersuchungen des Amtes gegenüber dem Europäischen Parlament zu normieren sind.

Eine Festschreibung in dem am 15.02.2001 eingeführten Handbuch des Amtes kommt nicht in Betracht. Dieses auf Initiative des Direktors des Amtes erstellte Handbuch soll zwar zur Standardisierung der (internen) Untersuchungsabläufe und -verfahren für die Mitarbeiter und Bediensteten des Amtes beitragen[855], vermag aber keine zwingenden rechtlichen Rahmenbedingungen für die Untersuchungen des Amtes gegenüber dem Europäischen Parlament aufzustellen. Auch die interne Bindungswirkung der in dem Handbuch enthaltenen Bestimmungen ist in Frage zu stellen. Das Handbuch sieht für den Fall des Zuwiderhandelns keine Sanktionen vor. Von dem Überwachungsausschuss ist zudem darauf hingewiesen worden, dass die in dem Handbuch vorgegebenen Kriterien von den Bediensteten des Amtes häufig nicht eingehalten werden würden[856]. Darüber hinaus bemängelte der Ausschuss in seinem dritten Tätigkeitsbericht (September 2001-Juni 2002), dass das Handbuch inhaltlich teilweise ungenaue und nicht immer schlüssige Regelungen enthalte und zudem

[855] Vgl. Europäisches Amt für Betrugsbekämpfung, Tätigkeitsbericht (September 2001-Juni 2002) v. 18.06.2002, S. 21 ff sowie Erster Teil D. II. 2. c.

[856] So weist der Ausschuss darauf hin, dass in der Vergangenheit die in dem Handbuch vorgegebene Frist von 5 Tagen für die Bewertung der eingegangenen Informationen häufig überschritten worden sei, vgl. Tätigkeitsbericht (Juli 2000-September 2001) v. 11.10.2001, S. 26.

im Berichtszeitraum nicht aktualisiert worden sei[857]. Das Handbuch ist daher für die rechtliche Einbindung der Verfahrensvoraussetzungen nicht geeignet.

Die in dieser Arbeit aufgestellten Bedingungen für die Einleitung und Durchführung der internen Untersuchungen des Amtes können auch nicht in dem Beamtenstatut[858] geregelt werden. Nach dem 7. Erwägungsgrund des Standardbeschlusses als Anhang der Vereinbarung sollen die in den Beschlüssen der Gemeinschaftsorgane und -einrichtungen geregelten Bestimmungen "(...) bis zur Änderung des Statuts (gelten), in dem die Modalitäten festzulegen sind, nach denen die Mitglieder der Organe und Einrichtungen, die Leiter der Ämter und Agenturen sowie die entsprechenden Beamten und Bediensteten einen ordnungsgemäßen Ablauf der internen Untersuchungen garantieren". Art. 14 der Verordnung regelt die Kontrolle der Rechtmäßigkeit der internen Untersuchungen des Amtes durch die Beamten und sonstigen Bediensteten des Amtes vorläufig, nämlich "(...) in Erwartung der Änderung des Statuts". In dem Beamtenstatut können allerdings nur die *Rechte und Pflichten der Beamten und Bediensteten des Amtes gegenüber dem Amt*[859] festgelegt werden, nicht aber die Voraussetzungen für die Einleitung und Durchführung der internen Untersuchungen gegenüber dem Europäischen Parlament oder etwaige Pflichten der Mitglieder des Europäischen Parlaments gegenüber dem Amt. So ist in dem Beamtenstatut die besondere Aufgabe der Beamten und sonstigen Bediensteten des Amtes bei den internen Untersuchungen herauszustellen. Allein für diese sind - gemäß dem Leitbild eines gewissenhaften Amtsträgers - bestimmte Verhaltenspflichten bei der Durchführung der Untersuchungen zu normieren[860]. Die Regelung des Verfahrens der internen Untersuchungen des Amtes gegenüber dem Europäischen Parlament ist in zweierlei Weise denkbar: Möglich ist zunächst die Neufassung der Verordnung. In dieser könnten wesentliche Grundbedingungen für die internen Untersuchungen des Amtes - wie das Erfordernis des Anfangsverdachtes für die Einleitung der Untersuchungen[861] - gegenüber allen Organen, Einrichtungen, Ämtern und Agenturen der Gemeinschaft geregelt werden. Mit Blick auf den ursprünglichen Vorschlag der Kommission zur Errichtung des Amtes im Wege der Verordnung, der

---

857 Vgl. Überwachungsausschuss, a.a.O., S. 22 f.

858 Vgl. Statut der Beamten der Europäischen Gemeinschaften und die Beschäftigungsbedingungen für die sonstigen Bediensteten dieser Gemeinschaften, festgelegt durch die Verordnung (EWG) Nr. 259/68, ABl. 1968 Nr. L 56/1 ff; vgl. auch Anhang XI des Statuts, verlängert bis 30.06.2003 durch die Verordnung (EG) Nr. 2805/2000 des Rates vom 18.12.2000, ABl. 2000 Nr. L 326/ 7 ff.

859 So bspw. Anhörungsrechte.

860 So die Bedingung, die Untersuchungen in den Amtsräumlichkeiten der Abgeordneten des Europäischen Parlaments möglichst zügig und möglichst ohne Beeinträchtigung der Arbeit der Abgeordneten und ihrer Mitarbeiter durchzuführen; vgl. dazu auch: Sechster Teil B. II.

861 Vgl. Sechster Teil B. I.

detaillierte Bestimmungen über die Vornahme der internen Untersuchungen enthalten hatte[862], wird allerdings eine Rahmenregelung - wie sie die Verordnung darstellt - der internen Organisationsautonomie der Gemeinschaftsorgane unter Wahrung eines effektiven Schutzes der Gemeinschaftsfinanzen am ehesten gerecht[863].

Im Hinblick auf die besonderen Bedürfnisse des Europäischen Parlaments näher liegend ist eine Regelung der Verfahrensvoraussetzungen in dem geplanten auf Art. 190 Abs. 5 EGV basierenden einheitlichen Statut für die Abgeordneten des Europäischen Parlaments[864]. In Betracht zu ziehen ist zudem eine Regelung in dem Protokoll über Vorrechte und Befreiungen im Anhang zum Fusionsvertrag[865], sofern im Falle einer Revision von Kapitel III. des Protokolls (Mitglieder des Europäischen Parlaments) zukünftig die Rechtsverhältnisse der Abgeordneten und die allgemeinen Bedingungen für die Wahrnehmung ihres Mandats - und nicht wie bislang allein das Reiserecht sowie das Rechtsinstitut der parlamentarischen Immunität und der Indemnität - dort geregelt werden sollten.

---

862 Vgl. Vorschlag für eine Verordnung (EG, Euratom) des Rates zur Errichtung eines Europäischen Amtes für Betrugsbekämpfung, Dok. KOM(1998) 717 endg., ABl. 1999 Nr. C 21/10 ff.

863 Vgl. dazu auch: Zweiter Teil B.

864 Zur Vereinheitlichung der in den nationalen Rechtsordnungen stark voneinander abweichenden Statusregelungen befindet sich das Europäische Parlament mit dem Rat der EU in Verhandlungen über den Entwurf eines Statuts für die Abgeordneten des Europäischen Parlaments. Der Entwurf basiert auf der Grundlage des von dem Abgeordneten Willi Rothley ausgearbeiteten Berichts; in der Sitzung vom 23.09.1999 hatte der Ausschuss für Recht und Binnenmarkt seinen stellvertretenden Vorsitzenden, den Abgeordneten Willi Rothley (PSE) als Verfasser der Stellungnahme benannt; vgl. den ersten Entwurf eines Statuts für die Abgeordneten des Europäischen Parlaments, Dok. A4-0426/1998; vgl. außerdem die Entschließung des Europäischen Parlaments zu dem Statutentwurf, in: ABl. 1998 Nr. C 398/11 ff; vgl. auch die Stellungnahme des Ausschusses für Recht und Binnenmarkt, Dok. PE 273.7910/1 v. 12.07.2000. Der Statutentwurf wurde nachfolgend in wesentlichen Punkten überarbeitet, vgl. Stellungnahme des Ausschusses für Recht und Binnenmarkt an den Präsidenten des Europäischen Parlaments mit den wesentlichen Elementen des Abgeordnetenstatuts, Verfasser der Stellungnahme: Willi Rothley, Dok. PE 294.967/REV. Der Ausschuss hatte den Entwurf der Stellungnahme zu den wesentlichen Elementen des Abgeordnetenstatuts in seinen Sitzungen vom 13.11.2001, 27.11.2001, 08.01.2002, 19.02.2002, 26.02.2002 sowie vom 09.04.2002 geprüft und in der letztgenannten Sitzung angenommen.

865 Vgl. ABl. 1967 Nr. L 152/13.

F. Klageberechtigung der Abgeordneten

Korrespondierend zu der Anordnung der Untersuchungstätigkeit des Amtes durch den EuGH müsste der von einer Untersuchungsmaßnahme des Amtes betroffene Abgeordnete gegen die ihn belastende Maßnahme - auch vorläufigen - Rechtsschutz vor dem EuGH erlangen können, wenn er wegen der Einleitung und nachfolgenden Durchführung der Untersuchungen des Amtes eine Verletzung seiner Statusrechte geltend macht. So muss zugunsten des Abgeordneten auch dann eine Klagemöglichkeit bestehen, wenn das Amt bei "Gefahr im Verzug" die Untersuchungen von sich aus eingeleitet hat[866].

Die Kontrolle der Rechtmäßigkeit der Untersuchungen des Amtes ist in Art. 14 der Verordnung formal nur für die internen Untersuchungen und ausschließlich für die Beamten und Bediensteten der Gemeinschaft vorgesehen. Nach Art. 14 der Verordnung steht den Beamten und sonstigen Bediensteten der Gemeinschaft, die von einer Untersuchung des Amtes betroffen sind, der Rechtsweg gemäß Art. 90, 91 des Statuts der Beamten der Gemeinschaften[867] offen, was die Möglichkeit eröffnet, nachträglich eine Klage beim EuG einzureichen[868]. Das gleiche gilt "analog für das Personal von Organen, Einrichtungen sowie Ämtern und Agenturen, das nicht dem Statut unterliegt". Nicht unter diesen Wortlaut fallen allerdings die Mitglieder des Europäischen Parlaments wie auch die Mitglieder der übrigen Gemeinschaftsorgane. Die in Art. 14 der Verordnung vorgesehene Rechtsschutzmöglichkeit muss daher als unzureichend angesehen werden. Eine Klageberechtigung der Abgeordneten analog zu den Beamtenrechtsstreitigkeiten gemäß Art. 236 EGV scheitert an der fehlenden Vergleichbarkeit des Status der Parlamentarier mit der Rechtsstellung der Beamten der Gemeinschaft.

---

866 Vgl. Sechster Teil C II.

867 Vgl. Statut der Beamten der Europäischen Gemeinschaften und die Beschäftigungsbedingungen für die sonstigen Bediensteten dieser Gemeinschaften, festgelegt durch die Verordnung (EWG) Nr. 259/68, ABl. 1968 Nr. L 56/1 ff; vgl. auch Anhang XI des Statuts, verlängert bis 30.06.2003 durch die Verordnung (EG) Nr. 2805/2000 des Rates vom 18.12.2000, ABl. 2000 Nr. L 326/ 7 ff.

868 Art. 14 der Verordnung regelt: "In Erwartung der Änderung des Statuts kann jeder Beamte und jeder sonstige Bedienstete der Europäischen Gemeinschaften beim Direktor des Amtes nach den in Artikel 90 Absatz 2 des Statuts vorgesehenen Modalitäten Beschwerde gegen eine ihn beschwerende Maßnahme einlegen, die das Amt im Rahmen einer internen Untersuchung ergriffen hat. Artikel 91 des Statuts findet auf die im Zusammenhang mit der Beschwerde ergehenden Entscheidungen Anwendung. Diese Bestimmungen gelten analog für das Personal von Organen, Einrichtungen sowie Ämtern und Agenturen, das nicht dem Statut unterliegt".

Vor dem Hintergrund des europäischen Prozessrechts stellt sich die Frage, ob die Abgeordneten ihren Rechtsstatus als Organteile des Europäischen Parlaments mit Hilfe der Klageberechtigung als natürliche Personen gem. Art. 230 Abs. 4 EGV verteidigen können[869]. Sofern sich die Abgeordneten auf eine Verletzung ihres freien Mandats sowie einen ihnen zustehenden gemeinschaftseigenen Rechtsstatus der europäischen parlamentarischen Immunität berufen[870], machen sie Rechte geltend, die ihnen als Abgeordnete des Europäischen Parlaments zustehen, hingegen keine subjektiven Rechte einer natürlichen Person.

Es erscheint nahe liegend, den Abgeordneten als Mitgliedern des Europäischen Parlaments zur Wahrnehmung dieser organschaftlichen Rechtspositionen analog zur Parteifähigkeit des Europäischen Parlaments gemäß Art. 230 Abs. 3 EGV eine Klageberechtigung vor dem EuGH zuzusprechen. Die Zuständigkeit des EuGH sollte sich im Hinblick auf die elementar wichtigen Statusrechte der Parlamentarier auch auf diese Form des "Organstreitverfahrens" als "Intra-Organstreit" erstrecken[871]. Auch wenn in der Verordnung selbst keine Klageberechtigung der Abgeordneten vorgesehen ist, lässt sich diese Rechtsschutzlücke durch eine Analogie schließen. Eine Analogie ist deshalb erforderlich, weil die Rechtsschutzmöglichkeiten in Art. 14 der Verordnung unzureichend geregelt sind. Durch die Analogie wird der Rechtsschutz so gestaltet, wie es das Europäische Parlament und der Rat der EU als Verordnungsgeber selbst getan hätten, wäre ihnen der unzulängliche Rechtsschutz bewusst gewesen[872].

Zu hoffen bleibt, dass der EuGH - gemäß seiner Linie, Rechtschutzlücken durch eine großzügige Auslegung des Prozessrechts zu schließen[873] - den Rechtsschutz der Abgeordneten durch eine Fortentwicklung der Nichtigkeitsklage sicherstellen wird. Dabei müsste den Abgeordneten zur Wahrnehmung der aus ihren Statusrechten fließenden Rechtspositionen - analog zur Parteifähigkeit des Europäischen Parlaments gemäß Art. 230 Abs. 3 EGV - eine Klageberechtigung

---

[869] Die 71 Abgeordneten haben in ihrer Klage vor dem EuG bzw. dem EuGH in der Rs. T-17/00 (R) und C-167/02 P geltend gemacht, durch den Durchführungsbeschluss unmittelbar und individuell in ihren Rechten betroffen zu sein. Damit berufen sich die Kläger auf die Klagberechtigung als natürliche Personen gem. Art. 230 Abs. 4 EGV; vgl. auch Herdegen, S. 168, nach dem sich die Abgeordneten des Europäischen Parlaments nur dann auf Art. 230 Abs. 4 EGV stützen könnten, wenn es um die Geltendmachung subjektiver Rechte und nicht um organschaftliche Rechtspositionen gehe.

[870] Vgl. das Vorbringen der Abgeordneten in der Rs. T-17/00 (R) und C-167/02 P.

[871] So im Ergebnis auch: Haus, in: EuZW 2000, 745 (750); für eine Parteifähigkeit von Organteilen des Europäischen Parlaments auch: Herdegen, Rdnr. 210 f.

[872] Vgl. zu der Problematik der Ausweitung des Rechtsschutzes durch Analogien: Ehlermann, in. EuR 1973, 193 (202 f) zum Europäischen Fonds für währungspolitische Zusammenarbeit.

[873] Vgl. nur EuGH, Rs. 294/83, Slg. 1988 (Les Verts/Europäisches Parlament), I-1339 ff, Rdnr. 2 ff sowie Rs. C-314/91, Slg. 1993 (Beate Weber/Europäisches Parlament), I-1093 ff.

zugesprochen werden[874]. In diesem Fall würden die Statusrechte der Parlamentarier wie die institutionellen Rechte des Parlaments eine - angesichts des Aufgabenzuwachses und der gewachsenen interinstitutionellen Bedeutung des Europäischen Parlaments längst fällige - neue Definition und Ausgestaltung erfahren.

[874] So im Ergebnis auch: Haus, in: EuZW 2000, 745 (750); für eine Parteifähigkeit von Organteilen des Euroäischen Parlaments auch: Herdegen, Rdnr. 210 f.

Zusammenfassung

Die dem Amt zugrunde liegenden Rechtsakte zeichnen sich durch eine hohe Unbestimmtheit aus. Der Errichtungsbeschluss, die Vereinbarung sowie die Verordnung - soweit sich diese nicht allein auf den Schutz der Gemeinschaftsfinanzen erstreckt - sind mit dem Gemeinschaftsrecht zumindest in formeller Hinsicht unvereinbar[875].

Die Mängel hinsichtlich des unklaren Rechtsstatus des Amtes sowie hinsichtlich der dem Amt zugrunde liegenden Rechtsakte müssen auf den großen Zeitdruck zurückgeführt werden, unter dem die Gesetzgeber der Gemeinschaft wegen des Skandals um den Rücktritt der "Santer-Kommission" gestanden haben. Unter diesen Umständen ist es nicht verwunderlich, dass die dem Amt durch die Gründungsrechtsakte und den Durchführungsbeschluss des Europäischen Parlaments übertragenen Untersuchungsbefugnisse weder mit dem sensiblen Rechtsstatus der Abgeordneten des Europäischen Parlaments noch mit den institutionellen Rechten des Europäischen Parlaments im Einklang stehen.

Im einzelnen ergeben sich gemäß den Vorgaben der Verordnung und den Regelungen des Durchführungsbeschlusses folgende Unvereinbarkeiten: Die dem Amt eingeräumten Untersuchungsbefugnisse sowie die damit verbundenen Kooperationspflichten, die das Europäische Parlament mit dem Durchführungsbeschluss in seinem internen Geschäftsbereich zur Anwendung gebracht hat, sind mit dem freien Mandat der Abgeordneten des Europäischen Parlaments, der europäischen parlamentarischen Immunität sowie dem parlamentarischen Untersuchungsrecht unvereinbar. Allein die den Abgeordneten mit dem Durchführungsbeschluss auferlegten Mitteilungspflichten stehen sowohl mit den Statusrechten der Abgeordneten des Europäischen Parlaments als auch mit den institutionellen Rechten des Europäischen Parlaments im Einklang[876].

---

[875] Bei der Vereinbarung ist hinsichtlich der Unbestimmtheit des Standardbeschlusses auch von einer materiellen Unwirksamkeit auszugehen, vgl. Zweiter Teil C.

[876] Die den Abgeordneten auferlegten Mitteilungspflichten sind weder als zu unbestimmt einzustufen, noch ist die Auferlegung der Mitteilungspflichten als unverhältnismäßig anzusehen, vgl. Dritter Teil B. II. 1. Dem steht auch nicht entgegen, dass sich der Verweis in Art. 4 des Durchführungsbeschlusses bzgl. der Gewährleistung des Zeugnisverweigerungsrechts der Abgeordneten des Europäischen Parlaments faktisch auf ein gemeinschaftsrechtlich nicht existentes Zeugnisverweigerungsrecht bezieht; a.A. Mager, in: ZEuS 2000, 177 (197).

Die durch die Verordnung und den Durchführungsbeschluss ausgestalteten Untersuchungsbefugnisse des Amtes leiden insbesondere an folgenden Mängeln:

- Aufgrund des weiten Entschließungs- und Auswahlermessens des Direktors des Amtes ist die Einleitung und Durchführung der Untersuchungen gemessen am Bestimmtheitsgrundsatz nur sehr unspezifisch geregelt. Die internen Untersuchungen können schon bei jedem Verdacht einer vermögensrechtlichen Straftat oder einer gegen die finanziellen Interessen oder sonstigen Interessen der Gemeinschaft gerichteten rechtswidrigen Handlung eingreifen. Weder durch die Verordnung, noch durch den Durchführungsbeschluss werden sachliche Kriterien für die Einleitung und Durchführung der Untersuchungen des Amtes aufgestellt.

- Die internen Untersuchungen unterliegen allein der Anordnung durch den Direktor des Amtes, nicht aber der Anordnung oder der Kontrolle durch eine unabhängige externe Instanz.

- Dem Amt ist die Möglichkeit eröffnet, seine Untersuchungsbefugnisse ohne Kenntnis des betreffenden Abgeordneten bzw. des zuständigen Immunitätsausschusses auszuüben.

- Das Amt kann seine Untersuchungsbefugnisse auch gegenüber den an einem parlamentarischen Untersuchungsverfahren beteiligten Abgeordneten in Ansatz bringen, so dass die Mitarbeiter des Amtes die Möglichkeit erhalten können, von vertraulichen Informationen aus dem parlamentsinternen Bereich Kenntnis zu nehmen.

Zur Vereinbarkeit mit den Statusrechten der Abgeordneten des Europäischen Parlaments sowie mit den institutionellen Rechten des Europäischen Parlaments bedarf es daher folgender Anforderungen[877]:

Der Tätigkeitsbereich des Amtes ist auf den Schutz der Gemeinschaftsfinanzen zu beschränken.

Die Untersuchungstätigkeit des Amtes sollte an das Legalitätsprinzip, d.h. die Untersuchungspflicht des Amtes gegenüber jedem Verdächtigen bei Eingreifen bestimmter Voraussetzungen, gebunden werden. Auch wenn dem Direktor des Amtes bei der Entscheidung über die Einleitung der interner Untersuchungen ein gewisser Beurteilungsspielraum zuzubilligen ist, muss die Möglichkeit ausgeschlossen werden, dass das Amt - trotz Vorliegens der Untersuchungs-

[877] Vgl. dazu die rechtspolitischen Forderungen in: Sechster Teil.

voraussetzungen - von der Einleitung einer internen Untersuchung absehen kann. Als Voraussetzung für die Einleitung der Untersuchungsmaßnahmen des Amtes sollte - gemäß dem in Deutschland geltenden Anfangsverdacht - die Schwelle "zureichender tatsächlicher Anhaltspunkte" für das Vorliegen einer vermögensrechtlichen Straftat oder einer sonstigen gegen die Gemeinschaftsfinanzen gerichteten, ordnungswidrigkeitenrechtlich relevanten Handlung angelegt werden. Im Sinne eines gesteigerten Verdachts ist es vorzugswürdig für das Vorliegen solcher Anhaltspunkte *begründete Tatsachen* anzunehmen; die bloße Möglichkeit des Bestehens einer straf- oder ordnungswidrigkeitenrechtlich relevanten Handlung sollte nicht als ausreichend angesehen werden. Anzuregen ist, dass der Direktor des Amtes diese Vorprüfung an das - ihm bisher direkt unterstellte - Referat "Richter und Staatsanwälte" überträgt. Zur effektiven Ausübung dieser Kontrolltätigkeit sollte das Referat extern angesiedelt werden[878].

Hinsichtlich der Durchführung der Untersuchungen sind konkrete Rahmenbedingungen aufzustellen: Für die Mitarbeiter des Amtes sollten besondere Verhaltenspflichten - gemäß dem Leitbild eines gewissenhaften Amtsträgers - festgelegt und in dem künftigen Beamtenstatut[879] normiert werden[880]. Dabei ist der besonderen Stellung des Amtes als selbständiger Verwaltungseinrichtung mit Eingriffsbefugnissen Rechnung zu tragen. Verfahrensrechtlich ist insbesondere zu regeln, dass die Untersuchungen möglichst zügig und unter Wahrung der Integrität der parlamentarischen Arbeit durchzuführen sind. Die nach Abschluss der Untersuchung von dem Amt gefertigten Untersuchungsberichte sollten möglichst schnell - gegebenenfalls unter Einhaltung von Höchstfristen - an das betreffende Organ bzw. an die Mitgliedstaaten der Gemeinschaft zur Einleitung von Folgemaßnahmen weitergeleitet werden[881]. Die Durchführung der Untersuchungen in den Amtsräumlichkeiten der Abgeordneten ist den Mitarbeitern des Amtes gegenüber den an einem parlamentarischen Untersuchungsverfahren beteiligten Abgeordneten grundsätzlich zu untersagen[882].

Dem von einer Durchsuchung in seinen Amtsräumlichkeiten betroffenen Abgeordneten ist bei der Vornahme der Untersuchungshandlung der Mitarbeiter

---

[878] Vgl. Sechster Teil B. I.

[879] Vgl. Statut der Beamten der Europäischen Gemeinschaften und die Beschäftigungsbedingungen für die sonstigen Bediensteten dieser Gemeinschaften, festgelegt durch die Verordnung (EWG) Nr. 259/68, ABl. 1968 Nr. L 56/1 ff; vgl. auch Anhang XI des Statuts, verlängert bis 30.06.2003 durch die Verordnung (EG) Nr. 2805/2000 des Rates vom 18.12.2000, ABl. 2000 Nr. L 326/ 7 ff.

[880] Vgl. Sechster Teil E.

[881] Vgl. Sechster Teil B. II.

[882] Vgl. Sechster Teil B II.

des Amtes ein Anwesenheitsrecht zuzubilligen. Im Falle der Abwesenheit oder sonstigen Verhinderung des betroffenen Abgeordneten sollte ein seitens des Präsidenten bzw. der Präsidentin des Europäischen Parlaments im Einvernehmen mit dem Vorsitzenden der betreffenden Fraktion zu benennendes anderes Mitglied des Europäischen Parlaments dem Vollzug der Durchsuchung beiwohnen.

Dem EuGH müsste die Anordnung der Untersuchungen des Amtes obliegen. Zudem müsste das EuGH von dem von einer Untersuchungshandlung betroffenen Abgeordneten angerufen werden können. Auch wenn das Gemeinschaftsgrundrecht auf effektiven Rechtsschutz nicht zwangsläufig zu einem Klagerecht vor den Gemeinschaftsgerichten führen muss[883], dürfte gemäß der bisherigen großzügigen Rechtsschutzgewährung durch den EuGH[884], analog Art. 230 Abs. 3 EGV die Zuständigkeit des EuGH gegeben sein, soweit die Abgeordneten eine Verletzung ihrer organschaftlichen Rechtspositionen geltend machen[885].

Zur Sicherstellung der persönlichen Unabhängigkeit der Richter und Generalanwälte des EuGH von den sie entsendenden nationalen Regierungen und damit zur Stärkung des Rechtsprechungsorgans als neutrales Kontrollorgan, erscheint die Einführung eines verobjektivierten Ernennungsverfahrens für die Mitglieder des EuGH sinnvoll. So sollte erwogen werden, die Mitgliedstaaten im Richtlinienwege zu verpflichten, die Ernennungsverfahren für die Mitglieder des EuGH entsprechend den nationalen Wahlverfahren für die höchsten Richterämter auszugestalten. Grundsätzlich sollte auch in Betracht gezogen werden, die Wiederwahl der Richter und Generalanwälte auszuschließen[886].

Da die europäische parlamentarische Immunität nicht nur ein Vorrecht des Europäischen Parlaments, sondern auch ein Statusrecht des einzelnen Abgeordneten ist, sollte die Entscheidung über die Aufhebung der europäischen parlamentarischen Immunität der Abgeordneten des Europäischen Parlaments im Falle interner Untersuchungen des Amtes - nach dem schwedischen Vorbild der richterlichen Aufhebung der parlamentarischen Immunität - grundsätzlich dem EuGH unterstellt werden. Der EuGH sollte aber nicht als ständige Kontrollinstanz die gesamte interne Untersuchungstätigkeit des Amtes überwachen. Die laufende Begleitkontrolle der Untersuchungstätigkeit sollte - wie bislang von

---

[883] Vgl. EuGH Rs. C–50/00 P, (Unión de Pequeños Agricultores), Schlussanträge v. 21.03.2002.

[884] Vgl. nur EuGH, Rs. 294/83, Slg. 1988 (Les Verts/Europäisches Parlament), I-1339 ff, Rdnr. 2 ff sowie Rs. C-314/91, Slg. 1993 (Beate Weber/Europäisches Parlament), I-1093 ff.

[885] Vgl. Sechster Teil F.

[886] Vgl. zum Ganzen: Sechster Teil C I. und II.

Art. 11 der Verordnung vorgesehen - in der Zuständigkeit des Überwachungsausschusses des Amtes verbleiben. Dieser müsste auch faktisch den Status einer unabhängigen Kontrollinstanz erhalten. Hierzu sollten die Mitglieder des Ausschusses aus der Eingliederung in die Kommissionsverwaltung herausgelöst werden und den Rechtsstatus Unabhängiger Persönlichkeiten erhalten. Zudem ist der Überwachungsausschuss aus der budgetären Abhängigkeit gegenüber dem Amt zu befreien[887].

Die Einleitung der Untersuchungen des Amtes bedarf zusätzlich der vorherigen ausdrücklichen Zustimmung der Präsidentin bzw. des Präsidenten des Europäischen Parlaments als Inhaber(in) des Hausrechts, die grundsätzlich zu erteilen ist. Vor der Einleitung der internen Untersuchungen gegenüber dem Europäischen Parlament müsste das Amt einen entsprechenden Antrag zunächst an die Präsidentin bzw. den Präsidenten des Europäischen Parlaments stellen, wobei die Genehmigung grundsätzlich - bis auf den Fall eines dringenden Verdachts einer tendenziös motivierten Verfolgung - zu erteilen ist[888]. Sodann ist seitens des Amtes ein Antrag auf Durchführung der Untersuchungen an den EuGH zu stellen.

Dem EuGH sollte die Prüfung folgender Kriterien obliegen:

- Besteht ein Anfangsverdacht für das Vorliegen einer straf- oder ordnungswidrigkeitenrechtlich relevanten Handlung[889]?
  Allein bei "Gefahr im Verzug" sollte der Direktor des Amtes selbst zur Anordnung der Maßnahmen berechtigt sein[890].

- Genügt der Antrag auf Aufhebung der europäischen parlamentarischen Immunität einer Schlüssigkeitsprüfung, indem er - den Vorwurf als richtig unterstellt - die Einleitung des Untersuchungsverfahrens des Amtes zu rechtfertigen vermag[891]?

- Bestehen keine hinreichend konkreten Anhaltspunkte für das Vorliegen eines tendenziösen, politischen Hintergrundes[892]?

---

887 Vgl. Sechster Teil C. I. und II.

888 Vgl. Sechster Teil C II.

889 Vgl. dazu eingehend die Ausführungen in Sechster Teil B. I.

890 Dieses Merkmal bedarf allerdings der engen Auslegung und muss von dem Direktor in jedem Einzelfall belegt werden, vgl. Sechster Teil C. II.

891 Das Gericht darf dabei nicht in eine Beweiswürdigung hinsichtlich der Verifizierung des Schuldvorwurfs eintreten, um nicht in etwaige nationale Verfahren einzugreifen.

892 Ein hinreichender Verdacht, d.h. eine gewisse Wahrscheinlichkeit für eine tendenziöse Verfolgung durch das Amt ist dann zu unterstellen, wenn neben dem eigentlichen Ermittlungszweck noch eine weitere, nicht unmittelbar hervortretende Zielsetzung ersichtlich

Nur im Einzelfall kann trotz Bestehen dieser Anhaltspunkte bei Vorliegen eines - dann zu fordernden - dringenden Verdachts, d.h. bei Verdacht der überwiegender Wahrscheinlichkeit für die Begehung einer nicht ganz unbedeutenden straf- oder ordnungswidrigkeitenrechtlich relevanten Handlung zum Nachteil der Gemeinschaftsfinanzen, die Einleitung des Untersuchungsverfahrens genehmigt werden.

- Ist die Aufhebung der europäischen parlamentarischen Immunität im Einzelfall verhältnismäßig[893]?

Da dem EuGH aufgrund des Gewaltenteilungsprinzips nicht die Entscheidung über die Aufhebung der europäischen parlamentarischen Immunität als Vorrecht des Europäischen Parlaments obliegen kann, sollte das Gericht den Beschluss über die (Nicht-)Aufhebung der parlamentarischen Immunität dem zuständigen Immunitätsausschuss des Europäischen Parlaments vorlegen. Dieser sollte prüfen, ob eine Gefährdung der Funktionsfähigkeit des Europäischen Parlaments anzunehmen ist. Sieht der Ausschuss die Funktionsfähigkeit des Europäischen Parlaments durch die Einleitung der Untersuchungen in Gefahr, sollte er gemäß den Regelungen der GEOP eine förmliche Beschlussvorlage erarbeiten, die dann im Plenum zur Abstimmung gestellt werden würde. Anderenfalls sollte der Ausschuss dem EuGH seine Zustimmung zur Aufhebung der europäischen parlamentarischen Immunität übermitteln. Dem Europäischen Parlament würde somit zur Sicherung seiner eigenen Funktions- und Repräsentationsfähigkeit bei der Immunitätsentscheidung ein "Vetorecht" zukommen.

Bis zur Aufhebung der europäischen parlamentarischen Immunität wären dem Amt nur Voruntersuchungen zur Feststellung eines Anfangsverdachts für das Vorliegen einer straf- oder ordnungswidrigkeitenrechtlich relevanten Handlung gestattet, ohne dass das Amt seine durch Art. 4 Abs. 2 der Verordnung ausgestalteten Durchsuchungs- oder Beschlagnahmebefugnisse gegenüber dem Europäischen Parlament in Ansatz bringen könnte[894].

---

wird. Ein Indiz für eine tendenziöse Verfolgung ist insbesondere der Umstand, dass diese trotz zweifelhafter Tatsachen- oder Rechtslage eingeleitet wird.

893 Die Einleitung des Untersuchungsverfahrens darf nicht wegen eines Vorwurfs erfolgen, der zu dieser - die Rechtsstellung des Abgeordneten empfindlich beeinträchtigenden - Maßnahme völlig außer Verhältnis steht.

894 Insoweit wären die Untersuchungsbefugnisse des Amtes als gemeinschaftseigene Exekutivgewalt mit den Befugnissen nationaler Ermittlungsbehörden bei den Voruntersuchungen zur Einleitung eines strafrechtlichen Ermittlungsverfahrens vergleichbar; vgl. zu der Einleitung eines Ermittlungsverfahrens nach deutschem und nach französischem Recht: Dritter Teil B I. 2 a. aa. und bb., vgl. auch: Vierter Teil A III.

Die Verfahrensvoraussetzungen für die Untersuchungen des Amtes gegenüber dem Europäischen Parlament sollten nicht in einer Neufassung der Verordnung, sondern vielmehr in dem geplanten Abgeordnetenstatut[895] bzw. in dem Protokoll über Vorrechte und Befreiungen im Anhang zum Fusionsvertrag[896] normiert werden[897].

Funktionell ist zu erwägen, den EuGH um eine spezielle Kammer für die internen Untersuchungen des Amtes zu erweitern.

Das Europäische Parlament sollte ferner die vom ihm entwickelten unscharfen Entscheidungskriterien für die Aufhebung der parlamentarischen Immunität aufgeben und seine Aufhebungsentscheidung allein daran orientieren, ob durch die Zulassung ermittlungsbehördlicher Maßnahmen die Arbeits- und Funktionsfähigkeit des Parlaments gefährdet werden könnte. Dies wird in den wenigsten Fällen gegeben sein. Diese Praxis würde einerseits zu einer Arbeitsentlastung des Europäischen Parlaments führen und andererseits durch die Transparenz der Immunitätsentscheidung der öffentlichen Akzeptanz und dem Vertrauen in die Arbeit des Europäischen Parlaments Vorschub leisten.

---

[895] Vgl. bspw. Dok. PE 294.967/REV.
[896] Vgl. ABl. 1967 Nr. L 152/13.
[897] Vgl. Sechster Teil E.

Ausblick

Zur Gewährleistung eines einheitlichen und gleichwertigen Schutzes der Gemeinschaftsfinanzen im europäischen Strafrechtsraum ist anzustreben, die Schaffung einer Europäischen Staatsanwaltschaft zeitnah zu verwirklichen[898]. Dabei sollte die Tätigkeit der Europäischen Staatsanwaltschaft - wie auch von der Kommission vorgesehen[899] - auf den Schutz der finanziellen Interessen der Gemeinschaft beschränkt bleiben[900].

Art. 280 Abs. 4 S. 2 EGV vermag die Einrichtung einer Europäischen Staatsanwaltschaft, befasst mit dem Schutz der Gemeinschaftsfinanzen, nicht zu begründen, so dass es zu deren Schaffung der Kodifizierung eines neuen Art. 280 a EGV bedarf[901]. In dem von dem Europäischen Konvent am 18.07.2003 vorgelegten Entwurf eines Vertrages für eine Verfassung für Europa[902] ist die Möglichkeit der Einführung einer Europäischen Staatsanwaltschaft in Teil III in Art. III-175 erwähnt, indem dort geregelt ist, dass eine Europäische Staatsanwaltschaft durch ein Europäisches Gesetz auf einstimmigen Beschluss des Ministerrates eingesetzt werden kann[903]. Es bleibt zu hoffen, dass im Rahmen der Regierungskonferenz 2004 eine Einigung über den Verfassungsentwurf hergestellt wird. Wünschenswert wäre allerdings, die Kann-Bestimmung zur Schaffung eines Europäischen Staatsanwalts in eine Verpflichtung ("wird eingesetzt") umzuwandeln. Ebenso ist das Einstimmigkeitserfordernis des Rates verzichtbar; eine qualifizierte Mehrheit erscheint ausreichend.

Da sich die Tätigkeit der Europäischen Staatsanwaltschaft auf das gesamte Rechtsgebiet der Gemeinschaft erstrecken soll, ist es erforderlich, gemeinschaftsrechtliche Straftatbestände und Verfahrensregelungen zum Schutz der Gemeinschaftsfinanzen einzuführen, die durch die innerhalb des dritten Pfeilers geschaffenen Instrumente (Eurojust, Europol, Europäisches Justitielles Netz)

---

898 Vgl. auch Hetzer, in ZRP 2003, 256 (256 f), der im Hinblick auf die praktischen Schwierigkeiten, strafrechtlichem Schutz mit Hilfe von derzeit 17 Rechtssystemen sicherzustellen und im Hinblick auf die Osterweiterung der Europäischen Gemeinschaft die Forderung aufstellt, die Europäische Staatsanwaltschaft schnellstmöglich einzurichten.

899 Vgl. Kommission, Grünbuch zum strafrechtlichen Schutz der finanziellen Interessen der Europäischen Gemeinschaften und zur Schaffung einer Europäischen Staatsanwaltschaft, Dok. KOM (2001) 715 endg., S. 42.

900 Eine über den Schutz der finanziellen Interessen hinausgehende Verfolgungskompetenz der Europäischen Staatsanwaltschaft würde der Souveränität der Mitgliedstaaten sowie der innerstaatlichen Akzeptanz nicht ausreichend Rechnung tragen.

901 Vgl. dazu ausführlich: Erster Teil C I. 2. a. bb).

902 Vgl. CONV 850/03, S. 213, ABl. 2003 Nr. C 169/1 ff.

903 Vgl. dazu: Erster Teil C I. 2. a. bb) und III.

komplementär ergänzt werden würden[904]. Hierfür würde der durch den Vertragsentwurf des Europäischen Konvents reformierte Art. 280 Abs. 4 EGV (Art. III-321 Abs. 4 EGV n.F.) eine ausreichende Rechtsgrundlage darstellen[905]. Durch eine Vergemeinschaftung des Strafrechts könnte das Europäische Parlament seine Kontrollbefugnisse in diesem Bereich ausüben und somit der Legitimität der Maßnahmen Vorschub leisten[906].

Zu fordern ist, dass der Europäische Staatsanwalt seine Befugnisse in absoluter Unabhängigkeit ausübt. Hierzu sollte eine ausreichend lange Amtszeit sowie das Verbot der gleichzeitigen anderweitigen Tätigkeit durch ein europäisches Gesetz festgeschrieben werden. Die Ermittlungstätigkeit des Europäischen Staatsanwalts ist an genaue Kriterien für die Einleitung der Ermittlungen - wie diejenigen des Anfangsverdachts nach deutschem Recht und die Geltung des Verfolgungszwangs gemäß dem Legalitätsprinzip - zu binden[907]. Andernfalls wäre eine einheitliche Rechtsanwendung in der Gemeinschaft praktisch kaum zu gewährleisten und Eingriffe in die Rechte des von den Ermittlungsmaßnahmen Betroffenen nicht auszuschließen.

Die Einführung einer Europäischen Staatsanwaltschaft würde eine grundlegende Änderung der internen Untersuchungsbefugnisse des Amtes mit sich bringen[908].

---

[904] Vgl. zu der Problematik der Einführung eines supranationalen Strafrechts eingehend: Erster Teil C. I. 2. a.bb. und III.

[905] Vgl. dazu: Erster Teil, a.a.O.

[906] Die Forderung nach einer unabdingbaren parlamentarischen Kontrolle in dem "sensiblen Bereich des Strafrechts" stellt auch der Kommissionspräsident Prodi in seiner Rede v. 29.05.2001 am Institut d´Etudes Politiques auf, einzusehen unter: http://europa.eu.int/comm/commissioners/prodi/speeches/index_en.htm.

[907] Vgl. dazu: Sechster Teil B. I; vgl. auch Kommission, a.a.O., S. 49 ff, die es für die Einleitung der Ermittlungen als ausreichend ansieht, wenn "(...) die vorliegenden Tatsachen auf eine Verletzung des Gemeinschaftsrechts, die in den Zuständigkeitsbereich des Europäischen Staatsanwalts fällt, *hinweisen oder eine solche zumindest vermuten lassen*".

[908] In dem von der Kommission vorgelegten Grünbuch werden die Aufgaben und Befugnisse des Amtes nach Einrichtung einer Europäischen Staatsanwaltschaft nicht näher konkretisiert; vgl. Kommission, a.a.O., S. 74 f. Der Ausschuss Unabhängiger Sachverständiger schlägt diesbezüglich lediglich vor, der Europäische Staatsanwalt solle bei der Ermittlung interner Straftaten eng mit dem Direktor des Amtes zusammenarbeiten, der ihm im Zusammenhang mit Strafsachen direkt Bericht erstatten soll, vgl. Zweiter Bericht über die Reform der Kommission, Analyse der derzeitigen Praxis und Vorschläge zur Bekämpfung von Missmanagement, Unregelmäßigkeiten und Betrug v. 10.09.1999, S. 197. Der Überwachungsausschuss des Amtes hält die Einführung einer Europäischen Staatsanwaltschaft für wünschenswert, um die Defizite der operationellen Arbeit - die Ordnungsmäßigkeit der Untersuchungen sowie die Objektivität der Verfahren des Amtes - und dessen Legitimität zu stärken, beleuchtet aber die dadurch veränderten Aufgaben des Amtes bei den internen Untersuchungen nicht näher, vgl. Stellungnahme 3/2001 zur etwaigen Einsetzung eines für

Die Beamten und Bediensteten des Amtes sollten nach Einführung der Europäischen Staatsanwaltschaft als "Hilfsbeamte" des Europäischen Staatsanwalts[909] dessen uneingeschränkter Sachleitungsbefugnis unterstellt werden[910]. So müsste der Europäische Staatsanwalt über die Einleitung der Untersuchungen des Amtes entscheiden[911].

Der Direktor des Amtes sollte die Maßnahmen der Bediensteten bei der Ausführung der internen Untersuchungen überwachen und koordinieren. Die Bediensteten des Amtes wären - wie nach den Vorgaben der Verordnung[912] - gegenüber dem Direktor des Amtes weisungsabhängig, solange keine übergeordnete Weisung des Europäischen Staatsanwalts vorliegen würde. Mit Einführung der Europäischen Staatsanwaltschaft hätte der Überwachungsausschuss des Amtes seine Funktion als Kontrollorgan verloren und könnte aufgelöst werden[913].

Langfristig erscheint - zur Sicherung einer im europäischen Rechtsraum einheitlichen Entscheidungspraxis - die Einrichtung einer neuen gerichtlichen Instanz auf Gemeinschaftsebene, etwa einer besonderen Kammer des EuGH, als obligatorisch[914]. Diese könnte als "Vorverfahrenskammer" - bspw. nach dem

---

die internen Untersuchungen zuständigen europäischen Staatsanwalts, in: Tätigkeitsbericht (Juli 1999-Juli 2000), S. 60 ff, S. 74 f.

909 Vgl. nur § 152 des deutschen Gerichtsverfassungsgesetzes (im Folgenden: GVG); gemäß Art. 152 Abs. 1 GVG sind "Die Hilfsbeamten der Staatsanwaltschaft (...) in dieser Eigenschaft verpflichtet, den Anordnungen der Staatsanwaltschaft ihres Bezirks und der dieser vorgesetzten Beamten Folge zu leisten"; vgl. auch die Stellung der "police judicaire" (Gerichtspolizei, bestehend aus der gendamerie nationale und der police nationale) als unmittelbares Hilfsorgan der französischen Staatsanwaltschaft, vgl. Vitu, in: Jung, 1 (19).

910 Dies zumindest nicht ausschließend: Brüner/Spitzer, in: NStZ 2002, 393 (398), die anführen, dass aufgrund der Erfahrungen aus der praktischen Tätigkeit des Amtes zu erwarten sei, dass das Amt im Verhältnis zum Europäischen Staatsanwalt die Rolle eines "Informationslieferanten" spielen und das Material für die Begründung eines Anfangsverdachts und damit für die Einleitung eines nationalen Ermittlungsverfahrens zusammentragen werde.

911 Damit wäre die Vorgabe von Art. 5 Abs. 2 der Verordnung entsprechend hinfällig. Art. 5 Abs. 2 lautet: "Die Einleitung interner Untersuchungen wird von dem Direktor des Amtes von sich aus oder auf Ersuchen des Organs, der Einrichtung (...), bei dem bzw. der die Untersuchung durchgeführt werden soll, beschlossen".

912 Vgl. Erwägungsgrund Nr. 14 und 18 sowie Art. 6 Abs. 1-3 der Verordnung.

913 So auch der Überwachungsausschuss selbst, vgl. Tätigkeitsbericht (September 2001-Juni 2002), S. 73.

914 Die Kontrolle der Anklageerhebung sowie der Ermittlungshandlungen des Europäischen Staatsanwalts sollte - aus Praktikabilitätsgründen - zunächst dem zuständigen nationalen Gericht übertragen werden. Dem Europäischen Staatsanwalt sollte die Auswahl des Gerichtsstandes nach den vom Gemeinschaftsgesetzgeber noch festzulegenden Kriterien obliegen.

Vorbild der "Vorverfahrenskammer" des Internationalen Strafgerichtshof in Den Haag[915], mit der Kontrolle der Ermittlungshandlungen des Europäischen Staatsanwalts bis zur Entscheidung über die Anklageerhebung vor einem mitgliedstaatlichen Gericht bzw. über die Einstellung des Verfahrens befasst werden[916].

Der Einsatzbereich des Amtes sollte nach Einführung einer Europäischen Staatsanwaltschaft auf die Durchführung interner Untersuchungen beschränkt werden[917]. Dabei ist zu fordern, dass das Amt seine Untersuchungspolitik der "Nulltoleranz" gegenüber Betrügereien in den Organen, Einrichtungen, Ämtern und Agenturen der Gemeinschaft zum Nachteil der Gemeinschaftsfinanzen[918] weiterverfolgt. Die Einleitung einer internen Untersuchung müsste, sofern die Abgeordneten des Europäischen Parlaments Gegenstand der Untersuchungen sein sollten, wiederum - im bereits dargestellten Verfahren[919] - durch den EuGH angeordnet werden. Der Richtervorbehalt würde als Garant für die Gewährleistung der Statusrechte der Abgeordneten des Europäischen Parlaments sowie der institutionellen Rechte des Europäischen Parlaments dienen.

Den Verfassungsgebern wie der Rechtsprechung des Gerichtshofs sei es anheim gestellt, die Untersuchungstätigkeit des Amtes künftig so auszugestalten, dass es seinem vornehmlichen Gründungszweck, der Bekämpfung interner Betrügereien zum Nachteil der Gemeinschaftsfinanzen, möglichst effektiv und insbesondere

---

915 Vgl. die Art. 53-61 (Investigation and prosecution) des am 17.07.1998 verabschiedeten und von 66 Staaten ratifizierten "Rome Statute of the International Criminal Court", U.N. Doc. A/CONF. 183/9, einzusehen unter: http://www.un.org/law/icc/statute/romefra.htm.

916 A.A. ist die Kommission, die zwar die Möglichkeit der Schaffung einer "Europäischen Vorverfahrenskammer" aufzeigt, nach deren Auffassung die Kontrolle der Anklageerhebung aber mitgliedstaatlichen Gerichten übertragen werden sollte, vgl. Kommission, Grünbuch zum strafrechtlichen Schutz der finanziellen Interessen der Europäischen Gemeinschaften und zur Schaffung einer Europäischen Staatsanwaltschaft, Dok. KOM(2001) 715 endg., S. 60 ff, 68 f.

917 Diese können nach der geltenden Rechtslage ohnehin allein von dem Amt durchgeführt werden. Die externen Untersuchungen sollten den abgeordneten Europäischen Staatsanwälten unter Leitung des Europäischen Staatsanwalts übertragen werden. Die von dem Europäischen Staatsanwalt bevollmächtigten abgeordneten Europäischen Staatsanwälte sollten - gemäß dem Vorschlag der Kommission, in: Grünbuch, S. 33 f - für die strafrechtlichen Ermittlungen in ihrem Herkunftsmitgliedstaat und im Wege der Amtshilfe in anderen Mitgliedstaaten mit den dortigen abgeordneten Europäischen Staatsanwälten tätig werden; a.A. Brüner/Spitzer, in: NStZ 2002, 393 (398), nach denen das Amt auch im Bereich der "externen Fälle" durch die Koordinierung der Untersuchungstätigkeit der einzelnen Mitgliedstaaten und die Zusammenführung der gewonnenen Erkenntnisse zur Begründung eines strafrechtlichen Anfangsverdachts unterstützend tätig werden sollte.

918 Vgl. Bericht des Europäischen Amtes für Betrugsbekämpfung, Dritter Tätigkeitsbericht für das im Juni 2002 endende Jahr v. 17.10.2002, S. 7.

919 Vgl. Sechster Teil C I. und D.

unter gleichzeitiger Gewährleistung der Rechtsstellung der Abgeordneten des Europäischen Parlaments sowie unter Berücksichtigung der institutionellen Rechte des Europäischen Parlaments nachkommen kann.

Anlage 1: Errichtungsbeschluss

BESCHLUSS DER KOMMISSION
vom 28. April 1999
zur Errichtung des Europäischen Amtes für Betrugsbekämpfung (OLAF)

(Bekanntgegeben unter Aktenzeichen SEK(1999) 802)

(1999/352/EG, EGKS, Euratom)

DIE KOMMISSION DER EUROPÄISCHEN GEMEINSCHAFTEN –

gestützt auf den Vertrag zur Gründung der Europäischen Gemeinschaft, insbesondere auf Artikel 162,
gestützt auf den Vertrag über die Gründung der Europäischen Gemeinschaft für Kohle und Stahl, insbesondere auf Artikel 16,
gestützt auf den Vertrag zur Gründung der Europäischen Atomgemeinschaft, insbesondere auf Artikel 131,

in Erwägung nachstehender Gründe:

(1) Die Organe und die Mitgliedstaaten messen dem Schutz der finanziellen Interessen der Gemeinschaften und der Bekämpfung von Betrug und sonstigen rechtswidrigen Handlungen zum Nachteil der finanziellen Interessen der Gemeinschaften große Bedeutung bei, was durch Artikel 209a EG-Vertrag, Artikel 78i EGKS-Vertrag und Artikel 183a Euratom-Vertrag und durch Artikel 280 EG-Vertrag, wie er sich aus dem Vertrag von Amsterdam ergibt, bestätigt wird.

(2) Die Verwirklichung dieser Ziele erfordert den Einsatz aller verfügbaren Instrumente, insbesondere im Hinblick auf die Untersuchungsaufgaben der Gemeinschaft, wobei das derzeitige Gleichgewicht und die derzeitige Aufteilung der Zuständigkeiten zwischen einzelstaatlicher und gemeinschaftlicher Ebene nicht angetastet werden sollten.

(3) Die Aufgabe, Verwaltungsuntersuchungen zum Schutz der finanziellen Interessen der Gemeinschaften durchzuführen, lag bisher bei der Taskforce "Koordinierung der Maßnahmen zur Betrugsbekämpfung" als Nachfolgerin der Dienststelle für die Koordinierung der Betrugsbekämpfung (UCLAF).

(4) Eine effizientere Bekämpfung von Betrug und sonstigen rechtswidrigen Handlungen zum Nachteil der finanziellen Interessen der Gemeinschaften setzt voraus, dass ein Europäisches Amt für Betrugsbekämpfung (OLAF, im Folgenden als "Amt" bezeichnet) geschaffen wird, das seine Untersuchungsbefugnisse in voller Unabhängigkeit ausübt.

(5) Die in diesem Beschluss sowie in den Verordnungen (EG) und (Euratom) über die Untersuchungen des Europäischen Amtes für Betrugsbekämpfung festgelegte Unabhängigkeit des Direktors des Amtes sowie die dort für den Begleitausschuss vorgesehene Rolle haben den Zweck, eine ordnungsgemäße Durchführung der Untersuchungen des Amtes zu gewährleisten, ohne die Ausführung der sonstigen dem Amt übertragenen Aufgaben oder die Wahrnehmung der der Kommission übertragenen Prärogativen insbesondere im Bereich der Gesetzgebung zu beeinträchtigen.

(6) Die Zuständigkeit des Amtes für Betrugsbekämpfung muss sich über den Schutz der finanziellen Interessen hinaus auf alle Tätigkeiten im Zusammenhang mit der Wahrung der Gemeinschaftlichen Interessen gegenüber rechtswidrigen Handlungen, die verwaltungs- oder strafrechtlich geahndet werden könnten, erstrecken.

(7) Die Definition der Aufgaben des Amtes muss sämtliche bisher von der Task-force "Koordinierung der Maßnahmen zur Betrugsbekämpfung" wahrgenommenen Aufgaben umfassen, insbesondere die Vorbereitung der Rechts- und Verwaltungsvorschriften im Tätigkeitsbereich des Amtes, einschließlich der Instrumente gemäß Titel VI des Vertrags über die Europäische Union -

BESCHLIESST:

Artikel 1
Errichtung des Amtes

Es wird ein Europäisches Amt für Betrugsbekämpfung (OLAF, im Folgenden als "Amt" bezeichnet) errichtet. Das Amt ersetzt die Task-force "Koordinierung der Maßnahmen zur Betrugsbekämpfung" und übernimmt die Gesamtheit ihrer Zuständigkeiten.

Artikel 2
Aufgaben

(1) Das Amt übt die Befugnisse der Kommission zur Durchführung externer Verwaltungsuntersuchungen aus, welche dazu dienen, die Bekämpfung von Betrug, Korruption und allen anderen rechtswidrigen Handlungen zum Nachteil der finanziellen Interessen der Gemeinschaften zu verstärken, sowie die Befugnisse zur Betrugsbekämpfung bei allen sonstigen Tatsachen oder Handlungen, welche Verstöße gegen Gemeinschaftsbestimmungen darstellen. Das Amt wird mit der Durchführung interner Verwaltungsuntersuchungen beauftragt. Diese Untersuchungen dienen dazu,

a) Betrug, Korruption und sonstige rechtswidrige Handlungen zum Nachteil der finanziellen Interessen der Europäischen Gemeinschaften zu bekämpfen;

b) schwerwiegende Handlungen im Zusammenhang mit der Ausübung der beruflichen Tätigkeiten aufzudecken, die eine Verletzung der Verpflichtungen der Beamten und Bediensteten der Gemeinschaften, die disziplinarrechtlich und gegebenenfalls strafrechtlich geahndet werden kann, oder eine Verletzung der analogen Verpflichtungen der Mitglieder der Organe und Einrichtungen, der Leiter der Ämter und Agenturen und der Mitglieder des Personals der Organe, Einrichtungen sowie Ämter und Agenturen, die nicht dem Statut der Beamten der Europäischen Gemeinschaften oder den Beschäftigungsbedingungen für die sonstigen Bediensteten der Europäischen Gemeinschaften unterliegen, darstellen können. Das Amt nimmt die diesbezüglichen Zuständigkeiten der Kommission gemäß den Bestimmungen wahr, welche auf der Grundlage der Verträge und gemäß den dort festgelegten Voraussetzungen und Grenzen ergangen sind.
Die Kommission und die übrigen Organe, Einrichtungen sowie Ämter und Agenturen können das Amt mit Untersuchungen in anderen Bereichen beauftragen.

(2) Das Amt hat den Auftrag, zur Zusammenarbeit der Kommission mit den Mitgliedstaaten im Bereich der Betrugsbekämpfung beizutragen.

(3) Das Amt hat den Auftrag, Konzepte zur Betrugsbekämpfung wie in Absatz 1 beschrieben zu erarbeiten.

(4) Das Amt hat den Auftrag, die Gesetzgebungsinitiativen der Kommission im Hinblick auf die in Absatz 1 aufgeführten Ziele der Betrugsbekämpfung vorzubereiten.

(5) Das Amt nimmt alle sonstigen operationellen Aufgaben der Kommission in Sachen der Betrugsbekämpfung wie in Absatz 1 beschrieben wahr und ist vor allem damit beauftragt

a) die erforderlichen Strukturen zu entwickeln;

b) die Informationssammlung und -auswertung zu sichern;

c) den übrigen Organen, Einrichtungen sowie Ämtern und Agenturen sowie den zuständigen Behörden der Mitgliedstaaten technische Unterstützung insbesondere in Fragen der Fortbildung zu leisten.

(6) Das Amt ist direkter Ansprechpartner der Polizei und Justizbehörden.

(7) Das Amt nimmt auf Dienststellenebene die Vertretung der Kommission in den betreffenden Gremien wahr, soweit es die in diesem Artikel aufgeführten Bereiche betrifft.

Artikel 3
Unabhängigkeit bei der Ausübung der Untersuchungsbefugnisse

Das Amt übt die Untersuchungsbefugnisse gemäß Artikel 2 Absatz 1 in voller Unabhängigkeit aus. Der Direktor des Amtes darf bei der Ausübung dieser Befugnisse keine Anweisungen der Kommission, einer Regierung, eines anderen Organs, einer Einrichtung, eines Amtes oder einer Agentur erbitten oder entgegennehmen.

Artikel 4
Überwachungsausschuss

Es wird hiermit ein Überwachungsausschuss eingesetzt, dessen Zusammensetzung und Zuständigkeiten der Gemeinschaftsgesetzgeber festlegt. Dieser Ausschuss kontrolliert regelmäßig die Wahrnehmung der Untersuchungsbefugnisse des Amtes.

Artikel 5
Direktor

(1) Das Amt wird von einem Direktor geleitet, den die Kommission nach Abstimmung mit dem Europäischen Parlament und dem Rat für einen Zeitraum

von fünf Jahren ernennt. Eine einmalige Wiederernennung ist zulässig. Für die Ernennung des Direktors erstellt die Kommission auf der Grundlage einer gegebenenfalls im *Amtsblatt der Europäischen Gemeinschaften* zu veröffentlichenden Aufforderung zur Bewerbung und nach befürwortender Stellungnahme des Überwachungsausschusses eine Liste mit mehreren Kandidaten, die die erforderlichen Qualifikationen besitzen. Die Untersuchungen werden unter der Verantwortung des Direktors durchgeführt.

(2) Anstellungsbehörde für den Direktor ist die Kommission. Eine Maßnahme gemäß den Artikeln 87, 88 und 90 des Statuts der Beamten der Europäischen Gemeinschaften muss Gegenstand eines begründeten Beschlusses sein, der nach Anhörung des Überwachungsausschusses abzugeben ist. Der Beschluss wird dem Europäischen Parlament und dem Rat zur Information übermittelt.

Artikel 6
Funktionsweise

(1) Der Direktor übt in Bezug auf das Personal des Amtes die Befugnisse aus, die im Statut der Beamten der Europäischen Gemeinschaften der Anstellungsbehörde und in den Beschäftigungsbedingungen für die sonstigen Bediensteten der Gemeinschaften der zum Abschluss von Dienstverträgen ermächtigten Behörde übertragen werden. Er kann seine Befugnisse weiterübertragen. In Übereinstimmung mit den Bestimmungen des Statuts der Beamten der Europäischen Gemeinschaften und den Beschäftigungsbedingungen für die sonstigen Bediensteten legt der Direktor die Einstellungsvoraussetzungen und -modalitäten, insbesondere hinsichtlich Vertragsdauer und Vertragsverlängerung, fest.

(2) Nach Anhörung des Überwachungsausschusses leitet der Direktor dem Generaldirektor für Haushalt rechtzeitig den Vorentwurf eines Haushalts für das Amt zu, der in den Gesamthaushaltsplan bei einer dafür vorgesehenen Linie eingestellt wird.

(3) Der Direktor ist Anweisungsbefugter für die das Amt betreffende Haushaltslinie im Teil A des Gesamthaushaltsplans sowie für die spezifisch die Betrugsbekämpfung betreffenden Haushaltslinien im Teil B. Er kann seine Befugnisse weiterübertragen.

(4) Die Beschlüsse der Kommission über ihre interne Organisation finden auf das Amt insoweit Anwendung, als sie mit den vom Gemeinschaftsgesetzgeber in Bezug auf das Amt erlassenen Bestimmungen sowie mit diesem Beschluss und den dazu erlassenen Durchführungsvorschriften vereinbar sind.

Artikel 7
Wirksamwerden

Dieser Beschluss wird am Tag des Inkrafttretens der Verordnung (EG) des Europäischen Parlaments und des Rates über die Untersuchungen des Europäischen Amtes für Betrugsbekämpfung wirksam. Bis zum ersten Tag des Monats, der auf die Ernennung des Direktors des Amtes folgt, führt der Direktor der Task-force "Koordinierung der Maßnahmen zur Betrugsbekämpfung" die laufenden Geschäfte des Amtes.

Brüssel, den 28. April 1999

Für die Kommission
Der Präsident
Jacques SANTER

Anlage 2: Verordnung

VERORDNUNG (EG) Nr. 1073/1999 DES EUROPÄISCHEN PARLAMENTS UND DES RATES
vom 25. Mai 1999
über die Untersuchungen des Europäischen Amtes für Betrugsbekämpfung (OLAF)

DAS EUROPÄISCHE PARLAMENT UND DER RAT DER EUROPÄISCHEN UNION -

gestützt auf den Vertrag zur Gründung der Europäischen Gemeinschaft, insbesondere auf Artikel 280,

auf Vorschlag der Kommission[920],
nach Stellungnahme des Rechnungshofes[921],
gemäß dem Verfahren des Artikels 251 des Vertrags[922],
in Erwägung nachstehender Gründe:

(1) Die Organe und die Mitgliedstaaten messen dem Schutz der finanziellen Interessen der Gemeinschaften sowie der Bekämpfung von Betrug und sonstigen rechtswidrigen Handlungen zum Nachteil der finanziellen Interessen der Gemeinschaften große Bedeutung bei. Die diesbezügliche Zuständigkeit der Kommission hängt eng mit ihrer Aufgabe der Ausführung des Haushaltsplans gemäß Artikel 274 des EG-Vertrags zusammen. Die Bedeutung dieser Maßnahmen wird durch Artikel 280 des EG-Vertrags bestätigt.

(2) Der Schutz der finanziellen Interessen der Gemeinschaften betrifft nicht nur die Verwaltung der Haushaltsmittel, sondern erstreckt sich auch auf jede Maßnahme, die ihr Vermögen angeht oder angehen könnte.

(3) Die Verwirklichung dieser Ziele erfordert den Einsatz aller verfügbaren Instrumente, insbesondere im Hinblick auf die Untersuchungsaufgaben der Gemeinschaft, wobei das derzeitige Gleichgewicht und die derzeitige Aufteilung der Zuständigkeiten zwischen einzelstaatlicher und gemeinschaftlicher Ebene nicht angetastet werden sollte.

---

920 ABl. C 21 vom 26.1.1999, S. 10.
921 Stellungnahme vom 14. April 1999 (noch nicht im Amtsblatt veröffentlicht).
922 Stellungnahme des Europäischen Parlaments vom 6. Mai 1999 (noch nicht im Amtsblatt veröffentlicht). Beschluss des Rates vom 25. Mai 1999.

(4) Zur Verstärkung des für die Betrugsbekämpfung verfügbaren Instrumentariums hat die Kommission unter Wahrung des Grundsatzes der internen Organisationsautonomie jedes Organs mit dem Beschluss 1999/352/EG, EGKS, Euratom innerhalb ihrer Verwaltungsstruktur das Europäische Amt für Betrugsbekämpfung (im folgenden "Amt" genannt) errichtet, das administrative Untersuchungen zur Bekämpfung von Betrug vornehmen soll. Es kann seine Untersuchungstätigkeit in völliger Unabhängigkeit ausüben.

(5) Die Zuständigkeit des Amtes, wie von der Kommission eingerichtet, erstreckt sich über den Schutz der finanziellen Interessen hinaus auf alle Tätigkeiten im Zusammenhang mit der Wahrung der gemeinschaftlichen Interessen gegenüber rechtswidrigen Handlungen, die verwaltungs- oder strafrechtlich geahndet werden könnten.

(6) Die Zusammenarbeit zwischen den Mitgliedstaaten und der Kommission zum Schutz der finanziellen Interessen der Gemeinschaften gemäß Artikel 280 des EG-Vertrags ist vom Amt sicherzustellen.

(7) Angesichts der Notwendigkeit eines schärferen Vorgehens gegen Betrug, Korruption und sonstige rechtswidrige Handlungen zum Nachteil der finanziellen Interessen der Gemeinschaften muss das Amt ermächtigt werden, interne Untersuchungen in allen durch den EG- und den Euratom-Vertrag oder auf deren Grundlage geschaffenen Organen, Einrichtungen sowie Ämtern und Agenturen (im folgenden "Organe, Einrichtungen sowie Ämter und Agenturen" genannt) durchzuführen.

(8) Nach dem Beschluss 1999/352/EG, EGKS, Euratom übt das Amt die vom Gemeinschaftsgesetzgeber übertragenen Untersuchungsbefugnisse nach Maßgabe der von diesem festgelegten Grenzen und Bedingungen aus.

(9) Das Amt muss mit der Ausübung der Befugnisse beauftragt werden, die der Kommission durch die Verordnung (Euratom, EG) Nr. 2185/96 des Rates vom 11. November 1996 betreffend die Kontrollen und Überprüfungen vor Ort durch die Kommission zum Schutz der finanziellen Interessen der Europäischen Gemeinschaften vor Betrug und anderen Unregelmäßigkeiten[923] übertragen worden sind. Des Weiteren muss das Amt ermächtigt werden, auch die sonstigen Befugnisse auszuüben, die der Kommission im Hinblick auf die Kontrollen und Überprüfungen vor Ort in den Mitgliedstaaten übertragen wurden, um insbesondere gemäß Artikel 9 der Verordnung (EG, Euratom) Nr. 2988/95 des Rates vom

---

[923] ABl. L 292 vom 15.11.1996, S. 2.

18. Dezember 1995 über den Schutz der finanziellen Interessen der Europäischen Gemeinschaften[924] Unregelmäßigkeiten aufzudecken.

(10) Bei diesen Untersuchungen, die gemäß dem Vertrag und insbesondere dem Protokoll über die Vorrechte und Befreiungen der Europäischen Gemeinschaften und unter Wahrung des Statuts der Beamten der Europäischen Gemeinschaften und der Beschäftigungsbedingungen für die sonstigen Bediensteten der Europäischen Gemeinschaften (im folgenden "Statut" genannt) durchzuführen sind, müssen die Menschenrechte und die Grundfreiheiten in vollem Umfang gewahrt bleiben; dies gilt insbesondere für den Billigkeitsgrundsatz, das Recht der Beteiligten, zu den sie betreffenden Sachverhalten Stellung zu nehmen, und den Grundsatz, dass sich die Schlussfolgerungen aus einer Untersuchung nur auf beweiskräftige Tatsachen gründen dürfen. Zu diesem Zweck müssen die Organe, Einrichtungen sowie Ämter und Agenturen die Bedingungen und Modalitäten für die Durchführung der internen Untersuchungen festlegen. Die Rechte und Pflichten der Beamten und sonstigen Bediensteten im Zusammenhang mit internen Untersuchungen sind folglich im Statut festzuschreiben.

(11) Die internen Untersuchungen können nur durchgeführt werden, wenn dem Amt Zugang zu sämtlichen Räumlichkeiten, Informationen und Dokumenten der Organe, Einrichtungen sowie Ämter und Agenturen gewährt wird.

(12) Um die Unabhängigkeit des Amtes bei der Ausübung der ihm durch diese Verordnung übertragenen Aufgaben zu gewährleisten, muss seinem Direktor die Befugnis übertragen werden, Untersuchungen aus eigener Initiative einzuleiten.

(13) Es obliegt den zuständigen einzelstaatlichen Behörden sowie gegebenenfalls den Organen, Einrichtungen sowie Ämtern und Agenturen, auf der Grundlage des von dem Amt erstellten Berichts Folgemaßnahmen zu den abgeschlossenen Untersuchungen zu beschließen. Der Direktor des Amtes sollte verpflichtet werden, den Justizbehörden des betroffenen Mitgliedstaats unmittelbar alle Informationen zu übermitteln, die das Amt bei internen Untersuchungen über strafrechtlich relevante Sachverhalte zusammengetragen hat.

(14) Es sind die Bedingungen festzulegen, unter denen die Bediensteten des Amtes ihre Aufgaben wahrnehmen und der Direktor des Amtes die

[924] ABl. L 312 vom 23.12.1995, S. 1.

Verantwortung für die Durchführung der Untersuchungen durch diese Bediensteten übernimmt.

(15) Eine erfolgreiche Zusammenarbeit zwischen dem Amt, den Mitgliedstaaten und den betreffenden Organen, Einrichtungen sowie Ämtern und Agenturen setzt voraus, dass der Austausch von Informationen erleichtert wird; dabei ist die Vertraulichkeit der dem Berufsgeheimnis unterliegenden Informationen zu beachten und dafür zu sorgen, dass sie so geschützt werden, wie es bei Daten dieser Art auch sonst der Fall ist.

(16) Damit den Ergebnissen der von den Bediensteten des Amtes durchgeführten Untersuchungen Rechnung getragen wird und die erforderlichen Folgemaßnahmen ergriffen werden können, ist vorzusehen, dass die Untersuchungsberichte in den Verwaltungs- und Gerichtsverfahren der Mitgliedstaaten zulässige Beweismittel darstellen. Sie sind daher unter Berücksichtigung der für die Ausarbeitung der einzelstaatlichen Verwaltungsberichte geltenden Erfordernisse zu erstellen.

(17) Das Amt muss bei der Wahrnehmung seiner Aufgaben unabhängig sein. Zwecks Sicherstellung dieser Unabhängigkeit unterliegt das Amt der regelmäßigen Kontrolle der Untersuchungstätigkeit durch einen Überwachungsausschuss aus unabhängigen externen Persönlichkeiten, die in den Zuständigkeitsbereichen des Amtes über besondere Qualifikationen verfügen. Ferner unterstützt dieser Ausschuss den Direktor des Amtes bei der Wahrnehmung seiner Aufgaben.

(18) Die administrativen Untersuchungen sind unter der Leitung des Direktors des Amtes in völliger Unabhängigkeit von den Organen, Einrichtungen sowie Ämtern und Agenturen und vom Überwachungsausschuss durchzuführen.

(19) Es obliegt dem Direktor des Amtes, über den Schutz der personenbezogenen Daten und die Vertraulichkeit der im Laufe der Untersuchungen eingeholten Informationen zu wachen. Außerdem ist dafür Sorge zu tragen, dass die Beamten und die sonstigen Bediensteten der Gemeinschaften einen dem rechtlichen Schutz gemäß Artikel 90 und 91 des Statuts vergleichbaren Schutz genießen.

(20) Die Tätigkeiten des Amtes sollten nach drei Jahren einer Bewertung unterzogen werden.

(21) Diese Verordnung beschneidet in keiner Weise die Befugnisse und Zuständigkeiten der Mitgliedstaaten auf dem Gebiet der Bekämpfung von Betrug zum Nachteil der finanziellen Interessen der Gemeinschaften. Die Ermächtigung eines unabhängigen Amtes zur Durchführung externer administrativer Untersuchungen in diesem Bereich verstößt daher in keiner Weise gegen das Subsidiaritätsprinzip gemäß Artikel 5 des EG-Vertrags. Die Tätigkeit eines solchen Amtes wird zudem ein wirksameres Vorgehen gegen Betrug, Korruption und sonstige rechtswidrige Handlungen zum Nachteil der finanziellen Interessen der Gemeinschaften ermöglichen und ist somit auch mit dem Grundsatz der Verhältnismäßigkeit vereinbar -

HAT FOLGENDE VERORDNUNG ERLASSEN:

Artikel 1
Ziele und Aufgaben

(1) Zur intensiveren Bekämpfung von Betrug, Korruption und sonstigen rechtswidrigen Handlungen zum Nachteil der finanziellen Interessen der Europäischen Gemeinschaft nimmt das mit dem Beschluss 1999/352/EG, EGKS, Euratom der Kommission errichtete Europäische Amt für Betrugsbekämpfung (im Folgenden "Amt" genannt) die der Kommission durch die in diesen Bereichen geltenden gemeinschaftlichen Rechtsvorschriften und Übereinkommen übertragenen Untersuchungsbefugnisse wahr.

(2) Das Amt sichert seitens der Kommission die Unterstützung der Mitgliedstaaten bei der Organisation einer engen, regelmäßigen Zusammenarbeit zwischen ihren zuständigen Behörden, um ihre Tätigkeit zum Schutz der finanziellen Interessen der Europäischen Gemeinschaft vor Betrügereien zu koordinieren. Das Amt trägt zur Planung und Entwicklung der Methoden zur Bekämpfung von Betrug und sonstigen rechtswidrigen Handlungen zum Nachteil der finanziellen Interessen der Europäischen Gemeinschaft bei.

(3) Das Amt führt in den durch die Verträge oder auf deren Grundlage geschaffenen Organen, Einrichtungen sowie Ämtern und Agenturen (im Folgenden "Organe, Einrichtungen sowie Ämter und Agenturen" genannt) administrative Untersuchungen durch, die dazu dienen,

- Betrug, Korruption und sonstige rechtswidrige Handlungen zum Nachteil der finanziellen Interessen der Europäischen Gemeinschaft zu bekämpfen;

- zu diesem Zweck schwerwiegende Handlungen im Zusammenhang mit der Ausübung der beruflichen Tätigkeit aufzudecken, die eine Verletzung der Verpflichtungen der Beamten und Bediensteten der Gemeinschaften, die disziplinarisch und gegebenenfalls strafrechtlich geahndet werden kann, oder eine Verletzung der analogen Verpflichtungen der Mitglieder der Organe und Einrichtungen, der Leiter der Ämter und Agenturen und der Mitglieder des Personals der Organe, Einrichtungen sowie Ämter und Agenturen, die nicht dem Statut unterliegen, darstellen können.

Artikel 2
Administrative Untersuchungen

Im Sinne dieser Verordnung umfasst der Begriff "administrative Untersuchungen" (im Folgenden "Untersuchungen" genannt) sämtliche Kontrollen, Überprüfungen und sonstige Maßnahmen, die die Bediensteten des Amtes in Ausübung ihrer Befugnisse gemäß den Artikeln 3 und 4 durchführen, um die in Artikel 1 festgelegten Ziele zu erreichen und gegebenenfalls den Beweis für Unregelmäßigkeiten der von ihnen kontrollierten Handlungen zu erbringen. Diese Untersuchungen berühren nicht die Zuständigkeit der Mitgliedstaaten für die Strafverfolgung.

Artikel 3
Externe Untersuchungen

Das Amt übt die der Kommission durch die Verordnung (Euratom, EG) Nr. 2185/96 übertragenen Befugnisse zur Durchführung von Kontrollen und Überprüfungen vor Ort in den Mitgliedstaaten und gemäß den geltenden Kooperationsabkommen in den Drittstaaten aus. Im Rahmen seiner Untersuchungsbefugnisse führt das Amt Kontrollen und Überprüfungen gemäß Artikel 9 Absatz 1 der Verordnung (EG, Euratom) Nr. 2988/95 und gemäß den sektorbezogenen Regelungen nach Artikel 9 Absatz 2 der genannten Verordnung in den Mitgliedstaaten und gemäß den geltenden Kooperationsabkommen in den Drittstaaten durch.

Artikel 4
Interne Untersuchungen

(1) Das Amt führt in den in Artikel 1 genannten Bereichen administrative Untersuchungen innerhalb der Organe, Einrichtungen sowie Ämter und Agenturen durch (im Folgenden "interne Untersuchungen" genannt). Diese

internen Untersuchungen erfolgen unter Einhaltung der Vorschriften der Verträge, insbesondere des Protokolls über die Vorrechte und Befreiungen, sowie des Statuts unter den Bedingungen und nach den Modalitäten, die in dieser Verordnung und in den von den einzelnen Organen, Einrichtungen sowie Ämtern und Agenturen zu erlassenden einschlägigen Beschlüssen vorgesehen sind. Die Organe stimmen die mit diesen Beschlüssen einzuführende Regelung untereinander ab.

(2) Sofern die Bedingungen nach Absatz 1 eingehalten werden, gilt folgendes:

- Das Amt erhält ohne Voranmeldung und unverzüglich Zugang zu sämtlichen Informationen und Räumlichkeiten der Organe, Einrichtungen sowie Ämter und Agenturen. Das Amt darf die Rechnungsführung der Organe, Einrichtungen sowie Ämter und Agenturen kontrollieren. Das Amt kann Kopien aller Dokumente und des Inhalts aller Datenträger, die im Besitz der Organe, Einrichtungen sowie Ämter und Agenturen sind, anfertigen oder Auszüge davon erhalten und diese Dokumente und Informationen erforderlichenfalls sicherstellen, um ein mögliches Verschwinden zu verhindern.

- Das Amt kann die Mitglieder der Organe und Einrichtungen, die Leiter der Ämter und Agenturen sowie die Mitglieder des Personals der Organe, Einrichtungen sowie Ämter und Agenturen um mündliche Informationen ersuchen.

(3) Nach den in der Verordnung (Euratom, EG) Nr. 2185/96 festgelegten Bedingungen und Modalitäten kann das Amt Kontrollen vor Ort bei betroffenen Wirtschaftsteilnehmern vornehmen, um Zugang zu Informationen zu erhalten, die etwaige Unregelmäßigkeiten betreffen und über die diese Wirtschaftsteilnehmer eventuell verfügen. Ferner kann das Amt von jedem Betroffenen die Informationen anfordern, die es für seine Untersuchungen für sachdienlich hält.

(4) Die Organe, Einrichtungen sowie Ämter und Agenturen sind darüber in Kenntnis zu setzen, wenn die Bediensteten des Amtes eine Untersuchung in ihren Räumlichkeiten durchführen und wenn sie Dokumente einsehen oder Informationen anfordern, die sich im Besitz dieser Organe, Einrichtungen sowie Ämter und Agenturen befinden.
(5) Offenbaren die Untersuchungen die Möglichkeit einer persönlichen Verwicklung eines Mitglieds, Leiters, Beamten oder Bediensteten, so ist das Organ, die Einrichtung oder das Amt oder die Agentur, dem bzw. der er angehört, davon in Kenntnis zu setzen. In Fällen, in denen aus untersuchungstechnischen Gründen absolute Geheimhaltung gewahrt werden muss oder in denen der Rückgriff auf Untersuchungsmittel erforderlich ist, die in die

Zuständigkeit einer innerstaatlichen Justizbehörde fallen, kann diese Information zu einem späteren Zeitpunkt erteilt werden.

(6) Unbeschadet der Bestimmungen der Verträge, insbesondere des Protokolls über die Vorrechte und Befreiungen sowie der Bestimmungen des Statuts umfasst der in Absatz 1 vorgesehene, von den einzelnen Organen, Einrichtungen sowie Ämtern und Agenturen zu fassende Beschluss insbesondere Vorschriften über folgendes:

a) die Pflicht für die Mitglieder, Beamten und Bediensteten der Organe und Einrichtungen sowie für die Leiter, Beamten und Bediensteten der Ämter und Agenturen, mit den Bediensteten des Amtes zu kooperieren und ihnen Auskunft zu erteilen;

b) die Verfahren, an die sich die Bediensteten des Amtes bei der Durchführung der internen Untersuchungen zu halten haben, sowie die Wahrung der Rechte der von einer internen Untersuchung betroffenen Personen.

Artikel 5
Einleitung der Untersuchungen

Die Einleitung externer Untersuchungen wird vom Direktor des Amtes von sich aus oder auf Ersuchen eines betroffenen Mitgliedstaats beschlossen. Die Einleitung interner Untersuchungen wird vom Direktor des Amtes von sich aus oder auf Ersuchen des Organs, der Einrichtung oder des Amtes oder der Agentur, bei dem bzw. der die Untersuchung durchgeführt werden soll, beschlossen.

Artikel 6
Durchführung der Untersuchungen

(1) Der Direktor des Amtes leitet die Untersuchungen.

(2) Die Bediensteten des Amtes nehmen ihre Aufgaben unter Vorlage einer schriftlichen Ermächtigung wahr, die über ihre Person und ihre Dienststellung Auskunft gibt.
(3) Die Bediensteten des Amtes, die eine Untersuchung durchzuführen haben, müssen im Besitz eines vom Direktor ausgestellten schriftlichen Auftrags sein, aus dem der Gegenstand der Untersuchung hervorgeht.

(4) Die Bediensteten des Amtes verhalten sich während der Kontrollen und Überprüfungen vor Ort gemäß den für die Beamten des betreffenden

Mitgliedstaats geltenden Vorschriften und Gepflogenheiten, dem Statut sowie den in Artikel 4 Absatz 1 Unterabsatz 2 genannten Beschlüssen.

(5) Die Untersuchungen sind ohne Unterbrechung durchzuführen; ihre Dauer muss den Umständen und der Komplexität des betreffenden Falles angemessen sein.

(6) Die Mitgliedstaaten tragen dafür Sorge, dass ihre zuständigen Behörden gemäß den einzelstaatlichen Bestimmungen den Bediensteten des Amtes bei der Wahrnehmung ihrer Aufgaben die erforderliche Unterstützung zukommen lassen. Die Organe und Einrichtungen tragen dafür Sorge, dass ihre Mitglieder und ihr Personal den Bediensteten des Amtes bei der Wahrnehmung ihrer Aufgaben die erforderliche Unterstützung zukommen lassen; Gleiches gilt bezüglich der Leiter und des Personals der Ämter und Agenturen.

Artikel 7
Pflicht zur Unterrichtung des Amtes

(1) Die Organe, Einrichtungen sowie Ämter und Agenturen teilen dem Amt unverzüglich alle Informationen über etwaige Fälle von Betrug oder Korruption oder sonstige rechtswidrige Handlungen mit.

(2) Sowohl die Organe, Einrichtungen sowie Ämter und Agenturen als auch - soweit es die innerstaatlichen Rechtsvorschriften zulassen - die Mitgliedstaaten übermitteln auf Ersuchen des Amtes oder von sich aus alle in ihrem Besitz befindlichen Dokumente und Informationen über eine laufende interne Untersuchung. Die Mitgliedstaaten übermitteln die Dokumente und Informationen über externe Untersuchungen gemäß den diesbezüglichen Bestimmungen.

(3) Sowohl die Organe, Einrichtungen sowie Ämter und Agenturen als auch - soweit es die innerstaatlichen Rechtsvorschriften zulassen - die Mitgliedstaaten übermitteln dem Amt ferner alle sonstigen in ihrem Besitz befindlichen und als sachdienlich angesehenen Dokumente und Informationen über die Bekämpfung von Betrug, Korruption und sonstigen rechtswidrigen Handlungen zum Nachteil der finanziellen Interessen der Gemeinschaften.

Artikel 8
Vertraulichkeit und Datenschutz

(1) Informationen, die im Rahmen externer Untersuchungen eingeholt werden, sind, unabhängig davon, in welcher Form sie vorliegen, durch die Bestimmungen über diese Untersuchungen geschützt.

(2) Informationen, die im Rahmen interner Untersuchungen mitgeteilt oder eingeholt werden, fallen, unabhängig davon, in welcher Form sie vorliegen, unter das Berufsgeheimnis und genießen den Schutz, der durch die für die Organe der Europäischen Gemeinschaften geltenden einschlägigen Bestimmungen gewährleistet ist. Diese Informationen dürfen insbesondere nur Personen mitgeteilt werden, die in den Organen der Europäischen Gemeinschaften oder den Mitgliedstaaten aufgrund ihres Amtes davon Kenntnis erhalten dürfen; sie dürfen zu keinem anderen Zweck als der Bekämpfung von Betrug, Korruption und sonstigen rechtswidrigen Handlungen verwendet werden.

(3) Der Direktor trägt dafür Sorge, dass die Bediensteten des Amtes und die anderen unter seiner Verantwortung handelnden Personen die gemeinschaftlichen und die innerstaatlichen Rechtsvorschriften über den Schutz personenbezogener Daten einhalten; dies gilt insbesondere für die Richtlinie 95/46/EG des Europäischen Parlaments und des Rates vom 24. Oktober 1995 zum Schutz natürlicher Personen bei der Verarbeitung personenbezogener Daten und zum freien Datenverkehr[925].

(4) Der Direktor des Amtes und die Mitglieder des in Artikel 11 genannten Überwachungsausschusses sorgen für die Anwendung der Bestimmungen dieses Artikels sowie der Artikel 286 und 287 des EG-Vertrags.

Artikel 9
Untersuchungsberichte und Folgemaßnahmen

(1) Das Amt erstellt nach einer von ihm durchgeführten Untersuchung unter der Verantwortung des Direktors einen Bericht, aus dem insbesondere der festgestellte Sachverhalt, gegebenenfalls die ermittelte Schadenshöhe und die Ergebnisse der Untersuchung, einschließlich der Empfehlungen des Direktors des Amtes zu den zweckmäßigen Folgemaßnahmen, hervorgehen.

---

[925] ABl. L 281 vom 23.11.1995, S. 31.

(2) Bei der Erstellung dieser Berichte werden die im Recht des betreffenden Mitgliedstaats vorgesehenen Verfahrenserfordernisse berücksichtigt. Die so erstellten Berichte stellen in der gleichen Weise und unter denselben Bedingungen wie die Verwaltungsberichte der Kontrolleure der einzelstaatlichen Verwaltungen zulässige Beweismittel in den Verwaltungs- oder Gerichtsverfahren des Mitgliedstaats dar, in dem sich ihre Verwendung als erforderlich erweist. Sie werden nach denselben Maßstäben beurteilt wie die Verwaltungsberichte der einzelstaatlichen Kontrolleure und sind als diesen gleichwertig zu betrachten.

(3) Der nach Abschluss einer externen Untersuchung erstellte Bericht wird mit allen zweckdienlichen Schriftstücken gemäß der für die externen Untersuchungen geltenden Regelung den zuständigen Behörden der betreffenden Mitgliedstaaten übermittelt.

(4) Der nach Abschluss einer internen Untersuchung erstellte Bericht wird mit allen zweckdienlichen Schriftstücken dem betreffenden Organ, der betreffenden Einrichtung oder dem betreffenden Amt oder der betreffenden Agentur übermittelt. Die Organe, Einrichtungen sowie Ämter und Agenturen ergreifen die gemäß den Ergebnissen der internen Untersuchungen erforderlichen Folgemaßnahmen, insbesondere die disziplinarrechtlichen und justitiellen Maßnahmen, und unterrichten den Direktor des Amtes innerhalb der von ihm in den Schlussfolgerungen seines Berichts gesetzten Frist über die Folgemaßnahmen der Untersuchungen.

Artikel 10
Übermittlung von Informationen durch das Amt

(1) Unbeschadet der Artikel 8, 9 und 11 dieser Verordnung und der Bestimmungen der Verordnung (Euratom, EG) Nr. 2185/96 kann das Amt den zuständigen Behörden der betreffenden Mitgliedstaaten jederzeit Informationen übermitteln, die es im Laufe externer Untersuchungen erlangt hat.

(2) Unbeschadet der Artikel 8, 9 und 11 übermittelt der Direktor des Amtes den Justizbehörden des betreffenden Mitgliedstaats die bei internen Untersuchungen vom Amt eingeholten Informationen über gegebenenfalls strafrechtlich zu ahndende Handlungen. Vorbehaltlich der Untersuchungserfordernisse unterrichtet er gleichzeitig den betreffenden Mitgliedstaat.

(3) Unbeschadet der Artikel 8 und 9 kann das Amt dem betreffenden Organ, der betreffenden Einrichtung oder dem betreffenden Amt oder der betreffenden

Agentur jederzeit Informationen übermitteln, die es im Laufe interner Untersuchungen erlangt hat.

Artikel 11
Überwachungsausschuss

(1) Der Überwachungsausschuss stellt durch die regelmäßige Kontrolle, die er bezüglich der Ausübung der Untersuchungstätigkeit vornimmt, die Unabhängigkeit des Amtes sicher. Der Überwachungsausschuss gibt von sich aus oder auf Ersuchen des Direktors an diesen gerichtete Stellungnahmen zu den Tätigkeiten des Amtes ab, greift jedoch nicht in den Ablauf der Untersuchungen ein.

(2) Er setzt sich aus fünf externen unabhängigen Persönlichkeiten zusammen, die in ihren Ländern die Voraussetzungen erfüllen, um hochrangige Aufgaben im Zusammenhang mit dem Tätigkeitsbereich des Amtes wahrzunehmen. Sie werden vom Europäischen Parlament, dem Rat und der Kommission im gegenseitigen Einvernehmen ernannt.

(3) Die Amtszeit der Mitglieder beträgt drei Jahre. Eine einmalige Wiederernennung ist zulässig.

(4) Nach Ablauf ihrer Amtszeit bleiben die Mitglieder so lange im Amt, bis sie wiederernannt oder ersetzt worden sind.

(5) Bei der Erfüllung ihrer Pflichten fordern sie keine Anweisungen von einer Regierung, einem Organ, einer Einrichtung oder einem Amt oder einer Agentur an und nehmen auch keine Anweisungen von diesen entgegen.

(6) Der Überwachungsausschuss benennt einen Vorsitzenden. Er gibt sich eine Geschäftsordnung. Er hält mindestens zehn Sitzungen pro Jahr ab. Er trifft seine Beschlüsse mit der Mehrheit seiner Mitglieder. Sein Sekretariat wird vom Amt gestellt.

(7) Der Direktor übermittelt dem Überwachungsausschuss jedes Jahr das Programm der Tätigkeiten des Amtes gemäß Artikel 1. Der Direktor unterrichtet den Ausschuss regelmäßig über die Tätigkeiten des Amtes, seine Untersuchungen, deren Ergebnisse und Folgemaßnahmen. Läuft eine Untersuchung seit mehr als neun Monaten, so unterrichtet der Direktor den Überwachungsausschuss von den Gründen, die es noch nicht erlauben, die Untersuchung abzuschließen, sowie von der für ihren Abschluss voraussichtlich notwendigen Frist. Der Direktor unterrichtet den Ausschuss über die Fälle, in

denen das betreffende Organ, die betreffende Einrichtung oder das betreffende Amt oder die betreffende Agentur den von ihm abgegebenen Empfehlungen nicht Folge geleistet hat. Der Direktor unterrichtet den Ausschuss über die Fälle, die die Übermittlung von Informationen an die Justizbehörden eines Mitgliedstaats erfordern.

(8) Der Überwachungsausschuss nimmt mindestens einen Tätigkeitsbericht pro Jahr an und übermittelt ihn den Organen. Der Ausschuss kann dem Europäischen Parlament, dem Rat, der Kommission und dem Rechnungshof Berichte über die Ergebnisse und die Folgemaßnahmen der vom Amt durchgeführten Untersuchungen vorlegen.

Artikel 12
Direktor

(1) Das Amt wird von einem Direktor geleitet, den die Kommission für einen Zeitraum von fünf Jahren ernennt; eine einmalige Wiederernennung ist zulässig.

(2) Für die Ernennung des Direktors erstellt die Kommission aufgrund einer gegebenenfalls im *Amtsblatt der Europäischen Gemeinschaften* zu veröffentlichenden Aufforderung zur Bewerbung und nach befürwortender Stellungnahme des Überwachungsausschusses die Liste der Kandidaten, die die erforderlichen Qualifikationen besitzen. Nach Abstimmung mit dem Europäischen Parlament und dem Rat ernennt die Kommission den Direktor.

(3) Bei der Erfüllung seiner Pflichten im Zusammenhang mit der Einleitung und Durchführung externer und interner Untersuchungen sowie der Erstellung der Berichte im Anschluss an die Untersuchungen fordert der Direktor keine Anweisungen von einer Regierung, einem Organ, einer Einrichtung oder einem Amt oder einer Agentur an und nimmt auch keine Anweisungen von diesen getroffene Maßnahme seine Unabhängigkeit antastet, kann er beim Gerichtshof Klage gegen die Kommission einreichen. Der Direktor erstattet dem Europäischen Parlament, dem Rat, der Kommission und dem Rechnungshof regelmäßig Bericht über die Ergebnisse der vom Amt durchgeführten Untersuchungen; dabei wahrt er das Untersuchungsgeheimnis und die legitimen Rechte der Betroffenen und hält gegebenenfalls die einschlägigen einzelstaatlichen Bestimmungen für Gerichtsverfahren ein. Die genannten Organe wahren das Untersuchungsgeheimnis und die legitimen Rechte der Betroffenen und halten im Fall von Gerichtsverfahren die einschlägigen einzelstaatlichen Bestimmungen ein.

(4) Vor dem Ergreifen disziplinarischer Maßnahmen gegen den Direktor konsultiert die Kommission den Überwachungsausschuss. Außerdem müssen die gegen den Direktor gerichteten Disziplinarmaßnahmen Gegenstand begründeter Beschlüsse sein, die dem Europäischen Parlament und dem Rat zur Information übermittelt werden.

Artikel 13
Finanzierung

Die dem Amt zur Verfügung gestellten Mittel werden in eine besondere Haushaltslinie des Teils A des Teileinzelplans "Kommission" des Gesamthaushaltsplans der Union eingestellt und in einem Anhang zu diesem Teil aufgeschlüsselt. Die dem Amt zugewiesenen Planstellen werden in einem Anhang zum Stellenplan der Kommission aufgelistet.

Artikel 14
Kontrolle der Rechtmäßigkeit

In Erwartung der Änderung des Statuts kann jeder Beamte und jeder sonstige Bedienstete der Europäischen Gemeinschaften beim Direktor des Amtes nach den in Artikel 90 Absatz 2 des Statuts vorgesehenen Modalitäten Beschwerde gegen eine ihn beschwerende Maßnahme einlegen, die das Amt im Rahmen einer internen Untersuchung ergriffen hat. Artikel 91 des Statuts findet auf die im Zusammenhang mit der Beschwerde ergehenden Entscheidungen Anwendung.
Diese Bestimmungen gelten analog für das Personal von Organen, Einrichtungen sowie Ämtern und Agenturen, das nicht dem Statut unterliegt.

Anlage 3: Vereinbarung

INTERINSTITUTIONELLE VEREINBARUNG
vom 25. Mai 1999
zwischen dem Europäischen Parlament, dem Rat der Europäischen Union und der Kommission der Europäischen Gemeinschaften über die internen Untersuchungen des Europäischen Amtes für Betrugsbekämpfung (OLAF)

DAS EUROPÄISCHE PARLAMENT, DER RAT DER EUROPÄISCHEN UNION UND DIE KOMMISSION DER EUROPÄISCHEN GEMEINSCHAFTEN –

Unter Bezugnahme auf die Entschließung des Europäischen Parlaments vom 7. Oktober 1998 zur Unabhängigkeit, zur Rolle und zum Status der Dienststelle für die Koordinierung der Betrugsbekämpfung (UCLAF)[926].

Unter Bezugnahme auf die Schlussfolgerungen, die der Rat am 15. März 1999 nach eingehender Aussprache mit den Vertretern des Europäischen Parlaments und der Kommission angenommen hat. In Kenntnis des Beschlusses 1999/352/EG, EGKS, Euratom, der Kommission vom 28. April 1999 zur Errichtung des Europäischen Amtes für Betrugsbekämpfung (OLAF)[927].

(1) In der Erwägung, dass die Verordnung (EG) Nr. 1073/1999 des Europäischen Parlaments und des Rates[928] und die Verordnung (Euratom) Nr. 1074/1999 des Rates[929], die die Untersuchungen des Europäischen Amtes für Betrugsbekämpfung betreffen, vorsehen, dass das Amt Verwaltungsuntersuchungen in den durch den EG- und den EAG-Vertrag oder auf deren Grundlage geschaffenen Organen, Einrichtungen sowie Ämtern und Agenturen eröffnet und durchführt.

(2) In der Erwägung, dass sich die Zuständigkeit des Europäischen Amtes für Betrugsbekämpfung, wie von der Kommission errichtet, über den Schutz der finanziellen Interessen hinaus auf alle Tätigkeiten im Zusammenhang mit der Wahrung der gemeinschaftlichen Interessen gegenüber rechtswidrigen Handlungen, die verwaltungs- oder strafrechtlich geahndet werden könnten, erstreckt.

---

926 ABl. C 328 vom 26.10.1998, S. 95.
927 Siehe Seite 20 dieses Amtsblatts.
928 Siehe Seite 1 dieses Amtsblatts.
929 Siehe Seite 8 dieses Amtsblatts.

(3) In der Erwägung, dass die Tragweite und die Effizienz der Betrugsbekämpfung durch Ausnutzung des im Bereich der Verwaltungsuntersuchungen bestehenden Fachwissens verstärkt werden müssen.

(4) In der Erwägung, dass folglich alle Organe, Einrichtungen sowie Ämter und Agenturen dem Amt aufgrund ihrer Verwaltungsautonomie die Aufgabe übertragen sollten, bei ihnen interne Verwaltungsuntersuchungen zur Ermittlung schwerwiegender Vorkommnisse im Zusammenhang mit der Ausübung beruflicher Tätigkeiten durchzuführen, die eine Verletzung der Verpflichtungen der Beamten und Bediensteten der Gemeinschaften gemäß Artikel 11, Artikel 12 Absätze 2 und 3, den Artikeln 13, 14, 16 und 17 Absatz 1 des Statuts der Beamten der Europäischen Gemeinschaften und der Beschäftigungsbedingungen für die sonstigen Bediensteten der Europäischen Gemeinschaften (im folgenden "Statut"), die den Interessen dieser Gemeinschaften schadet und disziplinarrechtlich und gegebenenfalls strafrechtlich geahndet werden kann, oder ein schwerwiegendes persönliches Verschulden gemäß Artikel 22 des Statuts oder eine Verletzung der vergleichbaren Verpflichtungen der Mitglieder, Leiter oder Mitglieder des Personals der Organe, Einrichtungen sowie Ämter und Agenturen der Gemeinschaften, die nicht dem Statut unterliegen, darstellen können.

(5) In der Erwägung, dass diese Untersuchungen unter Beachtung der einschlägigen Bestimmungen der Verträge zur Gründung der Europäischen Gemeinschaften, insbesondere des Protokolls über die Vorrechte und Befreiungen der Europäischen Gemeinschaften, der für ihre Anwendung erlassenen Rechtsvorschriften sowie des Statuts erfolgen müssen.

(6) In der Erwägung, dass diese Untersuchungen unter den gleichen Bedingungen bei allen Organen, Einrichtungen sowie Ämtern und Agenturen der Gemeinschaft durchzuführen sind, ohne dass die Tatsache, dass diese Aufgabe dem Amt zugewiesen wird, die Verantwortung der Organe, Einrichtungen oder Ämter oder Agenturen berührt und den rechtlichen Schutz der betreffenden Personen in irgendeiner Weise beeinträchtigt.

(7) In der Erwägung, dass bis zur Änderung des Statuts die praktischen Modalitäten festzulegen sind, nach denen die Mitglieder der Organe und Einrichtungen, die Leiter der Ämter und Agenturen sowie die entsprechenden Beamten und Bediensteten zum ordnungsgemäßen Ablauf der internen Untersuchungen beitragen. Nach einer Konzertierung im Hinblick auf die Einführung einer entsprechenden gemeinschaftlichen Regelung. Unter Aufforderung der übrigen Organe, Einrichtungen sowie Ämter und Agenturen, dieser Vereinbarung beizutreten –

KOMMEN WIE FOLGT ÜBEREIN:

1. Es wird eine gemeinsame Regelung angenommen, die die erforderlichen Durchführungsbestimmungen zur Erleichterung eines reibungslosen Ablaufs der internen Untersuchungen des Amtes bei ihnen enthält. Diese Untersuchungen dienen folgenden Zwecken:

- Bekämpfung von Betrug, Korruption und jeder sonstigen rechtswidrigen Handlung, die den finanziellen Interessen der Europäischen Gemeinschaften schadet,

- Ermittlung schwerwiegender Vorkommnisse im Zusammenhang mit der Ausübung beruflicher Tätigkeiten, die eine disziplinarrechtlich und gegebenenfalls strafrechtlich zu ahndende Verletzung der Verpflichtungen der Beamten und Bediensteten der Gemeinschaften oder eine Verletzung der vergleichbaren Verpflichtungen der Mitglieder, Leiter oder Mitglieder des Personals, die nicht dem Statut unterliegen, darstellen können. Diese Untersuchungen werden unter Beachtung der einschlägigen Bestimmungen der Verträge zur Gründung der Europäischen Gemeinschaften, insbesondere des Protokolls über die Vorrechte und Befreiungen der Europäischen Gemeinschaften, der für ihre Anwendung erlassenen Rechtsvorschriften sowie des Statuts durchgeführt. Sie werden ebenfalls gemäß den in den Verordnungen der Europäischen Gemeinschaft und der Europäischen Atomgemeinschaft vorgesehenen Bedingungen und Modalitäten durchgeführt.

2. Die Regelung gemäß Nummer 1 wird durch einen internen Beschluss gemäß dem dieser Vereinbarung beigefügten Standardbeschluss festgelegt und unmittelbar zur Anwendung gebracht. Sie gehen nur dann von diesem Standardbeschluss ab, wenn dies aufgrund besonderer ihnen eigener Erfordernisse in technischer Hinsicht geboten erscheint.

3. Es wird die Notwendigkeit anerkannt, dem Amt jedes Ersuchen um Aufhebung der rechtlichen Immunität von Beamten oder sonstigen Bediensteten infolge möglicher Fälle von Betrug oder Korruption oder jeder anderen rechtswidrigen Handlung zur Stellungnahme zu übermitteln. Betrifft ein Ersuchen um Aufhebung der Immunität eines ihrer Mitglieder, so wird das Amt hiervon unterrichtet.

4. Sie teilen dem Amt mit, welche Vorschriften sie zur Durchführung dieser Vereinbarung erlassen haben. Diese Vereinbarung kann nur mit ausdrücklicher Zustimmung der Organe, die sie unterzeichnet haben, geändert werden. Die übrigen Organe, Einrichtungen sowie Ämter und Agenturen, die durch den EG-

und den Euratom-Vertrag oder auf deren Grundlage geschaffen wurden, werden aufgefordert, jeweils anhand einer an die Präsidenten der unterzeichnenden Organe gemeinsam gerichteten Erklärung dieser Vereinbarung beizutreten.

Diese Vereinbarung tritt am 1. Juni 1999 in Kraft.

Geschehen zu Brüssel am 25. Mai 1999.

Im Namen des Europäischen Parlaments	*Im Namen des Rates der Europäisches Union*	*Für die Kommission Europäischen Gemeinschaften*
Der Präsident J. M. GIL-ROBLES	*Der Präsident* H. EICHEL	*Der Präsident* J. SANTER

ANHANG

"STANDARDBESCHLUSS"

BESCHLUSS DER/DES [ORGAN/EINRICHTUNG/AMT ODER AGENTUR]
vom
über die Bedingungen und Modalitäten der internen Untersuchungen zur Bekämpfung von Betrug, Korruption und sonstigen rechtswidrigen Handlungen zum Nachteil der Interessen der Gemeinschaften

ORGAN, EINRICHTUNG, AMT oder AGENTUR –

gestützt auf [Rechtsgrundlage]

in der Erwägung nachstehender Gründe:

(1) Die Verordnung (EG) Nr. 1073/1999 des Europäischen Parlaments und des Rates[930] und die Verordnung (Euratom) Nr. 1074/1999 des Rates[931], die die Untersuchungen des Europäischen Amtes für Betrugsbekämpfung betreffen, sehen vor, dass das Amt Verwaltungsuntersuchungen in den durch den EG- und den Euratom-Vertrag oder auf deren Grundlage geschaffenen Organen, Einrichtungen sowie Ämtern und Agenturen eröffnet und durchführt.

(2) Die Zuständigkeit des Europäischen Amtes für Betrugsbekämpfung, wie von der Kommission errichtet, erstreckt sich über den Schutz der finanziellen Interessen hinaus auf alle Tätigkeiten im Zusammenhang mit der Wahrung der gemeinschaftlichen Interessen gegenüber rechtswidrigen Handlungen, die verwaltungs- oder strafrechtlich geahndet werden könnten.

(3) Die Tragweite und die Effizienz der Betrugsbekämpfung müssen durch Ausnutzung des im Bereich der Verwaltungsuntersuchungen bestehenden Fachwissens verstärkt werden.

(4) Folglich sollten alle Organe, Einrichtungen sowie Ämter und Agenturen dem Amt aufgrund ihrer Verwaltungsautonomie die Aufgabe übertragen, bei ihnen interne Verwaltungsuntersuchungen zur Ermittlung schwer-

---

930 ABl. L 136 vom 31.5.1999, S. 1.
931 ABl. L 136 vom 31.5.1999, S. 8.

wiegender Vorkommnisse im Zusammenhang mit der Ausübung beruflicher Tätigkeiten durchzuführen, die eine Verletzung der Verpflichtungen der Beamten und Bediensteten der Gemeinschaften gemäß Artikel 11, Artikel 12 Absätze 2 und 3, den Artikeln 13, 14, 16 und 17 Absatz 1 des Statuts der Beamten der Europäischen Gemeinschaften und der Beschäftigungsbedingungen für die sonstigen Bediensteten der Europäischen Gemeinschaften (im folgenden "Statut"), die den Interessen dieser Gemeinschaften schadet und disziplinarrechtlich und gegebenenfalls strafrechtlich geahndet werden kann, oder ein schwerwiegendes persönliches Verschulden gemäß Artikel 22 des Statuts, oder eine Verletzung der vergleichbaren Verpflichtungen der Mitglieder, Leiter oder Mitglieder des Personals der Organe, Einrichtungen sowie Ämter und Agenturen der Gemeinschaften, die nicht dem Statut unterliegen, darstellen können.

(5) Diese Untersuchungen müssen unter Beachtung der einschlägigen Bestimmungen der Verträge zur Gründung der Europäischen Gemeinschaften, insbesondere des Protokolls über die Vorrechte und Befreiungen der Europäischen Gemeinschaften, der für ihre Anwendung erlassenen Rechtsvorschriften sowie des Statuts erfolgen.

(6) Diese Untersuchungen sind unter den gleichen Bedingungen bei allen Organen, Einrichtungen sowie Ämtern und Agenturen der Gemeinschaft durchzuführen, ohne dass die Tatsache, dass diese Aufgabe dem Amt zugewiesen wird, die Verantwortung der Organe, Einrichtungen oder Ämter oder Agenturen berührt und den rechtlichen Schutz der betreffenden Personen in irgendeiner Weise beeinträchtigt.

(7) Bis zur Änderung des Statuts sind die praktischen Modalitäten festzulegen, nach denen die Mitglieder der Organe und Einrichtungen, die Leiter der Ämter und Agenturen sowie die entsprechenden Beamten und Bediensteten zum ordnungsgemäßen Ablauf der internen Untersuchungen beitragen –

BESCHLIESST:

Artikel 1
Pflicht zur Zusammenarbeit mit dem Amt

Der Generalsekretär, die Dienststellen sowie alle Leiter, Beamten oder Bediensteten des/der [Organ, Einrichtung, Amt oder Agentur] sind gehalten, umfassend mit den Bediensteten des Amtes zusammenzuarbeiten und jede für die Untersuchung erforderliche Unterstützung zu gewähren. Dazu liefern sie den Bediensteten des Amtes alle zweckdienlichen Hinweise und Erklärungen. Unbeschadet der einschlägigen Bestimmungen der Verträge zur Gründung der Europäischen Gemeinschaften, insbesondere des Protokolls über die Vorrechte und Befreiungen, sowie der für ihre Anwendung erlassenen Rechtsvorschriften arbeiten die Mitglieder umfassend mit dem Amt zusammen.

Artikel 2
Mitteilungspflicht

Jeder Beamte oder Bedienstete des/der [Organ, Einrichtung, Amt oder Agentur], der Kenntnis von Tatsachen erhält, die mögliche Fälle von Betrug, Korruption oder sonstige rechtswidrige Handlungen zum Nachteil der Interessen der Gemeinschaften oder schwerwiegende Vorkommnisse im Zusammenhang mit der Ausübung beruflicher Tätigkeiten vermuten lassen, die eine disziplinarrechtlich und gegebenenfalls strafrechtlich zu ahndende Verletzung der Verpflichtungen der Beamten und Bediensteten der Gemeinschaften oder eine Verletzung der vergleichbaren Verpflichtungen der Mitglieder, Leiter oder Mitglieder des Personals, die nicht dem Statut unterliegen, darstellen können, unterrichtet unverzüglich seinen Dienststellenleiter oder seinen Generaldirektor oder, falls er dies für zweckdienlich hält, seinen Generalsekretär oder direkt das Amt. Der Generalsekretär, die Generaldirektoren und Dienststellenleiter oder die Leiter des/der [Organ, Einrichtung, Amt oder Agentur] übermitteln dem Amt unverzüglich jeden ihnen zur Kenntnis gebrachten faktischen Hinweis, der Unregelmäßigkeiten gemäß Absatz 1 vermuten lässt.
Eine Mitteilung gemäß den Absätzen 1 und 2 darf auf keinen Fall dazu führen, dass der Leiter, Beamte oder Bedienstete des/der [Organ, Einrichtung, Amt oder Agentur] ungerecht behandelt oder diskriminiert wird. Die Mitglieder, die Kenntnis von Tatsachen oder Vorkommnissen gemäß Absatz 1 erhalten, unterrichten den Präsidenten des Organs [oder der Einrichtung] oder, falls sie dies für zweckdienlich halten, direkt das Amt hiervon.

Artikel 3
Unterstützung durch das Sicherheitsbüro

Auf Antrag des Direktors des Amtes unterstützt das Sicherheitsbüro des/der [Organ, Einrichtung, Amt oder Agentur] die Bediensteten des Amtes bei der Durchführung der Untersuchungen.

Artikel 4
Unterrichtung des Betroffenen

In den Fällen, in denen die Möglichkeit einer persönlichen Implikation eines Mitglieds, eines Beamten oder Bediensteten besteht, ist der Betroffene rasch zu unterrichten, sofern dies nicht die Untersuchung beeinträchtigt. Auf keinen Fall dürfen ein Mitglied, einen Beamten oder Bediensteten des/der [Organ, Einrichtung, Amt oder Agentur] mit Namen nennende Schlussfolgerungen am Ende der Untersuchung gezogen werden, ohne dass ihm Gelegenheit gegeben wurde, sich zu den ihn betreffenden Tatsachen zu äußern. In den Fällen, in denen aus ermittlungstechnischen Gründen absolute Geheimhaltung gewahrt werden muss und die die Hinzuziehung einer innerstaatlichen Justizbehörde erfordern, kann dem betreffenden Mitglied, Leiter, Beamten oder Bediensteten des/der [Organ, Einrichtung, Amt oder Agentur] mit Zustimmung des Präsidenten bzw. des Generalsekretärs zu einem späteren Zeitpunkt Gelegenheit zur Stellungnahme gegeben werden.

Artikel 5
Information über die Einstellung der Untersuchung

Kann am Ende einer internen Untersuchung keiner der Vorwürfe gegen das beschuldigte Mitglied, den beschuldigten Leiter, Beamten oder Bediensteten des/der [Organ, Einrichtung, Amt oder Agentur] aufrechterhalten werden, so wird die ihn betreffende interne Untersuchung auf Beschluss des Direktors des Amtes eingestellt, der ihn schriftlich davon unterrichtet.

Artikel 6
Aufhebung der Immunität

Ersuchen innerstaatlicher Polizei- oder Justizbehörden um Aufhebung der gerichtlichen Immunität eines Leiters, Beamten oder Bediensteten des/der [Organ, Einrichtung, Amt oder Agentur] im Zusammenhang mit möglichen Fällen von Betrug, Korruption oder anderen rechtswidrigen Handlungen werden dem Direktor des Amtes zur Stellungnahme vorgelegt. Ersuchen um Aufhebung der Immunität eines Mitglieds des Organs [oder der Einrichtung] werden dem Amt mitgeteilt.

Artikel 7
Wirksamwerden

Dieser Beschluss wird am 1. Juni 1999 wirksam.

Geschehen zu

Für [Organ, Einrichtung, Amt oder Agentur]

Anlage 4: Durchführungsbeschluss

BESCHLUSS DES EUROPÄISCHEN PARLAMENTS
vom 18.11.1999
über die Bedingungen und Modalitäten der internen Untersuchungen zur Bekämpfung von Betrug, Korruption und sonstigen rechtswidrigen Handlungen zum Nachteil der Interessen der Gemeinschaften

DAS EUROPÄISCHE PARLAMENT -

gestützt auf den Vertrag zur Gründung der Europäischen Gemeinschaft, insbesondere Artikel 199,
gestützt auf den Vertrag zur Gründung der Europäischen Gemeinschaft für Kohle und Stahl,
insbesondere Artikel 25,
gestützt auf den Vertrag zur Gründung der Europäischen Atomgemeinschaft, insbesondere Artikel 112,
gestützt auf seine Geschäftsordnung, insbesondere Artikel 186 Buchstabe c,

in Erwägung nachstehender Gründe:

Die Verordnung (EG) Nr. 1073/1999 des Europäischen Parlaments und des Rates[1] und die Verordnung (Euratom) Nr. 1074/1999 des Rates[2], die die Untersuchungen des Europäischen Amtes für Betrugsbekämpfung betreffen, sehen vor, dass das Amt Verwaltungsuntersuchungen in den durch den Vertrag zur Gründung der Europäischen Gemeinschaft und den Vertrag zur Gründung der Europäischen Atomgemeinschaft oder auf deren Grundlage geschaffenen Organen, Einrichtungen sowie Ämtern und Agenturen eröffnet und durchführt.

Die Zuständigkeit des Europäischen Amtes für Betrugsbekämpfung, wie von der Kommission errichtet, erstreckt sich über den Schutz der finanziellen Interessen hinaus auf alle Tätigkeiten im Zusammenhang mit der Wahrung der gemeinschaftlichen Interessen gegenüber rechtswidrigen Handlungen, die verwaltungs- oder strafrechtlich geahndet werden könnten.

---

[1] ABl. L 136 vom 31.5.1999, S. 1.
[2] ABl. L 136 vom 31.5.1999, S. 8.

Die Tragweite und die Effizienz der Betrugsbekämpfung müssen durch Ausnutzung des im Bereich der Verwaltungsuntersuchungen bestehenden Fachwissens verstärkt werden.

Folglich sollten alle Organe, Einrichtungen sowie Ämter und Agenturen dem Amt aufgrund ihrer Verwaltungsautonomie die Aufgabe übertragen, bei ihnen interne Verwaltungsuntersuchungen zur Ermittlung schwerwiegender Vorkommnisse im Zusammenhang mit der Ausübung beruflicher Tätigkeiten durchzuführen, die eine Verletzung der Verpflichtungen der Beamten und Bediensteten der Gemeinschaften gemäß Artikel 11, Artikel 12 Absätze 2 und 3, den Artikeln 13, 14, 16 und 17 Absatz 1 des Statuts der Beamten der Europäischen Gemeinschaften und der Beschäftigungsbedingungen für die sonstigen Bediensteten der Europäischen Gemeinschaften (im Folgenden „Statut"), die den Interessen dieser Gemeinschaften schadet und disziplinarrechtlich und gegebenenfalls strafrechtlich geahndet werden kann, oder ein schwerwiegendes persönliches Verschulden gemäß Artikel 22 des Statuts, oder eine Verletzung der vergleichbaren Verpflichtungen der Abgeordneten oder des Personals des Europäischen Parlaments, das nicht dem Statut unterliegt, darstellen können.

Diese Untersuchungen müssen unter Beachtung der einschlägigen Bestimmungen der Verträge zur Gründung der Europäischen Gemeinschaften, insbesondere des Protokolls über die Vorrechte und Befreiungen der Europäischen Gemeinschaften, der für ihre Anwendung erlassenen Rechtsvorschriften sowie des Statuts erfolgen.

Diese Untersuchungen sind unter den gleichen Bedingungen bei allen Organen, Einrichtungen sowie Ämtern und Agenturen der Gemeinschaft durchzuführen, ohne dass die Tatsache, dass diese Aufgabe dem Amt zugewiesen wird, die Verantwortung der Organe, Einrichtungen oder Ämter oder Agenturen berührt und den rechtlichen Schutz der betreffenden Personen in irgendeiner Weise beeinträchtigt.

Bis zur Änderung des Statuts sind die praktischen Modalitäten festzulegen, nach denen die Mitglieder der Organe und Einrichtungen, die Leiter der Ämter und Agenturen sowie die entsprechenden Beamten und Bediensteten zum ordnungsgemäßen Ablauf der internen Untersuchungen beitragen -

BESCHLIESST:

Artikel 1
Pflicht zur Zusammenarbeit mit dem Amt

Der Generalsekretär, die Dienststellen sowie alle Beamten oder Bediensteten des Europäischen Parlaments sind gehalten, umfassend mit den Bediensteten des Amtes zusammenzuarbeiten und jede für die Untersuchung erforderliche Unterstützung zu gewähren. Dazu liefern sie den Bediensteten des Amtes alle zweckdienlichen Hinweise und Erklärungen.

Unbeschadet der einschlägigen Bestimmungen der Verträge zur Gründung der Europäischen Gemeinschaften, insbesondere des Protokolls über die Vorrechte und Befreiungen sowie der für ihre Anwendung erlassenen Rechtsvorschriften arbeiten die Abgeordneten umfassend mit dem Amt zusammen.

Artikel 2
Mitteilungspflicht

Jeder Beamte oder Bedienstete des Europäischen Parlaments, der Kenntnis von Tatsachen erhält, die mögliche Fälle von Betrug, Korruption oder sonstige rechtswidrige Handlungen zum Nachteil der Interessen der Gemeinschaften oder schwerwiegende Vorkommnisse im Zusammenhang mit der Ausübung beruflicher Tätigkeiten vermuten lassen, die eine disziplinarrechtlich und gegebenenfalls strafrechtlich zu ahndende Verletzung der Verpflichtungen der Beamten und Bediensteten der Gemeinschaften oder des nicht dem Statut unterliegenden Personals darstellen können, unterrichtet unverzüglich seinen Dienststellenleiter oder seinen Generaldirektor oder, falls er dies für zweckdienlich hält, seinen Generalsekretär oder direkt das Amt, falls es sich um einen Beamten, einen Bediensteten oder ein nicht dem Statut unterliegendes Mitglied des Personals handelt, bzw., falls es sich um eine Verletzung der entsprechenden Verpflichtungen der Abgeordneten handelt, den Präsidenten des Europäischen Parlaments.

Der Präsident, der Generalsekretär, die Generaldirektoren und Dienststellenleiter des Europäischen Parlaments übermitteln dem Amt unverzüglich jeden ihnen zur Kenntnis gebrachten faktischen Hinweis, der Unregelmäßigkeiten gemäß Unterabsatz 1 vermuten lässt.

Eine Mitteilung gemäß den Unterabsätzen 1 und 2 darf auf keinen Fall dazu führen, dass der Beamte oder Bedienstete des Europäischen Parlaments ungerecht behandelt oder diskriminiert wird.

Die Abgeordneten, die Kenntnis von Tatsachen oder Vorkommnissen gemäß Unterabsatz 1 erhalten, unterrichten den Präsidenten des Europäischen Parlaments oder, falls sie dies für zweckdienlich halten, direkt das Amt hiervon.

Dieser Artikel gilt unbeschadet der Bestimmungen über die Vertraulichkeit, die in Gesetzesvorschriften oder in der Geschäftsordnung des Europäischen Parlaments festgelegt sind.

Artikel 3
Unterstützung durch das Sicherheitsbüro

Auf Antrag des Direktors des Amtes unterstützt das Sicherheitsbüro des Europäischen Parlaments die Bediensteten des Amtes bei der Durchführung der Untersuchungen.

Artikel 4
Immunität und Zeugnisverweigerungsrecht

Die Regeln über die parlamentarische Immunität und das Zeugnisverweigerungsrecht des Abgeordneten bleiben davon unberührt.

Artikel 5
Unterrichtung des Betroffenen

In den Fällen, in denen die Möglichkeit einer persönlichen Implikation eines Abgeordneten, eines Beamten oder Bediensteten besteht, ist der Betroffene rasch zu unterrichten, sofern dies nicht die Untersuchung beeinträchtigt. Auf keinen Fall dürfen einen Abgeordneten, einen Beamten oder einen Bediensteten des Europäischen Parlaments mit Namen nennende Schlussfolgerungen am Ende der Untersuchung gezogen werden, ohne dass ihm Gelegenheit gegeben wurde, sich zu den ihn betreffenden Tatsachen zu äußern.

In den Fällen, in denen aus ermittlungstechnischen Gründen absolute Geheimhaltung gewahrt werden muss und die die Hinzuziehung einer innerstaatlichen Justizbehörde erfordern, kann dem betreffenden Abgeordneten, Beamten oder Bediensteten des Europäischen Parlaments mit Zustimmung des Präsidenten, im Falle eines Abgeordneten, bzw. des Generalsekretärs, im Falle eines Bediensteten, zu einem späteren Zeitpunkt Gelegenheit zur Stellungnahme gegeben werden.

Artikel 6
Information über die Einstellung der Untersuchung

Kann am Ende einer internen Untersuchung keiner der Vorwürfe gegen den beschuldigten Abgeordneten, Beamten oder Bediensteten des Europäischen Parlaments aufrechterhalten werden, so wird die ihn betreffende interne Untersuchung auf Beschluss des Direktors des Amtes eingestellt, der ihn schriftlich davon unterrichtet.

Artikel 7
Aufhebung der Immunität

Ersuchen innerstaatlicher Polizei- oder Justizbehörden um Aufhebung der gerichtlichen Immunität eines Beamten oder Bediensteten des Europäischen Parlaments im Zusammenhang mit möglichen Fällen von Betrug, Korruption oder anderen rechtswidrigen Handlungen werden dem Direktor des Amtes zur Stellungnahme vorgelegt. Ersuchen um Aufhebung der Immunität eines Abgeordneten des Europäischen Parlaments werden dem Amt mitgeteilt.

Artikel 8
Wirksamwerden

Dieser Beschluss wird am Tag seiner Annahme durch das Europäische Parlament wirksam.

Literaturverzeichnis

Achterberg, Norbert	Parlamentsrecht, Tübingen 1984
Ahrens, Wolf-Eberhard	Immunität von Abgeordneten, Diss., Bad Homburg 1970
Altmeier, Peter Friedmann, Bernhard Piepenschneider, Melanie Schüler, Jürgen Theato, Dietmut R.	Finanzkontrolle und Betrugsbekämpfung in der Europäischen Union, Interne Studien Nr. 127/1996, Sankt Augustin 1996, Konrad-Adenauer-Stiftung (zit.: Bearbeiter, in: Altmaier/Friedmann/ Schüler/Theato, S.)
Andriof, Udo	Rechtfertigung und praktische Bedeutung der Immunität der Abgeordneten, Diss., Freiburg 1969
Auby, Jean-Marie Auby, Jean-Baptiste	Code de Droit Public, Paris 1985
Bachof, Otto	Anmerkung zum Urteil des Bundesverwaltungsgerichts vom 18.08.1960, in: DVBl. 1961, S. 128 ff
ders.	Reflexwirkungen und subjektive Rechte im öffentlichen Recht, in: Forschungen und Berichte aus dem öffentlichen Recht, Gedächtnisschrift für Jellinek, Walter, München 1955, S. 287 ff (zit.: Bachof, in: FS-Jellinek, S.)
Bangemann, Martin Bieber, Roland	Die Direktwahl - Sackgasse für Europa? 2. Auflage, Baden-Baden 1979
dies. Klepsch, Egon A. Weber, Beate	Die Abgeordneten Europas, Baden-Baden 1984

Barbera, Augusto — I parlamenti, Un`analisi comparativa, Rom 1999

Barton, Stephan — Der Tatbestand der Abgeordnetenbestechung (§ 108 e StGB), in: NJW 1994, S. 1098 ff

Bartmann, Gerhard — Die Justiziabilität von Immunitätsentscheidungen des Deutschen Bundestages, Diss., Köln 1976

Beckedorf, Ingo — Das Untersuchungsrecht des Europäischen Parlaments, in: EuR 1997, S. 237 ff

Beckedorf, Ingo — Das Untersuchungsrecht des Europäischen Parlaments, Diss., Hannover, Berlin 1995

Beulke, Werner — Strafprozeßrecht, 4. Auflage, Heidelberg 2000

Beutler, Bengt; Bieber, Roland; Pipkorn, Jörn; Streil, Jochen — Die Europäische Union, 4. Auflage, Baden-Baden 1993

dies. — Die Europäische Gemeinschaft, 3. Auflage, Baden-Baden 1987

Beyer, Wilhelm R. — Immunität als Privileg - eine verfassungsrechtliche Studie gegen die Abgeordneten - Immunität, Diss., Berlin 1966

Bieber, Roland — Organe der erweiterten Europäischen Gemeinschaften: das Parlament, Baden-Baden 1974

Bieber, Roland — Der Abgeordnetenstatus im Europäischen Parlament, in: EuR 1981, S. 124 ff

Bleckmann, Albert	Europarecht: das Recht der Europäischen Gemeinschaft, 6. Auflage, Köln u.a. 1997
Bleckmann, Albert Hölscheidt, Sven	Gedanken zur Finanzierung der EG, in: DÖV 1990, S. 853 ff
Blondel, Jean Sinnott, Richard Svensson, Palle	People and Parliament in the European Union, Oxford 1998
Bockelmann, Paul	Die Unverfolgbarkeit der Abgeordneten nach deutschem Immunitätsrecht, Göttingen 1951
Böckenförde, Ernst-Wolfgang	Diskussionsbeitrag, in: VVDStRL Bd. 33 (1975), S. 132 ff
Boest, Reinhard	Ein langer Weg zur Demokratie in Europa. Die Beteiligungsrechte des Europäischen Parlaments bei der Rechtsetzung nach dem Vertrag über die Europäische Union, in: EuR 1992, S. 182 ff
Borchert, Hans-Ulrich	Der Abgeordnete des Deutschen Bundestages im G-10 Verfahren, in: DÖV 1992, S. 58 ff
Bornemann, Roland	Die Immunität der Abgeordneten im Disziplinarverfahren, in: DÖV 1986, S. 93 ff
Braum, Stefan	Das "Corpus Juris"-Legitimität, Erforderlichkeit und Machbarkeit, in: JZ 2000, S. 493 ff
Brechling, Heinrich	Die Immunität nach dem geltenden Rechte des Reichs und Preußens, Heidelberg 1927
Brorsen, W.	Die Verfassungen der Erde in deutscher Sprache nach dem neusten Stande, Tübingen 1950

Brüner, Franz H.
Spitzer, Harald
Der Europäische Staatsanwalt - ein Instrument zur Verbesserung des Schutzes der EU-Finanzen oder ein Beitrag zur Verwirklichung eines Europas der Freiheit, der Sicherheit und des Rechts?,
in: NStZ 2002, S. 393 ff

v. Brünneck, Wiltraud
Die öffentliche Meinung in der EG als Verfassungsproblem,
in: EuR 1989, S. 249 ff

Bücker, Joseph
Fragen der Immunität und Indemnität,
in: Roll, H.A., Plenarsitzungen des Deutschen Bundestages, Festgabe für Werner Blischke, Berlin 1982
(zit.: Bücker, in: FS-Blischke, S.)

Butzer, Hermann
Immunität im demokratischen Rechtsstaat,
Diss., Bochum u.a, 1991

Calliess, Christian
Ruffert, Mathias
Kommentar des Vertrages über die Europäische Union und des Vertrages zur Gründung der Europäischen Gemeinschaft, EUV/EGV (Loseblattsammlung),
Neuwied u.a., Stand: 1999
(zit.: Bearbeiter, in: Calliess/Ruffert, S.)

Chavaki, Paraskevi
Betrugsbekämpfung in der Europäischen Union,
in: ZeuS 1999, S. 432 ff

Corbett, Richard
The European Parliament's Role in Closer EU-Integration,
Ipswich u.a. 1998

Czepluch, Wolfgang
Abgeordnetenstatus und politische Partei, Zu den Voraussetzungen und Folgen der Professionalisierung des Abgeordnetenmandats,
Frankfurt a.M. 1991

Dahrendorf, Ralf
Plädoyer für die Europäische Union,
München u.a. 1973

Dahs, Hans — Zur Verteidigung im Ermittlungsverfahren, in: NJW 1985, S. 1112 ff

Dannecker, Gerhard — Strafrechtlicher Schutz der Finanzinteressen der Europäischen Gemeinschaft gegen Täuschung, in: ZStW 1996, S. 576 ff

Dauses, Manfred A. — Handbuch des EU-Wirtschaftsrechts, Loseblattsammlung, Band 1, München Stand: August 2000

Delmas-Marty, Mireille — Corpus juris portant dispositions pénals pour la protection des intérêts financiers de l'Union européenne, sous la direction de Mireille Delmas-Marty, Economia, Paris, 1997 (zit.: Delmas-Marty, Corpus Juris, S.)

dies. — The Criminal Process and Human Rights, Toward a European Consciousness, Dordrecht (Netherlands), 1995 (zit.: Delmas-Marty, The Crimal Process, S.)

dies. — Guest editorial: Combatting fraud - necessity, legitimacy and feasibility of the Corpus Juris, in: CMLR 37 (2000), S. 247 ff.

Demmler, Wolfgang — Der Abgeordnete im Parlament der Fraktionen, Diss., Berlin 1994

Dieblich, Franz — Der strafrechtliche Schutz der Rechtsgüter der Europäischen Gemeinschaften, Köln 1985

Dolzer, Rudolf; Vogel, Klaus — Kommentar zum Bonner Grundgesetz (Loseblattsammlung), Heidelberg, Stand: November 1999 (zit.: Bearbeiter, in: Bonner Kommentar, Art. GG. Rdnr.)

Dreier, Horst	Grundgesetz, Kommentar, Band 2, Tübingen 1998
Driendel, Johannes	Staatsanwaltschaft und Strafverfolgung in Österreich, in: Jescheck, Hans-Heinrich / Driendel, Johannes, Funktion und Tätigkeit der Anklagebehörde im ausländischen Recht, Baden-Baden 1979, S. 191 ff
Ehlermann, Claus-Dieter	Die Errichtung des Europäischen Fonds für Währungspolitische Zusammenarbeit, in: EuR 1973, 193 (202 f)
Emilou, Nicholas	The Principle of Proportionality in European Law, A Comperative Study, London u.a. 1996
Erb, Volker	Legalität und Opportunität, Berlin 1999
Everling, Ulrich	Zur Errichtung nachgeordneter Behörden der Kommission der Europäischen Wirtschaftsgemeinschaft, in: Hallstein, Walter / Schlochauer, Hans-Jürgen, Zur Integration Europas, Festschrift für Carl Friedrich Ophüls, Karlsruhe 1965 (zit.: Everling, in: FS-Ophüls, S.)
Fischer, Hans Georg	Europarecht: eine Einführung in das Europäische Gemeinschaftsrecht und seine Verbindungen zum deutschen Staats- und Verwaltungsrecht, 2. Auflage, München 1997
Fleuter, Robert	Mandat und Status des Abgeordneten im Europäischen Parlament, Diss., Pfaffenweiler 1991

Forsthoff, Ernst	Lehrbuch des Verwaltungsrechts, Band 1: Allgemeiner Teil, 10. Auflage, München 1973
Franz, Günther	Staatsverfassungen, 2. Auflage, München 1964
Fugmann, Friedrich	Haushaltsentlastung 1996, oder: Wer hat den Schwarzen Peter?, in: EuZW 1999, S. 65
Gammeltoft-Hansen, Hans	Die Rolle des Anklägers im dänischen Strafprozess, unveröffentlichtes Vortragsmanuskript, 1974
Gauweiler, Marijke	Die rechtliche Qualifikation interorganschaftlicher Absprachen im Europarecht, Diss., Mainz 1988
Geiger, Rudolf	EG-Vertrag: Kommentar zu dem Vertrag über die Gründung der Europäischen Gemeinschaft, 2. Auflage, München 1995
Gicquel, Jean	Droit constitutionel et institutions politiques, 9. Auflage, Paris 1987
Giegerich, Thomas	Europarecht und deutsches Recht - Wechselwirkungen in der Fallbearbeitung, in: JuS 1997, S. 619 ff
Giering, Claus Janning, Josef Merkel, Wolfgang Stabenow, Michael	Demokratie und Interessenausgleich in der Europäischen Union, Gütersloh 1999
Glatthaar, Wilfried	Die Rechtsstellung der Polizei im französischen Strafverfahren, Diss., Marburg 1960
Gleß, Sabine	Das Europäische Amt für Betrugsbekämpfung (OLAF), in: EuZW 1999, S. 618 ff

dies. Lüke, Monika	Rechtsschutz gegen grenzüberschreitende Strafverfolgung in Europa, in: Jura 2000, S. 400 ff
Grabitz, Eberhard	Kommentar zum EWG-Vertrag (Loseblattsammlung), München, Stand: September 1994 (zit.: Bearbeiter, in: Grabitz, Art. EWGV Rdnr.)
ders. Hilf, Meinhard	Das Recht der Europäischen Union (Loseblattsammlung), Band 1, Stand: Januar 2000 (zit.: Bearbeiter, in: Grabitz/Hilf, EGV Art. Rdnr.)
ders. Läufer, Thomas	Das Europäische Parlament, Bonn 1980
Grebing, Gerhard	Staatsanwaltschaft und Strafverfolgungspraxis in Frankreich, in: Jescheck, Hans-Heinrich / Driendel, Johannes, Funktion und Tätigkeit der Anklagebehörde im ausländischen Recht, Baden-Baden 1979, S. 13 ff
Griese, Antonia	Die Finanzierung der Europäischen Union, in: EUR 1998, S. 462 ff
v. d. Groeben, Hans Thiesing, Jochen Ehlermann, Claus-Dieter	Kommentar zum EU- / EG-Vertrag, 5. Auflage, Baden-Baden 1997 (zit.: v.d. Groeben/Thiesing/Ehlermann, Art. EUV/EGV Rdnr.)
Häde, Ulrich	Die Finanzverfassung der Europäischen Gemeinschaften - ein Überblick, in: EuZW 1993, S. 401 ff

Hailbronner, Kay Eckart, Klein Magiera, Siegfried Müller-Graf, Peter-Christian	Handkommentar zum Vertrag über die Europäische Union (EUV/EGV), Köln u.a. 1998 (zit.: Bearbeiter, in: HK-EUV, Art. GG Rdnr.)
Hatchard, John Huber, Barbara Vogler, Richard	Comparative criminal procedure, London 1996
Hatscheck, Julius	Deutsches und preußisches Staatsrecht, Band 1, 2. Auflage, Berlin 1930
Haus, Florian C.	OLAF - Neues zur Betrugsbekämpfung in der EU, in: EuZW 2000, S. 745 ff
Heitzer, Anne	Punitive Sanktionen im Europäischen Gemeinschaftsrecht, Diss., Heidelberg 1997
Henke, Wilhelm	Das subjektive öffentliche Recht, Tübingen 1968
Hesse, Konrad	Die verfassungsrechtliche Stellung der politischen Parteien im modernen Staat, Bericht, in: VVDStRL Bd. 17 (1959), S. 1 ff
ders.	Grundzüge des Verfassungsrechts der Bundesrepublik Deutschland, 20. Auflage, Heidelberg 1995
Hetzer, Wolfgang	Europäisches Strafrecht im administrativen Rechtsstil, in: ZRP 2003, S. 256 ff
Heydlauf, Rolf	Die Praxis des Bundestages in Immunitätsangelegenheiten, Diss., Freiburg 1974

Hidien, Jürgen W. — Der Rechtscharakter der Mehrwertsteuer-Einnahmen der EU, in: EUR 1997, S. 95 ff

Hilf, Meinhard — Die Organisationsstruktur der Europäischen Gemeinschaften, Berlin u.a. 1982

ders. / Pache, Eckhard — Der Vertrag von Amsterdam, in: NJW 1998, S. 705 ff

Höpfel, Frank / Huber, Peter — Beweisverbote in Ländern der EU und vergleichbarer Rechtsordnungen: europäisches Kolloquium, Freiburg 1999

Hofmann, Hasso — Parlamentarische Repräsentation in der parteienstaatlichen Demokratie, in: Politik und Kultur 1985, S. 37 ff

Huber, Barbera — Funktion und Tätigkeit der Anklagebehörde in England und Wales, in: Jescheck, Hans-Heinrich / Driendel, Johannes, Funktion und Tätigkeit der Anklagebehörde im ausländischen Recht, Baden-Baden 1979, S. 545 ff

Huber, Ernst R. — Deutsche Verfassungsgeschichte seit 1789, 3. Auflage Stuttgart u.a. 1986

Hummer, Waldemar / Obwexer, Walter — Der "kollektive" Rücktritt der Europäischen Kommission - Ein Rechtsirrtum?, in: EWS 1999, S. 161 ff

Imboden, Max — Montesquieu und die Lehre der Gewaltenteilung, Berlin 1959

Immesberger, Helmut — Zur Problematik der Unabhängigkeit der Abgeordneten im Deutschen Bundestag, Diss., Mainz 1962

Ipsen, Hans-Peter	Europäisches Gemeinschaftsrecht, Tübingen 1972
Jacqué, Jean-Paul Bieber, Roland Constantinesco, Vlad Nickel, Dietmar	Le Parlement Européen, Paris 1984
Jaeger, Michael	Immunität, in: Röhring, Hans-Helmut / Sontheimer, Kurt, Handbuch des deutschen Parlamentarismus, München 1970 (zit.: Jaeger, in: Röhring/Sontheimer, S.)
Janisch, Wolfgang	Immunität schützt Abgeordnete nur vor Willkür, in: Das Parlament Nr. 52/53, Aus Politik und Zeitgeschichte, v. 21/28.12.2001, einzusehen unter: http://www.das-parlament.de/ 2001/52_53/Kulissen/ 2001_52_53_008_7378.html
Jarrass, Hans D. Pieroth, Bodo	Grundgesetz für die Bundesrepublik Deutschland, 5. Auflage, München 2000
Jellinek, Georg	Allgemeine Staatslehre, 3. Auflage, Darmstadt 1959
Jendral, Hansjürgen	Immunität - noch zeitgemäß?: Kritische Untersuchung eines immerwährenden Privilegs des Parlaments, Franfurt am Main, 1993
Kalf, Wolfgang	Die planmäßige Suche nach Zufallsfunden, in: Die Polizei 1986, S. 413 ff
Kempf, Eberhard	Der Europäische Staatsanwalt: Freier Fuchs im freien Hühnerstall?, in: StV 2003, S. 128 ff
Kimmel, Adolf	Die Verfassungen der EG-Mitgliedstaaten, 4. Auflage, München 1996

Kipke, Rüdiger	Die Untersuchungsausschüsse des Europäischen Parlaments, in: ZParl 1989, S. 488 ff
Kirchheimer, Otto	Parteistruktur und Massendemokratie in Europa, in: AöR Bd. 79 (1953/54), S. 301 ff
Kirchhof, Paul	Die Gewaltenbalance zwischen staatlichen und europäischen Organen, in: JZ 1998, S. 965 ff
Kleinknecht, Theodor Meyer-Goßner, Lutz	Kommentar zur Strafprozeßordnung, 45. Auflage, München 2001
Kohlmann, Guenter	Das subjektiv-öffentliche Recht auf fehlerfreien Ermessensgebrauch, Berlin 1964
Koja, Friedrich	Das freie Mandat des Abgeordneten, Salzburg u.a. 1971
Kommission der Europäischen Gemeinschaften	Die Finanzverfassung der Europäischen Union, Luxemburg 1995 (zit.: Kommission, Finanzverfassung, S.)
Kopetzki, Christian	Grenzen der außerberuflichen Immunität der Abgeordneten, in: Österreichische Zeitschrift für öffentliches Recht und Völkerrecht Nr. 37 (1986), S. 101 ff
Kopp, Ferdinand O. Schenke, Wolf-Rüdiger	Verwaltungsgerichtsordnung, Kommentar, 11. Auflage, München 1998
Köngeter, Matthias	Erweiterte Klageberechtigung bei Individualnichtigkeitsklagen gegen EG-Verordnungen?, in: NJW 2002, S. 2216 ff

Köttgen, Arnold — Besprechung von Gerhard Leibholz, das Wesen der Repräsentation unter besonderer Berücksichtigung des Repräsentativsystems, in: AöR Bd. 58 (1930), S. 292 ff

Küchenhoff, Günther — Eine neue Art von Demokratie?, in: NJW 1972, S. 618 f

Kuhl, Lothar; Spitzer, Harald — Die Verordnung (Euratom/EG) Nr. 2185/96 des Rates über die Kontrollbefugnisse der Kommission im Bereich der Betrugsbekämpfung, in: EuZW 1998, S. 37 ff

Lackner, Karl; Kühl, Kristian — Strafgesetzbuch mit Erläuterungen, 23. Auflage, München 1999

Laffan, Bridgid — The Finances of the European Union, New York 1997

Lange, Nicole — Vorermittlungen: Die Behandlung des staatsanwaltschaftlichen Vorermittlungsverfahrens unter besonderer Berücksichtigung von Abgeordneten, Politikern und Prominenten, Diss., Frankfurt am Main 1999

Lautz, Andreas — Das erste Mißtrauensvotum des Europäischen Parlaments gegen die Europäische Kommission, in: ZPol 1999, S. 439 ff

Lebon, André — Das Verfassungsrecht der französischen Republik, Tübingen 1909

Lecheler, Helmut J. — Die allgemeinen Rechtsgrundsätze in der Rechtsprechung des Europäischen Gerichtshofs, Diss., Erlangen-Nürnberg 1971

Leibholz, Gerhard	Das Wesen der Repräsentation und der Gestaltwandel der Demokratie im 20. Jahrhundert, 3. Auflage Berlin 1966
Lenz, Carl Otto	EG-Vertrag, Kommentar, 2. Auflage, Köln u.a. 1999
Les Metcalfe, A.	Building Capacities for Integrating the Future Role of the Commission, in: Eiascope Heft 2/1996, S. 2 ff
Liebehentze, August	Opportunitätsprinzip und Legalitätsprinzip in England, Diss., Marburg 1971
Loewenstein, Karl	Staatsrecht und Staatspraxis in Großbritannien, Band 1: Parlament, Regierung, Parteien, Berlin u.a. 1967
Louis, Jean-Victor Waelbroeck, Denis	Le Parlement Europeen dans l´évolution institutionelle, Bruxelles 1989
Mager, Ute	Das Europäische Amt für Betrugsbekämpfung (OLAF) - Rechtsgrundlagen seiner Errichtung und Grenzen seiner Befugnisse, in: ZEuS 2000, S. 177 ff
Magiera, Siegfried	Die Rechtsakte der EG-Organe, in: Jura 1989, S. 595 ff
Matia Portilla, Francisco Javier	Parlamentos nacionales y Derecho comunitario derivado, Madrid 1999
Maunz, Theodor Düring, Günter Herzog, Roman Scholz, Rupert	Grundgesetz, Kommentar (Loseblattsammlung), München, Stand: Oktober 1999 (zit.: Bearbeiter, in: Maunz/Düring/Herzog/ Scholz, Art. GG Rdnr.)

Maurer, Andreas	Le pouvoir renforcé du Parlament européen après Amsterdam, Bruxelles 2000
May, Thomas Erskine	Treatise on the law, privileges, proceedings and usage of parliament, 21. Auflage London 1989
Mayer-Wegelin, Eberhard	Der Rechtsschutz im Ermittlungsverfahren wegen Steuerhinterziehung: Theorie und Wirklichkeit, in: DStZ 1984, S. 244 ff
Meesen, Karl Matthias	Beraterverträge und freies Mandat, in: Horst Ehmke (Hrsg.), Festschrift für Ulrich Scheuer, Berlin 1973, S. 431 ff (zit.: Meesen, in: FS-Scheuer, S.)
Mehde, Veith	Verwaltungsreform in der Europäischen Kommission, in: ZEuS 2000, S. 403 ff
Mende, Erich	Das parlamentarische Immunitätsrecht in der Bundesrepublik Deutschland und ihren Ländern, Diss., Köln 1950
Meyer, Georg, Anschütz, Gerhard	Lehrbuch des Deutschen Staatsrechts, 7. Auflage, München 1919
Mögele, Rudolf	Die Betrugsbekämpfung im Bereich des gemeinschaftlichen Agrarrechts, in: EWS 1998, S. 1 ff
Moller, Hans	Immunität und Verfassungsgerichtsbarkeit, in: DVBl 1966, S. 881 ff
Mommsen, Theodor	Römisches Staatsrecht, Band 2, 4. Auflage, Tübingen 1952

Montesquieu, Charles de — Der Geist der Gesetze, Band 1, hrsg. v. Forsthoff, Ernst, Tübingen 1951

Moor, Lucien de — The associations of European Lawyers for the Protection of the Financial Interests of the European Community, in: Sieber, Ulrich (Hrsg.), Europäische Einigung und Europäisches Strafrecht, Köln u.a. 1993, S. 29 ff (zit.: Moor, in: Sieber, S.)

Moos, Reinhard — Grundlinien und Standortbestimmung des österreichischen Strafprozessrechts, in: Jung, Heike (Hrsg.), Der Strafprozess im Spiegel ausländischer Verfahrensordnungen: Frankreich, Österreich, Schweiz, UDSSR, USA, Berlin 1990, S. 47 ff

v. Münch, Ingo
Kunig, Philip — Grundgesetz-Kommentar, 5. Auflage 2001

Musil, Andreas — Umfang und Grenzen europäischer Rechtsetzungsbefugnisse im Bereich des Strafrechts nach dem Vertrag von Amsterdam, in: NStZ 2000, S. 68 ff

Nell, Ernst-Ludwig — "Ruhendes Mandat“ als Verfassungsproblem, in: JZ 1975, S. 519 ff

Nicolaysen, Gert — Europarecht I, Baden-Baden 1991

ders. — Zur Theorie von den implied-powers in den Europäischen Gemeinschaften, in: EuR 1966, S. 129 ff

v. Nordenflycht, F.O. — Die Schwedische Staatsverfassung in ihrer geschichtlichen Entwicklung, Berlin 1861

Obereuter, Kurt	Abgeordnete, in: Röhring, Hans / Sontheimer, Kurt, Handbuch des politischen Systems der Bundesrepublik Deutschland, 2. Auflage, München 1978 (zit.: Obereuther, in: Röhring/Sontheimer, S.)
Oppermann, Thomas Kilian, Michael	Vergangenheit und Zukunft des Europäischen Parlaments - Einige Aspekte unter besonderer Berücksichtigung der Sicht von Walter Hallstein -, in: EuR 1981, S. 366 ff
Oppermann, Thomas	Europarecht, 2. Auflage, München 1999
Pache, Eckhard	Der Schutz der finanziellen Interessen der Europäischen Gemeinschaften, Diss., Berlin 1994
Pagel, Günther	Die Immunität der Bundestagsabgeordneten, Diss., Kiel 1954
Patzelt, Werner J.	Abgeordnete und Repräsentation: Ämterverständnis und Wahlkreisarbeit, Passau 1993
Pechstein, Matthias Koenig, Christian	Die Europäische Union, 3. Auflage, Tübingen 2000
Peine, Franz-Joseph	Der befangene Abgeordnete, in: JZ 1985, S. 818 ff
Petri, Franz	Belgien, Niederlande, Luxemburg von der französischen Revolution bis zum Beginn der deutschen Einigung 1794-1865, in: Schieder, Theodor, Handbuch der Europäischen Geschichte, Band 5, Stuttgart 1981, S. 930 ff, (zit.: Petri, in: Schieder, S.)

Pfeiffer, Gerd — Karlsruher Kommentar zur Strafprozeßordnung, 4. Auflage 1999

Philipp, Otmar — Betrugsbekämpfung in der Europäischen Union, in: EuZW 2000, S. 547

ders. — Herr Staatsanwalt, bitte übernehmen Sie!, in: EuZW 2000, S. 705

Prieß, Hans-Joachim — Die Verpflichtung der Europäischen Gemeinschaft zur Rechts- und Amtshilfe - zum EuGH-Beschluß vom 13.7.1990 -, in: EuR 1991, S. 342 ff

ders.
Spitzer, Harald — Die Betrugsbekämpfung in der Europäischen Gemeinschaft, in: EuZW 1994, S. 297 ff

Ranft, Otfried — Staatsanwaltschaftliche Ermittlungstätigkeit und Immunität der parlamentarischen Abgeordneten, in: ZRP 1981, S. 271 ff

Rapatinski, Konstantin — Europäisches Strafrecht im administrativen Rechtsstil, in: ZRP 2003, S. 256

Rautenberg, Erardo Cristoforo — Immune Abgeordnete, in: NJW 2002, S. 1090 ff

ders. — Staatsanwaltschaft und Gewaltenteilung - Ein Plädoyer für die Zuordnung der Staatsanwaltschaft zur Judikative -, in: NJ 2003, S. 169 ff

Reich, Dietmar O. — Rechte des Europäischen Parlaments in Gegenwart und Zukunft, Diss., Kiel u.a. 1999

Rengeling, Hans-Werner Middeke, Andreas Gellermann, Martin	Rechtschutz in der Europäischen Union: Durchsetzung des Gemeinschaftsrechts vor europäischen und deutschen Gerichten, München 1994
Reuß , Hermann	Zur Geschichte der Repräsentativverfassung in Deutschland, in: AöR Bd. 66 (1936), S. 1 ff
Rometsch, Dietrich	Die Europäische Kommission, in: Weidenfeld, Werner / Wessels, Wolfgang (Hrsg,), Jahrbuch der Europäischen Integration 1997/98, Bonn 1998, S. 71 ff (zit.: Rometsch, in: Weidenfeld/Wessels, S.)
Rosen, Klaus-Henning	Immunität und Durchsuchung, in: ZRP 1974, S. 80 ff
Roth, Uta Margit	Das französische Strafverfahrensrecht und seine Reform, Diss., Freiburg 1963
Röttinger, Moritz Weyringer, Claudia	Handbuch der europäischen Integration: Strategie - Struktur - Politik der Europäischen Union, 2. Auflage, Wien u.a. 1996
Rudolphi, Hans-Joachim	Systematischer Kommentar zur Strafprozeßordnung und zum Gerichtsverfassungsgesetz, (Loseblattsammlung) Stand: Oktober 1999 (zit.: Bearbeiter, in: SK, § StPO Rdnr.)
Ruimschotel, Dick	The EC Budget. Ten Per Cent Fraud? A Policy Analysis Approach, in: Journal of Common Market Studies 1994, S. 319 ff
Rutschke, Gabriele	Die Mitwirkung der Fraktionen bei der parlamentarischen Willensbildung im Europäischen Parlament im Vergleich zu den Parlamenten der Mitgliedstaaten, Diss., Frankfurt a.M. 1986

Saalfrank, Valentin	Funktionen und Befugnisse des Europäischen Parlaments, Stuttgart 1995
Schaefer, Hans-Christoph	Vereidigung im parlamentarischen Untersuchungsausschuss, in: NJW 2002, S. 490 ff
Schaffmeister, Dieter	Niederlande, Die Rolle der Staatsanwaltschaft bei der Ermittlung und Verfolgung von Straftaten, in: Jescheck, Hans-Heinrich / Driendel, Johannes (Hrsg.), Funktion und Tätigkeit der Anklagebehörde im ausländischen Recht, Baden-Baden 1979, S. 83 ff
Scheuner, Ulrich	Grundfragen des modernen Staates, in: Wanderleb, H.(Hrsg.), Recht, Staat, Wirtschaft, Band. 3, Düsseldorf 1951, S. 126 ff
Schmelter, Hubert	Rechtsschutz gegen nicht zur Rechtsetzung gehörende Akte der Legislative: gleichzeitig ein Beitrag zur Auslegung des Art. 19 Abs. 4 GG, Diss., Berlin 1977
Schmidt-Bleibtreu, Bruno Klein, Franz	Kommentar zum Grundgesetz, 9. Auflage, Neuwied u.a. 1999 (zit. Bearbeiter, in: Schmidt-Bleibtreu/Klein, Art. GG Rdnr.)
Schmuck, Otto	Das Europäische Parlament: Vom Gesprächsforum zum Mitgestalter europäischer Politik, Bonn 1989
Schneider, P.	Les principes de légalité et d' opportunité dans la mise en mouvement des poursuits, étude de droit comparé (droit allemand et français), Diss., Nancy 1971

Schomburg, Walter Lagodny, Otto	Internationale Rechtshilfe in Strafsachen, Kommentar zum Gesetz über die internationale Rechtshilfe in Strafsachen (IRG) sowie Erläuterungen zu den wichtigsten Europäischen Rechtshilfeübereinkommen (Europarat, EU, Schengen) mit Auszügen aus weiteren wichtigen Rechtsquellen, 3. Auflage 1998
Schönberger, Peter	Hauptsache Europa, Berlin 1994
Schoo, Johannes	Kontrollen bei der Durchführung von Gemeinschaftsrecht aus der Sicht des Europäischen Parlaments, in: Schwarze, Jürgen, Gesetzgebung in der Europäischen Gemeinschaft, Baden-Baden 1985, S. 97 ff (zit.: Schoo, in: Schwarze, S.)
Schorn, Hubert	Abgeordneter und Immunität, in: NJW 1966, S. 234 ff
Schultz-Bleis, Christian	Die parlamentarische Immunität der Mitglieder des Europäischen Parlaments, Diss., Hamburg 1995
Schulz, Lorenz	Europäisches Strafrecht intra muros? - Die Strafverteidigung im geplanten Europäischen Verfahrensrecht. Diskussionsbericht, in: StV 2003, S. 142 ff
Schwarze, Jürgen	EU-Kommentar, Baden-Baden 2000 (zit.: Bearbeiter, in: Schwarze, EU-Kommentar, Art. EUV/EGV Rdnr.)
ders.	Möglichkeiten und Grenzen interinstitutioneller Vereinbarungen nach Maastricht, in: EuR, Beiheft 2, 1995, S. 49 ff

Schweitzer, Michael
Hummer, Waldemar — Europarecht: das Recht der Europäischen Union, das Recht der Europäischen Gemeinschaften (EGKS, EG, EAG) mit Schwerpunkt EG,
5. Auflage, Neuwied u.a. 1996

Seidler, Gustav — Die Immunität der Mitglieder der Vertretungskörper nach österreichischem Rechte,
Leipzig 1891

Sieber, Ulrich — Das strafrechtliche Sanktionssystem zum Schutz europäischer Gemeinschaftsinteressen,
in: van Gerven, Walter / Zuleeg, Manfred, Sanktionen als Mittel zur Durchsetzung des Gemeinschaftsrechts,
Köln 1996, S. 71 ff
(zit.: Sieber, in: v. Gerven/Zuleeg, S.)

ders. — Bekämpfung des EG-Betrugs und Perspektiven der europäischen Amts- und Rechtshilfe - Ergebnisse und rechtspolitische Vorschläge anlässlich einer Tagung zur Bekämpfung von Wirtschaftsstraftaten gegen die Europäische Gemeinschaft -,
einzusehen unter: http://www.jura.uni-muenchen.de/einrichtungen/ls/sieber/article/rechtshilfe/re.htm.

Sieglerschmidt, Hellmut — Das Immunitätsrecht der Europäischen Gemeinschaft. Seine Anwendung durch das Europäische Parlament und seine notwendige Weiterentwicklung,
in: EuGRZ 1986, S. 445 ff

Smend, Rudolf — Die Preußische Verfassungsurkunde im Vergleich mit der Belgischen,
Göttingen 1904

Sommer, Ulrich — Der europäische Staatsanwalt,
in: AnwBl 2003, S. 61 ff

Soulier, Gerard — L´inviobilité paralamentaire en droit francaise, Paris 1966

Spalckhaver, Jürgen — Mandatsverlust bei Fraktionswechsel und freies Abgeordnetenmandat, Diss., Göttingen 1977

Steiger, Heinhard — Organisatorische Grundlagen des parlamentarischen Regierungssystems, Eine Untersuchung zur rechtlichen Stellung des deutschen Bundestages, Berlin 1973

Stern, Klaus — Das Staatsrecht der Bundesrepublik Deutschland, Band 1: Grundbegriffe und Grundlagen des Staatsrechts, Strukturprinzipien der Verfassung, 2. Auflage, München 1984

Strasser, Daniel — Die Finanzen Europas: das Haushalts- und Finanzrecht der Europäischen Gemeinschaften, 7. Auflage, Luxemburg 1991

Streinz, Rudolf — Europarecht, 5. Auflage, Heidelberg 2001

Theato, Dietmut R. — Freier Warenverkehr verlangt Zollkontrollen, in: Henke, Reginhard (Hrsg.), Kontrollen - ATLAS - Risikoanalyse, Köln 2000, S. 11 ff (zit.: Theato, in, Henke, S.)

Tiberg, Hugo; Sterzel, Frederik; Cronhult, Pär — Swedish Law, a survey, Stockholm 1994

Tiedemann, Klaus — Der Strafschutz der Finanzinteressen der Europäischen Gemeinschaft, in: NJW 1990, S. 2226 ff

Trachternach, Theo — Die Freiheit des Abgeordneten und die Ratlosigkeit des Juristen, in: DVBl. 1975, S. 85 ff

Vaerst, Wolfgang — Das Abgeordnetenmandat in der Bundesrepublik, Diss., Köln 1961

Vervaele, John A.E. — Fraud against the Community, the Need for European Fraud Legislation, Deventer u.a. 1992

Vitu, André — Das französische Strafverfahren, in: Jung, Heike (Hrsg.), Der Strafprozess im Spiegel ausländischer Verfahrensordnungen. Frankreich, Österreich, Schweiz, UDSSR, USA, Berlin 1990, S. 1 ff

Vogel, Ulrich — Die Kompetenz der EG zur Einführung supranationaler Sanktionen, in: Dannecker, Gerhard (Hrsg.), Die Bekämpfung des Subventionsbetrugs im EG-Bereich, Köln 1993, S. 170 ff

Vouin, Robert / Léauté, Jacques — Droit pénal et criminologie, Paris 1956

Walter, Tonio — Indemnität und Immunität (Art. 46 GG) im Überblick, in: Jura 2000, S. 496 ff

Weigend, Thomas — Anklagepflicht und Ermessen, Die Stellung des Staatsanwalts zwischen Legalitäts- und Opportunitätsprinzip nach deutschem und amerikanischem Recht, Baden-Baden 1978

Weßels, Bernhard — Politische Repräsentation als Prozess gesellschaftlich-parlamentarischer Kommunikation, in: Herzog, Dietrich / Rebenstorf, Hilke / Weßels, Bernhard (Hrsg.), Parlament und Gesellschaft, Opladen 1993, S. 99 ff (zit.: Weßels, in: Herzog/Rebenstorf/ Weßels, S.)

White, Simone	Protection of the Financial Interests of the European Community: The Fight against Fraud and Corruption, The Hague u.a. 1998
Wiese, Walter	Das Amt des Abgeordneten, in: AöR Bd. 101 (1976), S. 548 ff
Wolffgang, Hans-Michael Ulrich, Stephan	Schutz der finanziellen Interessen der Europäischen Gemeinschaften, in: EuR 1998, S. 616 ff
Wolfslast, Gabriele	Immunität und Hauptverhandlung im Strafverfahren, in: NStZ 1987, S. 433 ff
Wurbs, Richard	Regelungsprobleme der Immunität und der Indemnität in der parlamentarischen Praxis, Diss., Berlin 1988
Zarka, Jean-Claude	Les Deputés européens, Paris 1999
Zieschnag, Frank	Das Übereinkommen zum Schutz der finanziellen Interessen der EG und seine Auswirkungen auf das deutsche Strafrecht, in: EuZW 1997, S. 78 ff

Peter Lang · Europäischer Verlag der Wissenschaften

Norbert Geiger

Globalisierung, Integration und effiziente Finanzpolitik in Europa

Zur Aufgabenverteilung zwischen der Europäischen Union und den EU-Mitgliedstaaten aus allokativer Sicht

Frankfurt am Main, Berlin, Bern, Bruxelles, New York, Oxford, Wien, 2003.
380 S., zahlr. Abb. u. Tab.
Europäische Hochschulschriften: Reihe 5, Volks- und Betriebswirtschaft. Bd. 2987
ISBN 3-631-50934-0 · br. € 56.50*

Der weltweite Globalisierungsprozess und die voranschreitende europäische Integration haben die Rahmenbedingungen für nationale Wirtschafts- und Finanzpolitik und die internationale Zusammenarbeit nachhaltig verändert. Dies beinhaltet für die Staaten und Regionen Europas (Wachstums-) Chancen, birgt aber gleichzeitig erhebliche Gefahren, die mit dem steigenden Wettbewerbsdruck einhergehen. Vor diesem Hintergrund stellt sich für die Mitgliedstaaten der Europäischen Union die zentrale Frage, auf welchen Politikfeldern ein autonomes Handeln überhaupt noch möglich ist und in welchen Bereichen eine Kooperation mit anderen Staaten, insbesondere eine Übertragung hoheitlicher Befugnisse auf die EU-Organe, geboten erscheint. Die Beantwortung dieser Frage aus *effizienztheoretischer* Sicht ist die Aufgabe dieser Arbeit.

Aus dem Inhalt: Internationaler Standortwettbewerb · Arbeitskräftemigrationen · Kooperativer und kompetitiver Föderalismus · Regionalentwicklung · Neoklassische und neue Wachstumstheorie · Europäischer Finanzausgleich · Neue Politische Ökonomie · Quellen- und Wohnsitzprinzip der Faktorbesteuerung · Konsumorientierte Besteuerung · Neuordnung des EU-Finanzsystems

Frankfurt am Main · Berlin · Bern · Bruxelles · New York · Oxford · Wien
Auslieferung: Verlag Peter Lang AG
Moosstr. 1, CH-2542 Pieterlen
Telefax 00 41 (0) 32 / 376 17 27

*inklusive der in Deutschland gültigen Mehrwertsteuer
Preisänderungen vorbehalten

Homepage http://www.peterlang.de

FSC
www.fsc.org
MIX
Papier | Fördert gute Waldnutzung
FSC® C083411

Kolibri 360 GmbH
Ferdinand-Jühlke-Straße 7
99095 Erfurt, Deutschland
produktsicherheit@kolibri360.de

Druck:
CPI Druckdienstleistungen GmbH
im Auftrag der
Kolibri 360 GmbH
Ferdinand-Jühlke-Str. 7
99095 Erfurt